recursos
nas ações de família
e de sucessões

rafael calmon

recursos
nas ações de família e de sucessões

2ª edição
2025

- O autor deste livro e a editora empenharam seus melhores esforços para assegurar que as informações e os procedimentos apresentados no texto estejam em acordo com os padrões aceitos à época da publicação, *e todos os dados foram atualizados pelo autor até a data de fechamento do livro*. Entretanto, tendo em conta a evolução das ciências, as atualizações legislativas, as mudanças regulamentares governamentais e o constante fluxo de novas informações sobre os temas que constam do livro, recomendamos enfaticamente que os leitores consultem sempre outras fontes fidedignas, de modo a se certificarem de que as informações contidas no texto estão corretas e de que não houve alterações nas recomendações ou na legislação regulamentadora.

- Data do fechamento do livro: 02/01/2025

- O autor e a editora se empenharam para citar adequadamente e dar o devido crédito a todos os detentores de direitos autorais de qualquer material utilizado neste livro, dispondo-se a possíveis acertos posteriores caso, inadvertida e involuntariamente, a identificação de algum deles tenha sido omitida.

- Direitos exclusivos para a língua portuguesa
  Copyright ©2025 by
  Saraiva Jur, um selo da SRV Editora Ltda.
  Uma editora integrante do GEN | Grupo Editorial Nacional
  Travessa do Ouvidor, 11
  Rio de Janeiro – RJ – 20040-040

- **Atendimento ao cliente: https://www.editoradodireito.com.br/contato**

- Reservados todos os direitos. É proibida a duplicação ou reprodução deste volume, no todo ou em parte, em quaisquer formas ou por quaisquer meios (eletrônico, mecânico, gravação, fotocópia, distribuição pela Internet ou outros), sem permissão, por escrito, da **SRV Editora Ltda.**

- Capa: Lais Soriano
  Diagramação: Guilherme Salvador

- **DADOS INTERNACIONAIS DE CATALOGAÇÃO NA PUBLICAÇÃO (CIP)
  VAGNER RODOLFO DA SILVA – CRB-8/9410**

C164r   Calmon, Rafael
    Recursos nas Ações de Família e de Sucessões / Rafael Calmon. – 2. ed. – São Paulo:
        Saraiva Jur, 2025.

    320 p.
    ISBN: 978-85-5362-501-7 (impresso)

    1. Direito. 2. Direito de Família. I. Título. II. Série.

	CDD 342.16
2024-4133	CDU 347.61

Índices para catálogo sistemático:
1. Direito de Família   342.16
2. Direito de Família   347.61

Respeite o direito autoral

à Olivia

SUMÁRIO

PREFÁCIO XV

APRESENTAÇÃO XVII

INTRODUÇÃO XIX

parte I
a teoria geral dos recursos cíveis 1

1 A TEORIA GERAL DOS RECURSOS CÍVEIS 3
NOÇÕES GERAIS 3

2 OS PRONUNCIAMENTOS JUDICIAIS E SUA RECORRIBILIDADE 6
  2.1 Os pronunciamentos judiciais proferidos pelos juízes 6
      2.1.1 **A sentença** 7
          2.1.1.1 A sentença como pronunciamento que coloca fim à fase cognitiva do procedimento comum, com fundamento nos arts. 485 ou 487 do CPC 8
              2.1.1.1.1 A sentença proferida nos procedimentos especiais 12
              2.1.1.1.2 A sentença homologatória 14
          2.1.1.2 A sentença como pronunciamento que extingue a execução 17
          2.1.1.3 A estrutura da sentença 19
              2.1.1.3.1 O relatório 19
              2.1.1.3.2 A fundamentação 20
                    2.1.1.3.2.1 A fundamentação da sentença como instrumento de reforço ao sistema brasileiro de precedentes qualificados..... 22
                    2.1.1.3.2.2 Fundamentação adequada x fundamentação inadequada 24
                    2.1.1.3.2.3 A eficácia pedagógica do art. 489, § 1º, do CPC 27
              2.1.1.3.3 O dispositivo 28
                    2.1.1.3.3.1 Os capítulos de sentença 29
      2.1.2 **A decisão interlocutória** 29
          2.1.2.1 A desvinculação a conteúdo e finalidade específicos 30
          2.1.2.2 Decisões interlocutórias agraváveis x Decisões interlocutórias inagraváveis 32
      2.1.3 **O despacho** 35
          2.1.3.1 Os falsos despachos 36
      2.1.4 **Os atos omissivos do juiz: o silêncio do órgão julgador como indeferimento por via transversa** 37
  2.2 Os pronunciamentos judiciais proferidos pelos Tribunais 39
  2.3 Os efeitos dos pronunciamentos judiciais 40

3 OS MEIOS DE IMPUGNAÇÃO DOS PRONUNCIAMENTOS JUDICIAIS ... 44
NOÇÕES GERAIS ... 44
3.1 Os recursos ... 45
3.1.1 O conceito de recursos ... 45
3.1.2 A natureza jurídica dos recursos ... 46
3.1.3 As características dos recursos ... 46
3.1.3.1 A necessidade de previsão legal específica ... 46
3.1.3.2 A relativa delimitação subjetiva ... 48
3.1.3.3 A dependência de provocação por uma pessoa interessada ... 49
3.1.3.4 O propósito específico ... 49
3.1.3.5 O caráter incidental ... 50
3.2 Os recursos previstos no Código de Processo Civil ... 51
3.2.1 A relação pronunciamentos judiciais x recursos ... 51

4 OS PRINCÍPIOS FUNDAMENTAIS DOS RECURSOS ... 55
NOÇÕES GERAIS ... 55
4.1 Duplo grau de jurisdição ... 56
4.2 Taxatividade ... 56
4.3 Singularidade ou unirrecorribilidade ... 57
4.4 Fungibilidade ... 60
4.5 Voluntariedade ... 66
4.6 Dialeticidade ... 66
4.7 Proibição da reforma para pior (NON REFORMATIO IN PEJUS) ... 69
4.8 Consumação ou não complementaridade ... 71
4.9 Aproveitamento ou primazia do mérito recursal ... 72

5 A CLASSIFICAÇÃO DOS RECURSOS ... 74
5.1 Recursos independentes e subordinados ... 74
5.2 Recursos de fundamentação livre e recursos de fundamentação vinculada ... 77
5.3 Recursos ordinários e extraordinários (ou excepcionais) ... 77
5.4 Recursos totais e recursos parciais ... 78

6 AS ESPECIFICIDADES DOS RECURSOS NAS AÇÕES DE FAMÍLIA E SUCESSÕES ... 80
NOÇÕES GERAIS ... 80
6.1 A existência de relação afetiva entre as pessoas que se encontram em conflito ... 81
6.2 As particularidades das normas de direito das famílias e das sucessões ... 83
6.3 A presença de incapazes e de pessoas vulneráveis ... 83
6.4 A indisponibilidade do direito em discussão ... 86

7 OS PRESSUPOSTOS DE ADMISSIBILIDADE DOS RECURSOS 88

7.1 Cabimento e adequação 89
7.2 Tempestividade 90
7.2.1 A intempestividade "por prematuridade" 91
7.2.2 Os impedimentos e contratempos à contagem do prazo recursal 92
7.3 Regularidade formal 93
7.4 Preparo 95
7.5 Legitimidade recursal 97
7.6 Interesse recursal 97
7.6.1 O interesse recursal do terceiro 98
7.6.2 O interesse recursal do Ministério Público 99
7.6.2.1 A intervenção do MP nas ações de família e sucessões 99
7.6.2.1.1 A intimação do MP nas ações de família e sucessões 101
7.6.2.2 A intervenção do MP nos recursos de família e sucessões 102
7.7 Inexistência de incompatibilidades com o direito de recorrer 105
7.7.1 A desistência do recurso 105
7.7.2 A renúncia ao direito de recorrer 108
7.7.3 A aceitação da decisão 110
7.7.4 Outras incompatibilidades com o direito de recorrer 111

8 JUÍZO DE ADMISSIBILIDADE E JUÍZO DE MÉRITO DOS RECURSOS 113

NOÇÕES GERAIS 113
8.1 O juízo de admissibilidade recursal 114
8.2 O juízo de mérito recursal 115
8.3 A decisão que encerra o juízo de admissibilidade: natureza jurídica, eficácia e recorribilidade 117
8.4 A decisão de inadmissibilidade de recurso manifestamente inadmissível 119

9 A COMPETÊNCIA RECURSAL 122

10 OS PRAZOS RECURSAIS 124

NOÇÕES GERAIS 124
10.1 O marco inicial da contagem dos prazos recursais 125
10.1.1 Prolação, publicação e intimação da publicação da decisão 126
10.1.2 A ciência inequívoca 128
10.1.3 O dia de começo do prazo recursal 129
10.2 A intimação pelo Diário da Justiça (impresso e eletrônico) 131
10.3 A intimação para cumprimento pessoal de determinação judicial 132

11 OS EFEITOS DOS RECURSOS ... 135
NOÇÕES GERAIS ... 135
11.1 O EFEITO OBSTATIVO OU IMPEDITIVO ... 136
11.2 O EFEITO DEVOLUTIVO ... 137
11.2.1 A amplitude do efeito devolutivo (dimensão horizontal) ... 138
11.2.2 A profundidade do efeito devolutivo (dimensão vertical) ... 139
11.3 O EFEITO TRANSLATIVO ... 141
11.4 O EFEITO SUSPENSIVO ... 144
11.5 O EFEITO REGRESSIVO ... 147
11.6 O EFEITO EXPANSIVO ... 148
11.7 O EFEITO SUBSTITUTIVO ... 149
11.8 Os EFEITOS INTEGRATIVO, INTERRUPTIVO E INFRINGENTE (EMBARGOS DE DECLARAÇÃO) ... 150
11.9 O EFEITO ATIVO ... 152

12 A TUTELA PROVISÓRIA RECURSAL (TÉCNICA PARA ATRIBUIR EFEITO SUSPENSIVO OU ATIVO AOS RECURSOS) ... 153
NOÇÕES GERAIS ... 153
12.1 A TUTELA PROVISÓRIA GENÉRICA ... 156
12.2 A TUTELA PROVISÓRIA RECURSAL: CABIMENTO, REQUERIMENTO E COMPETÊNCIA PARA CONCESSÃO ... 156
12.2.1 A atribuição de efeito suspensivo a recurso desprovido de efeito suspensivo legal ... 158
12.2.2 A concessão de efeito suspensivo a recurso ainda não admitido ... 160
12.2.3 A retirada de efeito suspensivo de recurso dotado de efeito suspensivo legal ... 162
12.2.4 A concessão de efeito ativo (antecipação da tutela recursal) ... 164
12.2.5 A tutela provisória recursal liminar ... 167

13 OS HONORÁRIOS RECURSAIS ... 168
NOÇÕES GERAIS ... 168

14 A TRAMITAÇÃO DOS RECURSOS NOS TRIBUNAIS ... 171
14.1 O PROCEDIMENTO RECURSAL ... 171
14.1.1 A ordem de julgamento dos recursos nos tribunais ... 172
14.1.2 A distribuição, o encaminhamento e a prevenção do relator ... 172
14.2 Os PODERES DO RELATOR ... 173
14.2.1 O deferimento de provas, a análise da tutela provisória e a correção de irregularidades ... 174
14.2.2 O juízo de admissibilidade recursal: entre o conhecimento e o não conhecimento ... 174
14.2.3 O juízo de mérito recursal: entre o provimento e o não provimento ... 175
14.2.4 O julgamento monocrático do recurso: entre o provimento e o não provimento liminares ... 176
14.2.5 O julgamento colegiado do recurso: a sessão de julgamento ... 177
14.3 A SUSTENTAÇÃO ORAL ... 177
14.3.1 A sustentação oral nos recursos de família e de sucessões ... 179

14.4 O prosseguimento da sessão de julgamento 181
14.5 O pedido de vista e a conclusão do julgamento 181
14.6 A técnica de ampliação do colegiado (**CPC**, art. **942**) 182

parte II
os recursos em espécie 185

1 OS RECURSOS EM ESPÉCIE 187
   NOÇÕES GERAIS 187

2 A APELAÇÃO 189
   2.1 Conceito e hipóteses de cabimento 189
      2.1.1 A apelação contra sentença 191
      2.1.2 A apelação contra decisão interlocutória 191
   2.2 O prazo de interposição da apelação 193
   2.3 A petição inicial da apelação: forma e conteúdo 194
   2.4 O preparo na apelação 195
   2.5 O juízo em que é interposta e o juízo ao qual é remetida a apelação 195
   2.6 O juízo de retratação na apelação (efeito regressivo) 196
   2.7 O procedimento da apelação no tribunal 196
   2.8 As decisões monocráticas proferidas na apelação 197
   2.9 Os efeitos da apelação e a tutela provisória recursal na apelação 200
   2.10 As matérias transferidas ao tribunal pelo efeito devolutivo da apelação 204
   2.11 As especificidades das matérias de família e sucessões 205
   2.12 A produção de provas na apelação 208
   2.13 A decisão colegiada da apelação: a sessão de julgamento 208
   2.14 A sustentação oral na apelação 209
   2.15 A "teoria da causa madura" na apelação: **CPC**, art. **1.013**, §§ **3º** e **4º** 209
   2.16 O fato superveniente na apelação 211

3 O AGRAVO DE INSTRUMENTO 213
   3.1 Conceito e hipóteses de cabimento 213
      3.1.1 Decisões interlocutórias agraváveis e inagraváveis em conformidade com o STJ 216
      3.1.2 Decisões interlocutórias agraváveis e inagraváveis em conformidade com a literatura 219
   3.2 O prazo de interposição do agravo de instrumento 221
   3.3 A petição inicial do agravo de instrumento: forma e conteúdo 221
   3.4 O preparo no agravo de instrumento 223

3.5 O juízo em que é interposto e o juízo ao qual é remetido o agravo de instrumento 223
3.6 O procedimento do agravo de instrumento no tribunal 223
3.7 As decisões monocráticas no agravo de instrumento 224
3.8 O juízo de retratação no agravo de instrumento 227
3.9 Os efeitos do agravo de instrumento e a tutela provisória recursal 227
3.10 As matérias transferidas ao tribunal pelo efeito devolutivo do agravo de instrumento 228
3.11 As especificidades das matérias de família e sucessões no agravo de instrumento 229
3.12 A produção de provas no agravo de instrumento 231
3.13 A decisão colegiada do agravo de instrumento: a sessão de julgamento 231
3.14 A sustentação oral no agravo de instrumento 231
3.15 A prolação da sentença e o agravo de instrumento pendente de julgamento 233

4 O AGRAVO INTERNO 234

4.1 Conceito e hipóteses de cabimento 234
4.2 O prazo de interposição do agravo interno 236
4.3 A petição inicial do agravo interno: forma e conteúdo 236
4.4 O juízo em que é interposto e o juízo ao qual é remetido o agravo interno 236
4.5 O procedimento do agravo interno no tribunal 237
4.6 O preparo do agravo interno 237
4.7 As decisões monocráticas no agravo interno 237
4.8 O juízo de retratação no agravo interno 238
4.9 Os efeitos do agravo interno e a tutela provisória recursal 238
4.10 As matérias transferidas ao tribunal pelo efeito devolutivo do agravo interno 238
4.11 A decisão colegiada do agravo interno: a sessão de julgamento 238
4.12 A sustentação oral no agravo interno 238
4.13 O agravo interno manifestamente inadmissível ou improcedente 239

5 OS EMBARGOS DE DECLARAÇÃO 241

5.1 Conceito e hipóteses de cabimento 241
    5.1.1 A obscuridade (CPC, art. 1.022, I, primeira frase) 242
    5.1.2 A contradição (art. 1.022, I, segunda frase) 242
    5.1.3 A omissão (CPC, art. 1.022, II) 243
        5.1.3.1 A omissão quanto ao direito e ao valor dos honorários de advogado (CPC, art. 85, § 18) 245
    5.1.4 O Erro material (art. 1.022, III) 245
    5.1.5 Outras hipóteses de cabimento dos embargos de declaração 246
5.2 O prazo de oposição dos embargos de declaração 247
5.3 A petição inicial dos embargos de declaração: forma e conteúdo 247
5.4 O juízo em que são interpostos e o juízo ao qual são remetidos os embargos de declaração 250

5.5 O procedimento dos embargos de declaração 250
5.6 A desnecessidade de preparo dos embargos de declaração 251
5.7 As decisões monocráticas nos embargos de declaração 251
5.8 Os efeitos dos embargos de declaração e a tutela provisória recursal 251
　5.8.1 As consequências projetadas pelo efeito modificativo sobre outro recurso interposto.... 253
5.9 As matérias transferidas ao órgão julgador pelo efeito devolutivo dos embargos de declaração 254
5.10 A decisão colegiada dos embargos de declaração: a mesa de julgamento 254
5.11 Fungibilidade entre embargos de declaração e agravo interno 255
5.12 A sustentação oral nos embargos de declaração 256
5.13 Os embargos de declaração manifestamente protelatórios 256

parte III
os sucedâneos recursais e as ações autônomas 261

1 OS SUCEDÂNEOS RECURSAIS E AS AÇÕES AUTÔNOMAS DE IMPUGNAÇÃO NOÇÕES GERAIS 263

2 OS SUCEDÂNEOS RECURSAIS 265
　2.1 A correição parcial 265
　2.2 O pedido de reconsideração 266

3 AS AÇÕES AUTÔNOMAS DE IMPUGNAÇÃO 269
　3.1 O *habeas corpus* 269
　　3.1.1 *Habeas corpus* repressivo x *habeas corpus* preventivo 270
　　3.1.2 A competência para processamento e julgamento do *habeas corpus* 271
　　3.1.3 O procedimento do *habeas corpus* 271
　　3.1.4 A ampliação das hipóteses de cabimento do *habeas corpus* 273
　　3.1.5 O *habeas corpus* nas ações de família e sucessões 275
　3.2 A ação anulatória de partilha amigável 283
　　3.2.1 Hipóteses de cabimento da ação anulatória de partilha amigável 283
　　3.2.2 O procedimento da ação anulatória de partilha amigável 286
　　3.2.3 Ação anulatória de partilha amigável x Ação rescisória de partilha julgada 286
　　3.2.4 Ação anulatória de partilha amigável x Ação anulatória de atos de disposição de direitos 287

REFERÊNCIAS BIBLIOGRÁFICAS 291

PREFÁCIO

Direito processual civil e Direito das famílias e sucessões. Se existem áreas do direito brasileiro marcadas por notas como complexidade e dinamismo, são essas. O direito processual civil, em virtude de seu afinamento à realidade social promovido pelo Código de 2015. O direito das famílias e sucessões, em razão de sua constante necessidade de adequação às modificações experimentadas por essa mesma sociedade.

Ciências pertencentes a ramos distintos, mas que acabam servindo de inspiração e de orientação uma à outra, numa clara mostra de que a clássica "*summa divisio*" não se mostra mais tão presente entre nós, como um dia se apresentou.

Esse novo estado de coisas, marcado muito mais pela aproximação e influência mútuas, do que pelo apartamento e autossuficiência dessas disciplinas, fornece o ambiente propício para que a literatura jurídica produza conteúdo híbrido, responsável por abordar de forma condensada e interrelacionada os aspectos materiais e processuais de um mesmo fenômeno.

É justamente isso que Rafael Calmon faz neste livro: "Recursos nas ações de família e de sucessões". Com a inquietude e senso criativo que lhe são peculiares, e empregando linguagem de fácil compreensão, o autor promove uma análise crítica dos recursos cíveis, sem deixar de contextualizá-los e de os colocar a serviço da solução dos complexos conflitos que subjazem às ações de família e sucessões. Para que o estudo não perca em completude, é feito o estudo adicional de alguns sucedâneos recursais e de certas ações autônomas de impugnação, como o conhecido "pedido de reconsideração", a correição parcial, o *habeas corpus* e a ação anulatória de partilha amigável. Adicionalmente, Rafael ainda insere referências e faz transcrições de múltiplos julgados atuais do Superior Tribunal de Justiça, permitindo que o leitor, a um só tempo, mantenha contato com o posicionamento da Corte e possa conhecer um pouco mais de perto como vem sendo desempenhada a nobre missão de se dar a última palavra sobre interpretação do direito federal em nosso país, a respeito de tão relevantes e sensíveis domínios do direito.

Sob a perspectiva estrutural, a obra se apresenta dividida em três partes: na primeira, é estudada a teoria geral dos recursos cíveis; na segunda, são analisados os recursos em espécie, e, finalmente; na terceira, são vistas alguns sucedâneos recursais e ações autônomas de impugnação de decisões judiciais.

Sem dúvida nenhuma, um livro que, além de preencher uma lacuna até então existente na literatura jurídica nacional, se revela como ferramenta de extrema valia para todos os interessados e profissionais que atuam na área.

Ficam meus parabéns ao autor e à editora, pela publicação.

Luis Felipe Salomão
Ministro do Superior Tribunal de Justiça

APRESENTAÇÃO

Obrigado! Essa é a primeira e será a última palavra desta apresentação, pois é sempre um orgulho imenso poder contar contigo na fascinante jornada de produção de literatura jurídica artesanal.

Sim, literatura jurídica artesanal, porque todo o conteúdo aqui exposto representa o resultado de um processo de interação contínua por mim mantido não só com as lições ministradas por renomados professores da área e com o posicionamento atual dos tribunais de superposição, mas, especialmente, com pessoas de diversas regiões, culturas e escolas brasileiras, com as quais pude fazer conexões e trocar experiências e vivências nos últimos anos. A artesania tem muito disso: o contato imediato com tradições e costumes transmitidos de geração para geração, na maior parte sob a palavra falada; a valorização da pessoa inserida em comunidades e a atribuição de maior importância aos sujeitos do que aos objetos produzidos durante o processo. Tudo isso agrega e, ao mesmo tempo, humaniza demais o trabalho daquele que se predispõe a condensar tudo o que tenha sido apreendido em texto.

Por isso, não estranhe ao se deparar com termos e expressões retirados diretamente da linguagem falada, ou com exemplos colhidos da riquíssima experiência forense vivenciada por aqueles que atuam cotidianamente no ecossistema das Varas de Família e Sucessões. Também não se inquiete ao perceber que a linguagem aqui empregada é muito mais próxima daquela falada no dia a dia do que da utilizada em textos jurídicos. Afinal, isso também representa artesania.

É por causa desses e de outros fatores que eu sincera e humildemente lhe agradeço a gentileza de, dentre tantos livros versando sobre a mesma temática, ter escolhido o meu.

Obrigado!

INTRODUÇÃO

Por serem proferidos por seres humanos, é perfeitamente aceitável que os pronunciamentos judiciais, de vez em quando, contenham erros ou omissões que precisem ser corrigidos ou supridos para que a tutela jurisdicional possa ser regularmente prestada. Além disso, é natural que eles causem, aqui e ali, algum prejuízo a alguém, que, em razão de seu tão natural inconformismo, pode se sentir interessado em atacá-los objetivando sua adequação ou sua substituição por outro.

É justamente para isso que servem os recursos. Para que a pessoas envolvidas no conflito, o terceiro ou o Ministério Público possa voluntariamente confrontar, no âmbito da mesma relação processual que já se encontre em andamento, o pronunciamento judicial proferido em contrariedade aos seus interesses, com o propósito de obter sua reforma, anulação ou integralização.

Nas ações de família e de sucessões, esse inconformismo costuma se acentuar por causa dos indivíduos e dos interesses que nelas se encontram envolvidos. Afinal, há algo de excepcional, e, convenhamos, de muito triste, no fato de uma mãe processar a filha por ter sido por ela abandonada durante sua idosidade, bem como na circunstância de um bebê recém-nascido ajuizar ação de execução em face de seu pai em razão de sua inadimplência, ou na situação de herdeiros de um mesmo sujeito permanecerem anos a fio brigando na justiça por um único bem material, em razão de desentendimentos variados.

No final das contas, esses acontecimentos que já são, por si, deploráveis, acabam levando a algo ainda mais trágico: o surgimento de uma espécie de "família de processos", constituída por ações, impugnações, embargos, recursos e uma série de incidentes processuais que tumultuam e atrasam significativamente a entrega da prestação jurisdicional.

Que tal seria, então, se houvesse maior racionalização no uso desses expedientes? O que você acharia se, pelo menos, os recursos fossem mais bem compreendidos e mais adequadamente interpostos? Como lhe pareceria se a mesma razão que inspirou o legislador de 2015 a especializar o rito das ações de família (já que as ações sucessórias sempre se processaram sob procedimentos especiais) o levasse a atribuir caracteres específicos aos recursos nelas cabíveis, para que todo e qualquer recurso interposto nesse tipo de demanda seguisse um passo a passo específico, elaborado em atenção à natureza *super peculiar* dos conflitos a elas subjacentes e dos sujeitos nelas envolvidos, não apenas em observância a certas condições ostentadas por estes? Que tal se, independentemente disso, os conflitos que subjazem aos litígios de família e sucessões influenciassem significativamente a compreensão, tanto em profundidade quanto em extensão, de todo o sistema recursal civil brasileiro? E se houvesse uma valorização maior das pessoas que se encontram inseridas nesses conflitos? E como seria se a humanização do direito fosse levada à sério?

Muito provavelmente teríamos maior celeridade e otimização de todo o tramitar do processo, não é mesmo?

Daí a ideia de escrever este livro. Por meio dele tentarei apresentar aos profissionais que atuam no cotidiano das Varas de Família e Sucessões uma nova visão a respeito dos recursos cabíveis nas ações que lá tramitam, para que o impacto por eles causado seja positivo não apenas sobre a pessoa responsável por sua interposição, mas, sobretudo, para o sistema brasileiro de justiça.

Estruturalmente, a obra se divide em três partes: a primeira, destinada à apresentação da teoria geral dos recursos cíveis; a segunda, voltada ao estudo dos recursos em espécie; a terceira, direcionada ao exame dos sucedâneos recursais e das ações autônomas de impugnação das decisões judiciais.

Na Parte I, será conhecido o conceito de recurso e feita a análise de sua natureza jurídica e de suas funções, da listagem dos pronunciamentos judiciais recorríveis, de sua tipologia e principiologia, dos prazos recursais, dos juízos de admissibilidade e de mérito, dos efeitos por eles projetados, bem como conhecido o sistema brasileiro de precedentes, sempre dando-se ênfase às especificidades dos conflitos de família e de sucessões, para deixar claro que a tutela jurisdicional deve, sempre e em qualquer caso, ter as pessoas (e não os processos) como o principal a ser protegido.

Já na Parte II, o propósito é conhecer de perto as espécies recursais previstas pelo ordenamento jurídico brasileiro, ocasião em que serão conhecidas a apelação, os agravos de instrumento e retido, e os embargos de declaração.

Finalmente, a Parte III se dedica ao estudo dos sucedâneos recursais e das ações autônomas de impugnação mais usualmente empregadas nas Varas de Família e Sucessões: a correição parcial, o pedido de reconsideração, o *habeas corpus* e a ação anulatória de partilha amigável.

Para facilitar a aprendizagem, os temas são apresentados seguindo a mesma sequência adotada pelo Código de Processo Civil. E, para poupar seu tempo e não acarretar qualquer descontinuidade à sua leitura, fiz questão de transcrever diretamente no texto os mais importantes dispositivos legais pertinentes a cada uma das temáticas aqui tratadas, reservando o uso das cansativas notas de rodapé apenas para o fornecimento de informações complementares.

Como não se trata de mais uma obra voltada a analisar os recursos sob a ótica puramente técnico-científica, mas um livro que se propõe a realizar um estudo capaz de impactar positivamente a atuação prática do profissional que vivencia o cotidiano das Varas de Família e de Sucessões, você vai perceber facilmente que os recursos são colocados a serviço da resolução de problemas complexos, na tentativa de verdadeiramente transformar a sua experiência de leitura em algo mais próximo da realidade.

No que toca à forma de escrita adotada, ela segue a mesma linha já utilizada no meu *Manual de Partilha de Bens* e em meu *Manual de Direito Processual das Famílias*, também publicados por esta editora, qual seja a linguagem informal, bem próxima, por sinal, daquela com a qual se fala cotidianamente. A razão para que essa metodologia tenha sido utilizada é bastante simples: particularmente, sempre acreditei que as pessoas assimilam muito mais quando o conteúdo lhes é ministrado sob tom conversacional e com uma boa dose de informalidade, preferencialmente acompanhados de elementos de brasilidade, pois isso quebra resistências, proporciona familiaridade e desperta o senso imagético, fazendo com que elas se sintam verdadeiramente pertencendo à toda a narrativa. Por isso, será muito pouco provável encontrarem-se formalismos excessivos, eruditismos, latinismos ou o emprego de juridiquês e do bastante tedioso tom professoral por aqui.

A intenção é ir direto ao assunto, para que você consiga absorver a mensagem de forma rápida e simples, o que talvez seja facilitado pela farta menção a julgados contendo o posicionamento atualizado dos tribunais superiores.

Tudo isso deixa bem claro aquilo que, na verdade, é o propósito que subjaz a este livro: a troca. A troca de ideias, de opiniões, de conhecimento e de culturas.

Vale, contudo, uma advertência final. O sistema brasileiro contempla múltiplos recursos, mas nem todos interessam diretamente às ações de família e sucessões ou mereceriam ser analisados aqui, a exemplo do recurso inominado previsto na Lei dos Juizados Especiais (Lei n. 9.099/90, arts. 41 e ss.), dos embargos infringentes prenunciados pela Lei da Execução Fiscal (Lei n. 6.830/80, art. 34) e dos recursos excepcionais, os quais, em razão disso, não receberão atenções neste livro. Por outro lado, o nosso sistema também prevê meios de impugnação de decisões judiciais que não são recursos, mas que interessam muito a essas ações. Me refiro especialmente ao *Habeas Corpus* e à ação anulatória de partilha amigável, os quais serão estudados neste livro, muito embora não constituam, por si, espécies recursais, mas verdadeiras ações autônomas de impugnação de decisões judiciais.

Feita essa breve introdução, é hora de dar início ao estudo propriamente dito, o qual tomará por ponto de partida a Teoria Geral dos Recursos Cíveis.

Boa leitura, e não se esqueça de se divertir durante a jornada.

a teoria geral dos recursos cíveis

A TEORIA GERAL DOS RECURSOS CÍVEIS

NOÇÕES GERAIS

A aprendizagem é um processo voltado à aquisição de competências e habilidades. Seu principal objetivo é o aprendizado, que, convenhamos, é perpetuamente incompleto, pois estamos sempre aprendendo, logo, continuamente percorrendo a jornada da aprendizagem.

Para que esta jornada seja menos imprevisível e seus caminhos não muito tortuosos, é indispensável que a investigação se inicie pela base. Afinal, é lá que são encontradas as noções elementares do objeto pesquisado. Por isso, nosso estudo terá por ponto de partida a teoria geral dos recursos cíveis, pois é nela que são apresentadas as conceituações e expostas as principais normas (regras e princípios) aplicáveis aos recursos cabíveis nas ações de família e sucessões. Mas, como adiantaria muito pouco se isso fosse feito de forma dissociada da leitura do texto normativo, achei válido dedicar as páginas iniciais à apresentação da forma como o nosso Código de Processo Civil enquadra, organiza e divide a disciplina dos recursos em seu texto (topologia).

Pois bem. O CPC/2015 é macrodividido em duas partes: a Parte Geral e a Parte Especial, cada uma delas desdobrada em diversos Livros compostos de variados Títulos, os quais, por sua vez, podem ser subdivididos em múltiplos Capítulos com aptidão para serem fracionados em Seções compostas por numerosos artigos, parágrafos, incisos, alíneas e itens.

Dentro dessa organização, os recursos vêm disciplinados na Parte Especial, mais precisamente no Livro III, que se chama "Dos processos nos tribunais e dos meios de impugnação das decisões judiciais". Tal segmento é bem grande: agrupa os artigos 926 a 1.044, os quais se encontram espalhados em dois Títulos. O Título I, que se dedica ao tratamento da ordem dos processos nos Tribunais e os processos de competência originária dos Tribunais (arts. 926 a 993), e o Título II, que é inteira e exclusivamente voltado a disciplinar os recursos (arts. 994 a 1.044).

No corpo do Código, é assim que ele se apresenta:

PARTE ESPECIAL
LIVRO III
TÍTULO I
DA ORDEM DOS PROCESSOS E DOS PROCESSOS DE COMPETÊNCIA ORIGINÁRIA DOS TRIBUNAIS
CAPÍTULO I
DISPOSIÇÕES GERAIS (arts. 926 a 928)
CAPÍTULO II
DA ORDEM DOS PROCESSOS NO TRIBUNAL (arts. 929 a 946)
CAPÍTULO III
DO INCIDENTE DE ASSUNÇÃO DE COMPETÊNCIA (art. 947)
CAPÍTULO IV
DO INCIDENTE DE ARGUIÇÃO DE INCONSTITUCIONALIDADE (arts. 948 a 950)
CAPÍTULO V
DO CONFLITO DE COMPETÊNCIA (arts. 951 a 959)
CAPÍTULO VI
DA HOMOLOGAÇÃO DE DECISÃO ESTRANGEIRA DA CONCESSÃO DO *EXEQUATUR* À CARTA ROGATÓRIA (arts. 960 a 965)
CAPÍTULO VII
DA AÇÃO RESCISÓRIA (arts. 966 a 975)
CAPÍTULO VIII
DO INCIDENTE DE RESOLUÇÃO DE DEMANDAS REPETITIVAS (arts. 976 a 987)
CAPÍTULO IX
DA RECLAMAÇÃO (arts. 988 a 993)
TÍTULO II
DOS RECURSOS
CAPÍTULO I
DISPOSIÇÕES GERAIS (arts. 994 a 1.008)
CAPÍTULO II
DA APELAÇÃO (arts. 1.009 a 1.014)
CAPÍTULO III
DO AGRAVO DE INSTRUMENTO (arts. 1.015 a 1.020)
CAPÍTULO IV
DO AGRAVO INTERNO (art. 1.021)
CAPÍTULO V
DOS EMBARGOS DE DECLARAÇÃO (arts. 1.022 a 1.026)
CAPÍTULO VI
DOS RECURSOS PARA O SUPREMO TRIBUNAL FEDERAL E PARA O SUPERIOR TRIBUNAL DE JUSTIÇA
Seção I
Do Recurso Ordinário (arts. 1.027 e 1.028)
Seção II
Do Recurso Extraordinário e do Recurso Especial

Subseção I
Disposições Gerais (arts. 1.029 a 1.035)
Subseção II
Do Julgamento dos Recursos Extraordinário e Especial Repetitivos (arts. 1.036 a 1.041)
Seção III
Do Agravo em Recurso Especial e em Recurso Extraordinário (art. 1.042)
Seção IV
Dos Embargos de Divergência (art. 1.043 e 1.044)

Como se nota, o Livro III aborda uma grande variedade de temas, não se limitando, por óbvio, a traçar a disciplina normativa apenas dos recursos propriamente ditos. Muito pelo contrário. Como a própria nomenclatura sugere, nele são tratados, também, "os processos nos tribunais", o que engloba a ordem dos feitos nas Cortes de Justiça e as ações de competência originária dos Tribunais, bem como uma série de incidentes – a exemplo do Incidente de Assunção de Competência (IAC), do Incidente de Resolução de Demandas Repetitivas (IRDR) –, o Conflito de Competência, a Homologação de Decisão Estrangeira, a concessão do *exequatur* à carta rogatória e algumas ações autônomas de impugnação às decisões judiciais, como a Ação Rescisória e a Reclamação.

Daí já se percebe que nem tudo que por ele é disciplinado interessa por aqui. Por isso, esta obra propositalmente fará um recorte para que aquilo que diga estritamente respeito aos recursos propriamente ditos seja estudado. Logo, o enfoque recairá primordialmente sobre o que é disciplinado em todo o Título II do Livro III do Código, cujo estudo será realizado na exata sequência adotada pelo próprio CPC, como, aliás, se pode perceber da leitura do sumário. No entanto, este livro não se exaure nos recursos, apesar de os ter por objeto principal. Também serão estudadas algumas ações autônomas de impugnação de decisões judiciais e certos sucedâneos recursais, porque eles também servem, como suas próprias denominações sugerem, para confrontar decisões judiciais, o que exige que o foco se amplie um pouco mais para abarcar, também, os Capítulos I e II do Título I desse mesmo Livro.

Como de nada ou muito pouco adiantaria conhecer sobre recursos se não se soubesse, antes, quais atos poderiam ser atacados por eles, o próximo capítulo se destinará justamente ao estudo dos pronunciamentos judiciais.

OS PRONUNCIAMENTOS JUDICIAIS E SUA RECORRIBILIDADE

2.1 Os pronunciamentos judiciais proferidos pelos juízes

O estudo dos recursos deve ter por ponto de partida a análise dos pronunciamentos judiciais. Afinal, os recursos são cabíveis de pronunciamentos judiciais. Aliás, é essencial que se tenha a expressão "pronunciamentos judiciais" em mente para se evitar dizer o que muita gente ainda diz: que os recursos são cabíveis "de" ou "contra" *atos* judiciais. Sim, embora essa seja uma afirmação comum no cotidiano, não tem mais espaço nos dias de hoje. Isso porque o juiz pratica diversos atos durante o desenrolar do procedimento, mas nem todos são pronunciamentos. Afinal, ele ouve testemunhas, realiza a inspeção de pessoas ou coisas e sugere a conciliação, por exemplo. E, como se percebe, nenhum desses atos poderia ser atacado pela via dos recursos, não é mesmo?[1]

Atos, portanto, são o gênero do qual pronunciamentos são espécies. Por isso, fez bem o legislador em epigrafar o Livro IV da Parte Geral do CPC com a

---

[1] Pelo mesmo motivo, os atos praticados pelos servidores e serventuários não são atacáveis por recurso. Se a pessoa se sentir prejudicada por algum deles, deve requerer a sua revisão pelo órgão julgador, o qual os retificará ou ratificará. Desta decisão de ratificação sim, caberá recurso (STJ, REsp 905.681/RJ, DJe de 29.09.10).

nomenclatura "Dos atos processuais", reservando apenas à Seção IV do Capítulo I do Título I deste Livro a nomenclatura "Dos pronunciamentos do juiz".

Em sentido técnico-processual, pronunciar-se é se expressar sobre alguma postulação deduzida pelas pessoas ou sobre algum ponto ou questão surgido durante o desenrolar do procedimento. E, de acordo com nosso sistema processual civil, isso só pode ser feito pelos juízes de primeiro grau de jurisdição de três formas básicas: por meio de despachos, de decisões interlocutórias e de sentenças (CPC, arts. 203, *caput*, e 204).

Nos Tribunais, essa tendência meio que se repete. Os desembargadores e ministros se pronunciam por meio de despachos, decisões monocráticas e acórdãos (CPC, arts. 204, 932, II, III, IV e V, 1.011, I e II, 1.024, § #2°, e 1.026, § 1°). Estes dois últimos substituirão o pronunciamento impugnado no que tiver sido objeto de recurso (CPC, art. 1.008).

Por tudo isso, conclui-se que o legislador de 2015 fez bem ao alterar a nomenclatura "dos atos do juiz" utilizada pelo diploma anterior (CPC/73, art. 162). Agora, fica muito mais clara a relação gênero x espécie entre atos e pronunciamentos judiciais, os quais são disciplinados da seguinte forma:

> **PARTE GERAL**
> **LIVRO IV**
> DOS ATOS PROCESSUAIS
> **TÍTULO I**
> DA FORMA, DO TEMPO E DO LUGAR DOS ATOS PROCESSUAIS
> **CAPÍTULO I**
> DA FORMA DOS ATOS PROCESSUAIS
> **Seção IV**
> Dos Pronunciamentos do Juiz
> Art. 203. Os pronunciamentos do juiz consistirão em sentenças, decisões interlocutórias e despachos.
> § 1° Ressalvadas as disposições expressas dos procedimentos especiais, sentença é o pronunciamento por meio do qual o juiz, com fundamento nos arts. 485 e 487, põe fim à fase cognitiva do procedimento comum, bem como extingue a execução.
> § 2° Decisão interlocutória é todo pronunciamento judicial de natureza decisória que não se enquadre no § 1°.
> § 3° São despachos todos os demais pronunciamentos do juiz praticados no processo, de ofício ou a requerimento da parte.
> § 4° Os atos meramente ordinatórios, como a juntada e a vista obrigatória, independem de despacho, devendo ser praticados de ofício pelo servidor e revistos pelo juiz quando necessário.
> Art. 204. Acórdão é o julgamento colegiado proferido pelos tribunais.

Nos tópicos seguintes, cada um deles será conhecido mais de perto.

2.1.1 A SENTENÇA

Nos termos do art. 203, § 1° do CPC, "ressalvadas as disposições expressas dos procedimentos especiais, sentença é o pronunciamento por meio do qual o juiz, com fundamento nos arts. 485 e 487, põe fim à fase cognitiva do procedimento comum, bem como extingue a execução."

Este é, portanto, o seu conceito: o pronunciamento judicial por meio do qual o juiz coloca fim à fase cognitiva do procedimento comum ou extingue a execução.

Evidentemente, trata-se de pronunciamento inerente ao 1º grau de jurisdição. Afinal, além da expressa menção à figura do juiz, o *caput* do art. 203 trata única e especificamente dos pronunciamentos proferidos por juízes.

Apesar de muitos ainda se referirem à sentença como o ato responsável por colocar fim ao processo em primeiro grau de jurisdição, talvez seja melhor abandonar essa ideia. É que a sentença não necessariamente extingue o processo nessa instância. Ela até pode colocar fim, mas não existe uma obrigatoriedade a esse respeito. Há, aí, uma correlação, mas não uma causalidade. Basta imaginar uma sentença que condene o pai a pagar alimentos ao filho para que se chegue a essa conclusão. Afinal, será mesmo que o processo terá tido fim? E se esse pai não pagar a pensão, será que o filho não terá que promover o cumprimento dessa sentença em primeiro grau de jurisdição? E se qualquer deles interpuser recurso dessa sentença, não haverá o prolongamento do procedimento? Então, como ela teria sido colocado fim ao processo?

Exatamente o mesmo acontecerá com qualquer sentença condenatória.

Pois é! Atualmente, a sentença não necessariamente coloca fim ao processo. Ela até pode colocar, caso seja de extinção sem resolução de mérito (CPC, art. 485), de improcedência (CPC, art. 487, I) ou de encerramento da execução (CPC, art. 925), mas isso não ocorre sempre em todos os casos, como parece ter ficado claro até aqui.[2]

Por isso, o legislador de 2015 teve muito cuidado ao conceituá-la e a fazer a ressalva expressa às disposições concernentes a alguns procedimentos especiais, que receberão atenção oportuna algumas páginas a frente.

Portanto, o conceito atual de sentença para o direito processual civil brasileiro advém da conjugação de dois fatores: seu conteúdo e sua finalidade. Assim, só será sentença o pronunciamento judicial que, ao mesmo tempo, (a) tiver por conteúdo qualquer das hipóteses elencadas nos arts. 485 e 487 do CPC, e, com base nisso, (b) colocar fim à fase de conhecimento do procedimento comum, ou, ainda, (c) extinguir o processo de execução.

Observe que as circunstâncias "a" e "b" devem estar simultaneamente presentes, enquanto a da letra "c" é independente.

Vejamos cada uma delas separadamente.

2.1.1.1 A sentença como pronunciamento que coloca fim à fase cognitiva do procedimento comum, com fundamento nos arts. 485 ou 487 do CPC

Nos termos do citado art. 203, § 1º, será sentença o pronunciamento judicial que colocar fim à fase cognitiva com esteio nos arts. 485 ou 487 do CPC. Essa é a hipótese há pouco classificada nas letras "a" e "b".

---

[2] Por isso, é preciso ter atenção quando se lê o texto do art. 316, segundo o qual "a extinção do processo dar-se-á por sentença." Afinal, acórdãos e decisões monocráticas também podem proporcionar o mesmo resultado.

Como se sabe, os artigos 485 e 487 do CPC trazem, respectivamente, os casos em que o órgão julgador não resolverá e resolverá o mérito do processo, da seguinte forma:

> Art. 485. O juiz não resolverá o mérito quando:
> I – indeferir a petição inicial;
>
> II – o processo ficar parado durante mais de 1 (um) ano por negligência das partes;
>
> III – por não promover os atos e as diligências que lhe incumbir, o autor abandonar a causa por mais de 30 (trinta) dias;
>
> IV – verificar a ausência de pressupostos de constituição e de desenvolvimento válido e regular do processo;
>
> V – reconhecer a existência de perempção, de litispendência ou de coisa julgada;
>
> VI – verificar ausência de legitimidade ou de interesse processual;
>
> VII – acolher a alegação de existência de convenção de arbitragem ou quando o juízo arbitral reconhecer sua competência;
>
> VIII – homologar a desistência da ação;
>
> IX – em caso de morte da parte, a ação for considerada intransmissível por disposição legal; e
>
> X – nos demais casos prescritos neste Código.[3]
>
> Art. 487. Haverá resolução de mérito quando o juiz:
>
> I – acolher ou rejeitar o pedido formulado na ação ou na reconvenção;
>
> II – decidir, de ofício ou a requerimento, sobre a ocorrência de decadência ou prescrição;
>
> III – homologar:
>
> a) o reconhecimento da procedência do pedido formulado na ação ou na reconvenção;
> b) a transação;
> c) a renúncia à pretensão formulada na ação ou na reconvenção.
> Parágrafo único. Ressalvada a hipótese do § 1º do art. 332, a prescrição e a decadência não serão reconhecidas sem que antes seja dada às partes oportunidade de manifestar-se.

Complementarmente, o art. 354, *caput*, do Código dispõe que:

> Art. 354. Ocorrendo qualquer das hipóteses previstas nos arts. 485 e 487, incisos II e III, o juiz proferirá sentença.

Observe que toda sentença possui um conteúdo preestabelecido pelo legislador, já que somente será assim considerada se versar sobre os arts. 485 e 487 do CPC. Mas, lembre-se. Não basta que o pronunciamento judicial se fundamente em um desses motivos para que ele seja classificado como sentença. É preciso, também e simultaneamente, que ele se revista da segunda circunstância

---

[3] Sendo extinto o processo sem resolução do mérito, a ação pode ser reproposta (CPC, art. 486).

exigida por lei, qual seja aquela referida na supramencionada letra "b": o fato de colocar fim à fase cognitiva do procedimento comum.

Mas, o que viria a ser "fase cognitiva do procedimento comum"?

Bom, como se sabe, processo é método. Método por meio do qual o Estado aplica a norma jurídica para a solução de conflitos levados ao Poder Judiciário. E, no CPC/2015, existem só dois tipos de processos, ambos localizados em sua Parte Especial: o processo de conhecimento (Livro I, arts. 318/770) e o processo de execução (Livro II, arts. 771/925). E, como todo método, o processo também se desenvolve por procedimentos, que representam o passo a passo compreendido entre a sua primeira e última etapas. No CPC/2015, também só existem dois tipos de procedimentos, ambos compreendidos no Livro I, ou seja, no processo de conhecimento: o procedimento comum (CPC, arts. 318/508) e os procedimentos especiais (CPC, arts. 539/770), cada um deles desenvolvendo-se por fases.

Muito bem. No procedimento comum, que é aquele referido pelo artigo sob estudo, a primeira fase é voltada ao acertamento da questão litigiosa. Durante essa fase, é feita a apresentação dos fatos, a produção das provas e o enquadramento daqueles nas normas jurídicas adequadas, com o objetivo de que o conflito subjacente seja conhecido a fundo e solucionado definitivamente. Por isso, também costuma ser chamada de fase cognitiva (CPC, arts. 318 a 508).

Via de consequência, somente será considerado sentença o pronunciamento que, fundamentado em qualquer dos motivos listados nos arts. 485 e 487, colocar fim integral a essa etapa, ou seja, que decidir todos os pedidos que eventualmente tenham sido deduzidos tanto em petição inicial quanto em reconvenção – como os pedidos de divórcio, guarda e convivência com os filhos. É importante que se faça essa afirmação, porque pode acontecer de o órgão julgador não decidir, de uma só vez, todas as questões colocadas à sua consideração. Sim, de forma semelhante ao que acontece como os conflitos intersubjetivos, os processos também são passíveis de serem solucionados por parcelas. Assim, embora pareça ideal que todos os pedidos sejam julgados em um só momento, é preciso reconhecer que cada conflito tem seu próprio tempo, o que, na prática, rende ensejo a que uma demanda contendo postulações de divórcio, alimentos e partilha, por exemplo, seja decidida de forma fragmentada e em momentos distintos. Se isso efetivamente acontecer, não será considerado sentença o pronunciamento do juiz que resolver apenas parcela dos pedidos deduzidos na demanda – a exemplo do de divórcio, deixando para analisar futuramente os pedidos de alimentos e partilha – já que, nesse caso, a fase cognitiva não terá chegado inteiramente ao fim, pois terá que continuar se desenvolvendo até que tudo seja definitivamente resolvido. Haverá, aí, uma decisão interlocutória (CPC, art. 354, parágrafo único), a ser estudada no próximo tópico. Sentença propriamente dita somente haverá se e quando essa fase for definitiva e integralmente finalizada. Logo, se os três pedidos acima forem sendo decididos isoladamente, cada um a um tempo, somente será sentença quando o último deles for julgado, pois, repito, somente neste momento terá se encerrado a fase cognitiva do procedimento.

No que diz respeito à terminologia, a sentença que se fundamenta nas hipóteses do art. 485 recebe a denominação de "sentença processual" ou "sentença terminativa", por não solucionar propriamente o litígio, mas apenas versar sobre questões procedimentais, enquanto aquela que se motiva nos casos trazidos pelo art. 487 é chamada de "sentença de mérito" ou "sentença definitiva" pelo fato de resolver a questão em sem âmago.

Nesse contexto, seria terminativa tanto a sentença que indefere a petição inicial pelo fato de não ter sido emendada no prazo assinado pelo juízo, quanto a que reconhece o abandono da causa pela pessoa que ajuizou a demanda (CPC, art. 485, I e III).[4] Por sua vez, seriam definitivas as sentenças que julgam procedente o pedido de declaração de paternidade e aquelas que decidem sobre a ocorrência de prescrição em ação de petição de herança (CC, art. 1.824),[5] desde que, não custa repetir, colocassem fim integral à fase cognitiva desses processos.

Pelo fato de o juiz ter que emitir juízo de valor sobre o material que é colocado sob sua apreciação e ter que exarar efetiva decisão a respeito, os dois pronunciamentos acima referidos costumam ser chamados de "sentenças próprias".

É fundamental que se faça o recorte a respeito da fase cognitiva, tal qual exigido pelo próprio art. 203, § 1º, porque, depois que ela for encerrada, duas outras fases ainda podem se abrir, gerando dúvidas a respeito da natureza do pronunciamento judicial responsável por seus respectivos encerramentos. Assim, se o pronunciamento judicial que puser fim à fase cognitiva for líquido – isto é, certo quanto à existência da prestação a ser cumprida e determinado quanto ao seu objeto – e a pessoa obrigada a seu cumprimento se recusar a tanto, mesmo depois de ter sido formada a coisa julgada e de ter sido provocada a respeito, terá que ter início a fase de cumprimento, que se volta justamente à satisfação do que naquela tiver sido determinado (CPC, arts. 513 a 538). Já se o pronunciamento for ilíquido, será necessário que se abra uma fase intermediária, para que se possa individuar o valor da condenação ou o objeto da obrigação: a fase liquidatória, que se processará por arbitramento – quando derivar de acordo ou da própria natureza do objeto a ser liquidado, como aconteceria se houvesse imprecisão do valor atual de mercado dos imóveis e do valor correto dos aluguéis devidos aos herdeiros em um inventário – ou pelo procedimento comum – quando depender da prova de fatos novos, como ocorreria se fosse necessária a apuração da extensão das lesões causadas em mulher inserida em situação de violência doméstica (CPC, arts. 509 a 512).[6]

Nenhuma delas, contudo, é finalizada por sentença, justamente porque são fases diferentes da cognitiva, estando sanada qualquer dúvida eventualmente existente a esse respeito (CPC, art. 1.015, parágrafo único).[7] Embora esta afirmação esteja correta sob o ponto de vista técnico, o STJ parece tê-la abrandado

---

[4] STJ, Súm. n. 240: "A extinção do processo, por abandono da causa pelo autor, depende de requerimento do réu."
[5] STF, Súm. n. 149: "É imprescritível a ação de investigação de paternidade, mas não o é a de petição de herança." Justamente por isso, o STJ firmou posicionamento no sentido de que a ausência de prévia propositura da ação de investigação de paternidade – que é imprescritível –, e de seu julgamento definitivo não constitui obstáculo para o início da contagem do prazo prescricional para o ajuizamento da ação de petição de herança (EAREsp 1.260.418/MG, DJe de 24.11.22).
[6] O CPC/2015 eliminou a liquidação por cálculos. Agora, basta seguir o que prescrevem os arts. 509, § 2º, e 524.
[7] JDPC/CJF, Enunciado n. 145: "O recurso cabível contra a decisão que julga a liquidação de sentença é o agravo de instrumento".

para entender, pelo menos para fins recursais, que o pronunciamento judicial responsável por extinguir o "cumprimento de sentença" seja sentença (e não decisão interlocutória), o que não deixa de ser curioso, dado o fato de que o cumprimento de sentença representa uma fase autônoma, não integrando, por isso, a "fase cognitiva do processo de conhecimento". A Corte também entende que seja sentença o pronunciamento judicial responsável por extinguir a "impugnação ao cumprimento de sentença", toda vez que a acolher, levando o cumprimento à extinção. Finalmente, a mesma Corte ainda entende que, se o pronunciamento que decidir a impugnação ao "cumprimento de sentença" não colocar fim integral ao cumprimento, será uma decisão interlocutória.

É extremamente importante que se saiba disso, por causa das importantíssimas consequências projetadas sobre o sistema recursal, como será visto com mais profundidade pouco mais adiante. Afinal, dos pronunciamentos que extinguem o cumprimento diretamente (pela satisfação da dívida) ou indiretamente (pelo acolhimento da impugnação ao cumprimento de sentença), cabe apelação. Já daqueles que não o extinguem, nem mesmo ao julgarem a impugnação ao cumprimento de sentença, cabe agravo de instrumento, sendo considerado erro grosseiro a interposição de um pelo outro.[8]

Essa nova conformação atribuída à sentença não deixa de gerar situações curiosas. As tutelas provisórias – de urgência e de evidência –, por exemplo, sempre foram decididas por decisões interlocutórias, sobretudo quando requeridas liminarmente. Historicamente, pelo menos, sempre foi assim. Porém, agora, elas poderão ser concedidas, confirmadas ou revogadas por sentença (CPC, arts. 1.012, § 1º, V e 1.013, § 5º), com o grande atrativo de permitir à pessoa beneficiária de tal providência a instauração do cumprimento provisório depois de sua publicação (CPC, art. 1.012, § 2º).

Essas e incontáveis situações ocorridas no âmbito das ações de família e sucessões serão tratadas oportunamente por aqui. Nosso estudo está só começando.

2.1.1.1.1 A sentença proferida nos procedimentos especiais

Como destacado logo no início deste capítulo, a primeira parte do art. 203, § 1º, enuncia que, no conceito de sentença, devem "ser ressalvadas as disposições expressas dos procedimentos especiais", o que ganha em importância neste livro pelo fato de as ações de família e as principais ações sucessórias tramitarem por procedimentos especiais de jurisdição contenciosa ou voluntária (CPC, arts. 693/699, 610/673, 731/734 e 735/746).

Essa ressalva se deve ao fato de esses procedimentos, apesar de constituírem um dos ritos componentes do processo de conhecimento, encamparem uma especialidade ritual responsável por impor que as regras do procedimento comum lhes sejam aplicáveis apenas subsidiariamente (CPC, art. 318, parágrafo único). Por vezes, essa especialidade é tão grande que o juiz se encontra autorizado a adotar em cada caso a solução que considerar mais conveniente ou oportuna,

---

[8] Isso é pacífico no STJ: AgInt no AREsp 2.580.727/PB, DJe de 02.10.24; AgInt no AREsp 2.612.331/SP, DJe de 05.09.24.

sem necessariamente ter que seguir a legalidade estrita, como acontece na jurisdição voluntária (CPC, art. 723, parágrafo único).

Sim, eis um caso previsto em lei autorizando o órgão julgador a decidir com base na equidade (CPC, art. 140, parágrafo único).[9] E, se é assim que as coisas são, imagine como seria incoerente ter que encaixar um pronunciamento final que, com fundamento na equidade, promovesse retificação no registro civil referentes à mudança de nomes (CC, art. 16), concedesse a emancipação a um adolescente (CPC, art. 725, I), autorizasse alienação, arrendamento ou oneração de bens de crianças ou adolescentes, de órfãos e de interditos (CPC, art. 725, II), nas estritas hipóteses estabelecidas pelos arts. 203, § 1°, e 487.

Muito embora a mesma permissão não exista nos procedimentos especiais de jurisdição contenciosa, as suas especificidades rituais também acarretariam a mesma incoerência. Basta, por exemplo, pensar quão difícil seria identificar o momento em que seria colocado fim à fase cognitiva de um inventário, para se perceber que, de fato, o conceito trazido pelo art. 203, § 1°, do CPC não se encaixaria bem por ali. Fosse de outro modo, como se compatibilizaria a prescrição trazida pelo art. 656 do mesmo diploma, segundo o qual "a partilha, mesmo depois de transitada em julgado a sentença, pode ser emendada nos mesmos autos do inventário, convindo todas as partes, quando tenha havido erro de fato na descrição dos bens, podendo o juiz, de ofício ou a requerimento da parte, a qualquer tempo, corrigir-lhe as inexatidões materiais"?

Difícil, não é mesmo?

Algo parecido aconteceria na ação de exigência de contas referentes ao uso exclusivo do imóvel comum, ajuizada por um ex-cônjuge em face do outro, pois seu procedimento contempla dois pronunciamentos distintos, que, a rigor, também não encerram a sua fase cognitiva (CPC, arts. 550, § 5°, e 552).

As próprias ações de família são repletas de especificidades rituais, muito embora inexistam situações dignas de notas em relação à recorribilidade dos pronunciamentos do juiz, o que, felizmente, torna inteiramente aplicáveis as disposições prescritas pelos arts. 203 a 205 do Código.

É justamente por causa de situações como as mencionadas que o legislador processual, por vezes, enfatiza que aquele pronunciamento proferido no âmbito dos procedimentos especiais é mesmo uma sentença, e, por isso, atacável pelo recurso de apelação, como acontece nos arts. 702, § 9°,[10] 706, § 2°[11] e 724.[12] Em outras, contudo, prefere ser mais genérico e abstrato, como, de fato, foi ao englobar todas as decisões interlocutórias proferíveis no processo de inventário como desafiáveis por agravo de instrumento (CPC, art. 1.015, parágrafo único, frase final). Infelizmente, em tantas outras, acabou sendo tão impreciso que a única saída é mesmo aguardar o posicionamento do STJ a respeito, como aconteceu na ação de exigir contas, cuja decisão proferida na primeira fase depende

---

[9] Exatamente assim: REsp 1.962.674/MG, DJe de 31.05.22.
[10] CPC, art. 702. "[...] § 9° Cabe apelação contra a sentença que acolhe ou rejeita os embargos".
[11] CPC, art. 706. "[...] § 2° Contra a sentença caberá apelação, e, na pendência de recurso, poderá o relator ordenar que a coisa permaneça depositada ou em poder do autor".
[12] CPC, art. 724. "Da sentença caberá apelação".

de seu conteúdo: não acarretando a decisão o encerramento do processo, o recurso cabível será o agravo de instrumento (CPC/2015, arts. 550, § 5°, e 1.015, II). No caso contrário, ou seja, se a decisão produz a extinção do processo, sem ou com resolução de mérito (arts. 485 e 487), aí sim haverá sentença, e o recurso cabível será a apelação.[13]

Diante disso, o ideal parece ser que o aplicador faça sempre a averiguação no caso concreto.

Apreendidas essas noções, é preciso, agora, que se tragam à baila uma hipótese específica de jurisdição voluntária: a sentença meramente homologatória.

2.1.1.1.2 A sentença homologatória

Você pode estar se perguntando onde as sentenças homologatórias se encaixariam. Afinal, elas são corriqueiras nas ações de família e de sucessões. Bom, elas podem se enquadrar tanto como sentenças terminativas, quanto como definitivas, bastando que coloquem fim à fase cognitiva do procedimento comum, com fundamento nos arts. 485 e 487 do CPC, ou extingam a execução. A rigor, sua única diferença para com aquelas é que elas não resultam de um juízo de valor emitido exclusiva e propriamente pelo magistrado, mas sim de um mero ato de chancela da vontade externada pelas pessoas participantes do processo. A atuação do órgão julgador, portanto, é bastante limitada, pois se restringe à verificação dos requisitos de validade do ato, como a capacidade das partes e a licitude do objeto (CC, art. 104). Como resultado, não há *julgamento* propriamente dito, pois o juiz não acolhe nem rejeita pedidos, mas apenas profere sentença *aprovando* o acordo de vontades celebrado no processo, o qual pode versar tanto sobre questões de processo quanto de litígio.

Típica atividade de jurisdição voluntária, portanto. Por isso, elas costumam ser chamadas de "sentenças impróprias", em contraposição às há pouco mencionadas "sentenças próprias".

Para além dos arts. 485, VIII, e 487, III, do Código, a elas também se referem os arts. 354, *caput*, e 515, III, quando enunciam, respectivamente, que "ocorrendo qualquer das hipóteses previstas no art. 487, inciso III, o juiz proferirá sentença" e que "são títulos executivos judiciais, a decisão homologatória de autocomposição extrajudicial de qualquer natureza", sendo certo que "a autocomposição judicial pode envolver sujeito estranho ao processo e versar sobre relação jurídica que não tenha sido deduzida em juízo" (CPC, art. 515, § 2°).

Nas ações de família e sucessões, inclusive, é bastante comum que os litígios se resolvam por desistência ou por acordo, levando o órgão julgador a emitir pronunciamentos desse tipo. Assim, se, exemplificativamente, houver a desistência da ação de alimentos proposta por um cônjuge em face do outro, o juízo meramente homologará tal manifestação de vontade, colocando fim ao processo por sentença terminativa imprópria (CPC, arts. 200, parágrafo único c/c 485,

---

[13] AgInt no AREsp 2.217.844/SP, DJe de 10.04.23; AgInt no AREsp 1.841.262/SP, DJe de 06.10.21.

VIII), enquanto se houver a celebração de acordo entre herdeiros e sucessores, dentro ou fora do processo de inventário, o órgão simplesmente homologará tal manifestação de vontade, emitindo sentença impropriamente definitiva (CPC, arts. 487, III, b, ou 515, III).

Também de mérito seriam as sentenças que homologassem, por exemplo: a) o reconhecimento da procedência do pedido ou a renúncia ao direito em que se funda a demanda (CPC, art. 487, III, a e c); b) a renúncia ao crédito em que se funda a execução (CPC, art. 924, IV); c) a transação em que os ex-cônjuges promovem a partilha de bens, com a peculiaridade de ser desprovida de efeito atributivo/constitutivo de propriedade, como as transações em geral (CC, art. 843), mas meramente declaratório dos direitos decorrentes da distribuição dos bens em mancomunhão (partilha jurídica);[14] d) o acordo por meio do qual os pais, por mera liberalidade, celebram a promessa de doação aos filhos como condição para a realização de acordo referente à partilha de bens, com a peculiaridade de possuir eficácia idêntica à da escritura pública, permitindo a expedição de alvará judicial para o fim de se proceder ao registro do formal de partilha correspondente,[15] e; e) a transação para manutenção de ex-cônjuge como dependente-beneficiário de planos de saúde titularizados pelo outro, muito embora sob a condição de lhe ser transferida a responsabilidade pelo custeio das mensalidades futuras,[16] desde que, é claro, colocassem fim à fase cognitiva do procedimento comum, com base nos arts. 485 e 487 do CPC, ou extinguissem a execução.

Além de ser relevante sob esse aspecto, os acordos de mérito celebrados no ambiente processual merecem especial atenção pelo fato de repercutirem diretamente sobre os recursos e sobre uma das ações autônomas de impugnação que serão estudadas neste livro: a ação anulatória de partilha amigável (CC, art. 849; CPC, art. 966, § 4º).

Quanto à terminologia, esteja atento a um detalhe: acordo é gênero do qual transação é espécie. Acordo é ato que implica concessões mútuas. Porém, nos termos do art. 841 do Código Civil, "só quanto a direitos patrimoniais de caráter privado se permite a transação", o que leva à conclusão de que, havendo ajuste respeitante a direitos patrimoniais puros, a exemplo da partilha de bens, existiria sim transação, enquanto se houvesse convenção relativa a direitos existenciais, como a guarda e convivência de filhos, ou a direitos patrimoniais de caráter indisponível, como os alimentos fixados a favor de incapazes, por exemplo, o termo a ser utilizado seria acordo. Por incrível que pareça, as repercussões projetadas por esse correto enquadramento são seríssimas. Isso porque o STJ entende que, se o acordo disser respeito a aspectos patrimoniais disponíveis, isto é, se for uma verdadeira transação (CC, art. 840) – versando a respeito da partilha de bens em um inventário, por exemplo –, não será possível que os acordantes voltem atrás e desistam de sua homologação, pois o Código de Processo Civil é bastante claro quando enuncia em seu art. 200, *caput*, que os atos das partes

---

[14] Exatamente neste sentido: REsp 1.865.280/RS, DJe de 27.11.20; REsp 1.620.710/GO, DJe de 21.03.17; REsp 650.795/SP, DJ de 15.08.05.
[15] STJ, REsp 1.537.287/SP, DJe 28.10.16; REsp 1.198.168/RJ, DJe de 11.08.13.
[16] STJ, RMS 67.430/BA, DJe de 30.06.22; RMS 55.492/MG, DJe de 09.11.17; AgInt no RMS 43.662/SP, DJe de 07.12.16; AgRg no REsp 1.454.504/AL, DJe de 1º.09.14.

consistentes em declarações bilaterais de vontade produzem imediatamente a constituição, modificação ou extinção de direitos processuais, independentemente de homologação,[17] o que fará com que o juízo o chancele, exceto se houver alguma desconformidade com o regramento dos negócios jurídicos em geral (CC, art. 104).[18] Por outro lado, se o acordo contemplar direitos existenciais ou patrimoniais indisponíveis – contendo deliberações no tocante ao regime de guarda, de visita e de alimentos em relação aos filhos, por exemplo –, não assumiriam o viés de transação devido à sua indisponibilidade. Como resultado, as partes poderiam se arrepender e dele desistir unilateralmente, já que, em vez de vincular o juízo, lhe serviriam como mera proposição, que, por isso, deveria se atentar para outros interesses, em especial, o preponderante direito da criança.

A propósito, confira:

> CIVIL. PROCESSUAL CIVIL. RECURSO ESPECIAL. [...]. FAMÍLIA. ANTERIOR ACORDO EXTRAJUDICIAL DE ALIMENTOS FIRMADO NO CENTRO JUDICIÁRIO DE SOLUÇÃO DE CONFLITOS E CIDADANIA (CEJUSC) DA COMARCA LOCAL. AÇÃO NOVA DE ALIMENTOS EXTINTA POR CARÊNCIA DE AÇÃO EM VIRTUDE DA AUSÊNCIA DE INTERESSE PROCESSUAL. SENTENÇA MANTIDA PELO TJ/MG. [...]. NOS TERMOS DO DEDUZIDO NA INICIAL, HÁ INTERESSE DE CRIANÇA EM RECEBER ALIMENTOS PROPORCIONAIS ÀS SUAS NECESSIDADES. RETRATAÇÃO MANIFESTADA TEMPESTIVA E FORMALMENTE AO AJUSTE FEITO NO CEJUSC, FUNDADO NA ALEGAÇÃO DE SER PREJUDICIAL AOS INTERESSES DA CRIANÇA. SOLUÇÃO DA CONTROVÉRSIA, COM OBSERVÂNCIA DOS PRINCÍPIOS DE MELHOR INTERESSE E DA PROTEÇÃO INTEGRAL. DIREITO INDISPONÍVEL. POSSIBILIDADE DE RETRATAÇÃO DO ACORDO. PRECEDENTE DO STJ. NECESSÁRIA INTERVENÇÃO DO MINISTÉRIO PÚBLICO ANTES DA HOMOLOGAÇÃO DO AJUSTE. PRECEDENTES. RECURSO ESPECIAL PROVIDO.
> [...].
> 4. O STJ já decidiu que o acordo estabelecido e subscrito pelos cônjuges no tocante ao regime de bens, de visita e de alimentos em relação ao filho menor do casal assume o viés de mera proposição submetida ao Poder Judiciário, que haverá de sopesar outros interesses, em especial, o preponderante direito da criança, podendo, ao final, homologar ou não os seus termos e que, em se tratando, pois, de mera proposição ao Poder Judiciário, qualquer das partes, caso anteveja alguma razão para se afastar das disposições incialmente postas, pode, unilateralmente, se retratar (REsp n. 1.756.100/DF, Rel. Ministro Marco Aurélio Bellizze, Terceira Turma, DJe 11.10.18).
> [...].
> 6. No mister de tutelar e de proteger os interesses indisponíveis da criança e do adolescente, cabe ao Ministério Público alertar o Juiz na causa que diz respeito a alimentos, que antes de homologar eventual acordo, deve verificar se o valor acordado entre os genitores prejudica a subsistência do menor envolvido, considerando sempre o binômio necessidade/possibilidade, de modo a impedir e velar para que o processo não acarrete perdas desvantajosas ao menor.
> 6. Recurso especial provido.
> (STJ, REsp 1.609.701/MG, DJe de 20.05.21)[19]

---

[17] AgInt no AREsp 1.952.184/SC, DJe de 25.08.22; AgInt no REsp 1.926.701/MG, DJe de 15.10.21.
[18] STJ, AgRg no AREsp 612.086/MG, DJe de 03.12.15; REsp 1.057.142/SP, DJe de 07.08.08; REsp 650.795/SP, DJ de 15.08.05.
[19] No mesmo sentido: REsp 1.756.100/DF, DJe de 11.10.18; REsp 1.558.015/PR, DJe de 23.10.17.

Em resumo: quando as partes acordarem sobre direitos patrimoniais disponíveis, ocorrerá verdadeira transação (vinculante); já quando acordarem sobre direitos indisponíveis, ocorrerá mera proposição (não vinculante). E não custa repetir: se o pronunciamento homologatório colocar fim integral à execução ou à fase cognitiva, desde que, neste caso, seja fundamentado em qualquer dos motivos listados nos arts. 485 e 487, será sentença.

Dentro da temática, uma questão interessante surge quando o órgão judicial indefere o requerimento conjuntamente formulado pelas pessoas de homologação de transação extrajudicial por elas celebrada. Ao ser desafiado a se pronunciar sobre o tema, o Superior Tribunal de Justiça firmou posicionamento no sentido de que tal pronunciamento é agravável, em ementa que restou assim redigida:

> PROCESSUAL CIVIL. PEDIDO DE HOMOLOGAÇÃO DE ACORDO EXTRAJUDICIAL. INDEFERIMENTO. DECISÃO INTERLOCUTÓRIA DE MÉRITO. AGRAVO DE INSTRUMENTO. CABIMENTO.
> 1. A controvérsia consiste em saber se a decisão que deixa de homologar acordo extrajudicial firmado entre as partes pode ser alvo de agravo de instrumento, a despeito do rol taxativo do art. 1.015 do CPC/2015.
> 2. O Código de Processo Civil de 2015, em seu art. 203, conceitua sentença como "o pronunciamento por meio do qual o juiz, com fundamento nos arts. 485 e 487, põe fim à fase cognitiva do procedimento comum, bem como extingue a execução" e decisão interlocutória como "todo pronunciamento judicial de natureza decisória que não se enquadre" no conceito de sentença.
> 3. Quando o magistrado homologa acordo extrajudicial apresentado pelas partes prolata sentença e encerra o feito, nos termos do art. 487, III, b, do CPC/2015.
> 4. Se resolver parcialmente o mérito da controvérsia, na ocorrência de qualquer das hipóteses previstas nos arts. 485 e 487, II e III, do mesmo diploma, profere decisão interlocutória de mérito, impugnável por agravo de instrumento, de acordo com o parágrafo único do art. 354 do CPC/2015.
> 5. O pedido de homologação de acordo busca a resolução do conflito e, por isso, reclama pronunciamento jurisdicional de mérito (art. 487, III, b, do CPC/2015).
> 6. O decisum que deixa de homologar pleito de extinção consensual da lide configura decisão interlocutória de mérito a ensejar agravo de instrumento, interposto com fulcro no art. 1.015, II, do CPC/2015.
> 7. Recurso especial provido para anular o aresto recorrido e determinar que o Tribunal a quo examine o agravo de instrumento ali interposto, como entender de direito.
> (STJ, REsp 1.817.205/SC, DJe de 09.11.21)

Vejamos, finalmente, o que acontece quando o pronunciamento do juiz extinguir o processo de execução.

2.1.1.2 A sentença como pronunciamento que extingue a execução

Nos termos do citado art. 203, § 1º, será sentença o pronunciamento judicial que extinguir a execução. Esta é a hipótese classificada na letra c.

O processo de execução, por também representar um método previsto em lei para solução de conflitos, igualmente se desenvolve por fases (CPC, arts. 721 a

925), muito embora de forma um tanto diferente, pois não se destina a promover o acertamento de questões, mas apenas à efetivação daquilo que constar do título executivo que obrigatoriamente lhe confere fundamento (CPC, art. 778, *caput*). Só por aí já se percebe que não faria muito sentido o legislador se apegar à suas fases ou fundamentos utilizados pelo CPC para classificar sentenças em terminativas e definitivas, sendo este o motivo pelo qual considerou o processo como um todo no conceito de sentença. Como resultado, o ato que extinguir o processo de execução, independentemente do motivo, será sempre sentença (CPC, art. 925), o que vem reforçado por diversos dispositivos, a exemplo do art. 920, III, que diz que "encerrada a instrução [dos embargos à execução], o juiz proferirá sentença", e do art. 925, que, de forma ainda mais direta, dispõe que "a extinção [da execução] só produz efeito quando declarada por sentença." Do contrário, será classificado como outro pronunciamento.

Apesar de isso já ter sido dito, vale a pena repetir que existem somente dois tipos de processos: o de conhecimento e o de execução, cada qual constituído de etapas distintas. A observação é importante porque, no cotidiano, ainda é muito comum que as pessoas digam que vão "executar a sentença", quando, tecnicamente, isso não seria possível, já que sentença se *cumpre*, não se executa (CPC, art. 515). Logo, se o alimentante não pagar a pensão determinada pela sentença, restará ao alimentando promover o seu cumprimento, não sua execução, pois o que se executa são apenas títulos executivos extrajudiciais, a exemplo da nota promissória, do cheque, da escritura de divórcio que contiver obrigações referentes à partilha e do instrumento de transação referendado pelo Ministério Público, pela Defensoria Pública, pela Advocacia Pública, pelos advogados dos transatores ou por conciliador ou mediador credenciado por tribunal. Estes sim, se inadimplidos, devem ser *executados*, não cumpridos (CPC, art. 784).

Para muito além de assumir o viés meramente acadêmico, a relevância dessa distinção entre execução e cumprimento possui repercussão prática. Isto porque, como visto há pouco, o STJ entende de forma absolutamente pacífica que os pronunciamentos que extinguem o cumprimento – tanto de forma direta, em decorrência da satisfação da dívida, quando de forma indireta, em decorrência do acolhimento da impugnação – são equiparados a sentença para fins de recorribilidade. Mais ainda. Os pronunciamentos que rejeitam e acolhem a impugnação ao cumprimento de sentença também são diferentes entre si, não só desafiando a interposição de recursos distintos, como impedindo a aplicação do princípio da fungibilidade recursal, que será estudado algumas páginas à frente. De acordo com a Corte "a apelação é o recurso cabível contra decisão que acolhe impugnação do cumprimento de sentença e extingue a execução. Ainda, o agravo de instrumento é o recurso cabível contra as decisões que acolhem parcialmente a impugnação ou lhe negam provimento, por não acarretarem a extinção da fase executiva em andamento, portanto, com natureza jurídica de decisão interlocutória. A inobservância desta sistemática caracteriza erro grosseiro, vedada a aplicação do princípio da fungibilidade recursal, cabível apenas na hipótese de dúvida objetiva".[20]

Portanto, não há muito mais o que debater. Para que seja considerado sentença o pronunciamento tem que ostentar as características estudadas neste tópico.

As repercussões por isso projetadas sob o sistema recursal são massivas como se verá ao longo de todo este livro.

2.1.1.3 A estrutura da sentença

É muito comum que se faça a afirmação de que, estruturalmente, a petição inicial se revela como algo assemelhado a um "projeto de sentença", pelo menos sob a ótica da pessoa que a elabora. De certa forma, isso não deixa de ser verdadeiro, pois tal peça se organiza em três partes básicas, destinadas à exposição do fato, dos fundamentos jurídicos e do pedido, respectivamente (CPC, art. 319, III e IV).

E, para muito além de representar uma mera coincidência, sob o ponto de vista estrutural, a sentença deve conter os elementos essenciais prescritos pelo art. 489 do CPC, quais sejam o relatório, a fundamentação e o dispositivo, segmentos estes destinados respectivamente à análise dos acontecimentos havidos durante a tramitação do processo (fato), ao exame das razões jurídicas que levaram o julgador a decidir daquela forma (fundamentos jurídicos) e à apresentação do resultado do julgamento, materializado pelo acolhimento ou rejeição da pretensão deduzida na demanda (pedido).

É assim que o Código se refere a respeito:

> Art. 489. São elementos essenciais da sentença:
> I – o relatório, que conterá os nomes das partes, a identificação do caso, com a suma do pedido e da contestação, e o registro das principais ocorrências havidas no andamento do processo;
> II – os fundamentos, em que o juiz analisará as questões de fato e de direito;
> III – o dispositivo, em que o juiz resolverá as questões principais que as partes lhe submeterem.

Embora as referências acima tenham sido feitas tomando-se por parâmetro apenas a sentença, a mesma métrica deve ser seguida por todos os pronunciamentos decisórios, acrescendo-se ainda aos acórdãos, a ementa (CPC, art. 943, § 1º)

Vejamos cada um desses elementos.

2.1.1.3.1 O relatório

No relatório é feita não só a exposição dos principais acontecimentos do processo como, principalmente, identificada a causa para que se possa fazer a sua conformação futura ao sistema de precedentes adotado pelo ordenamento jurídico brasileiro (CPC, arts. 826 e 927).

---

[20] Por todos: REsp 1.947.309/BA, DJe de 10.02.23.

Nele, o juiz não emite qualquer juízo de valor. Se limita apenas a fazer a exposição da forma mais objetiva e sucinta possível dos principais episódios ocorridos durante a tramitação do processo.

2.1.1.3.2 A fundamentação

Já na fundamentação são apresentadas as razões pelas quais o órgão julgador chegou à conclusão a respeito do destino dado à causa. Assim como a petição inicial deve expor a "causa de pedir" e a contestação a "causa de impedir", a sentença deve apresentar de forma detalhada a sua "causa de decidir". Aí sim, haverá emissão de juízo de valor, muito embora não deva haver emissão de julgamento propriamente dito, já que isso competirá ao capítulo dispositivo. Por isso, a fundamentação deve expor de forma bastante analítica e detalhada os motivos de acolhimento e rejeição dos pedidos e requerimentos deduzidos pelas pessoas, ou seja, a causa de decidir à luz do que tenha sido exposto nas causas de pedir (petição inicial e reconvenção) e nas causas de impedir (contestação).

Longe de representar uma mera faculdade do órgão judicial, a fundamentação adequada de seus pronunciamentos é um dever imposto pela Constituição Federal (CR, art. 93, IX) que foi significativamente reforçado na nova ordem de coisas, como se nota da leitura dos §§ 1º a 3º do supratranscrito art. 489, os quais, inclusive, serão estudados mais profundamente em seguida.

Fundamentar não é o mesmo que argumentar, contudo. Argumentar é a arte de convencer e persuadir. Quem argumenta pretende que o interlocutor adira aos seus argumentos. Fundamentar não é bem isso. Quem fundamenta não necessariamente pretende persuadir o receptor da mensagem a aderir ao seu ponto de vista. Pretende apenas deixar fora de dúvida os motivos pelos quais chegou a determinada conclusão, demonstrando ter analisado racional e desinviesadamente os argumentos e as evidências que circundam os fatos sob análise.

No ponto, as palavras de Víctor Gabriel Rodríguez[21] são bastante esclarecedoras. Segundo ele, "quando fundamenta uma decisão, o juiz está preocupado em exteriorizar seu próprio raciocínio, em explicar – detalhadamente – os motivos pelos quais ele foi levado a determinada conclusão, seja na avaliação das provas, seja na avaliação das teses a ele expostas". Mas, "argumentar, em sentido estrito, é algo mais que a construção do bom raciocínio jurídico. Para aqueles que operam o Direito, argumentar significa partir do bom raciocínio jurídico e preocupar-se com o conteúdo linguístico necessário para que o leitor o aceite como verdadeiro (ou, ao menos, o aceite como o melhor dos raciocínios apresentados, no caso da dialética processual)." Por isso, ele que não seria exagero "dizer que, enquanto a fundamentação tem seu centro de gravidade naquele que *fala*, a argumentação se concentra naquele *a quem se fala*".

É por isso que vários argumentos utilizados pelas pessoas no intuito de persuadir o órgão julgador a acolher suas pretensões podem ser completamente

---

[21] RODRÍGUEZ, Víctor Gabriel. *Argumentação jurídica*: técnicas de persuasão e lógica informal. São Paulo: Martins Fontes, 2005, pp. 41-43.

destituídos de fundamento. A depender do cenário, essa conduta poderia até mesmo representar quebra do dever imposto pelo artigo 77, II, do CPC. Outros tantos podem até possuir fundamento, mas não seriam capazes de infirmar, nem mesmo em tese, a conclusão adotada pelo julgador, sendo, por isso, irrelevantes sob a perspectiva do subsistema decisório.

Isso parece deixar claro que não é só pela circunstância de se tratar de um fundamento que o juiz estará obrigado a se pronunciar a respeito. É preciso algo mais: o fundamento tem que ser suficiente e necessário para fulminar a linha de raciocínio utilizada pelo julgador, promovendo verdadeira alteração na conclusão a que chegaria, caso não o levasse em consideração.

Este é, inclusive, o teor do Enunciado n. 523 do FPPC, segundo o qual "o juiz é obrigado a enfrentar todas as alegações deduzidas pelas partes capazes, em tese, de infirmar a decisão, não sendo suficiente apresentar apenas os fundamentos que a sustentam", que vem complementado pela dicção do Enunciado n. 516 do mesmo Fórum, no sentido de que "para que se considere fundamentada a decisão sobre os fatos, o juiz deverá analisar todas as provas capazes, em tese, de infirmar a conclusão adotada."

Logo, se houver omissão em relação a argumento dotado desta aptidão, a sentença será indubitavelmente não fundamentada (CPC, art. 489, § 1º). Por outro lado, caso o argumento seja inapto a tanto, a sentença será considerada fundamentada, mesmo que o juiz não o examine por entender que o raciocínio utilizado para a análise de outra questão o tenha abrangido ou que a ordem lógica de enfrentamento das questões torne desnecessário seu exame.

Conferindo reforço a esse entendimento, o Enunciado n. 12 da ENFAM dispõe que "não ofende a norma extraível do inciso IV do § 1º do art. 489 do CPC/2015 a decisão que deixar de apreciar questões cujo exame tenha ficado prejudicado em razão da análise anterior de questão subordinante", o que, de resto, vem acompanhada pelo posicionamento maciço do STJ.[22]

Daí a importância de que a sentença seja analisada dentro de um contexto específico, que leve em consideração as peculiaridades do conflito, a vontade das partes e o conjunto da postulação, bem como que seja interpretada a partir da conjugação de todos os seus elementos e em conformidade com o princípio da boa-fé (CPC, art. 489, § 3º).[23]

Apesar disso, por questão de economia processual, admite-se a assim chamada motivação *per relationem*, denominação utilizada para se referir ao tipo específico de fundamentação em que o juiz, em vez de elaborar a sua própria motivação, se limita a fazer mera remissão ou referência aos argumentos lançados em outros pronunciamentos, em outras manifestações ou em peças processuais existentes nos autos, mesmo aquelas produzidas pelas pessoas componentes da relação processual, pelo Ministério Público ou por autoridades

---

[22] AgInt no REsp 1.813.583/MT, *DJe* de 10.02.20; EDcl no AgRg no AREsp 1.524.332/RN, *DJe* de 03.02.20; EDcl no MS 21.315/DF, *DJe* de 15.06.16.
[23] FPPC, Enunciado n. 378: "A boa fé processual orienta a interpretação da postulação e da sentença, permite a repreenda do abuso de direito processual e das condutas dolosas de todos os sujeitos processuais e veda seus comportamentos contraditórios."

públicas, desde que seu teor indique os fundamentos de fato e/ou de direito que justifiquem a sua decisão.[24]

2.1.1.3.2.1 A fundamentação da sentença como instrumento de reforço ao sistema brasileiro de precedentes qualificados

O CPC reforçou significativamente as exigências da fundamentação das sentenças, por um motivo bem claro: conferir reforço ao sistema brasileiro de precedentes qualificados.

É que, como se sabe, o Código de Processo Civil de 2015 passou a prever que os tribunais devam uniformizar sua jurisprudência e mantê-la estável, íntegra e coerente (art. 926, *caput*). E, para que isso possa ser alcançado, o mesmo diploma impõe que todos os órgãos julgadores de todos os graus de jurisdição sigam determinados padrões decisórios denominados de "precedentes qualificados".

Mas, o que viriam a ser precedentes? Bom, precedente é um termo polissêmico que, em linguagem processual, é utilizado para se referir a julgados que tenham sido proferidos antes de outros, em relação de precedência a eles. De modo geral, e, obviamente, não imune a críticas, os precedentes reconhecidos pelo sistema jurídico brasileiro podem ser classificados em dois tipos básicos, de acordo com a sua maior ou menor força obrigatória: os "precedentes qualificados" e os "precedentes persuasivos". Os primeiros, dotados de força vinculante e obrigatória; os segundos, providos apenas do poder de convencimento, de indução das pessoas a aceitarem a ideia por eles encampada.

Por aqui, no entanto, importam apenas os "precedentes qualificados".

Mas, o que viriam a ser "precedentes qualificados"? Por precedentes qualificados têm-se tipos específicos de julgados proferidos por certos órgãos do Poder Judiciário que veiculam teses jurídicas fixadas a partir da interpretação dada a questões de direito que lhes tenham sido submetidas. e que, por isso, servirão de modelo para a solução de casos semelhantes no futuro.

A denominação "precedente qualificado" se deve ao fato de eles serem resultado de julgamentos proferidos de forma mais consistente, pautada em maiores subsídios e sob maior amplitude de fundamentação, que, por isso, permitem um exame aprofundado e detalhado da controvérsia jurídica a eles subjacente. Seu elemento central é a *ratio decidendi*, isto é, as "razões de decidir", as premissas, os fundamentos determinantes, sem os quais a tese não teria sido fixada e a decisão não seria proferida da forma como foi.

Só daí já se vê a sua enorme diferença de outros julgados – como as sentenças e acórdãos tradicionais –, cujo capítulo dispositivo é o que importa.

Para o sistema de precedentes qualificados, pelo contrário, o comando contido no capítulo dispositivo dos pronunciamentos judiciais não é o que verdadeiramente assume relevo, mas sim o que conste em sua fundamentação, nas razões determinantes que tenham levado o órgão julgador a formar aquela tese

---

[24] STJ, REsp 2.050.338/MA, DJe de 05.06.23; AgInt no REsp 2.033.098/MA, DJe de 03.04.23.

e, apenas por isso, solucionar aquele caso específico da forma como feita. É isso que permite a sua identificação, a sua distinção e a sua eventual superação, sendo, por isso, o que vincula os juízes a decidirem de acordo nos julgamentos posteriores.

Muito embora costumem aparecer no mesmo contexto, a *ratio decidendi* não se confunde com o *obiter dictum* (ou, os *obiter dicta*, no plural), que são aqueles argumentos meramente laterais, de reforço, utilizados quando muito para auxiliar na compreensão da decisão, mas que não constituem parte de seu núcleo, tampouco integram seus fundamentos determinantes.

De sua parte, o CPC facilitou demais a tarefa de identificação de cada um, pois reuniu todos os precedentes qualificados nos incisos I a V do art. 927 do CPC,[25] fazendo com que os precedentes persuasivos sejam identificados por exclusão.[26]

A propósito, assim se encontra redigido o art. 927 do CPC:

> Art. 927. Os juízes e os tribunais observarão:
> I – as decisões do Supremo Tribunal Federal em controle concentrado de constitucionalidade;
> II – os enunciados de súmula vinculante;
> III – os acórdãos em incidente de assunção de competência ou de resolução de demandas repetitivas e em julgamento de recursos extraordinário e especial repetitivos;
> IV – os enunciados das súmulas do Supremo Tribunal Federal em matéria constitucional e do Superior Tribunal de Justiça em matéria infraconstitucional;
> V – a orientação do plenário ou do órgão especial aos quais estiverem vinculados.
> § 1º Os juízes e os tribunais observarão o disposto no art. 10 e no art. 489, § 1º, quando decidirem com fundamento neste artigo.
> § 2º A alteração de tese jurídica adotada em enunciado de súmula ou em julgamento de casos repetitivos poderá ser precedida de audiências públicas e da participação de pessoas, órgãos ou entidades que possam contribuir para a rediscussão da tese.
> § 3º Na hipótese de alteração de jurisprudência dominante do Supremo Tribunal Federal e dos tribunais superiores ou daquela oriunda de julgamento de casos repetitivos, pode haver modulação dos efeitos da alteração no interesse social e no da segurança jurídica.
> § 4º A modificação de enunciado de súmula, de jurisprudência pacificada ou de tese adotada em julgamento de casos repetitivos observará a necessidade de fundamentação adequada e específica, considerando os princípios da segurança jurídica, da proteção da confiança e da isonomia.
> § 5º Os tribunais darão publicidade a seus precedentes, organizando-os por questão jurídica decidida e divulgando-os, preferencialmente, na rede mundial de computadores.

Dentro desse contexto, enquanto uma Súmula do STF e um julgamento proferido sob a sistemática de recurso especial repetitivo são precedentes qualificados – por estarem previstos nos incisos IV e III do art. 927, respectivamente –,

---

[25] Neste sentido, dentre vários: STJ, AgInt no AREsp 1.427.771/SP, DJe de 27.06.19.
[26] Os precedentes qualificados são assim considerados por obedecerem a um procedimento específico de formação, previsto essencialmente pelos arts. 947, 976 a 986 e 1.036 a 1.040 do CPC, cuja leitura oportuna se revela essencial.

os julgamentos de turmas isoladas do STJ e decisões monocráticas de tribunais estaduais são precedentes meramente persuasivos – por não estarem previstos em nenhum dos incisos do art. 927. Ainda dentro do mesmo contexto, o Código considera "julgamento de casos repetitivos", indiferentemente de terem por objeto questão de direito material ou processual, a decisão proferida em incidente de resolução de demandas repetitivas e os recursos especial e extraordinário repetitivos (CPC, art. 928).

Sob o ponto de vista redacional, acredito, respeitosamente, que o legislador poderia ter sido mais preciso ao redigir o *caput* deste dispositivo, porque os julgadores, na verdade, se encontram *vinculados a aplicar* esses padrões decisórios no caso concreto, na forma exposta em seus incisos, e não meramente os *observar*. Mas, enfim!

2.1.1.3.2.2 Fundamentação adequada x fundamentação inadequada

O Código é tão rigoroso em relação à fundamentação das decisões que já deixa claro logo no § 1º do art. 489 que:

> Art. 489. [...]
> § 1º Não se considera fundamentada qualquer decisão judicial, seja ela interlocutória, sentença ou acórdão, que:
> I – se limitar à indicação, à reprodução ou à paráfrase de ato normativo, sem explicar sua relação com a causa ou a questão decidida;
> II – empregar conceitos jurídicos indeterminados, sem explicar o motivo concreto de sua incidência no caso;
> III – invocar motivos que se prestariam a justificar qualquer outra decisão;
> IV – não enfrentar todos os argumentos deduzidos no processo capazes de, em tese, infirmar a conclusão adotada pelo julgador;
> V – se limitar a invocar precedente ou enunciado de súmula, sem identificar seus fundamentos determinantes nem demonstrar que o caso sob julgamento se ajusta àqueles fundamentos;
> VI – deixar de seguir enunciado de súmula, jurisprudência ou precedente invocado pela parte, sem demonstrar a existência de distinção no caso em julgamento ou a superação do entendimento.

De antemão, fica claro que essa disposição não se aplica somente às sentenças, porque o legislador fez questão de enfatizar que "não se considera fundamentada qualquer decisão judicial, seja ela interlocutória, sentença ou acórdão".

Mais ainda. Note que, se a fundamentação não for adequada, os pronunciamentos judiciais serão considerados como "não fundamentados", via de consequência, serão absolutamente nulos o que possibilitará que o tribunal os casse por erro de procedimento consistente na violação a um dever constitucional (CR, art. 93, IX).

Analisando-se de forma detalhada os incisos do art. 489, § 1º, pode-se concluir que não se considera fundamentado o pronunciamento judicial que:

> I – se limitar à indicação, à reprodução ou à paráfrase de ato normativo, sem explicar sua relação com a causa ou a questão decidida: se a fundamentação tem que ser adequada, não basta a mera remissão a textos de lei, sem ser feita a sua

contextualização com o caso concreto submetido a julgamento, como ocorreria se, em ações de guarda, a decisão se limitasse a transcrever o enunciado do art. 1.583, § 2º, de acordo com o qual "na guarda compartilhada, o tempo de convívio com os filhos deve ser dividido de forma equilibrada com a mãe e com o pai, sempre tendo em vista as condições fáticas e os interesses dos filhos" e já estabelecesse em seguida o regime de convivência sem fazer a incursão nos fatos referentes especificamente àquele conflito nem apresentar elementos próprios de convicção, ainda que de forma sucinta, para justificar os porquês de estar assim agindo;

II – empregar conceitos jurídicos indeterminados, sem explicar o motivo concreto de sua incidência no caso: é o que aconteceria se o órgão julgador tomasse como parâmetro para decidir os "princípios da dignidade da pessoa humana" ou do "superior interesse da criança", sem fazer a explicação específica dos motivos pelos quais eles estariam sendo aplicados ao caso sob análise;

III – invocar motivos que se prestariam a justificar qualquer outra decisão: o enunciado é autoexplicativo. Seria exemplificar com as hipóteses em que o juízo se limitasse a afirmar que "à luz do binômio alimentar fixo alimentos em tantos reais" ou a tão corriqueira frase "presentes os pressupostos legais, defiro a liminar". Ora, com o máximo respeito aos que assim não pensam, isso é o mesmo que não fundamentar, daí avindo, inclusive, a presunção legal estabelecida pelo art. 489, § 1º, no sentido de que "não se consideram fundamentadas" decisões deste tipo. Para que refuja ao campo de incidência do inciso III, é preciso que a fundamentação faça referência expressa aos acontecimentos e peculiaridades daquela causa que se encontra sob sua análise, para, apenas em um segundo momento, promover o seu enquadramento na moldura estabelecida pela norma jurídica;

IV – não enfrentar todos os argumentos deduzidos no processo capazes de, em tese, infirmar a conclusão adotada pelo julgador: o texto deste inciso precisa ser interpretado de forma lógico sistemática e não puramente literal, para que dele possa ser extraída a correta norma jurídica. É que, ao obrigar o juiz a enfrentar "todos os argumentos deduzidos no processo", o legislador não teve a intenção de lhe impor que analisasse os fundamentos um a um, mas apenas aqueles que sejam capazes de, em tese, "infirmar a conclusão adotada" no caso concreto. Lembre-se da distinção feita no tópico antecedente entre fundamento e argumento. Por sinal, este parece ser o entendimento da literatura, já que, enquanto Marinoni, Mitidiero e Arenhart sustentam que, "o juiz não tem o dever de rebater todos os argumentos levantados pelas partes ao longo de seus arrazoados: apenas os argumentos relevantes é que devem ser enfrentados", ou seja, apenas aqueles que forem capazes de infirmar, em tese, a conclusão adotada pelo julgador, Didier Jr. Sarno Braga e Oliveira entendem que o julgador "não é obrigado a analisar todos os argumentos que a confirmam; mas é obrigado a enfrentar todos que a infirmam". O que a decisão precisa conter, então, é a análise detalhada e fundamentada da matéria relevante ao deslinde da controvérsia, sendo obrigada a se pronunciar apenas sobre aqueles pontos e questões que forem capazes de infirmar, em tese, a conclusão final. Assim, caso uma sentença em ação de investigação de paternidade reconheça que a pessoa apontada como pai da criança não é seu verdadeiro genitor, não precisará enfrentar a questão inerente aos alimentos, já que, por força de lei, só pais possuem esse dever. Da mesma forma, se reconhecer que um apartamento não se comunica ao ex-cônjuge e, por isso, não deve integrar a partilha, o órgão julgador não precisará se manifestar sobre a partilha dos rendimentos por ele produzidos e assim sucessivamente. Afinal, o que a decisão judicial precisa conter é a análise apenas daqueles pontos e questões que forem capazes de infirmar, em tese, a conclusão final;

V – se limitar a invocar precedente ou enunciado de súmula, sem identificar seus fundamentos determinantes nem demonstrar que o caso sob julgamento se ajusta àqueles fundamentos, e;

VI – deixar de seguir enunciado de súmula, jurisprudência ou precedente invocado pela parte, sem demonstrar a existência de distinção no caso em julgamento ou a superação do entendimento. Os textos destes incisos V e VI precisam ser lidos não só de forma complementar um ao outro, mas, também, de modo conjunto com os enunciados dos arts. 926, *caput*, e 927 do CPC. Isso porque eles tratam especificamente sobre as técnicas de identificação, de distinção e de superação precedentes qualificados. Portanto, quando o inciso V do art. 489, § § 1°, do CPC considera nula por ausência de fundamentação a decisão que se limitar a invocar precedentes qualificados, sem fazer a *identificação* de seus fundamentos determinantes nem demonstrar que o caso sob julgamento a eles se ajusta, quer impor aos julgadores que não só identifiquem a verdadeira *ratio decidendi* do precedente aplicável ao caso sob julgamento, mas que, também, promovam o efetivo emolduramento de um ao outro. Seria exemplificar com a hipótese de uma decisão que se limitasse a reproduzir o texto de uma súmula do STF ou a ementa de um recurso especial repetitivo, sem promover o enquadramento específico do caso sob análise a seus fundamentos determinantes. Essa exigência de respeito aos precedentes qualificados fica ainda mais evidente quando se percebe que o inciso VI do art. 489, § 1°, do CPC considera não fundamentado o pronunciamento que simplesmente deixa de seguir qualquer precedente qualificado, sem demonstrar a existência de *distinção* entre sua *ratio* e o caso em julgamento *(distinguishing)* ou a *superação*, pelo órgão competente, da tese por ele abarcada *(overruling)*, ou seja, de realizar o exercício que vem sendo denominado "dever de fundamentação analítica". Isto porque, de nada adiantaria que o legislador, na teoria, vinculasse os julgadores a obedecer aos precedentes qualificados, se, na prática, estes fossem simplesmente descumpridos. Por isso é que, se o caso sob julgamento teoricamente atrair a incidência da tese jurídica encampada por este tipo de precedente, ela só não lhe será concretamente aplicada se o julgador promover a distinção de sua *ratio decidendi* à hipótese submetida à sua análise *(distinguishing)* ou demonstrar que a tese jurídica foi superada pelo órgão responsável por sua elaboração *(overruling) (CPC, art. 927, § 2°)*. Se isso realmente for feito, a decisão poderá ser proferida de forma diferente. Do contrário, terá que seguir a orientação firmada no precedente qualificado, sob pena de nulidade. O mesmo não precisará ser feito, contudo, se o precedente for meramente persuasivo.[27]

Mas esteja atento ao seguinte: o juiz só deve realizar a supramencionada "fundamentação analítica" – isto é, a obrigação de demonstrar detalhadamente a distinção ou superação do paradigma invocado, na forma do art. 489, § 1°, VI, do CPC –, quando ele (o juiz) estiver vinculado a seguir a orientação do precedente qualificado invocado no caso concreto. Isso quer dizer que o campo de aplicação desse dever se restringe às postulações que se fundamentarem naqueles padrões decisórios referidos pelo art. 927 do CPC, como as decisões do STF em controle concentrado de constitucionalidade, as Súmulas do STJ ou STF e as teses firmadas em acórdãos proferidos em resolução de demandas repetitivas e em julgamento de recursos extraordinário e especial repetitivos, por exemplo. Nessas hipóteses, caso pretenda deixar de aplicá-los ao caso submetido à sua apreciação, deverá obrigatoriamente demonstrar, de forma analítica, a ocorrência de sua superação ou distinção. Por outro lado, caso não exista essa vinculação – o que ocorreria se a postulação invocasse precedentes meramente persuasivos, como Súmulas ou orientações firmadas por tribunais estaduais distintos daquele ao qual ele esteja vinculado –, o julgador estará

---

[27] Exatamente assim: *STJ, AgInt no AREsp 1.992.284/SP, DJe de 23.05.23; REsp 1.698.774/RS, DJe de 09.09.20.*

livre para decidir em desconformidade com o precedente persuasivo invocado pela parte, mesmo sem discorrer analiticamente a respeito da distinção ou da superação do entendimento.[28]

Como se percebe, enquanto a distinção (*distinguishing*) representa uma técnica aplicável por qualquer julgador, voltada a descobrir se existem diferenças relevantes entre dois casos – o sob sua apreciação concreta e aquele que se encontra à base do precedente qualificado[29] –, ao ponto de impedir a aplicação deste, a superação (*overruling*) configura uma técnica utilizável exclusivamente pelo próprio órgão criador do precedente qualificado para retirá-lo do ordenamento jurídico. Essa diferenciação deixa claro que "quando há utilização adequada da técnica de distinção, não ocorre uma superação da *ratio decidendi* originária, mas sim, a criação de uma nova, aplicável a uma situação diferente, ou mesmo um ajuste dos fatos a serem por ela abrangidos".[30]

A assimilação desses conceitos é algo fundamental para que se possa compreender não só a nova formatação atribuída à fundamentação das decisões judiciais, mas o sistema recursal como um todo.

Encerrando a disciplina da fundação da sentença, o art. 489 ainda acrescenta que no caso de haver colisão entre normas, o juiz deve justificar o objeto e os critérios gerais da ponderação efetuada, enunciando as razões que autorizam a interferência na norma afastada e as premissas fáticas que fundamentam a conclusão (§ 2°). E, deixando claro o alinhamento que deve existir entre interpretação do pedido e interpretação da sentença, dispõe que "a decisão judicial deve ser interpretada a partir da conjugação de todos os seus elementos e em conformidade com o princípio da boa-fé" (§ 3°).[31]

2.1.1.3.2.3 A eficácia pedagógica do art. 489, § 1°, do CPC

Todo esse rigorismo imposto ao órgão prolator não poderia deixar de repercutir sobre as pessoas que fazem postulações no processo. Afinal, como ensinam Fredie Didier Jr. e Ravi Peixo:[32] se "um dos papéis das partes é o de orientar a formação da decisão jurídica, o exercício deste papel deve refletir aquele que é exigido do responsável por tal decisão".

Por isso, os atos postulatórios também devem seguir, obviamente com adaptações, as exigências feitas pelo art. 489, § 1°. Assim, se, ao propor uma demanda, a pessoa invocar um determinado julgado que deseje ver reconhecido como precedente qualificado, deve, na própria petição inicial e antes de qualquer outra coisa, demonstrar a existência de similaridade fática entre o caso sob julgamento e aqueles que tenham servido de base ao precedente, para, em um segundo momento, demonstrar a sua *ratio decidendi*, e, finalmente, explicitar de que forma ela vincularia a hipótese sob apreciação do juiz. Por idêntico motivo, se pretender sustentar que um precedente qualificado não pode ser aplicado ao seu caso,

---

[28] Exatamente assim: STJ, AgInt no AREsp 2.251.937/RJ, DJe de 06.11.23; AgInt no REsp 1.895.387/DF, DJe de 22.06.23; AgInt no AREsp 1.843.196/RJ, DJe de 22.09.21.
[29] JDPC/CJF, Enunciado n. 59: "Não é exigível identidade absoluta entre casos para a aplicação de um precedente, seja ele vinculante ou não, bastando que ambos possam compartilhar os mesmos fundamentos determinantes."
[30] PEIXOTO, Ravi. O sistema de precedentes desenvolvido pelo CPC/2015 – Uma análise sobre a adaptabilidade da distinção (*distinguishing*) e da distinção inconsistente (*inconsistent distinguishing*). *Revista de Processo*, n. 248, out./2015, São Paulo: RT.
[31] CPC, art. 322, § 2°: "A interpretação do pedido considerará o conjunto da postulação e observará o princípio da boa-fé."
[32] DIDIER JR., Fredie; PEIXOTO, Ravi. O art. 489, § 1°, do CPC e a sua incidência na postulação dos sujeitos processuais: um precedente do STJ. Em: ALVIM, Teresa [e col.] (Orgs.). *Novo CPC aplicado* – visto por processualistas. São Paulo: RT, 2017, p. 98-99.

em razão de ter sido superado, deve ela própria já fazer essa comprovação na sua petição. É exatamente nesses termos o Enunciado n. 9 da ENFAM, quando dispõe que "é ônus da parte, para os fins do disposto no art. 489, § 1º, V e VI, do CPC/2015, identificar os fundamentos determinantes ou demonstrar a existência de distinção no caso em julgamento ou a superação do entendimento, sempre que invocar jurisprudência, precedente ou enunciado de súmula."

Também nesse sentido é a jurisprudência atual do STJ, veja:

> PROCESSUAL CIVIL E ADMINISTRATIVO. [...]. A PARTE RECORRENTE NÃO SE DESINCUMBIU DE SEU ÔNUS ARGUMENTATIVO, PERANTE A CORTE DE ORIGEM, EM DEMONSTRAR COMO O CASO CONCRETO SE AMOLDARIA AO PRECEDENTE INVOCADO. AGRAVO INTERNO DO ENTE ESTADUAL A QUE SE NEGA PROVIMENTO.
> [...]
> Ao postular a aplicação de um precedente, a argumentação apresentada pela parte não pode ser genérica, limitando-se a apenas mencionar o entendimento que espera prevalecer no caso concreto. Ao revés, é necessário demonstrar, especificamente, qual seria o equívoco da decisão a ser modificada; é este, inclusive, o teor do Enunciado 9 da ENFAM. Ocorre que, no presente caso, nem os Embargos de Declaração, nem o Recurso Especial, expõem precisamente como as circunstâncias fáticas dos autos se assemelham às do julgado do STF mencionado nas razões recursais.
> 4. Agravo Interno do Ente Estadual a que se nega provimento.
> (AgInt no REsp n. 1.854.873/AM, DJe de 29.06.20)[33]

É absolutamente essencial que se saiba disso, porque, se os recursos são mero prolongamento do direito de ação, é evidente que exatamente esse mesmo regramento deve ser aplicado à petição inicial recursal.

2.1.1.3.3 O dispositivo

Finalmente, no dispositivo é feita a verdadeira aplicação do direito ao caso concreto, pois é nele que o juiz julgará procedente ou improcedente o pedido a partir da conclusão chegada na fundamentação. É nele que se encontra o conteúdo da sentença, ou seja, a norma jurídica por ela individualizada que conferirá o regramento do conflito subjacente por ela solucionado.

Assim, no dispositivo da sentença condenatória haverá uma condenação impondo ao sujeito que sair vencido na causa o cumprimento do dever de prestar, do dever de praticar uma conduta representada por um dar, um fazer ou um não fazer. No direito das famílias, talvez o seu mais significativo exemplo seja a sentença condenatória de alimentos. Já no dispositivo da sentença constitutiva haverá a criação, a modificação ou a extinção de uma relação ou situação jurídica, tal qual acontece com a sentença de divórcio, que dissolve o casamento. Finalmente, no dispositivo da sentença declaratória haverá uma declaração acerca da existência, da inexistência ou do modo de ser de alguma relação ou situação jurídica ou da autenticidade e falsidade do documento (CPC, art. 19).[34] Seria exemplificar com a sentença que declara a exclusão do herdeiro por indignidade na forma do art. 1.815 do Código Civil.

---
[33] No mesmo sentido o AgInt no AREsp 1.497.766/DF, DJe de 02.08.21.
[34] DIDIER JR, Fredie [et. al]. Curso de direito processual civil. v. 2. 18. ed. Salvador: JusPodivm, 2023, pp. 421-427.

O conteúdo, portanto, é a essência da sentença. Dele projetam-se incontáveis efeitos que serão estudados oportunamente neste livro.

2.1.1.3.3.1 Os capítulos de sentença

Já que o órgão julgador se vê obrigado a decidir tudo o que lhe tenha sido pedido, ele deve organizar internamente a sentença de acordo com essa imposição, segmentando o seu dispositivo em tantos tópicos quantas sejam as postulações deduzidas na demanda, dando origem ao que se convencionou chamar de "capítulos de sentença".

Esse espelhamento deve-se ao fato de nosso sistema processual ser regido pelos princípios da inércia e da correlação, pelos quais o órgão julgador fica adstrito a se pronunciar precisamente sobre aquilo e somente sobre aquilo a que tenha sido provocado, sendo-lhe expressamente vedado conhecer de questões não suscitadas, a cujo respeito a lei exija provocação, bem como proferir decisão de natureza diversa da pedida ou emitir condenação em quantidade superior ou em objeto diverso do que lhe tenha sido pedido (CPC, arts. 2°, 141, 490 e 492). Por isso, inclusive, muitos dizem que a petição inicial acaba sendo um projeto de sentença, pelo menos sob a ótica da pessoa que propõe a demanda, já que os pedidos naquela deduzidos a vincularão a ser proferida de acordo, independentemente do fato de os julgar procedentes ou improcedentes, sob pena de ser caracterizada como *citra ou infra petita, ultra petita* e *extra petita*.

Assim, se uma demanda contiver pedidos de divórcio, alimentos e partilha, por exemplo, a sentença também deverá conter três capítulos decisórios, cada qual destinado a decidir individualizadamente essas pretensões.

Agora é hora de conhecer o conceito de decisão interlocutória.

2.1.2 A DECISÃO INTERLOCUTÓRIA

De acordo com o texto do art. 203, § 2°: "decisão interlocutória é todo pronunciamento judicial de natureza decisória que não se enquadre no § 1°." Trata-se, portanto, de conceito obtido por exclusão.

O legislador não foi expresso a este respeito, mas obviamente quis vincular as interlocutórias aos pronunciamentos de natureza decisória diversos da sentença, que tenham sido proferidos "no primeiro grau de jurisdição". Afinal, é de pronunciamentos do *juiz* que ela é espécie (CPC, art. 203, *caput*).

Desse conceito, entretanto, se extraem pelo menos duas importantes notas a respeito das interlocutórias: o fato de possuírem "natureza decisória", isto é, de solucionarem alguma controvérsia, e de apresentarem conteúdo capaz de gerar prejuízo às pessoas que estejam envolvidas com aquele processo, o que, por si só, já as distingue consideravelmente do terceiro pronunciamento judicial a ser estudado por aqui, qual seja, o despacho, cuja função é eminentemente ligada à promoção do andamento do feito, sem carga efetivamente decisória, e; b) o fato de elas não possuírem conteúdo preestabelecido por lei, o que, por sua vez, as distingue consideravelmente das sentenças, que, conforme visto, só podem se referir ao que dispõem os arts. 485 e 487 do CPC.

Antes que se possa criticar a opção legislativa, é preciso que se saiba que a nova conformação do processo civil brasileiro impõe que seja assim. Não existe mais ambiente para que as decisões interlocutórias continuem sendo consideradas o pronunciamento do juiz que resolve questão incidente no curso do processo, como fazia o diploma revogado, até porque foi eliminada a figura do agravo retido. Agora, essa espécie de ato possui um alcance muito maior. Ela pode tanto resolver questões puramente processuais – como a concessão de gratuidade da justiça e da tutela provisória ou a modificação do valor da causa (CPC, arts. 101, 298 e 293) –, quanto uma questão preliminar ao mérito referente a apenas um pedido – a exemplo da prescrição e da decadência parciais no momento do saneamento e organização do processo (CPC, art. 357, I)[35] –, ou, ainda, o mérito propriamente dito – como a concessão antecipada e parcial do divórcio (CPC, art. 356, I) ou a homologação de um acordo parcial sobre a guarda e convivência com filhos (CPC, art. 354, parágrafo único).

2.1.2.1 A desvinculação a conteúdo e finalidade específicos

Só do que foi exposto no tópico antecedente já se vê que, contrariamente ao que acontece com as sentenças, as decisões interlocutórias não se submetem a um rol preestabelecido de matérias, podendo versar sobre incontáveis temas, inclusive aqueles constantes dos arts. 485 e 487 do Código. Sim, decisões interlocutórias agora podem decidir o mérito do processo, como se percebe facilmente ao ler os textos dos arts. 502,[36] 503,[37] 515, I, II e III[38] e 966[39] do CPC. A bem da verdade, não só decidir propriamente o mérito, como homologar acordos versando sobre ele, decidindo-o impropriamente.

O que elas nunca podem é se fundamentar nas hipóteses trazidas por estes dispositivos e, ao mesmo tempo, colocar fim à fase cognitiva do procedimento comum ou extinguirem a execução, pois este é o papel das sentenças.

Portanto, se é a ausência de conteúdo decisório que as distingue dos despachos, é esta última nota que mais as diferencia das sentenças, com as quais, entretanto, guarda a semelhança estrutural de ter que ser expressamente fundamentada (CR, art. 93, IX).

Só não confunda essa desvinculação a conteúdos, como exigência para caracterizar as decisões interlocutórias, com a relativa vinculação a certos conteúdos, como exigência para as tornar agraváveis, conforme será visto com mais detalhes no próximo tópico. Afinal, uma coisa é saber que elas se constituem em uma espécie de pronunciamentos judiciais, outra, completamente diferente, é saber qual recurso será cabível para o seu ataque.

O que é mais intrigante de tudo isso é que embora a distinção conceitual entre decisões interlocutórias e sentenças se mostre essencial para que se saiba o tipo de recurso cabível, não apresenta relevância significativa quando o que está em jogo é a ocorrência de coisa julgada, a formação de título executivo

---

[35] FPPC, Enunciado n. 161: "É de mérito a decisão que rejeita a alegação de prescrição ou de decadência."
[36] CPC, art. 502. "Denomina-se coisa julgada material a autoridade que torna imutável e indiscutível a decisão de mérito não mais sujeita a recurso."
[37] CPC, art. 503. "A decisão que julgar total ou parcialmente o mérito tem força de lei nos limites da questão principal expressamente decidida."
[38] CPC, art. 515. "São títulos executivos judiciais, cujo cumprimento dar-se-á de acordo com os artigos previstos neste Título: I – as decisões proferidas no processo civil que reconheçam a exigibilidade de obrigação de pagar quantia, de fazer, de não fazer ou de entregar coisa; II – a decisão homologatória de autocomposição judicial; III – a decisão homologatória de autocomposição extrajudicial de qualquer natureza."
[39] CPC, art. 966. "A decisão de mérito, transitada em julgado, pode ser rescindida quando [...]."

judicial e o cabimento da ação rescisória. Isto porque, repito, o CPC/2015 optou por admitir que decisões interlocutórias decidissem o mérito da causa, conforme a mais superficial leitura dos já mencionados artigos 502, 503, 515, I, II e III, e 966 permite antever. Para essas finalidades, portanto, houve o deslocamento do foco que antes recaía sobre o tipo de pronunciamento judicial para o seu conteúdo. Logo, como é o julgamento de mérito – e não o tipo de pronunciamento judicial – que condiciona e orienta esses institutos, realmente não faria muito sentido tentar vinculá-los exclusivamente à sentença. Via de consequência, havendo o decurso em branco do prazo para interposição do recurso destinado ao ataque do pronunciamento de mérito – seja ele sentença ou decisão interlocutória –, haverá a ocorrência de coisa julgada (CPC, arts. 502 e 503) passível tanto de constituir um título executivo judicial pronto para ser cumprido definitivamente (CPC, art. 515, I) quanto de ensejar o ajuizamento de ação rescisória se ocorrer qualquer das hipóteses previstas em lei (CPC, art. 966).[40]

Sobre o tema, confira este elucidativo julgado:

> CIVIL. PROCESSUAL CIVIL. AÇÃO CAUTELAR DE ARROLAMENTO DE BENS POSTERIORMENTE ADITADA PARA AÇÃO DE DIVÓRCIO E PARTILHA DE BENS. NEGATIVA DE PRESTAÇÃO JURISDICIONAL E OMISSÃO. INOCORRÊNCIA. DECISÃO INTERLOCUTÓRIA QUE FIXA DATA DA SEPARAÇÃO DE FATO DO CASAL PARA FINS DE PARTILHA. RECORRIBILIDADE IMEDIATA COM BASE NO ART. 1.015, II, DO CPC/15. POSSIBILIDADE. QUESTÃO QUE DIZ RESPEITO AO MÉRITO DA CONTROVÉRSIA. PRETENSÃO DE PARTILHA DE BENS QUE PRESSUPÕE A DEFINIÇÃO DA DATA DA SEPARAÇÃO, QUE A COMPÕE DE MODO INDISSOCIÁVEL. [...].
> O CPC/15 passou a admitir, expressamente, a possibilidade de serem proferidas decisões parciais de mérito, reconhecendo a possibilidade de pedidos cumulados ou de parcelas de pedidos suscetíveis de fracionamento estarem aptos para julgamento em momentos processuais distintos, seja porque sobre eles não existe controvérsia, seja porque sobre eles não há necessidade de mais aprofundada dilação probatória, com aptidão, em ambas as hipóteses, para a formação de coisa julgada material.
> Na hipótese, a decisão que fixou a data da separação de fato do casal para fins de partilha de bens versa sobre o mérito do processo, na medida em que se refere a um diferente fragmento de um mesmo pedido e de um mesmo objeto litigioso – a partilha de bens das partes –, especialmente porque a pretensão de partilha de bens deduzida em juízo pressupõe a exata definição "do quê" se partilha, o que somente se pode delimitar a partir do exame dos bens suscetíveis de divisão em um determinado lapso temporal [...].
> Recurso especial conhecido e parcialmente provido, para determinar o retorno do processo ao TJ/SP para que que seja julgado o mérito da questão controvertida não apenas com base na afirmação do recorrente, mas também a partir dos demais fatos e provas produzidas pelas partes.
> (REsp 1.798.975/SP, DJe de 04.04.19)

Essas lições são de vital importância para quem atua nas varas de família e sucessões. Imagine, por exemplo, a situação de uma pessoa que tenha pressa

---

[40] Como apontado em outra nota, a linha seguida por este livro é a de que existe coisa julgada parcial e progressiva (STF, Rcl 49.905/PR, DJe de 19.04.22; STJ, REsp 1.998.498/RJ, DJe de 30.05.22), muito embora se reconheça e respeite a existência de intenso debate sobre a (im)possibilidade desse fenômeno, em razão do que estabelecem o art. 975 do CPC e a Súmula n. 401 do STJ.

em se divorciar. Se sua demanda contiver o pedido de divórcio com requerimento de aplicação da técnica de julgamento antecipado parcial do mérito, o magistrado poderá decretá-lo tão logo expire o prazo para apresentação de contestação (CPC, art. 356, I). Como se tratará de uma decisão de mérito, se o outro cônjuge não interpuser o recurso cabível no prazo legal (CPC, art. 356, § 5°, c/c art. 1.015, II), este pronunciamento será acobertado pela coisa julgada material (CPC, art. 502), possibilitando que a Secretaria do Juízo expeça a carta de sentença/formal de partilha para as devidas anotações perante os Cartórios de Registro Civil e de Registro de Imóveis (CC, art. 10, I; LRP, arts. 100 e 167, II, 14). Neste sentido, inclusive, é o Enunciado n. 602 das JDC/CJF, segundo o qual "transitada em julgado a decisão concessiva do divórcio, a expedição do mandado de averbação independe do julgamento da ação originária em que persista a discussão dos aspectos decorrentes da dissolução do casamento". Cogite, agora, de outra situação. Em uma ação de inventário, se o juiz proferir decisão interlocutória fundada no art. 1.790 do Código Civil, em conformidade com a tese firmada no tema 809/STF e com a disciplina do art. 1.829 do mesmo diploma, este pronunciamento estará apto a ser envolto pela coisa julgada material bem como a permitir a emissão do correspondente formal de partilha, se o prazo recursal transcorrer em branco.[41] Finalmente, tenha a seguinte situação em mente: os pais de filhos menores contendem em juízo sobre o divórcio, a partilha, bem como sobre a guarda, a convivência e os alimentos a estes devidos. Durante o trâmite do processo, eles chegam a um consenso sobre estas três últimas pretensões, mas decidem continuar litigando em torno dos bens. Por ocasião da audiência de saneamento e organização do processo, o juiz pode proferir um só pronunciamento decretando o divórcio e homologando o acordo versando sobre a guarda, a convivência e os alimentos devidos aos filhos, com isso resolvendo parcialmente a lide, sem, contudo, colocar fim integral à fase de conhecimento, a qual terá que prosseguir até a solução final de todos os pedidos. Tal pronunciamento será uma decisão interlocutória (CPC, arts. 354, *caput*, e 356, I), que, tal qual as acima referidas, estará apta não só a fazer coisa julgada material, mas também a permitir a emissão da carta de sentença e o cumprimento definitivo dos alimentos (CPC, art. 528 e ss.), tão logo o prazo recursal transcorra em branco.

2.1.2.2 Decisões interlocutórias agraváveis x Decisões interlocutórias inagraváveis

Essa nova conformação atribuída às decisões interlocutórias, como não poderia deixar de ser, repercute diretamente sobre o sistema recursal, conforme será visto com detalhes neste livro. Sem nenhuma pretensão de antecipar o que será exposto oportunamente, adianto somente que as decisões interlocutórias agora podem ser agraváveis, podem não ser agraváveis e podem até mesmo ser apeláveis ou, por mais incrível que possa parecer, impugnáveis em contrarrazões de apelação. Sim, a atual formatação das decisões interlocutórias obrigou

---
[41] Assim: STJ, REsp 2.017.064/SP, DJe de 14.04.23.

o legislador a modificar não só a diagramação do agravo de instrumento, mas, por consequência, o próprio recurso de apelação.

Portanto, se antes era correto afirmar que das decisões interlocutórias sempre cabia agravo de instrumento, agora isso soaria completamente incorreto. Embora tal recurso continue sendo *um* meio adequado à sua impugnação, não é mais *o único* instrumento destinado a tanto. A apelação também se tornou o recurso cabível para impugnar certas decisões interlocutórias.

Reconheço que este assunto não seja algo que tenha a ver com a decisão interlocutória em si considerada, mas sim, algo relacionado à sua recorribilidade, mas que, por influir nesta etapa do nosso estudo, está sendo abordado neste momento. Isso tudo decorre do fato de que, agora, existem decisões interlocutórias que se submetem à preclusão e decisões interlocutórias que não se submetem à preclusão. E isso sim, é algo estritamente ligado às decisões interlocutórias em si consideradas, mais precisamente ao seu conteúdo.

Isto porque, na intenção de acelerar e otimizar o procedimento em primeiro grau de jurisdição, o legislador de 2015 impõe que somente algumas decisões interlocutórias sejam agraváveis. Outras tantas, por exclusão, se tornaram não agraváveis (inagraváveis). Críticas à parte, a escolha de quais seriam e quais não seriam agraváveis foi feita de forma arbitrária, tomando-se por referência o seu conteúdo e o procedimento em que sejam proferidas. Como resultado, o art. 1.015 do CPC acabou sendo redigido da seguinte forma:

> Art. 1.015. Cabe agravo de instrumento contra as decisões interlocutórias que versarem sobre:
> I – tutelas provisórias;
> II – mérito do processo;
> III – rejeição da alegação de convenção de arbitragem;
> IV – incidente de desconsideração da personalidade jurídica;
> V – rejeição do pedido de gratuidade da justiça ou acolhimento do pedido de sua revogação;
> VI – exibição ou posse de documento ou coisa;
> VII – exclusão de litisconsorte;
> VIII – rejeição do pedido de limitação do litisconsórcio;
> IX – admissão ou inadmissão de intervenção de terceiros;
> X – concessão, modificação ou revogação do efeito suspensivo aos embargos à execução;
> XI – redistribuição do ônus da prova nos termos do art. 373, § 1º;
> XII – (VETADO);
> XIII – outros casos expressamente referidos em lei.
>
> Parágrafo único. Também caberá agravo de instrumento contra decisões interlocutórias proferidas na fase de liquidação de sentença ou de cumprimento de sentença, no processo de execução e no processo de inventário.

A ideia inicial por detrás dessa escolha era de que apenas as decisões interlocutórias que se enquadrassem na moldura estabelecida por este dispositivo legal fossem agraváveis. Mas, como as demais decisões interlocutórias não poderiam simplesmente se tornar irrecorríveis em razão dessa opção legislativa, até por sua aptidão de gerar prejuízos às pessoas, o CPC reconfigurou parcialmente o seu sistema de preclusões para permitir que elas pudessem ser atacadas por ocasião da apelação interposta em face da sentença (CPC, art. 1.009, § 1º).[42] Por conta disso, tais decisões se tornaram *inagraváveis*, mas nem por isso *irrecorríveis*. E o recurso adequado para o seu ataque passou a ser a apelação. Sim, é meio esquisito, mas é real: agora, o recurso de apelação também serve para atacar decisões interlocutórias, pelo menos algumas delas.

No lugar dos vocábulos "agraváveis" e "inagraváveis", alguns preferem utilizar as expressões "decisões interlocutórias sujeitas à preclusão" e "decisões interlocutórias não sujeitas à preclusão" para se referir ao mesmo fenômeno, sendo tudo questão de perspectiva.

Resumidamente, então, o resultado dessa operação é o seguinte: se a decisão interlocutória se encaixar na moldura legal do art. 1.015, será agravável. E, se este recurso não for interposto no prazo legal, haverá preclusão. Já as decisões que refugirem a essa estrutura não serão agraváveis, embora continuem sendo apeláveis. Por isso, se contra elas não for interposto o agravo de instrumento ao tempo devido, não precluirão, pois, repito, continuarão sendo recorríveis por apelação a ser interposta em face da sentença que vier a ser proferida no caso. E isso tudo, independentemente de o advogado deixar registrado os seus tão comuns quanto desnecessários "oportunos protestos". Somente na eventualidade de nem mesmo ser interposta apelação ao seu tempo e modo, é que, aí sim, haverá a preclusão e a coisa julgada a seu respeito, impossibilitando-se qualquer discussão futura.

Para facilitar a visualização prática dessa profunda modificação legislativa, este livro fornecerá uma lista dos mais corriqueiros pronunciamentos judiciais agraváveis e inagraváveis, no capítulo destinado ao estudo do agravo de instrumento.

Graças a essa flexibilidade atribuída à preclusão de decisões interlocutórias proferidas fora da moldura estabelecida pelo art. 1.015 do CPC, tornou-se comum que as pessoas passassem a se referir a ela pela expressão "preclusão elástica".[43]

Mas, não confunda as coisas. O CPC/2015 não flexibilizou o *instituto da preclusão em si*, tampouco o eliminou, até porque isso seria impossível. Tanto é assim que as nulidades relativas continuam tendo que ser alegadas "na primeira oportunidade em que couber à parte falar nos autos, sob pena de preclusão" (CPC, art. 278, *caput*) e o valor da causa continua tendo que ser "impugnado em preliminar da contestação" sob pena de preclusão (CPC, art. 293). Igualmente, os juízes continuam sendo proibidos de decidir novamente as questões já decididas relativas à mesma lide (CPC, art. 505), sendo a todos proibido "discutir no curso do processo as questões já decididas a cujo respeito se operou a preclusão" (CPC, art. 507).

---

[42] Art. 1.009. "Da sentença cabe apelação. § 1º As questões resolvidas na fase de conhecimento, se a decisão a seu respeito não comportar agravo de instrumento, não são cobertas pela preclusão e devem ser suscitadas em preliminar de apelação, eventualmente interposta contra a decisão final, ou nas contrarrazões. § 2º Se as questões referidas no § 1º forem suscitadas em contrarrazões, o recorrente será intimado para, em 15 (quinze) dias, manifestar-se a respeito delas. § 3º O disposto no caput deste artigo aplica-se mesmo quando as questões mencionadas no art. 1.015 integrarem capítulo da sentença."
[43] DUARTE, Zulmar. Preclusão elástica no novo CPC. *Revista Síntese: Direito Civil e Processual Civil*, São Paulo, v. 19, n. 112, p. 23-25, mar./abr. 2018.

O que o Código fez foi, repito, flexibilizar apenas a *preclusão incidente sobre decisões interlocutórias que tenham sido proferidas de acordo com a moldura traçada pelo art. 1.015 do CPC*. E, embora isso já tenha ficado claro por aqui, não custa repetir: modificou-se apenas a sua agravabilidade e não a sua recorribilidade. Tanto é assim que os embargos de declaração continuaram sendo cabíveis tanto de uma, quanto de outra (CPC, art. 1.022).

Mas, como referido logo no início deste tópico, a obediência a esse esquema ritual era a mera "ideia" do legislador. Na prática, a coisa mudou um pouco de figura, como, aliás, já era de se esperar, até porque, algo assemelhado já havia sido tentado, sem muito sucesso, no Brasil.[44] Ao longo do tempo começaram a surgir tantas situações que, apesar de não previstas pelo art. 1.015, desafiavam a interposição imediata de recurso, que a rigidez imposta por tal dispositivo não demorou a ser abrandada. Assim, no ano de 2018, ao julgar os REsps 1.696.396/MT e 1.704.520/MT, o Superior Tribunal de Justiça fixou a tese da "taxatividade mitigada" no Tema Repetitivo n. 988 de sua jurisprudência, para passar a permitir que, independentemente de estar listado no rol do dispositivo legal, a via do agravo de instrumento esteja aberta se o caso concreto apresentar urgência e sua recorribilidade somente ao final se tornar imprestável, o que ampliou consideravelmente o número de decisões agraváveis, logo sujeitas à preclusão imediata.[45]

Seria estranho se tão profunda alteração sofrida por um sistema que se mostrava praticamente intacto há décadas não cobrasse seu preço. Pois isso aconteceu sim. Decisões interlocutórias que antes se mostravam naturalmente agraváveis, como as que indeferem a produção de certas provas, determinam, sob pena de extinção do processo, a emenda ou a complementação da petição inicial, e várias outras que serão estudadas quando o recurso de agravo de instrumento for analisado por aqui, passaram a não mais comportá-lo, levando muitas hipóteses a um verdadeiro estado de incerteza e insegurança.

Daí a importância de ser bem utilizado um instrumento que será estudado oportunamente por aqui: o princípio da fungibilidade.

Resta, agora, estudarmos o despacho.

2.1.3 O DESPACHO

De acordo com o art. 203, § 3º, do Código, "são despachos todos os demais pronunciamentos do juiz praticados no processo, de ofício ou a requerimento da parte." Nota-se, assim, que enquanto o conceito de decisão interlocutória advém por *exclusão* do de sentença, o de despacho provém por residualidade das conceituações de sentença e de decisão interlocutória.

De certa forma, essa subsidiariedade revela a menor importância que os despachos possuem para o sistema recursal. Afinal, sua função se restringe a dar impulso ao procedimento, sendo este o principal motivo de serem despidos

---

[44] No CPC/39, o art. 842 trazia hipóteses restritas de cabimento do agravo de instrumento. Notando o insucesso dessa limitação, o CPC/73, em seu art. 522, passou a permitir a interposição do recurso contra todas as decisões interlocutórias. Agora, o CPC/2015, no seu art. 1.015, voltou a enumerar as decisões agraváveis.
[45] STJ, Tema repetitivo 998: "o rol do art. 1.015 do CPC/2015 é de taxatividade mitigada, por isso admite a interposição de agravo de instrumento quando verificada a urgência decorrente da inutilidade do julgamento da questão no recurso de apelação".

de qualquer conteúdo decisório. Seria exemplificar com o pronunciamento do juiz que ordena a citação do réu para o módulo de conhecimento ou que determina a intimação do devedor para pagamento, na fase de cumprimento de sentença.[46] Por isso, o art. 1.001 do CPC é categórico ao enunciar que "dos despachos não cabe recurso".

Apesar disso, eles não se confundem com os assim chamados "atos de mero expediente", tais quais a juntada de peças aos autos e a vista obrigatória, cuja prática cabe, por delegação constitucional, ao escrivão ou ao chefe de secretaria, sob mera supervisão do juiz (CR, art. 93, XIV; CPC, arts. 152, VI e § 1°, e 203, § 4°).

Por não constituírem pronunciamentos judiciais, tais atos, obviamente, não são recorríveis, assim como os despachos que os supervisionam. Diante dessa dupla irrecorribilidade, alguns poderiam se perguntar o que fazer se o servidor praticar diligência que contrarie seus interesses, como a demora excessiva na expedição de um mandado de avaliação de bem penhorado em execução de alimentos, por exemplo. Bom, nesse caso, o interessado pode provocar a supervisão do juiz, que retificará ou ratificará o ato. Se retificá-lo, o prejuízo terá sido sanado; se ratificá-lo, o pronunciamento ratificador neste caso não será verdadeiramente um despacho, mas sim decisão interlocutória, pois lhe gerará gravame concreto, podendo, por isso, ser desafiada por agravo de instrumento (CPC, art. 1.015, parágrafo único).[47]

2.1.3.1 Os falsos despachos

Na prática das varas de família e sucessões, algumas dúvidas costumam surgir sobre os pronunciamentos denominados de despachos mas que possuem carga decisória, como aquele conhecido e comum "despacho" que posterga a análise do requerimento de tutela provisória liminar para momento posterior à oitiva da pessoa que ocupa o polo passivo da demanda. Porém, se as coisas forem enxergadas sob olhar técnico, conclui-se rapidamente que o pronunciamento acima não seria exatamente um despacho, pois seu inegável conteúdo decisório geraria reais prejuízos ao interessado, o qual ainda estaria sendo induzido a erro pelo próprio órgão julgador ao nomear o provimento jurisdicional equivocadamente. Logo, embora pudesse ser erroneamente denominado de despacho, representaria, na verdade, decisão interlocutória passível de impugnação pela via do agravo de instrumento, por aplicação do princípio da fungibilidade, a ser estudado pouco mais adiante (CPC, art. 1.015, I).[48]

Nesse sentido, inclusive, foral elaborados três enunciados por respeitáveis centros de estudos jurídicos brasileiros. O Enunciado n. 70 da I JDPC/CJF, segundo o qual "é agravável o pronunciamento judicial que postergar a análise de pedido de tutela provisória ou condicioná-la a qualquer exigência"; o praticamente idêntico o Enunciado n. 29 do FPPC, de acordo com o qual: "é agravável o pronunciamento judicial que postergar a análise do pedido de tutela provisória

---
[46] STJ, REsp 1.837.211/MG, j. em 09.03.21; REsp 1.725.612/RS, DJe de 04.06.20.
[47] Exatamente assim: STJ, REsp 905.681/RJ, DJe de 29.09.10.
[48] STJ, REsp 1.767.313/MG, DJe de 18.06.19; EAREsp 230.380/RN, DJe de 11.10.17; AgRg no AREsp 228.816/RN, DJe de 10.05.16.

ou condicionar sua apreciação ao pagamento de custas ou a qualquer outra exigência", e o Enunciado n. 30 do FPPC, cujo texto é o seguinte: "o juiz deve justificar a postergação da análise liminar da tutela provisória sempre que estabelecer a necessidade de contraditório prévio."

Exatamente o mesmo raciocínio se aplicaria a qualquer caso em que se apurasse conteúdo decisório dos pronunciamentos denominados equivocadamente de despachos. Este é, inclusive, o posicionamento do STJ, veja:

> PROCESSO CIVIL. AGRAVO INTERNO NO RECURSO ESPECIAL. DESPACHO PARA MANIFESTAÇÃO SOBRE APLICAÇÃO IMEDIATA DA LEI N. 14.230/2021. ART. 1001 DO CPC E AUSÊNCIA DE INTERESSE SUPERVENIENTE. NÃO CONHECIMENTO.
> 1. Despacho que determina a manifestação das partes sobre o impacto imediato da Lei n. 14.230/2021 pelo enquadramento da Lei de Improbidade como integrante de um microssistema de direito sancionatório não tem conteúdo decisório.
> 2. O art. 1001 do CPC prevê que dos despachos não cabe recurso.
> 3. A doutrina e a jurisprudência compreendem que a recorribilidade dos despachos é excepcional e exige a comprovação de conteúdo decisório em concreto com capacidade de prejudicar as partes [...].
> (AgInt no REsp 1.953.246/DF, DJe de 06.05.22)

Outra dúvida bastante comum envolve os despachos omissos, obscuros ou contraditórios, como seriam aqueles que ordenassem a citação de apenas um litisconsorte necessário, omitindo-se em relação aos demais, ou, ainda, aqueles que, ao mesmo tempo, declarassem encerrada a instrução e designassem audiência de instrução e julgamento. Neste caso, a saída seria a oposição de embargos de declaração (CPC, arts. 1.022), que é o recurso cabível para a sanação desses vícios independentemente do tipo de pronunciamento judicial que os contenham.

De tudo isso, o que fica é que a recorribilidade dos despachos deve sempre ser precedida de uma análise casuística, pois podem existir casos em que o conteúdo se revele capaz de gerar prejuízos concretos aos interessados, mas o pronunciamento assuma a forma de um despacho.[49]

2.1.4 OS ATOS OMISSIVOS DO JUIZ: O SILÊNCIO DO ÓRGÃO JULGADOR COMO INDEFERIMENTO POR VIA TRANSVERSA

Como já deve ter ficado claro até aqui, os recursos são o meio típico para a impugnação de pronunciamentos judiciais. A correlação entre eles é tão grande que, se o ato previamente praticado não for um pronunciamento judicial, simplesmente não se cogitará de recurso como meio voltado à sua impugnação.

O que fazer, então, naquelas situações em que o órgão judicial simplesmente permanece inerte, deixando de analisar pedidos ou requerimentos por prazo superior àqueles estabelecidos pelo art. 226 do CPC?[50] Perceba que não estou

---

[49] No mesmo sentido: AgInt no REsp 1.953.246/DF, DJe de 06.05.22; RCD no REsp 1.922.802/TO, DJe de 29.08.22.
[50] CPC, art. 226. "O juiz proferirá: I – os despachos no prazo de 5 (cinco) dias; II – as decisões interlocutórias no prazo de 10 (dez) dias; III – as sentenças no prazo de 30 (trinta) dias."

me referindo aos casos em que o órgão decide, mas acaba sendo omisso sobre ponto ou questão a respeito da qual deveria se pronunciar, o que desafiaria o recurso de embargos de declaração, a ser estudado na Parte II deste livro (CPC, art. 1.022 e s.). Afinal, neste caso teria havido a prática de um ato comissivo (decisão), impregnado por uma omissão. Aqui, a dúvida recai sobre a omissão do órgão judicial em emitir o próprio pronunciamento. Haveria, portanto, a prática de um ato omissivo. Tipo: a pessoa requer a concessão liminar de uma tutela provisória de urgência, mas o julgador simplesmente permanece inerte por meses ou anos, sem emitir qualquer pronunciamento nem dar andamento ao processo.

Essa omissão, esse silêncio, essa inatividade não acabariam representando um indeferimento por via transversa? Algo como uma negativa por omissão? Haveria algum instrumento para a impugnação desses atos omissivos?

É certo que não existe prazo exato e próprio para que o juízo emita seus pronunciamentos, pois o supramencionado art. 226 do CPC – e outros, a exemplo dos arts. 931, 940, 1.019, *caput*, 1.020 e 1.024, *caput* – estabelece "prazos impróprios", ou seja, prazos que, mesmo se ultrapassados, não tornarão o ato praticado precluso ou inválido. Porém é tão certo quanto que o juiz tem o dever de decidir, mesmo diante de lacuna ou obscuridade no ordenamento jurídico (CPC, art. 140, *caput*).[51]

Então, se essa inação judicial estiver causando prejuízo à pessoa, não haverá nada a ser feito?

Bom, existe sim, embora não necessariamente pela via recursal.

É que, mesmo sem estarem absolutamente vinculados aos prazos estabelecidos em lei, a própria Lei Orgânica da Magistratura Nacional – LOMAN, obriga o juiz a "não exceder injustificadamente os prazos para sentenciar ou despachar" (art. 35, II). E, como medida voltada ao controle e eventual repressão a essa prática, o Código de Processo Civil prevê a figura da representação, por meio da qual assegura que "qualquer parte, o Ministério Público ou a Defensoria Pública poderá representar ao corregedor do tribunal ou ao Conselho Nacional de Justiça contra juiz ou relator que injustificadamente exceder os prazos previstos em lei, regulamento ou regimento interno", bem como que "se for o caso, o corregedor do tribunal ou o relator no Conselho Nacional de Justiça determinará a intimação do representado por meio eletrônico para que, em 10 (dez) dias, pratique o ato", sob pena de, "mantida a inércia, os autos serão remetidos ao substituto legal do juiz ou do relator contra o qual se representou para decisão em 10 (dez) dias" (art. 235, *caput*, e § § 2° e 3°).

Outra alternativa que se abre diante de casos como esse é a correição parcial, a qual vem expressamente prevista na lei que organiza a justiça federal de primeira instância como a medida apropriada ao ataque de "ato ou despacho do Juiz de que não caiba recurso, ou comissão que importe êrro de ofício ou abuso de poder" (Lei n. 5.010/66, art. 6°, I) e nos Códigos de Organização Judiciária ou Regimentos Internos de tribunais estaduais como um mecanismo destinado a levar ao conhecimento da Corte, atos de magistrados que possam

---

[51] CPC, art. 140. "O juiz não se exime de decidir sob a alegação de lacuna ou obscuridade do ordenamento jurídico."

causar inversão tumultuária do processo. Portanto, se a inércia em decidir se prolongar por tempo excessivo, pode acarretar "inversão tumultuária" a ser combatida por meio deste remédio, o qual, por sinal, voltará a ser analisado na Parte III deste livro.

Mesmo o agravo de instrumento pode ser cabível em situações excepcionalíssimas, conforme visto há pouco. Só esteja atento ao fato de que não é qualquer "não decisão" que justifica a sua interposição, mas apenas aquele caso específico em que, em vez de se pronunciar sobre o requerimento de tutela provisória de urgência liminar, o juízo simplesmente ordena a citação da parte contrária ou posterga a sua análise para momento posterior ao da oitiva da outra pessoa. Nestas hipóteses, vale o que foi dito por ocasião do estudo dos "falsos despachos".[52]

Ao lado dessas possibilidades, existiriam outras. Na literatura, Marcelo Mazzola, por exemplo, alerta sobre a possibilidade de o silêncio do juiz desafiar a impetração de outros meios a exemplo do mandado de segurança, das ações autônomas, do *habeas corpus* e da reclamação.[53]

2.2 Os pronunciamentos judiciais proferidos pelos Tribunais

De acordo com o art. 204 do CPC, "acórdão é o julgamento colegiado proferido pelos tribunais". Como se intui da leitura deste texto normativo, os acórdãos sempre terão conteúdo decisório, muito embora possam versar tanto sobre as matérias traçadas pelos arts. 485 e 487 do CPC, quanto sobre temas ligados estritamente ao procedimento propriamente dito, o que lhes permite tanto colocar fim à fase cognitiva do procedimento comum ou extinguir a execução que se encontra tramitando em primeiro grau de jurisdição, quanto meramente decidir questões puramente processuais, assumindo, por consequência, ora papel assemelhado ao de uma "sentença", ora ao de uma "decisão interlocutória". O que se exige apenas é que eles tenham conteúdo decisório e resultem de um julgamento colegiado proferido por tribunais.[54]

Para Didier, Braga e Oliveira, tal pronunciamento "recebe este nome porque para a sua formação concorrem as vontades dos vários membros que compõem o órgão colegiado".[55]

Embora os tribunais sejam órgãos naturalmente colegiados, existem pronunciamentos proferidos por desembargadores ou ministros singularmente considerados, a exemplo dos relatores ou os próprios presidentes e vice-presidentes das Cortes. Se estes ostentarem conteúdo decisório, serão classificados como decisões monocráticas ou unipessoais.

É delas que tratam, por exemplo, os arts. 932, 1.011, 1.026, § 1º, 1.024, §§ 1º e 2º. Muito embora se assemelhem, não se confundem com as decisões interlocutórias, porque estas são exclusivamente proferidas no 1º grau de jurisdição,

---

[52] STJ, REsp 1.767.313/MG, DJe de 18.06.19; EAREsp 230.380/RN, DJe de 11.10.17; AgRg no AREsp 228.816/RN, DJe de 10.05.16.
[53] MAZZOLA, Marcelo. *Silêncio do juiz no processo civil (inércia, omissão stricto sensu e inobservância) e seus mecanismos de impugnação*. Salvador: JusPodivm, 2023.
[54] Daí se intui que o julgamento proveniente de turmas recursais dos Juizados Especiais cíveis não configura tecnicamente um acórdão. Talvez por isso o art. 46 da Lei n. 9099/95 diga que a súmula do julgamento em segunda instância "servirá" como acórdão e não representará um propriamente dito.
[55] DIDIER JR, Fredie [et. al]. *Curso de direito processual civil*. v. 2. 18. ed. Salvador: JusPodivm, 2023, p. 328.

enquanto as decisões monocráticas ou unipessoais são prolatadas apenas no âmbito de tribunais.

Sua ocorrência é absolutamente comum nas ações de família e sucessões. Toda vez que um agravo de instrumento é interposto, por exemplo, para impugnar decisão concessiva ou denegatória de alimentos provisórios (CPC, art. 1.015, I), o relator pode lhe atribuir efeito suspensivo ou antecipar os efeitos da tutela recursal por meio deste tipo de pronunciamento (CPC, art. 1.019, I). De igual natureza é o pronunciamento do relator que atribui efeito suspensivo à apelação interposta, por exemplo, contra a sentença que condena a pagar alimentos (CPC, arts. 1.009, § 1º, II, e 1.012, § 4º).

Assim como acontece com os acórdãos, as decisões monocráticas podem versar sobre matérias diversas, desempenhando, via de consequência, papéis também diversificados. Deles se diferem, porém, pelo fato de não provirem de um julgamento colegiado, mas isolado, proveniente do relator.

É possível ainda se identificar mais um tipo específico de decisões proferidas no âmbito dos tribunais: as decisões unipessoais. Muito embora seus contornos sejam praticamente os mesmos das monocráticas, a autoridade responsável por sua prolação é outra: o vice-presidente ou o presidente do tribunal. A elas se refere o art. 1.024, § 2º, quando trata dos embargos de declaração "opostos contra decisão de relator ou outra decisão unipessoal proferida em tribunal", e o art. 1.070, quando dispõe que "é de 15 (quinze) dias o prazo para a interposição de qualquer agravo, previsto em lei ou em regimento interno de tribunal, contra decisão de relator ou outra decisão unipessoal proferida em tribunal.[56]

Finalmente, os tribunais também podem proferir despachos para meramente impulsionar o procedimento, tal qual ocorre no primeiro grau de jurisdição.

Seja sob a forma de acórdão, seja sob a de decisão monocrática, o julgamento de mérito definitivamente proferido pelo tribunal substituirá a decisão impugnada no que tiver sido objeto de recurso (CPC, art. 1.008).

2.3 Os efeitos dos pronunciamentos judiciais

Todo ato processual projeta incontáveis efeitos, tanto de ordem material quanto processual. O ato postulatório "petição inicial" de uma ação, por exemplo, tão logo seja registrado ou distribuído perante o setor competente do fórum, irradia como efeitos imediatos a determinação da competência do órgão julgador (CPC, art. 43) e a sua prevenção (CPC, art. 59). Algo em tudo assemelhado acontece com os pronunciamentos judiciais. A depender de seu conteúdo, haverá a projeção de efeitos de maior ou menor contundência. A decisão condenatória de indenização pelo uso exclusivo da coisa comum, por exemplo, gera como principal efeito material a obrigação de a pessoa pagar (dar) o que por ela tenha sido determinado, e como um de seus mais conhecidos efeitos processuais

---

[56] A partir dessa diferenciação, o STJ entende que "os pronunciamentos da vice-presidência que versam sobre a admissibilidade de recursos extraordinários não consubstanciam decisões monocráticas de relator", o que inviabiliza a realização de sustentação oral em agravos internos interpostos contra pronunciamentos que decidam as petições de recursos para o Supremo Tribunal Federal (PSusOr no AgRg no RE nos EDcl no AgRg no Agravo em Recurso Especial 2.026.533/SP, j. em 19.04.23).

a aptidão de ser cumprida por meio do procedimento previsto nos arts. 523 e ss. do Código. Já a decisão constitutiva de interdição projeta como principal efeito material a própria nova situação jurídica de sujeição da pessoa do interditado à curatela (CC, arts. 1.767 e ss.), e como processual a possibilidade de ser postulada a anulação de diversos atos jurídicos por ele celebrados, até mesmo anteriormente à decretação judicial de interdição.[57] Finalmente, a decisão declaratória tem a especial característica de fazer coincidir os seus efeitos materiais e processuais, dos quais o principal é, sem dúvida, a atribuição de *certeza jurídica* sobre a existência, inexistência ou modo de ser de uma situação jurídica (CPC, art. 19).[58]

Além desses efeitos tradicionais, certos pronunciamentos judiciais projetam um tipo específico de efeito: a formação de precedentes qualificados, cujas características e especificidades já foram vistas por aqui.

Obviamente que, por vivermos em uma ordem democrática constitucional, todos esses efeitos só podem ser definitivamente projetados a partir do momento em que os pronunciamentos responsáveis por sua irradiação estiverem acobertados pela coisa julgada, pois, só a partir deste instante haverá a efetiva entrega de seu conteúdo. A Constituição Federal não deixa a menor margem de dúvida a esse respeito quando enuncia que "ninguém será considerado culpado até o trânsito em julgado de sentença penal condenatória" (CR, art. 5º, LVII). Tanto é assim que o cumprimento definitivo da sentença indenizatória, a propositura de ações voltadas à anulação dos atos que tenham sido praticados pela pessoa sujeita à curatela e o registro do reconhecimento judicial da união estável no Livro E do Cartório de Registro Civil de Pessoas Naturais, pressupõem o trânsito em julgado dos respectivos pronunciamentos que lhes sirvam de base (CPC, arts. 528 e ss.; LRP, arts. 92 e 94-A, V).[59]

No entanto, é possível que alguns efeitos sejam projetados imediatamente, embora não de forma definitiva, mas sim provisória. Sim, algumas consequências oriundas dos pronunciamentos judiciais passam a ser irradiadas imediatamente, a partir de sua publicação na forma da lei, permitindo, por isso, que a pessoa promova o seu cumprimento provisório na forma do art. 520 do CPC, segundo o qual "o cumprimento provisório da sentença impugnada por recurso desprovido de efeito suspensivo será realizado da mesma forma que o cumprimento definitivo", com algumas adaptações.[60]

O ideal seria que o legislador dissesse especificamente em que casos o pronunciamento judicial projetaria e em que casos não projetaria efeitos. Algo como "as decisões interlocutórias projetam efeitos imediatos" ou "a sentença projeta efeitos imediatos". Não foi esta, contudo, a sua escolha. Aliás, sua opção não foi das melhores. Isso porque ele simplesmente silenciou a respeito ao tratar dos pronunciamentos judiciais, relegando toda a disciplina da eficácia correspondente ao sistema recursal.

---

[57] STJ, REsp 1.694.984/MS, DJe de 01.02.18.
[58] Assim também: DIDIER JR, Fredie [et. al]. *Curso de direito processual civil*. v. 2. 18. ed. Salvador: JusPodivm, 2023, p. 459.
[59] Dentre vários: STJ, AgInt nos EDcl no REsp 1.834.877/SP, DJe de 25.04.22.
[60] Às obrigações de fazer, aplica-se o mesmo regramento (CPC, art. 520, § 5º). Aos alimentos, contudo, regime diverso (CPC, arts. 528 e ss.).

É preciso, portanto, que se vasculhe o regramento dos recursos para saber se o pronunciamento pode ou não projetar efeitos imediatos no caso concreto o que acaba obrigando as pessoas a realizarem uma dupla análise. Em primeiro lugar, deve-se identificar o tipo de pronunciamento proferido no caso concreto. Por exemplo: uma sentença, um acórdão, uma decisão interlocutória etc. Somente depois desta identificação, pesquisa-se se o recurso contra ele cabível é ou não dotado de efeito suspensivo atribuído por lei. Por exemplo: da sentença cabe apelação (CPC, art. 1.009, *caput*), e a apelação terá efeito suspensivo (CPC, art. 1.012, *caput*).

Se o recurso for dotado de efeito suspensivo, a eficácia da decisão estará automaticamente suspensa, inviabilizando por completo qualquer tentativa de seu cumprimento, mesmo que provisoriamente; se não for, essa eficácia será irradiada normalmente, admitindo-se, via de consequência, o seu cumprimento provisório, na forma acima mencionada. O mais curioso e intrigante a respeito do efeito suspensivo, é que a pessoa não precisa interpor esses recursos para que o pronunciamento judicial fique impedido de projetar os efeitos que lhe sejam inerentes. Basta que haja a previsão legal de recurso dotado de efeito suspensivo para que isso aconteça automaticamente. Daí se nota que a projeção ou não de efeitos imediatos é algo relacionado muito mais aos pronunciamentos em si do que aos recursos contra eles cabíveis.[61] Aliás, nada mais natural. Afinal, é de seu próprio conteúdo que são projetados efeitos, não é mesmo?

De certo modo, essa dupla investigação acaba sendo simplificada pela circunstância de nosso país ter adotado o princípio da singularidade recursal, segundo o qual, de cada pronunciamento judicial cabe apenas um recurso específico voltado ao seu ataque. Este princípio será estudado oportunamente neste livro, inclusive. Assim, se uma pessoa quiser saber se uma sentença produz ou não efeitos imediatos, ela não deve analisar os dispositivos legais concernentes à sentença em si, mas sim aqueles referentes ao recurso contra ela cabível, que, no caso, é a apelação (CPC, art. 1.009).[62] Feito isso, descobrirá com relativa facilidade que sim, "a apelação terá efeito suspensivo", como textualmente enuncia o art. 1.012, *caput*, o que fará com que a sentença não produza efeitos imediatos. Algo assemelhado aconteceria se se quisesse descobrir se o pronunciamento que resolve o mérito do incidente de resolução de demandas repetitivas (IRDR) possui ou não eficácia imediata. Uma simples consulta ao recurso destinado ao seu ataque levaria à conclusão que sim, o recurso extraordinário ou especial cabível no caso "tem efeito suspensivo", como textualmente dispõe o art. 987, § 1º, do CPC, o que impedirá que aquele pronunciamento seja imediatamente eficaz. A mesma métrica deveria ser seguida se a pessoa quisesse descobrir se as decisões interlocutórias produzem ou não efeitos imediatos. Um passar de olhos sobre o agravo de instrumento, que é o recurso contra elas cabível (CPC, art. 1.015, *caput*),[63] revelaria rapidamente que o legislador não lhes impregnou

---

[61] Muitos preferem dizer que a suspensividade é um "efeito da recorribilidade", o que não deixa de ser a mesma constatação, sob perspectiva diferente.
[62] CPC, art. 1.009. "Da sentença cabe apelação."
[63] CPC, art. 1.015. "Cabe agravo de instrumento contra as decisões interlocutórias [...]:"

com o efeito suspensivo automático, o que levaria à inexorável conclusão de que não, ela não tem efeito suspensivo e que, por isso, os efeitos do pronunciamento sujeito ao seu ataque são projetados imediatamente.

Este é, pelo menos, o que poderia ser chamado de regramento primário ou geral da eficácia dos pronunciamentos judiciais do sistema processual civil brasileiro. Paralelamente a ele, existe outro, que, por isso, poderia ser chamado de regramento secundário ou especial. Por meio dele o juiz é autorizado a, em situações excepcionais, obstar a eficácia imediata de pronunciamentos judiciais cujos recursos não sejam providos do efeito suspensivo previsto por lei. Altera-se, com isso, a fonte do qual provém a suspensividade: da lei, passa-se ao órgão julgador. Daí porque muitos preferem classificar o efeito suspensivo em conformidade com a fonte da qual ele provém: se decorrer da lei, o efeito será denominado "legal" ou "automático" (*ope legis*). Já se decorrer do juiz, o efeito suspensivo será chamado "judicial" ou "provocado" (*ope judicis*).

Deixando isso claro, o art. 995 do CPC dispõe que:

> Art. 995. Os recursos não impedem a eficácia da decisão, salvo disposição legal ou decisão judicial em sentido diverso.
> Parágrafo único. A eficácia da decisão recorrida poderá ser suspensa por decisão do relator, se da imediata produção de seus efeitos houver risco de dano grave, de difícil ou impossível reparação, e ficar demonstrada a probabilidade de provimento do recurso.

Conclui-se, então, que os efeitos pertinentes aos pronunciamentos judiciais podem ou não ser projetados no caso concreto, ficando sempre na dependência do fato de o recurso destinado ao seu ataque ser ou não provido de efeito suspensivo (automático ou provocado).

Interessante, não é mesmo? Muito do que foi dito será revisto quando forem estudadas a tutela provisória recursal e a própria eficácia dos recursos.

Agora que os pronunciamentos judiciais foram estudados, a gente pode conhecer os seus meios de impugnação.

OS MEIOS DE IMPUGNAÇÃO DOS PRONUNCIAMENTOS JUDICIAIS

NOÇÕES GERAIS

Em um Estado Constitucional Democrático de Direito, como o brasileiro, o poder do Estado sofre considerável limitação pelo poder que é conferido às pessoas. Basta passar os olhos sobre os direitos fundamentais assegurados pela Constituição da República para que se chegue rapidamente a essa conclusão.

Como não poderia deixar de ser, o direito de se insurgir contra decisões judiciais compõe o rol desses direitos, sendo expressamente previsto no art. 5º dessa Carta que "ninguém será privado da liberdade ou de seus bens sem o devido processo legal" (inc. LIV) e que "aos litigantes, em processo judicial ou administrativo, e aos acusados em geral são assegurados o contraditório e ampla defesa, com os meios e recursos a ela inerentes" (inc. LV).

E não é para menos. Se a República Federativa do Brasil tem entre seus fundamentos a cidadania e a dignidade da pessoa humana, e, como um de seus objetivos fundamentais a construção de uma sociedade livre, justa e solidária (art. 1º, II e III, c/c art. 3º, I), fica bem claro que deve ser garantido às pessoas o direito de confrontar as determinações provenientes do Estado, até porque o inconformismo faz parte de tudo que é humano.

Na prática, isso representa a permanente e invisível disputa de espaço travado entre a autoridade e a liberdade.

É aí que aparecem os meios de impugnação das decisões judiciais. Eles são um dos mecanismos colocados à disposição das pessoas – ao lado do contraditório e da exigência de motivação das decisões judiciais – para garantir o exercício da cidadania e a democracia no âmbito processual.

Quando se comparam os conceitos, verifica-se que existe uma relação gênero x espécie, onde os meios de impugnação de decisões judiciais aparecem como gênero do qual são espécies as ações autônomas de impugnação, os sucedâneos recursais e os recursos propriamente ditos.

Todos eles serão estudados com mais detalhes ao longo deste livro. Mas, por ora, que tal deixarmos os dois outros métodos para depois e voltarmos nossas atenções apenas aos recursos?

3.1 Os recursos

3.1.1 O CONCEITO DE RECURSOS

Recursos são uma das espécies de meios de impugnação das decisões judiciais, como visto.

De acordo com a conhecida lição de José Carlos Barbosa Moreira[64] eles são "o remédio voluntário idôneo a ensejar, dentro do mesmo processo, a reforma, a invalidação, o esclarecimento ou a integração de decisão judicial que se impugna."

Disso não divergem muito outros escritores. Humberto Theodoro Jr.,[65] por exemplo, os têm como "o meio ou remédio impugnativo apto para provocar, dentro da relação processual ainda em curso, o reexame de decisão judicial, pela mesma autoridade judiciária, ou por outra hierarquicamente superior, visando a obter-lhe a reforma, invalidação, esclarecimento ou integração", ao passo que Renato Montans de Sá[66] os conceitua como "o ato processual voluntário de impugnação dentro do mesmo processo, colocado à disposição das partes, do Ministério Público ou de terceiro para reformar, anular, esclarecer ou integralizar uma decisão judicial", e Marco Antonio Rodrigues[67] os define como "os remédios voluntários, criados por lei, por meio dos quais se pretende a anulação, a reforma ou a integração de decisão judicial, no âmbito do próprio processo em que foi proferida".

---

[64] BARBOSA MOREIRA, José Carlos. *Comentários ao Código de Processo Civil*. 15. ed. Rio de Janeiro: Forense, 2011. v. V, p. 233.
[65] THEODORO JÚNIOR, Humberto. *Curso de direito processual civil*. v. 3. 56. ed. Rio de Janeiro: Forense, 2023, p. 802.
[66] MONTANS DE SÁ, Renato. *Manual de Direito Processual Civil*. 7. ed. São Paulo: Saraiva, 2015, p. 696.
[67] RODRIGUES, Marco Antonio. *Manual dos recursos, ação rescisória e reclamação*. São Paulo: Atlas, 2017, p. 04.

Neste livro, recursos são conceituados como os instrumentos previstos pela lei para que a pessoa legitimada possa, voluntariamente, postular a anulação, a reforma, a integralização, o esclarecimento, a superação e/ou a distinção de pronunciamentos judiciais, no curso do mesmo processo em que foram proferidos, conceito este que, de resto, também é adotado pela jurisprudência.[68]

Por ora, os olhos precisam se voltar à sua natureza jurídica.

3.1.2 A NATUREZA JURÍDICA DOS RECURSOS

Da conceituação há pouco apresentada se extrai facilmente a natureza jurídica dos recursos: a de um ônus atribuído ao interessado para prolongar o direito de ação e de defesa já exercitado, real ou potencialmente, no mesmo processo em que tenha sido proferida a decisão recorrida.

Essa natureza não sofre alteração nem mesmo pelo fato de outros sujeitos do processo, como os terceiros prejudicados ou o Ministério Público, quando atua como fiscal da ordem jurídica, poderem casuisticamente interpor recursos. Ao recorrerem, suas respectivas postulações não darão origem a uma nova demanda. Irão, sim, meramente prolongar o direito de ação e defesa exercitados quando da propositura e desenvolvimento da ação originária por outras pessoas.

O prolongamento é do processo onde foi proferida a decisão, pouco importando quem tenha sido o responsável por seu ajuizamento.

3.1.3 AS CARACTERÍSTICAS DOS RECURSOS

Dessa conceituação e de sua natureza jurídica, podem ser extraídas suas principais características: a) a necessidade de previsão legal específica; b) a relativa delimitação de quem possa manejá-los e sua vinculação à existência de um prejuízo jurídico-processual; c) a dependência de provocação; d) o propósito específico de atacar pronunciamentos judiciais objetivando alcançar sua anulação, integralização, modificação, esclarecimento, superação e/ou distinção de outros, e; e) o caráter incidental, revelado pela necessidade de que este ataque aconteça durante o tramitar do mesmo processo em que tais pronunciamentos tenham sido prolatados.

3.1.3.1 A necessidade de previsão legal específica

A necessidade de previsão legal específica decorre da obrigatoriedade, imposta pelo art. 22, I da Constituição Federal, de que os recursos cíveis – como elementos integrantes da ciência processual civil – sejam estabelecidos por lei federal, o que, convenhamos, vai ao encontro de todo o espírito constitucional-democrático justamente por possibilitar que as pessoas tenham conhecimento prévio a respeito dos instrumentos colocados à sua disposição para o ataque das decisões judiciais que contrariarem seus interesses. Como resultado, não existe a menor possibilidade

---

[68] Por todos, embora antigo, mas absolutamente atual: STJ, AgRg no REsp 1.038.446/RJ, j. em 20.05.10.

de leis estaduais ou de as partes criarem recursos por meio de negócios jurídicos processuais (CPC, art. 190; FPPC, Enunciado n. 20).

No plano infraconstitucional, essa reserva legal é densificada, pelo menos no que mais interessa a esta obra, pelo Código de Processo Civil, o qual prevê os seguintes recursos: apelação; agravo de instrumento; agravo interno; embargos de declaração; recurso ordinário; recurso especial; recurso extraordinário; agravo em recurso especial ou extraordinário; embargos de divergência (CPC, art. 994).

Todos eles serão estudados nesta mesma ordem por aqui.

Por ora, é preciso atenção apenas ao fato de que o ordenamento jurídico processual civil não se exaure no CPC, o que faz com que variadas espécies normativas contemplem recursos específicos. A própria Constituição Federal prevê os recursos ordinário (arts. 102, II, e 105, II), especial (art. 105, III) e extraordinário (art. 102, III), relegando ao CPC a disciplina de seus meros procedimentos. Paralelamente, múltiplas leis federais fazem o mesmo, dando origem, por exemplo, ao recurso inominado nos juizados especiais (Lei n. 9.099/95, arts. 41 e ss.) e aos embargos infringentes nas execuções fiscais de determinado valor (Lei n. 6.830/80, art. 34).

No âmbito específico de sua incidência, merece destaque por aqui o Estatuto da Criança e do Adolescente. Isto porque ele adota expressamente o sistema recursal estabelecido pelo CPC (Lei n. 8.069/90, art. 198), com as seguintes adaptações: a) os recursos serão interpostos independentemente de preparo; b) em todos os recursos, salvo nos embargos de declaração, o prazo para o Ministério Público e para a defesa será sempre de 10 (dez) dias; c) os recursos terão preferência de julgamento e dispensarão revisor; d) antes de determinar a remessa dos autos à superior instância, no caso de apelação, ou do instrumento, no caso de agravo, a autoridade judiciária proferirá despacho fundamentado, mantendo ou reformando a decisão, no prazo de cinco dias; e) mantida a decisão apelada ou agravada, o escrivão remeterá os autos ou o instrumento à superior instância dentro de vinte e quatro horas, independentemente de novo pedido do recorrente; se a reformar, a remessa dos autos dependerá de pedido expresso da parte interessada ou do Ministério Público, no prazo de cinco dias, contados da intimação; f) a sentença que deferir a adoção produz efeito desde logo, embora sujeita a apelação, que será recebida exclusivamente no efeito devolutivo, salvo se se tratar de adoção internacional ou se houver perigo de dano irreparável ou de difícil reparação ao adotando (art. 199-A); g) a sentença que destituir ambos ou qualquer dos genitores do poder familiar fica sujeita a apelação, que deverá ser recebida apenas no efeito devolutivo (art. 199-B); h) os recursos nos procedimentos de adoção e de destituição de poder familiar, em face da relevância das questões, serão processados com prioridade absoluta, devendo ser imediatamente distribuídos, ficando vedado que aguardem, em qualquer situação, oportuna distribuição, e serão colocados em mesa para julgamento sem revisão e com parecer urgente do Ministério Público (art. 199-C); i) o relator deverá colocar o processo em mesa para julgamento no prazo máximo de 60 (sessenta) dias, contado da sua conclusão (art. 199-D); j) o Ministério Público será intimado da data do julgamento e poderá na sessão, se entender necessário, apresentar oralmente seu parecer (art. 199-D, parágrafo único); e k) o juiz poderá conferir efeito suspensivo aos recursos para evitar dano irreparável à parte (art. 215).

De tudo, o que precisa ficar claro é que, mesmo sendo previstos por espécie normativa distinta do Código de Processo Civil, o continuam sendo por lei em sentido amplo, o que evidencia a existência de uma taxatividade a respeito.

O tema voltará a ser analisado algumas linhas à frente, quando for estudada a principiologia recursal.

3.1.3.2 A relativa delimitação subjetiva

Já a relativa delimitação das pessoas autorizadas a manejá-los advém da necessidade de se correlacionar a sua interposição à ocorrência de prejuízo jurídico ocorrido no âmbito do processo, assim considerado aquele acontecimento projetado como consequência do pronunciamento judicial, responsável por inseri-las em uma situação jurídica processual menos favorável do que aquela que almejavam. É por isso que a lei processual delimita, em um primeiro momento, a legitimidade para interposição de recursos à parte vencida, ao Ministério Público, como parte ou como fiscal da ordem jurídica, e ao terceiro prejudicado, cabendo a este, ainda por cima, demonstrar a possibilidade de a decisão sobre a relação jurídica submetida à apreciação judicial atingir direito de que se afirme titular ou que possa discutir em juízo como substituto processual (CPC, art. 996). Mas, é importante que se esteja atento ao fato de que tal listagem não é exaustiva, pois, em alguns cenários específicos, outros sujeitos do processo também podem apresentar recursos específicos. Por isso fiz a ressalva de que a delimitação legal feita pelo dispositivo sob análise serviria meramente a um primeiro momento. É como se tal artigo contivesse a listagem meramente genérica daqueles autorizados a interpor recursos, o que não impede que outros artigos eventualmente contemplem mais e mais legitimados para casos específicos. Seria exemplificar com o caso do juiz, que, embora usualmente não possa sofrer prejuízo processual, e, por isso, não se encontra no rol do art. 996, encontra-se legitimado a recorrer especificamente da decisão que acolhe a alegação de seu próprio impedimento ou suspeição (CPC, art. 146, § 5º). Também poderia ser mencionada a situação do advogado, que possui legitimidade para recorrer exclusivamente do capítulo dos pronunciamentos judiciais que versarem sobre seus honorários (Lei n. 8.906/94, art. 23). Finalmente, vale ser trazida à consideração a situação do próprio Ministério Público, que, apesar de ter sido incluído entre os legitimados genéricos, também tem sua legitimidade, de certo modo, limitada, pois somente poderá interpor recursos nos processos em que atuar como órgão agente ou interveniente (CPC, art. 179, II). De todo modo, o seu interesse recursal e o de terceiros será estudado juntamente aos pressupostos de admissibilidade recursal, alguns tópicos adiante.

Os auxiliares da justiça não possuem nenhuma legitimidade recursal, pois "seu interesse seria meramente econômico, não se apresentando como interdependente ao objeto do processo".[69]

---
[69] DUARTE, Zulmar. Comentários ao art. 994. Em: GAJARDONI, Fernando da Fonseca [et al.] (Coord.). *Comentários ao Código de Processo Civil*. 5. ed. Rio de Janeiro: Forense, 2022.

Aliado à delimitação de pessoas, existe a necessidade de que haja prejuízo jurídico projetado no âmbito do processo como consequência do pronunciamento judicial, pois, como se sabe, nem todo pronunciamento emitido pelo órgão julgador é capaz de gerar gravame, como acontece com os despachos, que, a rigor, se limitam a impulsionar o procedimento, sem emitir qualquer conteúdo decisório.

3.1.3.3 A dependência de provocação por uma pessoa interessada

A dependência de provocação decorre do fato de não fazer nenhum sentido cogitar-se da possibilidade de o próprio órgão jurisdicional prolator da decisão a atacar por si só. Embora algo parecido seja previsto em nosso sistema, o é por intermédio da remessa necessária (CPC, art. 496) e não por meio de recursos. Só é recurso aquilo que é provocado por quem não seja o próprio prolator do pronunciamento recorrido, como, de resto, exige o princípio dispositivo, erigido como norma fundamental pelo Código de Processo Civil (art. 2º) e do qual a voluntariedade é uma franca manifestação. Isso fica bem claro quando se lê o texto do art. 997, que enuncia que "cada parte interporá o recurso independentemente, no prazo e com observância das exigências legais". Além de necessitar de provocação, é preciso que haja voluntariedade a respeito, a qual se expressa por meio de manifestação de vontade revestida de intencionalidade consciente e específica nesse sentido. Isto porque os recursos são instrumentos colocados à disposição das pessoas, como uma alternativa de ataque às decisões judiciais e não como uma obrigatoriedade a elas imposta. Afinal, recorrer ou não recorrer é um mero ônus, que, como tal, pode deixar de ser exercido a bem daquilo que representar a melhor estratégia a ser adotada em cada caso. É a pessoa onerada que escolhe entre recorrer e poder alcançar uma situação mais vantajosa do que a atual, ou deixar de recorrer e permanecer como está. Não por outro motivo, a lei assegura ao recorrente o direito de renunciar previamente ao direito de recorrer (CPC, art. 999), o direito de se conformar com a decisão proferida a seu desfavor e deixar de recorrer (CPC, art. 1.000) e o direito de desistir do recurso que eventualmente já tenha interposto (CPC, art. 998).

3.1.3.4 O propósito específico

O objetivo de que os recursos se voltem exclusivamente ao ataque de pronunciamentos judiciais decorre de sua própria natureza, pois não haveria sentido interpor recurso em face de atos praticados pelas partes ou por outros sujeitos que eventualmente participem do processo, sem que tivessem, antes, levado o juízo a emitir um pronunciamento judicial a respeito. Para contrariar ou pretender obter esclarecimentos a respeito dos argumentos contidos nessas peças existem instrumentos específicos, como a contestação (para contrapor o que tenha sido ventilado em petição inicial), a pergunta (durante o depoimento pessoal) e o pedido de esclarecimentos (para dirimir controvérsias em laudos periciais), por exemplo. Já a necessidade de que, por meio dos recursos, somente se pretenda alcançar a anulação, a integralização, a modificação, o esclarecimento, a superação e/ou a distinção de pronunciamentos judiciais de outros, advém da circunstância de que o pedido recursal se encontra limitado a essas possibilidades, o que, de certa forma, impede que postulações de outras naturezas sejam feitas.

Dentro da temática, uma das situações mais intrigantes acontece quando o órgão julgador deixa de decidir por tempo significativo, gerando prejuízos não por um ato comissivo, mas sim por um ato omissivo. Afinal, se recursos objetivam atacar pronunciamentos judiciais, atos comissivos, portanto, seria suposto que a "não decisão" impediria a pessoa que se sentisse prejudicada de recorrer.

O tema é polêmico e será abordado em tópico próprio deste livro, pouco mais adiante.

3.1.3.5 O caráter incidental

Por fim, a necessidade de que este ataque aconteça durante o tramitar do mesmo processo em que tais pronunciamentos tenham sido prolatados advém da circunstância de que os recursos não instauram uma nova demanda, mas meramente a prolongam, dando continuidade ao direito de ação e de defesa já exercidos por ocasião de sua propositura e do desenrolar do procedimento. Por isso, não pode ter havido a formação da coisa julgada. Aliás, esta é justamente uma de suas principais finalidades: obstar a formação de preclusões, das quais a mais significativa é a coisa julgada. Não deixa de ser curioso, contudo, que esse prolongamento, por vezes, é feito por quem não integrava o processo originariamente – como um terceiro que somente veio a ser prejudicado com a sentença –, ou envolve objeto que não o constituía originariamente – como os honorários sucumbenciais fixados no capítulo acessório da sentença.

A respeito, mais uma vez José Carlos Barbosa Moreira[70] é absolutamente preciso quando ensina que os recursos simplesmente provocam "a extensão do mesmo processo em que se proferiu a decisão recorrida", pois sua "interposição, em qualquer caso, é sempre ato que se insere na própria linha processual a que pertence a decisão impugnada. Em outras palavras: com ela não se dá início a novo processo, mas apenas se provoca o prosseguimento daquele mesmo que até ali vinha correndo". Justamente por isso, destaca o mestre, eles não exigem a outorga de novo instrumento de mandato, tampouco nova citação do recorrido, exceto, em relação a esta última, na excepcional hipótese do art. 331, § 1º, do Código, justamente em razão da peculiaridade de a petição inicial ter sido previamente indeferida sem a sua oitiva.

Só não faça confusão: o fato de não inaugurar nova relação processual (demanda) é uma coisa; o fato de dar origem a novos autos (caderno processual), é outra completamente diferente, pois reflete apenas sobre a sua operacionalidade e não sobre a sua natureza jurídica. Tanto é assim que o agravo de instrumento, embora exija a formação de autos próprios (CPC, art. 1.016), continua sendo um recurso.

---

[70] BARBOSA MOREIRA, José Carlos. *Juízo de admissibilidade no sistema dos recursos civis*. Rio de Janeiro: Borsoi, 1968. p. 12-13.

3.2 Os recursos previstos no Código de Processo Civil

Todos os recursos previstos pelo Código de Processo Civil vêm contemplados e/ou têm seu procedimento disciplinado pelo Título II do Livro III de sua Parte Especial, como mencionado logo no início deste capítulo. O artigo 994 os enumera taxativamente da seguinte forma:

> Art. 994. São cabíveis os seguintes recursos:
> I – apelação;
> II – agravo de instrumento;
> III – agravo interno;
> IV – embargos de declaração;
> V – recurso ordinário;
> VI – recurso especial;
> VII – recurso extraordinário;
> VIII – agravo em recurso especial ou extraordinário;
> IX – embargos de divergência.

Já sua disciplina específica é realizada pelos seguintes artigos: a) apelação (CPC, arts. 1.009/1.014); b) o agravo de instrumento (CPC, arts. 1.015/1.020); c) agravo interno (CPC, art. 1.021); d) embargos de declaração (CPC, arts. 1.022/1.026); e) recurso ordinário (CPC, arts. 1.027/1.028; CR, arts. 102, II, e 105, II); f) recurso extraordinário e o recurso especial (CPC, arts. 1.029/1.041; CR, arts. 102, III, e 105, III); g) agravo em recurso especial e em recurso extraordinário (CPC, art. 1.042), e; h) embargos de divergência (CPC, art. 1.043/1.044).

Veja que foram extintos os embargos infringentes – que era cabível contra acórdão não unânime que reformasse sentença de mérito ou julgasse procedente ação rescisória (CPC/73, art. 530) e o agravo retido (CPC/73, art. 522).

Facilitando absurdamente a operabilidade do sistema recursal, o legislador brasileiro criou uma ligação estreita entre pronunciamento judicial e recurso, de modo que, em regra, sendo proferido determinado pronunciamento, dele caberá um recurso específico.

Vejamos como isso acontece.

3.2.1 A RELAÇÃO PRONUNCIAMENTOS JUDICIAIS X RECURSOS

Tomando por base as conceituações de cada pronunciamento judicial e de cada recurso, o CPC/2015 faz uma associação que simplifica demais a tarefa de identificação do recurso cabível de cada pronunciamento judicial. Veja o que diz o art. 1.009, por exemplo, ao tratar da relação sentença x apelação:

> Art. 1.009. Da sentença cabe apelação.[71]
> § 1º As questões resolvidas na fase de conhecimento, se a decisão a seu respeito não comportar agravo de instrumento, não são cobertas pela preclusão e devem ser suscitadas em preliminar de apelação, eventualmente interposta contra a decisão final, ou nas contrarrazões.

---

[71] Na jurisdição voluntária também existe idêntica previsão, já que o art. 724 do CPC diz que "da sentença caberá apelação".

Como o art. 203, § 1º, não faz distinção entre sentença com enfrentamento do mérito ou sem enfrentamento do mérito para fins de recorribilidade, ambas são apeláveis nos termos do art. 1.009, *caput*, ficando o seu § 1º encarregado de disciplinar a novidade já estudada por aqui de apelabilidade de decisões interlocutórias não sujeitas a preclusão imediata (decisões interlocutórias inagraváveis).

E, apenas adiantando algo que será abordado com mais vagar oportunamente, não só como um todo esses pronunciamentos judiciais são apeláveis. Os recursos podem ser parciais, voltados à impugnação apenas de um ou de alguns capítulos do pronunciamento judicial recorrido, como enfatiza o art. 1.002 ao enunciar que "a decisão pode ser impugnada no todo ou em parte", e o art. 966, § 3º, quando dispõe que "a ação rescisória pode ter por objeto apenas 1 (um) capítulo da decisão."

Portanto, pode ser que a pessoa tenha interesse de recorrer de apenas um ou alguns capítulos da sentença, anuindo tática ou expressamente com outros (CPC, arts. 1.000). Como resultado, os capítulos não recorridos serão recobertos pela coisa julgada (CPC, arts. 502 e 503),[72] tornando-se títulos executivos judiciais prontos para serem cumpridos definitivamente (CPC, art. 515, I)[73] e admitindo o ajuizamento de ação rescisória na forma e prazo previstos em lei (CPC, art. 966).[74]

Observe, agora, como o art. 1.015 disciplina o recurso cabível das decisões interlocutórias sujeitas à preclusão imediata (decisões interlocutórias agraváveis):[75]

> Art. 1.015. Cabe agravo de instrumento contra as decisões interlocutórias [...]

Por sua vez, o art. 1.021 estabelece a relação entre decisão proferida por relator e o agravo interno, dispondo que:

> Art. 1.021. Contra decisão proferida pelo relator caberá agravo interno para o respectivo órgão colegiado, observadas, quanto ao processamento, as regras do regimento interno do tribunal.

Já o art. 1.022, *caput*, trata da relação entre todos os pronunciamentos judiciais e os embargos de declaração, enunciando que:

> Art. 1.022. Cabem embargos de declaração contra qualquer decisão judicial [...].

E, o art. 1.043, *caput*, versa sobre a relação embargos de divergência e acórdão de órgão fracionário, dispondo que:

> Art. 1.043. É embargável o acórdão de órgão fracionário que [...]:

Note, agora, que quando pretende excluir a possibilidade de interposição de recurso contra o pronunciamento judicial, o Código é ainda mais direto e

---

[72] FPPC, Enunciado n. 100: "Não é dado ao tribunal conhecer de matérias vinculadas ao pedido transitado em julgado pela ausência de impugnação."
[73] CPC, art. 515. "São títulos executivos judiciais, cujo cumprimento dar-se-á de acordo com os artigos previstos neste Título: I – as decisões proferidas no processo civil que reconheçam a exigibilidade de obrigação de pagar quantia, de fazer, de não fazer ou de entregar coisa."
[74] Esta é, respeitavelmente, a linha seguida por este livro: a de que existe coisa julgada parcial e progressiva (STF, Rcl 49.905/PR, DJe de 19.04.22; STJ, REsp 1.998.498/RJ, DJe de 30.05.22). Apesar disso, não se desconhece a existência de intenso debate sobre a (im)possibilidade desse fenômeno, em razão do que estabelecem o art. 975 do CPC e a Súmula n. 401 do STJ.
[75] A leitura desse texto normativo deve ser feita de forma dialogada com a tese que restou fixada no Tema Repetitivo n. 988 da jurisprudência do STJ, segundo a qual "o rol do art. 1.015 do CPC é de taxatividade mitigada, por isso admite a interposição de agravo de instrumento quando verificada a urgência decorrente da inutilidade do julgamento da questão no recurso de apelação".

enfático. Para prescrever a irrecorribilidade dos despachos, por exemplo, o art. 1.001 dispõe que:

> Art. 1.001. Dos despachos não cabe recurso.

E, para tornar irrecorrível a decisão que solicita ou admite a participação de *amicus curiae*, o art. 138, *caput*, diz que:

> Art. 138. O juiz ou o relator, considerando a relevância da matéria, a especificidade do tema objeto da demanda ou a repercussão social da controvérsia, poderá, por decisão irrecorrível, de ofício ou a requerimento das partes ou de quem pretenda manifestar-se, solicitar ou admitir a participação de pessoa natural ou jurídica, órgão ou entidade especializada, com representatividade adequada, no prazo de 15 (quinze) dias de sua intimação.

De forma parecida, o art. 950, § 3º, veda a interposição de recursos do pronunciamento que admite a manifestação de órgãos ou entidades no incidente de arguição de inconstitucionalidade, dispondo que:

> Art. 950. Remetida cópia do acórdão a todos os juízes, o presidente do tribunal designará a sessão de julgamento.
> § 3º Considerando a relevância da matéria e a representatividade dos postulantes, o relator poderá admitir, por despacho irrecorrível, a manifestação de outros órgãos ou entidades.

Já para impedir a interposição de recurso contra a decisão que releva a pena de deserção, enuncia em seu art. 1.007, § 6º, que:

> Art. 1.007. No ato de interposição do recurso, o recorrente comprovará, quando exigido pela legislação pertinente, o respectivo preparo, inclusive porte de remessa e de retorno, sob pena de deserção.
> § 6º Provando o recorrente justo impedimento, o relator relevará a pena de deserção, por decisão irrecorrível, fixando-lhe prazo de 5 (cinco) dias para efetuar o preparo.

Coisa semelhante acontece quando considera irrecorrível a decisão do relator do recurso especial nas hipóteses previstas em seu art. 1.031, §§ 2º e 3º, os quais dispõem que:

> Art. 1.031. Na hipótese de interposição conjunta de recurso extraordinário e recurso especial, os autos serão remetidos ao Superior Tribunal de Justiça.
> § 2º Se o relator do recurso especial considerar prejudicial o recurso extraordinário, em decisão irrecorrível, sobrestará o julgamento e remeterá os autos ao Supremo Tribunal Federal.
> § 3º Na hipótese do § 2º, se o relator do recurso extraordinário, em decisão irrecorrível, rejeitar a prejudicialidade, devolverá os autos ao Superior Tribunal de Justiça para o julgamento do recurso especial.

Pois é! São opções que o sistema faz, deixando claro que, embora os recursos só possam ser interpostos contra pronunciamentos judiciais, não são de todos os pronunciamentos judiciais que cabem recursos.

Os pronunciamentos proferíveis em grau recursal também se submetem à mesma metodologia, tendo o CPC previsto os seguintes recursos para a impugnação das decisões monocráticas: a) embargos de declaração (CPC, art. 1.022); b) agravo interno (CPC, art. 1.021), e; c) agravo em recurso especial ou extraordinário (CPC, art. 1.042). Já em relação aos acórdãos, são previstos: a) embargos de declaração (CPC, art. 1.022); b) recurso ordinário, para o Superior Tribunal de Justiça e para o Supremo Tribunal Federal (CR, art. 102, II, e 105, II; CPC, art. 1.027); c) recurso especial (CR, art. 105, III; CPC, art. 1.029); d) recurso extraordinário (CR, art. 102, III; CPC, art. 1.029); e) embargos de divergência no Supremo Tribunal Federal e no Superior Tribunal de Justiça (CPC, art. 1.043).

Adicionalmente, o interessado ainda poderá lançar mão não de um recurso propriamente dito, mas da "técnica de julgamento ampliado" prevista pelo art. 942 do Código, quando e se ocorrerem as hipóteses fáticas por ele previstas, a serem estudadas oportunamente neste livro.

Como todos os recursos ordinários importam para as ações de família e sucessões, todos eles receberão atenção específica e oportuna por aqui. Mas, agora, a gente precisa conhecer a principiologia que se encontra por detrás deles.

4

OS PRINCÍPIOS FUNDAMENTAIS DOS RECURSOS

NOÇÕES GERAIS

Como é de se imaginar, existe todo um conjunto de princípios regulando os recursos. No entanto, são tantas as opiniões a respeito, que optei por reproduzir por aqui um rol que exprimisse aquele que poderia ser considerado o senso comum da literatura. Via de consequência, serão estudados por aqui os seguintes: a) o duplo grau de jurisdição; b) a taxatividade; c) a singularidade ou unirrecorribilidade; d) a fungibilidade; e) a voluntariedade; f) a dialeticidade; g) a proibição da reforma para pior (*non reformatio in pejus*); h) a consumação e a não complementaridade, e; i) aproveitamento ou primazia do mérito recursal.

Antes de mais nada, é preciso deixar registrado que nem todos eles são contemplados expressamente pelo texto normativo do Código de Processo Civil, até porque não existe necessidade de que isso aconteça. Princípio é uma espécie de norma jurídica, e, como se sabe, texto de lei não se confunde com norma jurídica. Norma jurídica é resultado da interpretação humana, não precisando vir envolvida por um invólucro denominado texto, muito embora isso possa acontecer aqui e ali. Não é à toa que existem princípios implícitos, como os da razoabilidade e da função social da família, não é mesmo?

4.1 Duplo grau de jurisdição

Aliás, o primeiro princípio que a gente vai estudar é justamente um princípio implícito ao nosso sistema: o do duplo grau de jurisdição. Sim, ao contrário do que muitos pensam, ele não se encontra previsto expressamente no texto constitucional. A bem da verdade, nem implicitamente ele poderia ser considerado um princípio constitucional, embora não se negue sua previsão a nível convencional (Convenção Americana de Direitos Humanos – art. 8, item 2, h), tampouco sua íntima ligação a outros que lá se encontram positivados, como o da inafastabilidade da jurisdição, o do devido processo legal e o do contraditório e ampla defesa (CR, art. 5º, XXXV, LIV e LV). Justamente por isso, o Supremo Tribunal Federal se recusa a lhe atribuir a natureza de garantia constitucional,[76] o não lhe retira, contudo, o viés principiológico, pois existe sim em nosso sistema uma orientação de que, na medida do possível, seja assegurado às pessoas o acesso a mais de um grau de jurisdição dentro das possibilidades jurídicas e reais existentes por aqui.

Trata-se, pois, de um princípio embutido na ordem jurídica brasileira.

Sinteticamente, o que ele prescreve é o direito que as pessoas têm de ver as decisões judiciais proferidas por um órgão jurisdicional analisadas e revistas por outros, preferencialmente de hierarquia superior. É algo que tem muito a ver com democracia, com respeito às pessoas e com proteção contra abusos e arbitrariedades praticados pelo Estado. Entretanto, justamente por não se tratar de norma com assento constitucional, a prescrição por ele trazida pode sofrer limitações pontuais, inclusive pela legislação ordinária, como verdadeiramente acontece quando se supre propositalmente instância (CPC, art. 1.013, §§ 3º e 4º),[77] quando se impede a interposição de recursos (CPC, arts. 138, *caput*, 950, § 3º, 1.007, § 6º, e 1.031, §§ 2º e 3º; Lei n. 6.830/90, art. 34) ou quando se veda a pessoas acusadas de prática de crimes que sejam detentoras de prerrogativa de função o direito de recorrer a outro órgão.[78]

Como sem nota, o que ele prescreve é algo que tem muito a ver com participação e segurança jurídica.

4.2 Taxatividade

Já o princípio da taxatividade prescreve que somente pode ser considerado recurso aquele que esteja previsto como tal na Constituição da República ou em lei federal. Afinal, não existe dúvida de que a matéria "recursos" é típica de direito processual, como já mencionado por ocasião do estudo das características recursais (CR, art. 22, I).

---
[76] Dentre vários: ADI 6512/GO, DJe de 10.02.21; Ag. Reg no RE 976.178/PR, j. em 09.12.16.
[77] FPPC, Enunciado n. 307: "Reconhecida a insuficiência da sua fundamentação, o tribunal decretará a nulidade da sentença e, preenchidos os pressupostos do § 3º do art. 1.013, decidirá desde logo o mérito da causa".
[78] STF, Súm. n. 704: "Não viola as garantias do juiz natural, da ampla defesa e do devido processo legal a atração por continência ou conexão do processo do corréu ao foro por prerrogativa de função de um dos denunciados".

É algo que tem a ver com segurança jurídica e previsibilidade, a tornar absolutamente inadmissível, portanto, a criação de recursos por negócios jurídicos processuais ou por normas estaduais e municipais.

4.3 Singularidade ou unirrecorribilidade

Vejamos, agora, outro princípio: o da singularidade. De acordo com ele, cada recurso brasileiro se destina a uma finalidade específica, não havendo possibilidade de interposição simultânea de mais de uma espécie recursal para se atingir o mesmo objetivo. A ele, o STJ costuma assim se referir: "o princípio da singularidade, também denominado da unicidade do recurso, ou unirrecorribilidade consagra a premissa de que, para cada decisão a ser atacada, há um único recurso próprio e adequado previsto no ordenamento jurídico"[79].

Por isso, ele também é chamado de unirrecorribilidade ou unicidade.

É superfácil identificá-lo em nosso sistema. Como se viu neste livro, o art. 203 do CPC subdivide os pronunciamentos judiciais decisórios de primeiro grau em duas espécies: a) a sentença, assim considerado aquele que coloca fim à fase cognitiva do procedimento comum ou à execução, resolvendo ou não o mérito da causa (§ 1º), e; b) a decisão interlocutória, assim classificado o pronunciamento que, sem acarretar esse efeito extintivo, resolve alguma questão incidente (§ 2º). Fazendo a correlação necessária, os arts. 1.009 e 1.015 do mesmo diploma consagram recursos especificamente voltados a promover as suas respectivas impugnações, sendo eles: a.1) a apelação, e; b.1) o agravo.

Portanto, se o pronunciamento do juiz se revestir das características inerentes a uma sentença, o recurso cabível será única e exclusivamente a apelação. Já se assumir a roupagem de uma decisão, o agravo será a única espécie recursal adequada para o ataque. Nos graus superiores essa tendência se mantém, como visto no tópico antecedente. Para não soar repetitivo, basta que se relembre, por exemplo, que o art. 1.021 enuncia que "contra decisão proferida pelo relator caberá agravo interno para o respectivo órgão colegiado".

Isso facilita demais a aplicação prática dos recursos, mesmo naqueles casos que, a princípio, poderiam gerar alguma dúvida na mente do leitor. Esta afirmação se torna especialmente verdadeira quando o que está em jogo são as decisões proferidas nas ações de família e sucessões, devido à possibilidade de o litígio ir sendo solucionado aos poucos, de forma parcelada. Veja este exemplo: o pronunciamento do juiz que julga parcialmente o mérito, decretando o divórcio enquanto o casal ainda continua litigando em torno da partilha de bens e da guarda dos filhos é uma decisão interlocutória, mais precisamente uma decisão interlocutória de mérito, pois, embora resolva importante questão, não coloca fim à fase cognitiva do procedimento em primeiro grau de jurisdição, tampouco extingue a execução (CPC, art. 356, I). Portanto, apesar de sua incrível semelhança com uma sentença, até pelo fato de divórcios tradicionalmente sempre terem

---

[79] AgInt no AREsp 2.139.988/SP, DJe de 13.10.22.

sido decretados por este tipo de provimento no Brasil, de sentença não se trata. Via de consequência, o recurso propício ao seu ataque é o agravo de instrumento, como, aliás, deixam claro os arts. 356, § 5º, e 1.015, II, do mesmo diploma. Observe, agora, este outro exemplo: a sentença que concede a tutela provisória voltada a obrigar o ex-companheiro a entregar as chaves do automóvel à sua ex-companheira, apesar de assumir o papel tradicionalmente desempenhado por uma decisão interlocutória, continua sendo uma sentença, sendo, por isso, atacável por apelação (CPC, art. 1.012, V e 1.013, § 5º).

É importantíssimo que se tenha isso em mente, porque "em respeito ao princípio da singularidade recursal, interpostos dois recursos contra uma única decisão pela mesma parte, não se deve conhecer do segundo, pois opera-se a preclusão consumativa".[80] Sim, a preclusão consumativa (CPC, art. 200).

Para eliminar de vez qualquer dúvida eventualmente existente sobre a possibilidade de se interpor, ao mesmo tempo, agravo de instrumento e apelações em situações comuns como essas, o art. 1.009, § 3º, do CPC enuncia que "o disposto no *caput* deste artigo [que diz que "da sentença cabe apelação"] aplica-se mesmo quando as questões mencionadas no art. 1.015 [que diz que "cabe agravo de instrumento contra as decisões interlocutórias"] integrarem capítulo da sentença."

Ainda dentro dessa temática, questão interessantíssima diz respeito aos "pronunciamentos judiciais objetivamente complexos", mais precisamente aqueles subdivididos em capítulos, cada um decidindo questão que seja impugnável, em tese, por recursos diferentes. Por incrível que pareça, a ocorrência desse tipo de situação no cotidiano das Varas de Família e Sucessões é mais frequente do que se possa imaginar em um primeiro momento. Basta pensar no que aconteceria com uma decisão interlocutória proferida no âmbito de uma ação de divórcio cumulada com partilha e alimentos para os filhos, que contivesse dois capítulos, sendo: a) o primeiro deles destinado à promoção do julgamento antecipado e parcial do mérito do pedido de partilha dos bens amealhados pelo casal durante a união, diante da inexistência de controvérsia a respeito (CPC, art. 356, I); e b) o segundo deles, destinado ao indeferimento de prova pericial destinada à aferição da capacidade financeira do pai, para fins de fixação da verba alimentar, ao entendimento de que seria uma diligência inútil (CPC, art. 370, parágrafo único). Como se percebe, apenas a decisão referida na letra "a" seria impugnável por agravo de instrumento, diante da expressa previsão do art. 356, § 5º, do Código, que diz textualmente que "a decisão proferida com base neste artigo é impugnável por agravo de instrumento". Já a decisão referida na letra "b" não seria agravável, porque, além de não constar no rol do art. 1.015 do mesmo diploma, vem sendo interpretada pelo STJ como um pronunciamento contra o qual não cabe agravo de instrumento nem mandado de segurança, mas apenas apelação.[81]

---

[80] STJ, AgInt no CC 185.831/RJ, DJe de 05.05.22.
[81] Dentre vários: RMS 65.943/SP, DJe de 16.11.21.

Todavia, em casos como este, talvez seja natural e até intuitivo que se imagine o seguinte: já que a interposição do agravo de instrumento submeterá a decisão recorrida à apreciação do tribunal, o seu conteúdo integral poderá ser apreciado pelo órgão, por "arrastamento", até por questão de economia processual e aproveitamento de atos praticados no processo, não é mesmo?

Mas não é bem assim que as coisas funcionam. Os recursos não possuem essa aptidão de levar ao órgão responsável por sua apreciação, toda e qualquer questão, ao livre-arbítrio da pessoa responsável por sua interposição, mesmo que por motivos nobres como os há pouco mencionados. Muito pelo contrário. Em vez disso, como é possível imaginar, existem limites a esse respeito, conforme será visto oportunamente neste livro, inclusive. A regra, portanto, é que somente aquilo que possa e tenha efetivamente sido provocado pela pessoa interessada, através de cada um dos recursos previstos no ordenamento jurídico brasileiro, seja levado ao conhecimento da Corte. Como resultado, apenas aquilo que seja agravável poderá ser levado ao tribunal por meio do agravo, impedindo que aquilo que seja inagravável possa "pegar carona" nesse mesmo instrumento, fazendo com que, no caso sob estudo, apenas o pronunciamento referido na letra "a" possa ser conhecido pelo tribunal por força do agravo de instrumento. E, já que não caberia a interposição simultânea da apelação para o ataque imediato do pronunciamento referido na letra "b", restaria ao interessado impugná-lo oportunamente por meio deste recurso (ou em suas contrarrazões), na forma do art. 1.009, § 1º, do CPC.[82]

O princípio sob estudo ainda se revela essencial para coibir uma prática tão irregular quanto comum no cotidiano forense: a interposição reiterada da mesma espécie recursal em face de decisões denegatórias de requerimentos repetitivos. Eu explico isso melhor. Imagine um requerimento de tutela provisória que vai liminarmente indeferido ao argumento de que o direito alegado pelo autor se mostra improvável. Imagine, agora, que este mesmo autor não só interponha agravo de instrumento desta decisão denegatória, como, também, basicamente repita os argumentos já utilizados em outro requerimento de tutela provisória, que também vai indeferido, não raro sob idêntica ou sob fundamentação bastante parecida com aquela utilizada para a denegação do pleito anterior. Será que um novo agravo de instrumento interposto contra esta última decisão não estaria simplesmente desempenhando o mesmo papel que o anteriormente interposto? Quem garantiria que essa reiteração de requerimentos e de recursos não se repetiria a cada novo indeferimento, perpetuamente? Pois é justamente para combater essa prática – interposição reiterada da mesma espécie recursal em face de decisões denegatórias de requerimentos repetitivos – que o princípio da unirrecorribilidade ou singularidade também costuma ser utilizado.

Mas, não confunda as coisas. Quando o princípio sob estudo prescreve que um mesmo pronunciamento judicial não pode ser impugnado por mais de um recurso ao mesmo tempo, não está proibindo que as pessoas se valham de

---

[82] A respeito: CORTEZ, Renata; PEIXOTO, Marco Aurélio. Capítulo não agravável da decisão apreciado pelo tribunal. *JOTA*. Disponível em: https://jota.info/colunas/colunacpcnostribunais/capitulonaoagravaveldadecisaoapreciadopelotribunal060420).

múltiplos recursos simultaneamente para obter objetivos diversos. Sim, porque o que é vedado é se buscar o mesmo fim por meio de recursos diferentes, mas não finalidades diversas. Estas, por óbvio, exigirão justamente a interposição de mais de um recurso. Os embargos de declaração, por exemplo, podem ser opostos contra qualquer pronunciamento judicial, sendo, por isso, cabíveis também contra sentenças. Mas, além de não serem oponíveis de forma simultânea à apelação – mas, sim, de forma antecedente até para interromper seu prazo (CPC, art. 1.026) –, têm por propósito meramente aclará-la, esclarecendo obscuridades, eliminando contradições, suprindo omissões ou corrigindo erros meramente materiais nela eventualmente existentes, meio que perfectibilizando-a para que ela, enfim, possa ser atacada pela apelação, o que serve para deixar claro outro ponto: o de que seu julgamento também será feito em momento diverso e antecedente ao da apelação.

Ao que parece, a única verdadeira exceção ao princípio é aquela para a qual Marco Antonio Rodrigues[83] chama a atenção em seu Manual: o caso de acórdão de Tribunal Estadual ou Regional Federal proferido em última instância que viole, ao mesmo tempo, norma constitucional e infraconstitucional federal. Nessa hipótese, alerta o professor carioca "podem ser cabíveis simultaneamente dois recursos: o recurso especial e o recurso extraordinário" em face do mesmo ato jurisdicional, sob pena de preclusão, porque não é possível "à luz dos Enunciados 126 da súmula do Superior Tribunal de Justiça e 283 do Supremo Tribunal Federal, interpor apenas um desses mecanismos isoladamente, caso o julgado recorrido se fundar em argumentos que deem ensejo a ambos".

Como se nota, este princípio tem muito a ver com segurança jurídica e previsibilidade.

Agora veja que coisa curiosa. O STJ possui entendimento pacífico no sentido de que o princípio da singularidade não é violado quando um único recurso é interposto contra duas decisões distintas, mas da mesma natureza. Isso porque, de acordo com seu posicionamento, "o princípio da singularidade, também denominado da unicidade do recurso, ou unirrecorribilidade consagra a premissa de que, para cada decisão a ser atacada, há um único recurso próprio e adequado previsto no ordenamento jurídico. O recorrente utilizou-se do recurso correto (respeito à forma) para impugnar as [três] decisões interlocutórias, qual seja o agravo de instrumento. O princípio da unirrecorribilidade não veda a interposição de um único recurso para impugnar mais de uma decisão. E não há, na legislação processual, qualquer impedimento a essa prática, não obstante seja incomum".[84]

4.4 Fungibilidade

O próximo princípio recursal a ser estudado é o da fungibilidade. Por meio dele, o sistema admite que o recurso não tecnicamente previsto para o ataque daquele

---

[83] RODRIGUES, Marco Antonio. *Manual dos recursos, ação rescisória e reclamação.* São Paulo: Atlas, 2017, p. 445.
[84] Exatamente assim: REsp 1.628.773/GO, DJe de 24.5.19; REsp 1.112.599/TO, j. em 28.08.12.

pronunciamento judicial específico possa excepcionalmente ser recebido como se o fosse, por causa de dúvida justificável sobre qual seria a espécie apropriada.

Isto porque existem casos em que se mostra muito difícil saber qual seria o recurso genuinamente cabível, como naquelas situações de extinção de exceção de pré-executividade e de impugnação ao cumprimento de sentença em que não se coloque fim ao procedimento, nos pronunciamentos que decidem os procedimentos especiais, assim como em qualquer hipótese que a própria decisão impugnada induza a pessoa a erro quanto ao recurso a interpor, como aconteceria no caso de o juiz intitular o seu pronunciamento com nome errado (p. ex.: sentença ou despacho, quando deveria ser decisão interlocutória).[85]

Nas varas de família e sucessões, uma hipótese que costuma causar muita confusão aparece no âmbito de ações de exigir contas propostas por ex-cônjuges em torno da administração exclusiva de um único imóvel comum ou por herdeiros a respeito dos atos praticados por inventariante removido.[86] Isso porque é histórica a dúvida reinante sobre o tipo de pronunciamento judicial que julga a primeira fase dessa ação.[87] Por isso, o Superior Tribunal de Justiça costuma proferir decisões seguindo mais ou menos essa linha de raciocínio:

> PROCESSUAL CIVIL. CIVIL. AGRAVO INTERNO NO AGRAVO EM RECURSO ESPECIAL. REGRA DE PREVENÇÃO. COMPETÊNCIA RELATIVA. PRECLUSÃO. DEMANDA DE PRESTAÇÃO DE CONTAS. PRIMEIRA FASE. JULGAMENTO PROCEDENTE. APELAÇÃO. ERRO ESCUSÁVEL. RECEBIMENTO DA APELAÇÃO COMO AGRAVO DE INSTRUMENTO. FUNGIBILIDADE RECURSAL. AFASTAMENTO. AUSÊNCIA DE PREQUESTIONAMENTO. SÚMULAS N. 282 E 356 DO STF. ACÓRDÃO RECORRIDO EM CONSONÂNCIA COM JURISPRUDÊNCIA DESTA CORTE. SÚMULA N. 83/STJ. DIVERGÊNCIA JURISPRUDENCIAL NÃO DEMONSTRADA. DECISÃO MANTIDA. [...]
> Conforme o entendimento do STJ, cabe agravo de instrumento contra a decisão que julga procedente a primeira fase da ação de prestação de contas. No entanto, havendo "dúvida objetiva acerca do cabimento do agravo de instrumento ou da apelação, consubstanciada em sólida divergência doutrinária e em reiterado dissídio jurisprudencial no âmbito do 2º grau de jurisdição, deve ser afastada a existência de erro grosseiro, a fim de que se aplique o princípio da fungibilidade recursal" (AgInt nos EDcl no REsp n. 1.831.900/PR, Relatora Ministra Maria Isabel Gallotti, Quarta Turma, julgado em 20/4/2020, DJe 24/4/2020).
> 4. A mencionada fungibilidade continua sendo admitida por esta Corte Superior, por haver "sólida divergência doutrinária e de reiterado dissídio jurisprudencial no âmbito dos Tribunais Estaduais e dos Tribunais Regionais Federais acerca do recurso cabível em face da decisão que julga a primeira fase da ação de exigir contas é elemento que autoriza a aplicação do princípio da fungibilidade recursal" (AgInt no REsp n. 1.978.695/MG, relator Ministro Marco Buzzi, Quarta Turma, julgado em 15/8/2022, DJe de 18/8/2022).
> 8. Agravo interno a que se nega provimento.
> (AgInt no AREsp 1.973.027/RJ, DJe de 21.11.22)

---

[85] REsp 1.963.966/SP, DJe de 05.05.22; EAREsp 230.380/RN, DJen de 11.10.17; AgRg no AREsp 228.816/RN, DJe de 10.05.16.
[86] STJ, REsp 1.941.686/MG, DJe de 19.05.22.
[87] FPPC, Enunciado n. 177: "A decisão interlocutória que julga procedente o pedido para condenar o réu a prestar contas, por ser de mérito, é recorrível por agravo de instrumento."

Outra situação capaz de gerar perplexidade acontece quando é reconhecida a prática de alienação parental no âmbito de incidente instaurado em ações de família, pois a Lei n. 12.318/10 não especifica o recurso cabível das decisões que possuam este conteúdo. O STJ, porém, já teve oportunidade de dirimir essa controvérsia, inclusive negando a aplicação do princípio da fungibilidade ao caso, sob o seguinte argumento:

> PROCESSO CIVIL. AÇÃO DE RECONHECIMENTO E DISSOLUÇÃO DE UNIÃO ESTÁVEL. INSTAURAÇÃO DE INCIDENTE DE ALIENAÇÃO PARENTAL. RECURSO CABÍVEL PARA IMPUGNAR A DECISÃO PROFERIDA. EXISTÊNCIA DE ERRO GROSSEIRO. FUNGIBILIDADE INAPLICÁVEL. ARTS. ANALISADOS: 162, §§ 1° E 2°, 522, CPC.
> 1. Incidente de alienação parental, instaurado no bojo de ação de reconhecimento e dissolução de união estável distribuída em 2010, da qual foi extraído o presente recurso especial, concluso ao Gabinete em 02/05/2012.
> 2. Discute-se o recurso cabível para impugnar decisão que, no curso de ação de reconhecimento e dissolução de união estável, declara, incidentalmente, a prática de alienação parental.
> 3. A Lei 12.318/2010 prevê que o reconhecimento da alienação parental pode se dar em ação autônoma ou incidentalmente, sem especificar, no entanto, o recurso cabível, impondo, neste aspecto, a aplicação das regras do CPC.
> 4. O ato judicial que resolve, incidentalmente, a questão da alienação parental tem natureza de decisão interlocutória (§ 2° do art. 162 do CPC); em consequência, o recurso cabível para impugná-lo é o agravo (art. 522 do CPC). Se a questão, todavia, for resolvida na própria sentença, ou se for objeto de ação autônoma, o meio de impugnação idôneo será a apelação, porque, nesses casos, a decisão encerrará a etapa cognitiva do processo na primeira instância.
> 5. No tocante à fungibilidade recursal, não se admite a interposição de um recurso por outro se a dúvida decorrer única e exclusivamente da interpretação feita pelo próprio recorrente do texto legal, ou seja, se se tratar de uma dúvida de caráter subjetivo.
> 6. No particular, a despeito de a Lei 12.318/2010 não indicar, expressamente, o recurso cabível contra a decisão proferida em incidente de alienação parental, o CPC o faz, revelando-se subjetiva – e não objetiva – a dúvida suscitada pela recorrente, tanto que não demonstrou haver qualquer divergência jurisprudencial e/ou doutrinária sobre o tema.
> 7. Recurso especial conhecido e desprovido.
> (STJ, REsp 1.330.172/MS, DJe de 17.03.14)

No âmbito específico do direito sucessório, o princípio da fungibilidade vem sendo aplicado com bastante recorrência nos recursos voltados ao ataque do pronunciamento judicial que decide o pedido de habilitação de crédito no inventário, remete o eventual credor às vias ordinárias e reserva bens suficientes para pagar a dívida por ele cobrada, na forma do art. 643 do CPC, não só porque ele é proferido em incidente que tramita em autos apartados, mas também porque muitos juízes o intitulam de "sentença", não raro condenando o credor ao pagamento de honorários, gerando incerteza sobre a sua natureza de sentença ou de decisão interlocutória.

Por isso, o Superior Tribunal de Justiça, embora siga firme na orientação de que tal pronunciamento se classifique como decisão interlocutória – logo, atacável por agravo de instrumento –, admite aqui e ali a interposição de apelação, notadamente quando elementos adicionais puderem gerar confusão a respeito, como o fato de o magistrado intitular seu pronunciamento como sentença.

Veja:

> CIVIL. PROCESSUAL CIVIL. HABILITAÇÃO DE CRÉDITO EM INVENTÁRIO. NATUREZA JURÍDICA DA DECISÃO QUE INDEFERE O PEDIDO. SENTENÇA IMPUGNÁVEL POR APELAÇÃO OU DECISÃO INTERLOCUTÓRIA IMPUGNÁVEL POR AGRAVO DE INSTRUMENTO. CONTROVÉRSIA EXISTENTE NA JURISPRUDÊNCIA DESTA CORTE NA VIGÊNCIA DO CPC/73. NOVA LEGISLAÇÃO PROCESSUAL QUE, AO MELHOR DEFINIR O CONCEITO DE SENTENÇA, IMPÕE A NECESSIDADE DE SUPERAÇÃO DO ENTENDIMENTO SEGUNDO O QUAL SE TRATARIA DE SENTENÇA. NATUREZA DE DECISÃO INTERLOCUTÓRIA E IMPUGNAÇÃO POR AGRAVO DE INSTRUMENTO. INTELIGÊNCIA DOS ARTS. 643, *CAPUT*, E 1.015, PARÁGRAFO ÚNICO, AMBOS DO CPC/2015. PECULIARIDADES DA HIPÓTESE. NOMEAÇÃO DA DECISÃO COMO SENTENÇA. ADOÇÃO DE FUNDAMENTO LEGAL RELACIONADO À RESOLUÇÃO DE MÉRITO. CONDENAÇÃO RECÍPROCA EM HONORÁRIOS SUCUMBENCIAIS. INDUÇÃO DA PARTE AO ERRO. AUSÊNCIA DE MÁ-FÉ. APLICAÇÃO DO PRINCÍPIO DA FUNGIBILIDADE RECURSAL.
> 1 – [...].
> 2 – Os propósitos recursais consistem em definir: (i) se o pronunciamento judicial que indefere o pedido de habilitação de crédito no inventário, remete o eventual credor às vias ordinárias, reserva bens suficientes para pagar a dívida por ele cobrada e condena-o ao pagamento de honorários advocatícios de sucumbência, é sentença impugnável por apelação ou decisão interlocutória impugnável por agravo de instrumento; (ii) se é aplicável o princípio da fungibilidade recursal.
> 3 – Dado que, durante a vigência do CPC/73, seja antes ou após a edição da Lei nº 11.232/2005, os diferentes conceitos de sentença eram insuficientes para definir algumas questões relativas à recorribilidade por apelação ou agravo de instrumento, instaurou-se controvérsia no âmbito desta Corte acerca da natureza jurídica do pronunciamento do juiz que versava sobre a habilitação do crédito no inventário e, por conseguinte, acerca do recurso cabível.
> 4 – Com efeito, na vigência do CPC/73, há precedente da 3ª Turma no sentido de que essa decisão era sentença e, portanto, impugnável por apelação, ao mesmo tempo que há precedente da 4ª Turma em sentido oposto, fixando a tese de que essa decisão era interlocutória e, bem assim, impugnável por agravo de instrumento.
> 5 – Após a entrada em vigor da nova legislação processual e a modificação do conceito de sentença, que passou a ser definido a partir de um duplo critério (temporal e material), a controvérsia até então existente deve ser superada, na medida em que a decisão referida no art. 643, *caput*, do CPC/2015, além de não colocar fim ao processo de inventário e de se tratar de um incidente processual, subsome-se à regra específica de impugnação, prevista no art. 1.015, parágrafo único, do CPC/2015, que prevê ser cabível agravo de instrumento contra todas as decisões interlocutórias proferidas no inventário. Precedentes.
> 6 – Assim, é correto fixar a tese de que, na vigência da nova legislação processual, o pronunciamento judicial que versa sobre a habilitação do crédito no inventário é uma decisão interlocutória e, desse modo, é impugnável por agravo de instrumento com base no art. 1.015, parágrafo único, do CPC/2015.

> 7 – Na hipótese, contudo, não se pode olvidar que o pronunciamento judicial de 1° grau de jurisdição, a despeito de afirmar que a habilitação de crédito possui natureza de incidente processual: (i) foi rotulado como sentença; (ii) afirmou que a denegação do pedido de habilitação, com determinação de reserva de bens do espólio, está fundada no art. 487, I, do CPC/2015, que trata da resolução de mérito mediante acolhimento ou rejeição do pedido autoral; (iii) afirmou ainda que, diante da sucumbência recíproca, condenava-se ambas as partes ao pagamento de honorários advocatícios.
> 8 – Do exame do referido pronunciamento judicial, sobressai evidente dúvida concreta e objetiva acerca da forma e do conteúdo do ato judicial, não havendo, em princípio, como se cogitar de má-fé da parte, circunstâncias que autorizam a excepcional aplicação do princípio da fungibilidade recursal. Precedentes.
> (REsp 1.963.966/SP, DJe de 05.05.22)[88]

Apesar de não o contemplar diretamente como um princípio em seu texto,[89] o CPC contém diversos artigos admitindo sua aplicação prática. Nos termos do art. 932, parágrafo único, por exemplo, "antes de considerar inadmissível o recurso, o relator concederá o prazo de 5 (cinco) dias ao recorrente para que seja sanado vício ou complementada a documentação exigível". Já de acordo com o art. 1.024, § 3°, "o órgão julgador conhecerá dos embargos de declaração como agravo interno se entender ser este o recurso cabível, desde que determine previamente a intimação do recorrente para, no prazo de 5 (cinco) dias, complementar as razões recursais, de modo a ajustá-las às exigências do art. 1.021, § 1°". Também pelo art. 1.032, *caput*, "se o relator, no Superior Tribunal de Justiça, entender que o recurso especial versa sobre questão constitucional, deverá conceder prazo de 15 (quinze) dias para que o recorrente demonstre a existência de repercussão geral e se manifeste sobre a questão constitucional", sendo certo que "cumprida a diligência de que trata o *caput*, o relator remeterá o recurso ao Supremo Tribunal Federal, que, em juízo de admissibilidade, poderá devolvê-lo ao Superior Tribunal de Justiça". Finalmente, pelo art. 1.033, "se o Supremo Tribunal Federal considerar como reflexa a ofensa à Constituição afirmada no recurso extraordinário, por pressupor a revisão da interpretação de lei federal ou de tratado, remetê-lo-á ao Superior Tribunal de Justiça para julgamento como recurso especial".

Por se tratar de um princípio, logo, de uma norma jurídica de aplicação obrigatória pelo órgão julgador, as pessoas não precisam fazer qualquer requerimento a respeito. Nesse sentido, inclusive, o Enunciado n. 104 do FPPC dispõe que "o princípio da fungibilidade recursal é compatível com o CPC e alcança todos os recursos, sendo aplicável de ofício".

Não questiono, no entanto, que a dedução de requerimento expresso possa ser medida de todo recomendável no caso concreto.

---

[88] No mesmo sentido: AgInt no AREsp 1.681.737/PR, DJe de 04.06.21.
[89] O CPC/39 o contemplava expressamente em seu art. 810, assim dispondo: "Salvo a hipótese de má-fé ou erro grosseiro, a parte não será prejudicada pela interposição de um recurso por outro, devendo os autos ser enviados à Câmara, ou turma, a que competir o julgamento."

Bem vistas as coisas, trata-se de aplicação aos recursos do princípio da instrumentalidade das formas, encampado pelos arts. 188, 277 e 283 do CPC. É algo que tem a ver com o aproveitamento dos atos e com o respeito à boa-fé.

Mas, seu emprego exige que se observem pelo menos dois requisitos. De acordo com o entendimento firmado pela 2ª Seção do Superior Tribunal de Justiça,[90] a aplicação do princípio da fungibilidade recursal pressupõe a existência de *dúvida objetiva e inexistência de erro grosseiro*. Por dúvida objetiva entende-se aquela fundada em divergência doutrinária ou jurisprudencial acerca do recurso cabível, tal como acontece na ação de exigir contas, mencionada agora há pouco. Em contraposição, não a autoriza, portanto, a ocorrência de dúvida meramente subjetiva, que eventualmente povoe a mente do advogado diante do caso concreto. Simultaneamente, se exige que o recurso inapropriado tenha sido interposto *sem erro grosseiro*, isto é, sem abuso de direito. Aconteceria este tipo de erro se uma pessoa pretendesse apresentar uma apelação contra decisões colegiadas proferidas por tribunais, já que o próprio Código se encarrega de classificar este pronunciamento como acórdão e não como sentença (art. 204), ou, ainda, se quisesse atacar a decisão do primeiro juízo de admissibilidade do recurso especial por agravo de instrumento e até mesmo por embargos de declaração, pois o mesmo diploma não deixa dúvida de que o meio de impugnação cabível é o agravo interno a ser dirigido à Presidência do Tribunal de origem sob possibilidade de remessa ao tribunal superior competente se aquele não se retratar (art. 1.042, §§ 2° e 4°).[91]

Também caracterizaria erro grosseiro a interposição de apelação contra decisão que declara a inexigibilidade parcial da execução, porque o STJ já pacificou o entendimento de ser cabível agravo de instrumento.[92]

Na vigência do CPC revogado, a literatura dissentia sobre a necessidade ou não de o recurso equivocado ter que ser apresentado dentro do prazo previsto em lei para o recurso correto. Atualmente, contudo, essa discussão perdeu em importância por causa da uniformização dos prazos recursais em 15 dias (CPC/2015, art. 1.003, § 5°, e 1.070), exceto, é claro, para os embargos de declaração, que continuam tendo que ser opostos em 05 dias (CPC/2015, art. 1.023, *caput*).[93] Ainda que assim não fosse – mas, de fato é –, acredito que o recurso equivocado deva ser admitido quando for apresentado dentro do prazo previsto em lei para a sua própria interposição, ainda que eventualmente ultrapassado o prazo legalmente previsto para o recurso correto. Do contrário, não faria muito sentido ter que se exigir a dúvida objetiva e a inexistência de erro grosseiro.

Isto porque é da essência do nosso sistema que meros erros de forma não devem causar maiores transtornos ao ato processual, bastando que sejam regularizados em prazos específicos a serem assinados pelo juiz (CPC, arts. 277

---

[90] EAREsp 230.380/RN, *DJe* de 11.10.17.
[91] STJ, AgInt nos EDcl no AREsp 2.166.427/SP, *DJe* de 25.05.23; AgInt no AREsp 2.217.669/RS, *DJe* de 26.04.23; AgInt nos EDcl no AREsp 2.037.428/MG, *DJe* de 1°.12.22.
[92] Isso é pacífico no STJ: AgInt no AREsp 2.580.727/PB, *DJe* de 02.10.24; AgInt no AREsp 2.612.331/SP, *DJe* de 05.09.24; REsp 1.947.309/BA, j. em 07.02.23.
[93] Esteja atento aos procedimentos que tramitarem pelo ECA, porque seu art. 198, II estabelece que "em todos os recursos, salvo nos embargos de declaração, o prazo para o Ministério Público e para a defesa será sempre de 10 (dez) dias."

e 283). E, se constatada má-fé, seria o caso de fazer incidir as sanções previstas pelo próprio sistema (CPC, art. 80, VII).[94]

No ponto, a razão parece estar com José Miguel Garcia Medina, para quem "deve-se exigir que o ato, embora realizado sob outra forma, seja hábil a alcançar-lhe a finalidade. Nesse caso, deve-se admitir recurso interposto no lugar do outro, apenas adequando-se o procedimento (e, sendo o caso, permitindo--se a realização de adequações à petição de recurso). Só não se aplicará a instrumentalidade recursal quando não se tratar de mero ajuste em recurso já interposto, mas de necessidade de apresentação de novo recurso, em razão de nada poder ser aproveitado do recurso interposto erroneamente".[95]

4.5 Voluntariedade

Agora é hora de conhecer o princípio da voluntariedade. Quando foram expostas as características dos recursos, foi dito que a voluntariedade decorreria da necessidade de que a apresentação ou não do recurso sempre partisse de uma tomada de decisão livre e baseada em intencionalidade consciente da pessoa, não podendo existir qualquer obrigação a este respeito, mas apenas um mero ônus.

4.6 Dialeticidade

A dialeticidade é a expressão da voluntariedade. Isto porque todo recurso precisa ser elaborado por meio de uma petição na qual o indivíduo não só demonstre ter tido a vontade de assim agir, como indique precisamente as razões fáticas e jurídicas de seu inconformismo.

Alguns dispositivos do CPC deixam isso bem claro. O art. 1.010, II, III e IV, por exemplo, exige que a petição da apelação contenha a exposição do fato e do direito, as razões do pedido de reforma ou de decretação de nulidade e o pedido de nova decisão. De forma semelhante, o art. 1.016, II e III impõe que a petição do agravo de instrumento apresente a exposição do fato e do direito e as razões do pedido de reforma ou de invalidação da decisão e o próprio pedido, enquanto o art. 1.023, *caput*, o art. 1.028, *caput*, e o art. 1.029, I, II e III, fazem algo bastante parecido em relação aos embargos de declaração, ao recurso ordinário e aos recursos extraordinário e especial, respectivamente.

Por sua vez, o art. 932, III, do mesmo diploma traz a consequência pelo eventual descumprimento desse dever, ao dispor que o relator não conhecerá de recurso "que não tenha impugnado especificamente os fundamentos da decisão recorrida", a qual ainda vem reforçada por diversas súmulas dos tribunais superiores, das quais destacam-se:

---

[94] Assim: BUENO, Cassio Scarpinella. *Curso sistematizado de direito processual civil*. v. 2. 11. ed. São Paulo: Saraivajur, 2022, p. 682.
[95] MEDINA, José Miguel Garcia. *Novo código de processo civil comentado*. 3. ed. São Paulo: RT, Comentário XVII ao art. 994, 2015.

STJ, Súmula n. 182: "É inviável o agravo do art. 545 do CPC que deixa de atacar especificamente os fundamentos da decisão agravada";
STF, Súmula n. 284: "É inadmissível o recurso extraordinário, quando a deficiência na sua fundamentação não permitir a exata compreensão da controvérsia";
STF, Súmula n. 287: "Nega-se provimento ao agravo, quando a deficiência na sua fundamentação, ou na do recurso extraordinário, não permitir a exata compreensão da controvérsia".

Ao se manter contato com este princípio, parece ser inevitável associá-lo ao dever que toda pessoa tem de expor a causa de pedir (fatos e fundamentos jurídicos) no momento da elaboração da petição inicial da demanda (CPC, art. 319, III e IV). Afinal, a dialeticidade é algo que tem a ver com a ampla defesa, com previsibilidade e com o próprio contraditório (CR, art. 5º, LV), permeando, por isso, todo o processo civil brasileiro.

No novo sistema implantado pelo CPC/2015, a dialeticidade ganhou em importância, porque o princípio da cooperação (art. 6º) qualificou o contraditório e enfatizou o dever de fundamentação dos pronunciamentos judiciais (CR, art. 93, IX), exigindo que haja muito mais diálogo durante o desenrolar do procedimento, impedindo que qualquer decisão seja proferida contra qualquer pessoa sem que ela seja previamente ouvida, ainda que se trate de matéria sobre a qual se deva decidir de ofício (arts. 9º e 10) e tornando absolutamente obrigatório que as decisões judiciais respondam expressa e adequadamente a todas as postulações e fundamentos relevantes contidos nos arrazoados, sob pena de não ser considerada fundamentada, logo, passível de anulação oportuna (art. 489, § 1º, I a VI).

Por via reflexa, também foi reforçado o rigorismo em torno dos atos de postulação, incluindo os recursos. Lembre-se do que foi dito no capítulo destinado ao estudo da fundamentação da sentença: a regra do art. 489, § 1º, I a VI, do CPC também tem que ser aplicada, com adaptações, à petição inicial da ação, à contestação, à reconvenção, e, obviamente, à petição inicial recursal. Por isso, o recurso não pode mais se limitar à indicação, à reprodução ou à paráfrase de ato normativo, sem explicar sua relação com a causa ou a questão decidida. E, se pretender invocar a aplicação de precedentes qualificados ou impedir sua incidência ao caso concreto, deve, respectivamente, promover a identificação de seus fundamentos determinantes e a demonstração da similitude entre ambos ou a comprovação de sua superação pelo órgão competente, como vem entendendo de forma pacífica o STJ.[96] Do contrário, o próprio órgão julgador ficaria prejudicado caso necessitasse realizar a distinção (*distinguishing*) ou superação (*overruling*) na hipótese.

Bem vistas as coisas, nada mais natural do que se fazer essa exigência. Afinal, como ensinam Fredie Didier Jr. e Ravi Peixoto, se "um dos papéis das partes é o de orientar a formação da decisão jurídica, o exercício deste papel deve refletir

---

[96] STJ, AgInt no AREsp 1.497.766/DF, DJe de 02.08.21; AgInt no REsp n. 1.854.873/AM, DJe de 29.06.20.

aquele que é exigido do responsável por tal decisão",[97] sendo exatamente nesses termos o Enunciado n. 9 da ENFAM, quando dispõe que "é ônus da parte, para os fins do disposto no art. 489, § 1°, V e VI, do CPC/2015, identificar os fundamentos determinantes ou demonstrar a existência de distinção no caso em julgamento ou a superação do entendimento, sempre que invocar jurisprudência, precedente ou enunciado de súmula."

Daí o rigorismo: se a pessoa do recorrente descumprir a dialeticidade, seu recurso não poderá ser conhecido (CPC, art. 932, III, do CPC).

Portanto, se, por exemplo, uma sentença condenar a ex-companheira a promover a entrega definitiva das chaves do automóvel comum ao ex-companheiro, a apelação dela interposta não poderá se limitar a reiterar as razões expostas na petição inicial ou na contestação, tampouco se restringir a meramente mencionar ementas de julgados sobre casos similares, devendo conter a exposição detalhada dos motivos que fundamentam o pedido de nova decisão pelo tribunal e demonstrar que o caso sob julgamento se ajusta àqueles mencionados nas ementas, como, inclusive. A propósito, veja:

> AGRAVO INTERNO NO AGRAVO EM RECURSO ESPECIAL – AÇÃO DE OBRIGAÇÃO DE FAZER – DECISÃO MONOCRÁTICA QUE NÃO CONHECEU DO RECLAMO. INSURGÊNCIA RECURSAL DA DEMANDADA.
> 1. Consoante expressa previsão contida nos artigos 932, III, do CPC/15 e 253, I, do RISTJ e em razão do princípio da dialeticidade, deve o agravante demonstrar, de modo fundamentado, o desacerto da decisão que inadmitiu o apelo extremo, o que não aconteceu na hipótese. Incidência da Súmula 182 do STJ.
> 2. São insuficientes ao cumprimento do dever de dialeticidade recursal as alegações genéricas de inconformismo, devendo a parte autora, de forma clara, objetiva e concreta, demonstrar o desacerto da decisão impugnada.
> Precedentes.
> 3. Agravo interno desprovido.
> (STJ, AgInt no AREsp 2.231.193/RJ, DJe de 09.05.23)

Obviamente, contudo, não se deve interpretar os textos normativos literalmente. Não estamos mais em tempos em que o formalismo era exacerbado e as pessoas tinham que aguentar, caladas, a severidade exagerada de normas jurídicas. Afinal, a razoabilidade é um princípio jurídico implícito ao nosso sistema, não é mesmo? Por isso, o que se impede é que a pessoa cometa abusos, meramente repetindo os motivos já expostos em suas postulações anteriores sem efetivamente combater os fundamentos determinantes do julgado recorrido anteriores. No entanto, se for possível ao órgão julgador extrair das razões recursais, fundamentos suficientes para o reexame da decisão impugnada, a dialeticidade terá sim sido observada, de modo a permitir que o recurso seja conhecido, como entende de forma iterativa o STJ.[98]

---

[97] DIDIER JR., Fredie; PEIXOTO, Ravi. O art. 489, § 1° do CPC e a sua incidência na postulação dos sujeitos processuais: um precedente do STJ. Em: ALVIM, Teresa [e col.] (Orgs.). Novo CPC aplicado – visto por processualistas. São Paulo: RT, 2017, p. 98-99.
[98] AgInt no REsp 1.744.209/MG, DJe de 24.12.20; REsp 1.665.741/RS, DJe de 05.12.19.

No fundo, acaba sendo aplicada a mesma máxima que permite que os pedidos contidos nas postulações sejam reconhecidos não a partir de uma interpretação literal e estrita dos escritos, mas sim do conjunto da postulação, pois assim se estará prestigiando a instrumentalidade das formas (CPC, art. 322, § 2°).

4.7 Proibição da reforma para pior (NON REFORMATIO IN PEJUS)

Dos princípios da voluntariedade e da dialeticidade, decorre o princípio da proibição da reforma para pior (proibição da *reformatio in pejus*). Sim, porque se o recurso é um ato de vontade consciente e dependente de provocação expressa da pessoa, parece mais do que razoável se impedir que este seu inconformismo acarrete uma piora em sua própria posição. Lembre-se do que foi dito no tópico anterior. O art. 1.013, *caput*, do CPC deixa claro que "a apelação devolverá [isto é, transferirá] ao tribunal o conhecimento da matéria impugnada", numa nítida mostra da absorção da máxima *tantum devolutum quantum appelatum*, que, em última análise, reverbera o tantas vezes mencionado princípio da inércia (CPC, art. 2°).[99]

É algo que tem a ver com coerência, estabilidade, previsibilidade e inércia do juízo.

Logo, se a pessoa vence a causa, sua situação só pode piorar se o indivíduo contra o qual contende apresentar seu próprio recurso pedindo a modificação/anulação da sentença, ou se existirem matérias de ordem pública (materiais ou processuais) autorizando o tribunal a conhecê-las de ofício, como, por exemplo, aquelas atinentes aos juros de mora, à atualização monetária, ao princípio do superior interesse das crianças ou às condições da ação e aos pressupostos processuais (CPC, art. 485, § 3°).[100]

Do contrário, haverá de ser reconhecido que o outro anuiu com a decisão, devendo o Estado respeitar esta sua escolha (CPC, art. 1.000), sob pena de proferir decisão ultra ou extra *petita*.

A necessidade de respeito à liberdade das pessoas é tão grande que mesmo as matérias de ordem pública precisam ser submetidas a debate prévio, em contraditório, antes de serem efetivamente decididas (CPC, arts. 9° e 10). Afinal, o que é permitido é que o juízo *conheça* dessas matérias sem provocação, mas não que as *decida* sem que isso previamente aconteça.

Se é assim que as coisas são, realmente não faria nenhum sentido a pessoa recorrer para ter sua situação melhorada, mas, incoerentemente, ter sua situação piorada sem que o indivíduo contra o qual contende fizesse qualquer requerimento neste sentido ou existisse matéria de ordem pública autorizando que isso acontecesse. Estaria havendo uma intromissão desmedida e ilegal do Estado na vida privada.

---

[99] STJ, Súm. 45: "No reexame necessário, é defeso, ao tribunal, agravar a condenação imposta à Fazenda Pública."
[100] Dentre vários: STJ, REsp 1.493.617/MG, DJe de 04.11.22.

Quando o que está em jogo são direitos das famílias e das sucessões, entretanto, é preciso que o profissional faça um recorte para saber o que está sendo efetivamente debatido na demanda. Se o debate envolver apenas matérias de direito disponível, como a partilha de bens e os alimentos para maiores e capazes, por exemplo, somente o recurso apresentado pela outra pessoa poderá eventualmente prejudicar a situação originária do indivíduo. Já se a demanda girar em torno de matérias de direito indisponível, como a guarda, convivência e os alimentos para incapazes, haverá matéria de ordem pública passível de ser conhecida de ofício pelo órgão julgador que, depois de proporcionar o contraditório, poderá sim proferir decisão que piore a situação do recorrente, ainda que ele tenha sido o único a recorrer da decisão judicial.

Para ilustrar o que acaba de ser dito, imagine como seria terrível se um indivíduo se sagrasse vencedor em uma ação de reconhecimento e dissolução de união estável pós morte, vendo reconhecido seu direito de partilhar bens pertencentes à pessoa que veio a falecer (direito disponível, portanto), mas, ao apelar desta sentença, ele viesse a ter sua situação piorada pela determinação de que seus próprios bens fossem partilhados. Por incrível que pareça, isso aconteceu de verdade, tendo o Superior Tribunal de Justiça proferido a seguinte decisão:

> CIVIL. PROCESSUAL CIVIL. DIREITO DE FAMÍLIA. AÇÕES DE RECONHECIMENTO E DISSOLUÇÃO DE SOCIEDADE DE FATO CUMULADAS COM PARTILHA CONEXAS E SENTENCIADAS CONJUNTAMENTE. [...]. NECESSIDADE DE RESPEITAR, CONTUDO, A MATÉRIA DEVOLVIDA PELA PARTE. EXTENSÃO DA APELAÇÃO QUE É SOBERANAMENTE DEFINIDA PELO RECORRENTE AO OPTAR PELOS CAPÍTULOS DECISÓRIOS QUE SERÃO IMPUGNADOS. INVASÃO DO TRIBUNAL SOBRE CAPÍTULO NÃO IMPUGNADO QUE OFENDE A COISA JULGADA. OFENSA, NA HIPÓTESE, TAMBÉM AOS PRINCÍPIOS DA INÉRCIA, DA ADSTRIÇÃO, DO CONTRADITÓRIO E DA NÃO SUPRESA, BEM COMO PROMOÇÃO DE *REFORMATIO IN PEJUS*. [...]
> O efeito devolutivo da apelação, na perspectiva de sua profundidade, permite que o Tribunal examine as questões suscitadas pelas partes e decididas pela sentença, as questões suscitadas pelas partes, ainda que não decididas pela sentença, bem como das questões de ordem pública, que sequer precisam ter sido suscitadas, tenham sido elas decididas ou não pela sentença.
> Todavia, o efeito devolutivo sob a ótica da profundidade deve sempre respeitar a matéria efetivamente devolvida pela parte, a quem cabe, soberanamente, definir a extensão do recurso a partir de quais capítulos decisórios serão impugnados, sob pena de ofensa à coisa julgada que progressivamente se formou sobre os capítulos decisórios que não foram voluntariamente devolvidos no recurso.
> Na hipótese, a pretensão deduzida pela recorrente foi de reconhecimento da sociedade de fato *post mortem* e de partilha dos bens de propriedade do falecido, não houve reconvenção ou sequer arguição, como matéria de defesa, da partilha dos bens sob a titularidade da autora, a sentença se limitou a determinar a partilha nos termos do pedido autoral e a apelação, somente interposta pela autora, limitou-se à necessidade, ou não, de liquidação de sentença para apuração dos bens que lhe caberiam.
> Nesse contexto, a despeito de provido o recurso para reconhecer a desnecessidade da liquidação para apuração e partilha dos bens de titularidade do falecido que cabiam à autora, foi determinado, "de ofício",

também a inclusão dos bens de propriedade da autora na partilha, razão pela qual o acórdão recorrido, a um só tempo, violou os princípios da inércia, da adstrição, do contraditório e da não surpresa, bem como ofendeu a coisa julgada que se formou sobre o capítulo decisório não impugnado e promoveu "reformatio in pejus" em recurso exclusivo da autora.
Recurso especial conhecido e provido, a fim de excluir do acórdão recorrido a determinação de inclusão na partilha dos bens sob a titularidade exclusiva da recorrente e, consequentemente, a determinação de liquidação para essa finalidade, mantida a sucumbência como definida na sentença.
(STJ, REsp 1.998.498/RJ, DJe de 30.05.22)

Situação completamente diferente aconteceria se o que estivesse em jogo fossem alimentos devidos aos filhos menores de 18 anos (direito indisponível, portanto), pois aí haveria uma justa causa para o Estado intervir, como, também, já teve oportunidade de decidir o STJ, veja:

> AGRAVO REGIMENTAL NO AGRAVO EM RECURSO ESPECIAL. AÇÃO DE OFERECIMENTO DE ALIMENTOS. VIOLAÇÃO AO ART. 535 DO CPC. INEXISTÊNCIA. JULGAMENTO ULTRA PETITA. NÃO OCORRÊNCIA. BINÔMIO NECESSIDADE/POSSIBILIDADE. REVISÃO. SÚMULA 7/STJ. DISSÍDIO JURISPRUDENCIAL NÃO CONFIGURADO. AGRAVO NÃO PROVIDO [...].
> O Superior Tribunal de Justiça já firmou o entendimento de que, "na ação de alimentos, a sentença não se subordina ao princípio da adstrição, podendo o magistrado arbitrá-los com base nos elementos fáticos que integram o binômio necessidade/capacidade, sem que a decisão incorra em violação dos arts. 128 e 460 do CPC" (REsp 1.290.313/AL, Rel. Ministro ANTONIO CARLOS FERREIRA, QUARTA TURMA, julgado em 12/11/2013, DJe de 7/11/2014)
> (STJ, AgRg no AREsp 603.597/RJ, DJe de 03.08.15)

Antes que o estudo deste princípio encontre fim, é preciso chamar atenção para mais uma circunstância: a hipótese prevista pelo art. 1.013, § 3º, I, do CPC, que encampa a chamada "teoria da causa madura". É que existem casos em que a sentença extingue o processo sem resolução de mérito (CPC, art. 485), mas o tribunal de justiça, ao analisar a apelação interposta por qualquer pessoa, percebe que a causa está "madura", isto é, pronta para ser julgada em seu mérito, ocasião em que, em vez de meramente anular a sentença e ordenar a devolução do processo ao juízo de 1º grau para que ele enfrente o mérito, a própria Corte julgará a causa, decidindo seu mérito (CPC, art. 487). Se num caso como esse, o sujeito interpõe apelação com o objetivo de que a sentença seja meramente anulada, mas o tribunal vai além e julga o mérito contra seus interesses, não terá havido propriamente violação à proibição de reforma para pior, porque, em última análise, terá havido provocação consentida de que isso poderia acontecer por expressa previsão legal (CPC, art. 1.013, § 3º, I).

4.8 CONSUMAÇÃO OU NÃO COMPLEMENTARIDADE

Continuando o estudo dos princípios, aparece o da consumação. A norma por ele prescrita é no sentido de que, no direito processual civil brasileiro, o ato por meio do qual a pessoa apresenta seu desejo de recorrer é o mesmo por intermédio do qual ela apresenta as razões de seu inconformismo e o pedido de nova decisão. Existe uma concentração a respeito, contrariamente ao que acontece no sistema processual penal de nosso país, por exemplo, em que a pessoa pode primeiramente manifestar seu desejo de recorrer para, somente em um segundo momento, apresentar as razões e o pedido recursais, complementando-o (CPP, arts. 578 e 588/600).Daí porque muitos preferem denominar o princípio sob estudo de princípio da não complementaridade.

O art. 200, *caput*, do CPC não deixa margem à dúvida quando enuncia que "os atos das partes consistentes em declarações unilaterais ou bilaterais de vontade produzem imediatamente a constituição, modificação ou extinção de direitos processuais." Portanto, caso o recorrente pratique o ato de recorrer apresentando apenas a petição recursal desacompanhada de razões e do pedido de nova decisão, haverá preclusão consumativa, sendo absolutamente proibido que seu prazo seja reaberto para tanto, ainda que aquela postulação tenha ocorrido no 1º dia do prazo, pois não existe algo como "aditamento" de petição recursal.

Pelo mesmo motivo, o recorrente não pode desistir de seu recurso independente, para preferir recorrer adesivamente (CPC, art. 997), porque ao protocolizar a petição daquele consumou o "ato de recorrer daquele pronunciamento", fulminando todas as suas possibilidades a respeito.

Mas, não se engane. Quando o art. 1.024, § § 3º e 4º, do mesmo diploma permite que o recorrente complemente as razões de seu recurso, não está afrontando a imposição por ele mesmo feita através do princípio sob estudo, porque a hipótese lá tratada pressupõe que a decisão originária tenha sido modificada depois da interposição daquele, o que, por si só, representa elemento suficiente para que haja a modificação, também, das razões recursais.

A consumação e a não complementaridade são algo que têm a ver com estabilidade, previsibilidade e segurança jurídica.

4.9 Aproveitamento ou primazia do mérito recursal

Finalmente, surge o princípio do aproveitamento ou da primazia do mérito recursal. Como sua própria denominação permite antever, as postulações recursais deduzidas pelas pessoas precisam ter suas eventuais irregularidades de *forma* relevadas ao máximo, para que as questões de *fundo* possam ser efetivamente apreciadas pelo Poder Judiciário.

Por isso, o art. 932, parágrafo único, do Código dispõe que "antes de considerar inadmissível o recurso, o relator concederá o prazo de 5 (cinco) dias ao recorrente para que seja sanado vício ou complementada a documentação exigível". Ao interpretar este texto normativo, o Fórum Permanente de Processualistas Civis chegou às seguintes conclusões: "é dever do relator, e não faculdade, conceder o prazo ao recorrente para sanar o vício ou complementar a documentação exigível, antes de inadmitir qualquer recurso, inclusive os excepcionais" (Enunciado n. 82), e, "aplica-se o disposto no parágrafo único do art.

932 aos vícios sanáveis de todos os recursos, inclusive dos recursos excepcionais" (Enunciado n. 197).

De certa forma, esta disposição não deixa de constituir mero reforço enfático do que prescreve o princípio da instrumentalidade das formas, escancaradamente abraçado por diversos dispositivos do CPC, a exemplo dos arts. 76, § 2º, 188, 277, 281, 282, 319, § § 2º e 3º, 321, 327, § 2º, e, no caso específico dos recursos, pelos arts. 76, § 2º, 1.007, § 2º, e 1.017, § 3º.

É algo, portanto, que tem a ver com a economia processual e com o que verdadeiramente importa para o processo: a solução do conflito subjacente.

Obviamente, não se deve chegar às últimas consequências quando se interpreta o texto do art. 932, parágrafo único. Afinal, nem todas as exigências legais podem ser sempre relevadas. Na literatura, Marco Antônio Rodrigues é um dos que chama atenção para essa circunstância ao escrever que "a previsão do parágrafo único não se aplica a qualquer vício de admissibilidade de um recurso. A tempestividade, a legitimidade e o interesse em recorrer, caso ausentes, não são vícios sanáveis em cinco dias, assim como a inexistência de fato impeditivo ou extintivo ao direito de recorrer".

Conhecida a principiologia, é chegada a hora de conhecer as diversas formas sob as quais os recursos são classificados.

A CLASSIFICAÇÃO DOS RECURSOS

Os recursos podem ser divididos em diversas classes. Tal como foi feito em relação aos princípios, aqui também será adotada a mais comum taxonomia, que é aquela que os enquadra de acordo com quatro perspectivas básicas: a) a sua autonomia; b) a sua fundamentação; d) a sua finalidade principal, e; d) a extensão da irresignação manifestada pela pessoa responsável por sua apresentação.

5.1 Recursos independentes e subordinados

Sob o ponto de vista da autonomia, os recursos são classificados em independentes e subordinados. Nesse contexto, independente é todo aquele que, como o próprio nome sugere, não se condiciona a nada além do preenchimento de seus próprios pressupostos e requisitos. Esta é a regra geral no Brasil, já que o art. 996, *caput*, do CPC enuncia que "o recurso pode ser interposto pela parte vencida, pelo terceiro prejudicado e pelo Ministério Público, como parte ou como fiscal da ordem jurídica", ao passo que o art. 997, *caput*, deixa claro que "cada parte interporá o recurso independentemente, no prazo e com observância das exigências legais".

Em contraposição, subordinado é apenas aquele que depende não só do preenchimento de seus próprios pressupostos e requisitos, como, também, do fato de outro recurso ser previamente interposto e admitido pelo órgão competente, ao qual aderirá. Trata-se de hipótese excepcional, por aqui expressada pelo recurso adesivo referido pelos §§ 1º e 2º do art. 997 do CPC, que dizem que "sendo vencidos autor e réu, ao recurso interposto por qualquer deles poderá aderir o outro" e que "o recurso adesivo fica subordinado ao recurso independente, sendo-lhe aplicáveis as mesmas regras deste quanto aos requisitos de admissibilidade e julgamento no tribunal, salvo disposição legal diversa".[101]

Como se nota, o recurso adesivo não é uma espécie distinta de recurso. É apenas uma modalidade de interposição recursal. Uma verdadeira reação ao fato de a outra pessoa ter interposto recurso independente. Por isso, ele deve obrigatoriamente ser da mesma espécie recursal que este[102].

A adesividade pressupõe, portanto, a ocorrência de sucumbência recíproca, como deixa claro o art. 997, § 1º, ao utilizar a expressão "sendo vencidos autor e réu".[103] Por se tratar de uma clara exceção à regra da independência recursal, a sua admissibilidade se restringe a apenas três espécies, previstas expressamente no texto legal: a apelação, o recurso extraordinário e o recurso especial (CPC, art. 997, § 2º, II), apesar de ser perfeitamente possível cogitar de seu cabimento nos casos de agravo de instrumento interposto contra decisão interlocutória de mérito, a exemplo daquela que concede o divórcio por julgamento antecipado parcial (CPC, art. 354, parágrafo único, e art. 356),[104] porque, na verdade, este recurso estaria fazendo as vezes de uma apelação.[105]

Em decorrência desse seu caráter excepcional, a legitimidade para sua interposição também fica bastante restrita. Somente o autor e o réu podem se valer dele, como enfatiza o texto do art. 997, § 1º. Logo, não existe a possibilidade de o Ministério Público recorrer adesivamente nas ações de família quando atuar como fiscal da ordem jurídica, nem mesmo se pretender favorecer incapazes. No que diz respeito à competência para seu processamento e julgamento, ele sempre deverá ser dirigido ao órgão perante o qual o recurso independente tenha sido interposto (CPC, art. 997, § 2º, I). O prazo para sua interposição é aquele previsto em lei para a apresentação de contrarrazões (CPC, art. 997, § 2º, I), e, em razão de sua subordinação, ele não será apreciado se o independente não for conhecido por qualquer motivo, como, exemplificativamente, por desistência (CPC, art. 997, § 2º, III). Afinal, aqui também se aplica a máxima de que "o acessório segue a sorte do principal".

Contudo, o Superior Tribunal de Justiça vem, há tempos, abrandando o rigor dessa regra para admitir recurso adesivo que tenha sido inicialmente reputado prejudicado pelo não conhecimento do independente, quando o agravo interno

---

[101] Na literatura, existem aqueles que sustentam haver ainda as contrarrazões de apelação que impugnam decisão interlocutória como espécie de recurso subordinado (CPC, art. 1.009, § 1º). Assim: RODRIGUES, Marco Antonio. *Manual dos recursos, ação rescisória e reclamação*. São Paulo: Atlas, 2017, p. 113; CUNHA, Leonardo Carneiro da; DIDIER JR., Fredie. Apelação contra decisão interlocutória não agravável: a apelação do vencido e a apelação subordinada do vencedor: duas novidades do CPC/2015. Revista Thesis Juris, São Paulo, v. 4, n. 1, p. 181, jan.-jun. 2015.

[102] É excepcionalmente possível, entretanto, haver o chamado "recurso adesivo cruzado" quando ocorrer acolhimento de pedido que tenha sido fundamentado tanto em questão constitucional quanto em questão federal, por apenas um desses fundamentos (p. ex.: somente questão constitucional). Isto porque terá havido sucumbência recíproca ensejadora da interposição simultânea de recursos distintos (Recurso Especial e Recurso Extraordinário), tornando-se possível que, no prazo aberto para contrarrazões de um (p. ex.: do RE), a outra pessoa interponha, excepcionalíssimamente, recurso de espécie diversa (p. ex.: REsp). Com esse pensamento: DIDIER JR., Fredie; CUNHA, Leonardo Carneiro da. *Curso de direito processual civil*: meios de impugnação às decisões judiciais e processos nos tribunais. 13. ed. Salvador: JusPodivm, 2016, p. 1545.

[103] STJ, AgInt nos EDcl no AREsp 1.980.123/SC, DJe de 04.11.22; AgInt no AREsp 1.471.516/PR, DJe de 05.11.19.

[104] IBDFAM, Enunciado n. 18: "Nas ações de divórcio e de dissolução da união estável, a regra deve ser o julgamento parcial do mérito (art. 356 do Novo CPC), para que seja decretado o fim da conjugalidade, seguindo a demanda com a discussão de outros temas.".

[105] Assim: WAMBIER, Luiz Rodrigues; TALAMINI, Eduardo. Curso avançado de processo civil. v. 2. 5. ed. São Paulo: RT, 2016, p. 342; MONTANS DE SÁ, Renato. Manual de Direito Processual Civil, 7. ed. São Paulo: Saraiva, 2015, p. 771.

interposto contra a decisão denegatória deste for provido.[106] Em prestígio à boa-fé objetiva, a Corte também vem entendendo ser inadmissível a desistência do recurso independente se houver sido concedida tutela de urgência no recurso adesivo.[107] E, em homenagem, à eficiência e ao máximo aproveitamento dos atos processuais, vem alargando a interpretação da expressão "sendo vencidos autor e réu" (CPC, art. 997, § 1º), para nela incluir qualquer derrota ocorrida no processo, independentemente do fato de se tratar de matéria relacionada ao processo ou ao mérito. Prova disso é que a Corte admite que a pessoa que se sagre vencedora em relação ao mérito possa recorrer adesivamente à apelação interposta pela perdedora, se esta, apesar de sair vencida em relação aos pedidos propriamente ditos, for beneficiada com o deferimento da gratuidade da justiça a seu favor.[108]

A ideia por detrás da adesividade recursal é o aproveitamento de atos processuais (economia processual), pois, a rigor, cada pessoa deve interpor seu respectivo recurso independente dentro do prazo legal especificamente assinado para tanto, a teor do que enuncia o art. 1.003 do CPC. Isso, mesmo na hipótese de cada uma ser, ao mesmo tempo, vencedora e vencida na ação. Porém, neste último caso, o sistema lhes abre mais uma alternativa: aquele que deixar de interpor seu recurso independente no prazo, pode ter uma segunda chance se o seu adversário interpuser, tempestivamente, o seu próprio recurso independente.

Observe que, a rigor, teria havido preclusão temporal para a primeira pessoa recorrer (CPC, art. 223), porque lhe caberia apenas apresentar contrarrazões ao recurso interposto pela outra. Porém, para que não haja o desperdício de atos processuais, o ordenamento jurídico brasileiro admite, de forma absolutamente excepcional, que o recurso que deveria ter sido interposto lá atrás, meio que "pegue carona" em outro, a ele aderindo por ocasião do prazo aberto para apresentação de contrarrazões.

Justamente por isso, não cabe recurso adesivo se a pessoa houver interposto o seu próprio recurso independente dentro do prazo.

Apesar de ser velho conhecido dos brasileiros, o termo "recurso adesivo" talvez merecesse ser substituído por outro, pois, como bem lembra Alexandre Freitas Câmara,[109] não se tem "propriamente uma adesão (não obstante o texto do § 1º do art. 997), já que o 'recorrente adesivo' não adere propriamente ao recurso independente (pois não o apoia, não pretende que seja ele provido), mas interpõe recurso em que busca obter resultado que lhe é favorável (e, por consequência, é desfavorável àquele que interpôs o recurso principal)."

Tanto isso é verdadeiro, que a matéria objeto do recurso adesivo não precisa guardar correlação temática com a do independente, isto é, as razões nele

---

[106] REsp 1.131.718/SP, DJe de 09.04.10.
[107] REsp 1.285.405/SP, DJe de 19.12.14.
[108] Exatamente assim: REsp 2.111.554/MT, DJe de 23.05.24.
[109] CÂMARA, Alexandre Freitas. Manual de direito processual civil. 2. ed. Barueri: Atlas, 2023, p. 833.

expostas não precisam se vincular àquelas apresentadas neste (insubordinação temática), como é exigido, por exemplo, na reconvenção (CPC, art. 343).[110] O que é preciso apenas é que tenha havido sucumbência recíproca.

Sua utilização é bastante comum no cotidiano das varas de família e sucessões. Seria exemplificar com aquelas ações de alimentos em que, a princípio, o alimentado se daria por satisfeito com a prestação fixada na sentença, apesar de não ter obtido tudo o que pretendia. Porém, ao perceber que o alimentante interpôs apelação, por também não ter obtido exatamente o que almejava, resolve sair da inércia e apresentar, também, o seu próprio recurso, aderindo ao movimento inaugurado por seu adversário no processo.

Só não o confunda com a técnica admitida pelo art. 1.009, § 1º, do CPC, a ser estudada na segunda parte deste livro, porque, como se verá, esta possui limites muito mais estreitos.

5.2 Recursos de fundamentação livre e recursos de fundamentação vinculada

A segunda classificação dos recursos diz respeito à sua fundamentação, fazendo com que eles se subdividam em recursos de fundamentação livre e recursos de fundamentação vinculada. Isto porque, embora a regra geral em nosso sistema prestigie a liberdade, autorizando que a pessoa ataque a decisão mediante a utilização de qualquer fundamento – tanto referente a possíveis erros cometidos no julgamento propriamente dito (error in judicando), quanto praticados durante o desenrolar do procedimento (error in procedendo) –, existem alguns recursos que somente admitem a invocação de certos fundamentos muito específicos.

A apelação, o recurso ordinário e os agravos de instrumento, interno e em recurso especial ou extraordinário são exemplos da primeira modalidade, enquanto os embargos de declaração, o recurso especial, o recurso extraordinário e os embargos de divergência são da segunda. Basta ver que, nos embargos de declaração o embargante fica absolutamente vinculado a alegar os vícios expostos nos incisos do art. 1.022 do CPC (além de erros materiais), nos recursos especial e extraordinário (recursos excepcionais) o recorrente se prende totalmente à arguição daquilo que consta nas alíneas do inc. III dos arts. 102 e 105 da Constituição da República, e, nos embargos de divergência o embargante fica completamente atado ao nível de discordância referido pelo art. 1.043, caput e § 1º, do CPC.

A vinculação é tamanha, que se a pessoa deixar de se utilizar desses argumentos específicos seu recurso simplesmente não será conhecido pelo órgão competente.

5.3 Recursos ordinários e extraordinários (ou excepcionais)

No que diz respeito à sua finalidade principal, os recursos se classificam, é claro, em recursos ordinários e extraordinários ou excepcionais. Para os efeitos dessa

---

[110] Pacífico no STJ: REsp 1.981.905/MG, DJe de 25.5.22; REsp 1.550.521/PR, DJe de 05.08.20.

tipologia, são ordinários aqueles voltados especificamente à proteção do direito subjetivo (das pessoas, portanto), enquanto extraordinários/excepcionais são os que se destinam precipuamente à tutela do direito objetivo (do ordenamento jurídico, portanto), somente tutelando o direito subjetivo mediatamente, em consequência da correta aplicação da norma ao seu caso. Por isso, os primeiros admitem ampla discussão tanto em relação aos aspectos fáticos quanto jurídicos da causa, o que se convencionou chamar de "justiça da decisão", ao passo que os segundos somente permitem somente questionamentos atinentes aos aspectos jurídicos, comumente denominados de "questões de direito", o que faz com que muitos, inclusive, os denominem de "recursos de estrito direito", dado ao fato de seu propósito ser acarretar a pureza do ordenamento jurídico pela observância e correta aplicação das normas jurídicas de índole constitucional ou federal, sendo este o principal motivo pelo qual se veda a reanálise de provas propriamente ditas por intermédio deles, como, aliás, enuncia a Súmula 7 do STJ.[111]

De certo modo, os recursos ordinários propriamente ditos surgem por exclusão. À exceção do recurso extraordinário referido pelo art. 102, III, da CR, do recurso especial indicado no art. 105, III, da CR e dos embargos de divergência previstos pelo art. 1.043 do CPC, todos os demais são ordinários para os fins dessa classificação.

5.4 Recursos totais e recursos parciais

A quarta forma de classificação dos recursos é aquela que os divide de acordo com a extensão do inconformismo manifestado pelo recorrente. Neste caso, fala-se em recursos totais e em recursos parciais. É que, dada a liberdade conferida às pessoas, estas podem tanto recorrer quanto deixar de recorrer, aceitando o teor da decisão (CPC, art. 1.000). Portanto, se ela pode o mais, que é não recorrer, obviamente pode o menos, que é atacar apenas parte da decisão. Não por outro motivo, o art. 1.002 do CPC dispõe que "a decisão pode ser impugnada no todo ou em parte".

Nada mais justo. Afinal, se estamos tratando de um ônus atribuído ao recorrente, obviamente ele possui uma gigantesca margem de escolha não só entre recorrer e deixar de recorrer, como também entre impugnar totalmente ou apenas parcialmente a decisão que contrariar seus interesses, por entender que isso seria, naquele momento, inconveniente, desnecessário ou inoportuno, o que não deixa de ser uma clara manifestação do princípio da inércia, tantas vezes mencionado por aqui (CPC, art. 2º).

Entretanto, é preciso que se esteja atento ao fato de que o ataque meramente parcial faz com que a parcela não impugnada seja atingida pela preclusão, pois bem se sabe que, via de regra, o recurso transfere –, ou, como a própria lei parece preferir, "devolve" – ao órgão competente o conhecimento apenas da matéria que tenha sido impugnada. O art. 1.013, *caput*, do CPC é um dispositivo

---

[111] STJ, Súm. 7: "A pretensão de simples reexame de prova não enseja recurso especial."

que deixa isso bastante claro quando enuncia que "a apelação devolverá [isto é, transferirá] ao tribunal o conhecimento da matéria impugnada". *Tantum devolutum quantum appelatum*, diriam os antigos. Logo, se uma sentença, por exemplo, condenar o ex-marido a pagar alimentos compensatórios à ex-esposa e indenização por descumprimento de algum dever assumido no pacto antenupcial, mas ele apelar atacando apenas a primeira condenação, o capítulo sentencial referente à segunda transitará em julgado, projetando, pelo menos, as três consequências já vistas por aqui: a) a formação de coisa julgada parcial, com o correspectivo impedimento de que seja interposto qualquer recurso a seu respeito (CPC, art. 502);[112] b) a autorização de que seja iniciado o seu cumprimento definitivo (CPC, art. 523), e; c) a aptidão para ser atacado por ação rescisória (CPC, art. 966, § 3º).[113]

Conhecida a taxionomia recursal, o estudo pode se aprofundar para que sejam analisadas as especificidades das ações de família e sucessões.

---

[112] FPPC, Enunciado n. 100: "Não é dado ao tribunal conhecer de matérias vinculadas ao pedido transitado em julgado pela ausência de impugnação."
[113] Como dito em outra nota, a linha seguida por este livro é a de que existe coisa julgada parcial e progressiva (STF, Rcl 49.905/PR, DJe de 19.04.22; STJ, REsp 1.998.498/RJ, DJe de 30.05.22), apesar de se conhecer e respeitar a existência de intenso debate sobre a (im)possibilidade desse fenômeno, em razão do que estabelecem o art. 975 do CPC e a Súmula n. 401 do STJ.

6

AS ESPECIFICIDADES DOS RECURSOS NAS AÇÕES DE FAMÍLIA E SUCESSÕES

NOÇÕES GERAIS

Até agora, foram estudados aspectos genéricos referentes aos recursos e aos demais meios de impugnação das decisões judiciais. Eles são absolutamente necessários para que a aprendizagem se desenvolva como se espera por aqui. No entanto, acredito que quando as ações de família e de sucessões estiverem em jogo seja preciso algo mais, tornando esse material, que sem dúvida é necessário, insuficiente. Isto porque as relações humanas que subjazem a esses processos são impregnadas de elementos sensíveis que nem sempre se encontram à base das assim chamadas ações tradicionais. Convenhamos que não teria nem como se comparar um recurso de apelação interposto por um filho contra uma sentença que eventualmente tivesse favorecido seu próprio pai em uma ação de alimentos, com o recurso de mesma natureza, mas que fosse apresentado por uma grande loja de departamentos em face de uma sentença que eventualmente lhe tivesse condenado a substituir uma peça de equipamento eletrônico defeituoso.

Afinal, se o direito é feito por e para as pessoas, esses dados muitas vezes invisíveis aos olhos mas sempre perceptíveis pelo coração devem conformar o procedimento judicial e os recursos que nele vierem a ser interpostos, abrindo um leque incrível de possibilidades para a conformação do procedimento recursal às especificidades do conflito subjacente, incluindo a dilatação de prazos processuais, a celebração de negócios jurídicos processuais, a distribuição dinâmica do ônus da prova etc.

6.1 A EXISTÊNCIA DE RELAÇÃO AFETIVA ENTRE AS PESSOAS QUE SE ENCONTRAM EM CONFLITO

O primeiro desses elementos é a existência de uma relação afetiva entre as pessoas que se encontram em conflito.

Esse componente é capaz de mudar muita coisa. Quase tudo, para falar a verdade. Afinal, as pessoas que se opõem nos polos de um processo judicial de família estavam, muitas vezes, se amando ou se afeiçoando semanas antes de a ação ser ajuizada. Por vezes, esse sentimento continua vivo mesmo durante o curso do processo, muito embora um tanto quanto quebrantado, gerando uma situação tão curiosa quanto perigosa: por meio do conflito, as pessoas mantêm o convívio. Nas ações de sucessões o mesmo fenômeno pode acontecer, com um agravante: o fato de um dos indivíduos pertencentes à relação afetiva não estar mais por aqui.

E, inegavelmente, esse elemento atribui contornos bem particulares ao conflito.

Longe de se tratar de questão de somenos importância, a necessidade de que o conflito (com todas as suas nuances e complexidades) seja juridicamente enxergado e seriamente levado em consideração pelo Poder Judiciário é algo tão relevante que vem determinado pela própria lei. Sim, talvez isso não tenha sido percebido por muitas pessoas, mas o Código de Processo Civil de 2015 atribui muita importância ao conflito, o qual, por vezes, denomina de "causa". Contrariamente ao que fazia seu predecessor – que só se valia do termo conflito para se referir aos conflitos de competência ou de atribuições (arts. 115 a 124) – o atual diploma traz uma visão muito mais humanizada desse fenômeno, possibilitando que o processo se adeque a ele.

Afinal, conflito não se confunde com litígio. Conflito é a disputa subjacente ao processo, enquanto litígio é o conflito judicializado, isto é, transformado em demanda judicial, em processo. E, como já visto por aqui, processo é método destinado a solucionar controvérsias surgidas entre pessoas. E, como todo método, ele se estrutura e se desenvolve por meio de uma série de atos processuais interligados e coordenados, que recebem o nome de procedimento.[114]

Portanto, enquanto processo é método, o procedimento é o rito, isto é, o passo a passo, a sequência de atos por meio do qual esse método se manifesta

---

[114] DINAMARCO, Cândido Rangel. *Instituições de direito processual civil*. 6. ed. São Paulo: Malheiros, 2009, v. III, p. 27.

e se exterioriza. Daí alguns dizerem que o procedimento é o aspecto visível, perceptível do processo.

É justamente a partir do momento que se reconhece essa diferença que o conflito passa a importar para o processo. Afinal, nem todo conflito é igual, o que, obviamente, impõe que os procedimentos judiciais voltados a solucioná-los também se diferenciem entre si.

É por isso que tanto as ações de família quanto as de sucessões são processadas e julgadas por intermédio de procedimentos especiais, de jurisdição contenciosa ou voluntária (CPC, arts. 693/699; arts. 610/673; arts. 731/734, e; arts. 735/743), enquanto as ações tradicionais, por assim dizer, tramitam pelo procedimento comum (CPC, arts. 318/538).

Especializar um procedimento frente ao modelo padrão (comum) é uma técnica para adaptá-lo a particularidades diversas, em boa parte decorrentes da relação de direito material subjacente ao processo.

Mostra dessa humanização e da preocupação em não só proporcionar o julgamento de processos, mas a efetiva solução de problemas das pessoas, pode ser encontrada logo nos §§ 3º e 4º de seu art. 3º, que trazem, como norma fundamental, o dever de o Estado promover, sempre que possível, a solução consensual dos conflitos e o dever de todos os participantes do processo estimularem os métodos e técnicas capazes de tornar isso uma realidade. Pouco mais à frente, em seu art. 139, o diploma permite que os órgãos julgadores dilatem os prazos processuais e alterem a ordem de produção dos meios de prova para que estes se adequem às necessidades do conflito (inc. VI), obrigando-os a promover, inclusive na fase recursal, a autocomposição, preferencialmente com auxílio de outros profissionais (inc. V). Alguns capítulos adiante, o diploma traz aquela que vem sendo considerada por muitos como a maior inovação de todo esse novo sistema de que faz parte o CPC/2015: a possibilidade de as pessoas consensualmente estabelecerem regramento próprio para determinados procedimentos, assim como convencionar sobre seus respectivos poderes, ônus, faculdades e deveres, para atribuir maior funcionalidade e adequação ao processo (CPC, art. 190). Em seguida, seu art. 373, § 1º, autoriza que, diante de peculiaridades da causa relacionadas à impossibilidade ou à excessiva dificuldade de a pessoa comprovar suas alegações no processo ou à maior facilidade de obtenção da prova do fato contrário pela outra, o juiz atribua o ônus da prova de modo contrário ao que estaticamente prevê o *caput* de tal artigo. Na sequência, o 381, II, autoriza, também de forma inédita, que as pessoas promovam a produção de provas antecipada e independentemente da propositura de qualquer outra ação de conhecimento ou execução, quando a comprovação a ser obtida seja suscetível de viabilizar a autocomposição ou outro meio adequado de solução de conflito.

Quando se adentra ao exame dos procedimentos em espécie, se nota que essas possibilidades ainda se ampliam e podem perfeitamente ser aplicadas conjuntamente. Nas ações de sucessões, por exemplo, o juiz pode até mesmo de ofício prorrogar os prazos de abertura e de encerramento por expressa permissão do art. 611. E, para não atrasar a marcha do procedimento, se encontra autorizado a remeter todas as questões que dependerem de outras provas para as vias ordinárias (art. 612). O órgão julgador ainda pode, na eventualidade de acolher alguma impugnação sobre as primeiras declarações, mandar meramente retificar aquelas que tiverem sido prestadas oportunamente (art. 627, § 1º). Já nas ações de família, todos os esforços devem ser empreendidos para a solução consensual da controvérsia, devendo o juiz dispor do auxílio de profissionais de outras áreas de conhecimento para a mediação e conciliação, bem como podendo determinar a suspensão do processo enquanto os litigantes se submetem a mediação extrajudicial ou a atendimento multidisciplinar (art. 694). Nessas ações, a audiência de mediação e conciliação poderá dividir-se em tantas sessões quantas sejam necessárias para viabilizar a solução consensual, sem prejuízo de providências jurisdicionais para evitar o perecimento do direito (art. 696). E, quando o processo envolver discussão sobre fato relacionado a abuso ou a alienação parental, o juiz deverá estar acompanhado por especialista quando for tomar o depoimento do incapaz (art. 699).

Viu quantas alternativas se abrem quando se enxergam as pessoas por detrás dos processos?

Vejamos, agora, mais um elemento comumente presente nas ações de família e de sucessões.

6.2 AS PARTICULARIDADES DAS NORMAS DE DIREITO DAS FAMÍLIAS E DAS SUCESSÕES

Note que, neste ponto, não me refiro às pessoas, mas sim às regras e princípios regentes das relações travadas por elas. Sim, às normas. É que, em boa parte das vezes, o regramento dos conflitos de família e sucessões é feito por normas plasmadas em dispositivos redigidos sob uso da técnica de cláusulas gerais que, como sabido, é o método empregado pelo legislador justamente para construir enunciados dotados de antecedentes normativos impregnados por termos vagos e consequentes normativos desprovidos de determinação prévia. Em outras tantas oportunidades, essas normas carregam consigo conceitos jurídicos indeterminados, assim compreendidos aqueles cujos termos são propositalmente ambíguos, incertos ou imprecisos para que o aplicador possa completá-los casuisticamente. Como resultado, o profissional que atua nessas áreas tem uma gama de possibilidades à luz de cada caso concreto. Para se confirmar a veracidade dessa assertiva, basta ver o que acontece no regramento jurídico da guarda de filhos e do direito de convivência, onde o órgão julgador se deparará com termos como "atenção a necessidades específicas do filho", "distribuição de tempo necessário ao convívio deste com o pai e com a mãe" (CC, art. 1.584, II), "motivos graves" e "bem dos filhos" (CC, art. 1.586), que certamente desafiarão seu senso jurídico e criativo em cada caso.

6.3 A PRESENÇA DE INCAPAZES E DE PESSOAS VULNERÁVEIS

Não bastassem esses elementos, outra nota marcante das ações de família e sucessões é a constante presença de incapazes e de pessoas vulneráveis, gerando uma série de situações sensíveis e delicadas de se lidar. Filhos crianças e adolescentes, incapazes, portanto, costumam ter seus direitos e prerrogativas envolvidos nas disputas judiciais travadas por seus pais e avós, exigindo muita atenção e cautela tanto no processamento quanto no julgamento dessas causas. Não por outro motivo, será obrigatória a intimação do Ministério Público para se pronunciar nos autos (arts. 178, II, 626, *caput*, e 698) e qualquer acordo envolvendo pontos sensíveis relacionados a esses seres em especial etapa de desenvolvimento deve ser enxergado pelo órgão julgador como meras proposições – e não como transações propriamente ditas –, passíveis, portanto, de retoques, revisão, modificação e até de não serem homologadas, como já mencionado por aqui, inclusive.[115]

E não é para menos. O próprio Superior Tribunal de Justiça já teve oportunidade de afirmar que "em demandas envolvendo interesse de criança ou adolescente, a solução da controvérsia deve sempre observar o princípio do melhor interesse do menor, introduzido em nosso sistema jurídico como corolário da doutrina da proteção integral, consagrada pelo art. 227 da Constituição Federal, o qual deve orientar a atuação tanto do legislador quanto do aplicador da norma jurídica, vinculando-se o ordenamento infraconstitucional aos seus contornos".[116]

Em ações envolvendo crianças e adolescentes, portanto, os profissionais do direito devem estar atentos a um feixe de normas tutelares, pois elas podem acarretar significativas modificações tanto no rito das próprias ações de família, quanto no procedimento dos recursos nela cabíveis. Densificando a doutrina da proteção integral, o regramento traçado pelo Decreto n. 3.413/2000 (Convenção sobre os Aspectos Civis do Sequestro Internacional de Crianças), por exemplo, determina que sejam aplicadas diversas medidas apropriadas, dentre as quais, aquelas que evitem novos danos à criança em situação de violência doméstica ou familiar (art. 7, *b*). Também a Lei n. 13.010/2014 (Lei menino Bernardo), aperfeiçoando o ECA, impôs o direito de as pessoas em idade de desenvolvimento serem cuidadas sem o uso de tratamento cruel ou degradante, em qualquer contexto, e a qualquer pretexto, pelos agentes públicos encarregados de protegê-los (ECA, art. 18-A), podendo ser citadas, ainda, a Lei n. 13.257/2016 (Marco Legal da Primeira Infância), a Lei n. 13.431/2017 (Sistema de Garantia de Direitos da Criança e do Adolescente Vítima ou Testemunha de Violência) e o Decreto n. 9.603/2018 e a Lei n. 14.344/2022 (Lei Henry Borel).

No que concerne especificamente ao sistema recursal, o assunto se torna especialmente relevante quando a atividade probatória puder recair sobre crianças e adolescentes. Isto porque devem ser evitadas a todo custo as possibilidades de que haja sua "revitimização", ou seja, a adoção de qualquer "discurso ou prática institucional que submeta crianças e adolescentes a procedimentos desnecessários, repetitivos, invasivos, que levem as vítimas ou testemunhas a reviver a situação de violência ou outras situações que gerem sofrimento, estigmatização

---

[115] STJ, REsp 1.609.701/MG, DJe de 20.5.21; REsp 1.756.100/DF, DJe de 11.10.18; REsp 1.558.015/PR, DJe de 23.10.17.
[116] HC 611.567/CE, DJe de 09.02.21.

ou exposição de sua imagem" (Decreto n. 9.603/2018, art. 5º, II), até porque esta conduta, quando praticada no âmbito de instituições públicas, como o Poder Judiciário, pode configurar "violência institucional" (Lei n. 13.431/2017, art. 4º, IV), a qual, por expressa previsão legal, não pode ser praticada pelos profissionais envolvidos no sistema de garantia de direitos da criança e do adolescente vítima ou testemunha de violência (Decreto n. 9.603/2018, arts. 15 e 22, § 1º).

Em outras ações, não são incapazes que reclamam atenção, mas sim pessoas vulneráveis que, como bem se sabe, não se confundem com aqueles, já que vulnerabilidade é uma situação em que qualquer pessoa pode se encontrar quando cercada por determinadas circunstâncias, sendo algo relacional, portanto, ao contrário da incapacidade, que é algo individual. Verificando-se sua presença na demanda, as Regras de Brasília sobre Acesso à Justiça das Pessoas em condição de Vulnerabilidade devem ser aplicadas, o que agrega ainda mais um elemento de complexidade a essas causas. Afinal, de acordo com essa normativa, "consideram-se em condição de vulnerabilidade aquelas pessoas que, por razão da sua idade, gênero, estado físico ou mental, ou por circunstâncias sociais, econômicas, étnicas e/ou culturais, encontram especiais dificuldades em exercitar com plenitude perante o ecossistema de justiça os direitos reconhecidos pelo ordenamento jurídico" (Seção 2ª.1.3). Em acréscimo, as regras prescrevem que poderão constituir causas de vulnerabilidade, entre outras, as seguintes condições: "idade, incapacidade, a pertença a comunidades indígenas ou a minorias, a vitimização, a migração e o deslocamento interno, a pobreza, o gênero e a privação de liberdade.

A concreta determinação das pessoas em condição de vulnerabilidade em cada país dependerá das suas características específicas, ou inclusive do seu nível de desenvolvimento social e econômico" (Seção 2ª.1.4). Não por outro motivo, o Superior Tribunal de Justiça entende que "a vulnerabilidade de uma categoria de seres humanos não pode ser resumida à objetividade de uma ciência exata. As existências e as relações humanas são complexas e o Direito não se deve alicerçar em argumentos simplistas e reducionistas".[117]

E, por vezes, a vulnerabilidade de alguns sujeitos é tão grande que atinge diversas pessoas que se encontram ao seu redor. Sim, existem "vulnerabilidades que vulnerabilizam", como acontece nos casos de pessoas idosas sob cuidados em relação aos parentes mais próximos ou de crianças que sofrem de transtornos à saúde mental, por exemplo, cujo tratamento absorve e reclama tanta atenção, tanto tempo e tantos esforços de seus guardiões, que eles próprios acabam se tornando vulneráveis em certos cenários e contextos.

Se essa vulnerabilidade decorrer de idosidade, por exemplo, o processo terá que ter tramitação mais célere, especialmente se a pessoa idosa possuir mais de 80 anos de idade, devendo, em qualquer caso, lhes ser simultaneamente aplicáveis as normas protetivas do Estatuto da Pessoa idosa, notadamente se houver situação de risco, a qual exigirá, também, a intimação do Ministério Público (Lei

---

[117] REsp 1.977.124/SP, j. em 05.04.22.

n. 10.741/2003, arts. 3º, § 2º, e 74, II).[118] Algo semelhante aconteceria se uma pessoa com deficiência em situação de risco estivesse participando do processo, pois as normas protetivas da Lei n. 13.146/2015 deveriam ser aplicadas a seu favor (art. 10, parágrafo único). Já se envolver mulheres inseridas em situação de violência doméstica e familiar, o órgão julgador e os advogados serão desafiados a não só conjugarem as regras e princípios do Código de Processo Civil com as da Lei Maria da Penha (L. 11.340/2006), mas a conduzirem o processo sob as lentes da perspectiva de gênero, por determinação expressa da Resolução CNJ n. 492/23.[119]

6.4 A INDISPONIBILIDADE DO DIREITO EM DISCUSSÃO

Correlacionada a esses elementos, sem, entretanto, se confundir com eles, aparece outra nota bastante comum nessas ações: a indisponibilidade do direito em discussão.[120] É certo que nem toda demanda de família e sucessões versa sobre esse tipo de direito, mas é inegável que muitas delas são permeadas por eles. Ações de alimentos e processos de inventário compostos por incapazes não são exatamente algo incomum nas varas especializadas nessas matérias, obrigando os procedimentos a se conformarem a uma série de exigências impostas por lei. A atividade probatória, por exemplo, encontra limites bem mais amplos e flexíveis do que aqueles impostos aos processos versando sobre direitos disponíveis puros. Por sinal, sobre a iniciativa para a produção das provas, o STJ possui entendimento firmado há décadas no sentido de que "tem o julgador iniciativa probatória quando presentes razões de ordem pública e igualitária, como, por exemplo, quando se esteja diante de causa que tenha por objeto direito indisponível(ações de estado)".[121] Pela mesma razão, a preclusão da oportunidade de se produzir provas também é significativamente relativizada nessas hipóteses, já tendo a Corte oportunidade de decidir que "as ações de investigação de paternidade são de estado e versam sobre direitos indisponíveis, com profundas consequências na vida de ambas as partes envolvidas, por isso que o princípio processual da eventualidade sofre mitigações em casos desse jaez",[122] tornando possível, por exemplo, a reabertura da instrução probatória diante de determinadas circunstâncias para que a presunção de paternidade seja apreciada dentro de todo o contexto probatório (Lei n. 12.004/2009, art. 2º-A).[123]

Só não se esqueça que essa relativa flexibilidade da preclusão deve ser aplicada com redobrado cuidado quando a prova em questão envolver crianças ou adolescentes, para que não haja sua "revitimização", como há pouco mencionado. Havendo risco de que isso aconteça, melhor mesmo ser aplicado

---

[118] A respeito, conferir: CALMON, Patricia Novais. *Direito das famílias e da pessoa idosa*. 2. ed. Indaiatuba: Foco, 2023.
[119] CNJ, Res. 492/23: Estabelece, para adoção de Perspectiva de Gênero nos julgamentos em todo o Poder Judiciário, as diretrizes do protocolo aprovado pelo Grupo de Trabalho constituído pela Portaria CNJ n. 27/2021, institui obrigatoriedade de capacitação de magistrados e magistradas, relacionada a direitos humanos, gênero, raça e etnia, em perspectiva interseccional, e cria o Comitê de Acompanhamento e Capacitação sobre Julgamento com Perspectiva de Gênero no Poder Judiciário e o Comitê de Incentivo à Participação Institucional Feminina no Poder Judiciário.
[120] Grosso modo, direitos indisponíveis são aqueles a respeito dos quais seus titulares não possuem poder de disposição nem de interferência relativamente à sua constituição, desenvolvimento e extinção, sendo por isso irrenunciáveis e intransmissíveis, em regra. Mas isso não significa que todos os direitos de família sejam indisponíveis. O próprio direito de permanecer casado, por exemplo, pode ser renunciado pelas partes, independentemente da anuência do Poder Judiciário, em determinadas hipóteses.
[121] REsp 192.681/PR, DJ de 24.03.03.
[122] STJ, REsp 1.281.664/SP, DJe de 05.02.15.
[123] STJ, Súm. 301: "Em ação investigatória, a recusa do suposto pai a submeter-se ao exame de DNA induz presunção *juris tantum* de paternidade".

o regramento tradicional da preclusão, a fim de que não se corra o risco de a criança e o adolescente terem que se submeter novamente à atividade probatória.

O abrandamento do rigor das regras atinentes à revelia é outra consequência projetada pela presença de direitos indisponíveis. Dele se encarregam os arts. 341 e 345 do CPC quando impedem a incidência da confissão ficta a respeito de fatos que versem sobre direitos indisponíveis.[124-125]

É! Como diz Andrea Pachá, "separações são sempre difíceis. Mesmo quando a decisão é construída pelos dois, a sensação é de fracasso, culpa, tristeza profunda. E o pior é que não tem bula ou manual de instruções."[126]

Todos esses elementos, somados, acentuam a constante e invisível batalha travada no ambiente processual entre a autoridade do Estado e a liberdade das pessoas, gerando inegáveis reflexos sobre os recursos, os quais precisam se adequar a isso para que as questões familiares e sucessórias submetidas ao crivo do Poder Judiciário possam ser processadas e julgadas de acordo com a complexidade que ostentam e com o cuidado que reclamam.

Não custa repetir. Havendo qualquer das notas distintivas aqui tratadas, bem como outra porventura existente, o rito das ações de família e de sucessões deve ser adaptado para que se acentue a preocupação com a solução pacífica da controvérsia (CPC, art. 694), se oportunize a dilatação de prazos processuais e a alteração da ordem de produção de provas (CPC, art. 139, VI), criando-se, enfim, ambiente propício para que todo o procedimento seja acelerado.

Apreendidas essas noções, o estudo pode ter prosseguimento para que se conheçam os pressupostos recursais.

---

[124] Perceba, entretanto, que apesar de o Código vedar a confissão de fatos envolvendo direitos indisponíveis, a jurisprudência dos Tribunais Superiores a admite quando ela se mostra benéfica à parte considerada mais fraca da relação, o que permite, por consequência, o reconhecimento jurídico do pedido em benefício do titular do direito indisponível. Por isso a confissão da mãe de que o réu não é o pai de seu filho é algo inaceitável pelo Direito (STF, AI 84.910 AgR, j. em 6.11.81; STJ, REsp 89.606/SP, j. em 14.4.97), mas a confissão do pai de que a criança é seu filho é plenamente aceita (STJ, REsp 427.117/MS, j. em 4.11.03).
[125] O sobrenome, apesar de poder ser renunciado pela parte, não pode ser dela retirado à força, como uma consequência automática da decretação do divórcio que tenha corrido à sua revelia (REsp 1.732.807/RJ, DJe de 17.08.18; AgRg no AREsp 204.908/RJ, DJe de 03.12.14).
[126] Disponível em: https://www.conjur.com.br/2012-abr-02/quem-dignidade-coisa-homem-nenhum-tira-gente.

7

OS PRESSUPOSTOS DE ADMISSIBILIDADE DOS RECURSOS

Para que ultrapasse o juízo de admissibilidade, os recursos devem preencher exigências específicas, denominadas de pressupostos de admissibilidade recursal. A literatura elenca diversos. Neste livro, contudo, será feito um recorte para que as atenções se projetem sobre aqueles que mais interessam às ações de família e sucessões.

São eles: a) cabimento e adequação; b) tempestividade; c) regularidade formal; d) preparo; e) legitimidade recursal; f) interesse recursal, e; g) inexistência de incompatibilidades com o direito de recorrer.

Por dizerem respeito à estrutura do sistema recursal brasileiro, constituem-se em tópicos passíveis de ser conhecidos de ofício pelo juiz (matéria de ordem pública). Não por outro motivo, o art. 932, III, do CPC enuncia que incumbe ao relator "não conhecer de recurso inadmissível, prejudicado ou que não tenha impugnado especificamente os fundamentos da decisão recorrida", exceto, é claro, se o vício for sanado ou a documentação exigível for complementada no prazo assinalado, com base no que lhe autoriza o parágrafo único da mesma normativa. E, por condicionarem o conhecimento do mérito recursal, todos eles sofrem influência direta dos princípios há pouco estudados. Por vezes, os tangenciam. Por outras, verdadeiramente os densificam, como se perceberá facilmente durante a leitura dos próximos tópicos.

7.1 Cabimento e adequação

O recurso precisa ser previsto por lei como o teoricamente adequado para o ataque daquele pronunciamento específico. Via de consequência, o pronunciamento judicial também tem que comportar recurso. Por isso a duplicidade da nomenclatura aqui utilizada.

No Brasil, essa tarefa é significativamente facilitada em razão da existência dos princípios da taxatividade e da unirrecorribilidade, há pouco estudados. Diversos dispositivos legais lhe servem de base. Assim, seguindo a ordem em que são apresentados no Código, as sentenças e as decisões interlocutórias não imediatamente agraváveis podem ser atacadas por apelação ou por suas contrarrazões (arts. 1.009, § § 1° e 2°), enquanto as decisões interlocutórias listadas no art. 1.015 ou abarcadas pelo entendimento fixado no Tema repetitivo 998 do STJ são impugnáveis por agravo de instrumento. Já as decisões monocráticas proferidas no âmbito dos tribunais podem ser recorridas por meio do agravo interno (art. 1.021), ao passo que qualquer pronunciamento omisso, contraditório ou obscuro desafia a oposição de embargos de declaração (arts. 1.022/1.026). Por sua vez, as decisões referidas nos arts. 105, II, c, 102, II, a, e 105, II, b, da Constituição da República ensejarão a interposição do recurso ordinário (arts. 1.027/1.028), enquanto aquelas listadas nos arts. arts. 102, III, e 105, III da mesma Carta poderão ser impugnadas por recurso extraordinário ou recurso especial (arts. 1.029/1.041), cuja eventual inadmissão por decisões proferidas por tribunais locais desafiará o agravo em recurso especial e em recurso extraordinário (art. 1.042). Finalmente, o acórdão proferido por órgão fracionário nas hipóteses referidas pelos arts. 1.043/1.044 do Código devem ser atacados pelos embargos de divergência.

Os despachos não são recorríveis, em regra, como já estudado por aqui (art. 1.001).

É preciso que se esteja atento, todavia, a um detalhe: como o sistema decisório foi profundamente modificado pelo CPC/2015, o cabimento dos recursos também acabou sendo. Basta ver que, pelo menos nas últimas décadas, o agravo de instrumento sempre foi o recurso destinado ao ataque de todo e qualquer pronunciamento judicial versando sobre aspectos processuais, que tivesse sido proferido incidentalmente. Agora, no entanto, isso sofreu uma significativa alteração, porque, como já estudado por aqui, o agravo de instrumento passou a ser cabível apenas de decisões específicas. Pode ocorrer, então, de ele não ser o recurso cabível para o ataque daquela decisão interlocutória específica, muito embora continue o sendo para investir contra outros pronunciamentos da mesma espécie.

A adequação recursal também tem a ver com a competência para seu processamento e julgamento, o que será visto em tópico específico, contudo, pouco mais à frente.

O desvio no emprego desses meios de impugnação pode levar à sua inadmissão, a não ser que possam ser aproveitados pelo princípio da fungibilidade recursal.

Intimamente ligado ao cabimento aparece outro pressuposto processual: a tempestividade, que será analisada no tópico abaixo.

7.2 Tempestividade

Para a ciência do direito, tempestivo é característica daquilo que obedeceu ao prazo especificamente previsto para sua implementação no universo jurídico. Nessa acepção, a tempestividade recursal é o requisito de admissibilidade relacionado à observância dos prazos recursais. Isto porque, como se sabe, todos os recursos devem ser apresentados dentro de prazos específicos.

O dispositivo legal que lhe serve de base é o art. 997, que dispõe que.

> Art. 997: Cada parte interporá o recurso independentemente, no prazo e com observância das exigências legais.[127]

Será tempestivo, portanto o recurso que tiver sido interposto dentro do prazo previsto para tanto. Em oposição, será intempestivo aquele que tiver sido apresentado fora de tal intervalo de tempo. Neste caso, a pessoa perderá a oportunidade de impugnar a decisão por meio dele, pois o art. 223 do Código enuncia que "decorrido o prazo, extingue-se o direito de praticar ou de emendar o ato processual, independentemente de declaração judicial, ficando assegurado, porém, à parte provar que não o realizou por justa causa."

Contrariamente a muitos pressupostos de admissibilidade, a intempestividade não pode ser sanada, em regra, exceto se for acolhida a justificativa apresentada pela pessoa, na forma permitida pelo artigo supratranscrito.

O CPC/2015 simplificou demais a identificação dos prazos recursais, pois dispõe que o prazo para interpor e responder aos recursos é de 15 dias, à exceção dos embargos de declaração, que devem ser opostos no prazo de 5 dias (CPC, arts. 1.003, § 5°, e 1.023, *caput*). Mesmo os agravos, que no sistema revogado possuíam outro prazo, agora se submetem ao mesmo regime. A fim de não deixar qualquer dúvida a respeito, o art. 1.070 enfatiza que "é de 15 (quinze) dias o prazo para a interposição de agravo interno, previsto em lei ou em regimento interno de tribunal, contra decisão de relator ou outra decisão unipessoal proferida em tribunal."

Excepcionam esta regra os recursos cabíveis nos procedimentos que tramitarem pelo Estatuto da Criança e do Adolescente, porque seu art. 198, II estabelece

---

[127] Apesar disso, o art. 1.005 permite o aproveitamento do recurso: a) interposto por um dos litisconsortes a todos, salvo se distintos ou opostos os seus interesses, e; b) interposto por um devedor solidário em relação aos outros, quando as defesas opostas ao credor lhes forem comuns. Já o art. 997 admite a interposição de recurso adesivo.

que "em todos os recursos, salvo nos embargos de declaração, o prazo para o Ministério Público e para a defesa será sempre de 10 (dez) dias."

No geral, portanto, agora só existem dois prazos recursais: o de 05 dias para embargos de declaração e o de 15 dias para todos os demais recursos. No cômputo de ambos, só entram dias úteis (art. 219). Via de regra, é neles que a petição recursal deve ser protocolada, conforme as normas do CPC ou dos regimentos internos e códigos de organização judiciária de cada Estado da Federação.

Os prazos contra o revel que não tenha patrono nos autos, contudo, correrão sem que ele seja intimado, pois fluirão da data de publicação do ato decisório no órgão oficial, sendo-lhe assegurado intervir no processo em qualquer fase, recebendo-o no estado em que se encontrar (CPC, art. 346).

Além do mais, alguns órgãos e entes refogem ao regramento traçado nos parágrafos acima porque possuem prazo em dobro para recorrer, para apresentar contrarrazões e, via de consequência, para interpor recurso adesivo (CPC, arts. 180, *caput*, e 186, *caput*). É o caso do Ministério Público, da Defensoria Pública, dos escritórios de prática jurídica das faculdades de Direito reconhecidas na forma da lei e das entidades que prestam assistência jurídica gratuita em razão de convênios firmados com a Defensoria Pública. Além de terem direito a essa dobra, eles possuem prerrogativas legais que impõem que a contagem desses prazos tenha início, em regra, da data de suas respectivas intimações pessoais,[128] exceto se o pronunciamento judicial for proferido na própria audiência (CPC, art. 1.003, § 1º) ou tiver havido carga dos autos (CPC, art. 272, § 6º).

Só esteja atento ao fato de que, quando se tratar do Ministério Público e da Defensoria Pública, é preciso que se compatibilize o disposto nesses dois primeiros artigos com as prerrogativas a si asseguradas por suas respectivas Leis Orgânicas,[129] o que obriga a secretaria da Vara a lhes encaminhar os autos do processo mesmo no caso de o pronunciamento judicial ter sido proferido em audiência na qual os seus membros estejam, para que possam ter "vista pessoal", possibilitando-se, assim, que possa ter "início a contagem do prazo". Não por outro motivo o Superior Tribunal de Justiça firmou a Tese n. 959, em tudo aplicável à Defensoria Pública, no seguinte sentido: "o termo inicial da contagem do prazo para impugnar decisão judicial é, para o Ministério Público, a data da entrega dos autos na repartição administrativa do órgão, sendo irrelevante que a intimação pessoal tenha se dado em audiência, em cartório ou por mandado".

Esse tema específico voltará a ser abordado alguns tópicos à frente, quando forem estudados os prazos recursais.

7.2.1 A INTEMPESTIVIDADE "POR PREMATURIDADE"

O atual Código colocou fim a um antigo debate referente à assim chamada "intempestividade por prematuridade", que era declarada quando a pessoa

---
[128] Lei n. 9.625/93, art. 41, IV; CPC, art. 180, *caput*, frase final, art. 183, § 2º; LC 80/94, art. 128, I, art. 186, § 1º, e art. 230.
[129] Lei n. 9.625/93, art. 41, IV; CPC, art. 180, *caput*, frase final, art. 183, § 2º; LC 80/94, art. 128, I, art. 186, § 1º, e art. 230.

interpunha o recurso antes mesmo do início do prazo recursal. Com o máximo respeito aos que pensavam e pensam de forma diferente, nunca vi muito sentido em se punir um indivíduo que, de tão diligente, acabava apresentando seu recurso antes mesmo que o prazo para tanto tivesse início.[130] Além do mais, alguns acontecimentos conduziam e ainda conduzem a esse tipo de postura. Seria exemplificar com a usual hipótese em que um indivíduo, desconhecendo o fato de o outro ter oposto embargos de declaração da sentença, contra ela interpõe apelação. Convenhamos que, diante desse inusitado, mas bastante comum episódio, o responsável pela interposição da apelação não poderia ser penalizado com o reconhecimento da "intempestividade por prematuridade" de seu recurso, pelo evidente motivo de ele sequer ter tomado conhecimento da oposição dos aclaratórios por seu adversário. Porém, de tanto isso acontecer nos tribunais de superposição, foi editada a Súmula n. 418 do STJ, exigindo que a pessoa que houvesse interposto o recurso especial nessas situações deveria ratificá-lo oportunamente, sob pena de ele não ser admitido.

No entanto, os tempos são outros. Agora, o art. 218, § 4º, estabelece que é "considerado tempestivo o ato praticado antes do termo inicial do prazo", enquanto o art. 1.024, § 5º, dispõe que "se os embargos de declaração forem rejeitados ou não alterarem a conclusão do julgamento anterior, o recurso interposto pela outra parte antes da publicação do julgamento dos embargos de declaração será processado e julgado independentemente de ratificação". Portanto, não existe mais ambiente para que o antigo entendimento prevaleça, o que, inclusive, levou ao cancelamento da Súmula n. 418 e à correspectiva edição, em seu lugar, da Súmula n. 579, cujo texto enuncia que "não é necessário ratificar o recurso especial interposto na pendência do julgamento dos embargos de declaração, quando inalterado o resultado anterior."

Além de justo, o posicionamento adotado pelo novo sistema é coerente com suas próprias premissas, pois o CPC reconhece que qualquer ato de ciência inequívoca do pronunciamento pode ensejar a abertura do prazo recursal, ainda que ele, o pronunciamento, sequer tenha sido publicado formalmente.

Por sinal, a ciência inequívoca será estudada mais de perto em tópico próprio.

7.2.2 OS IMPEDIMENTOS E CONTRATEMPOS À CONTAGEM DO PRAZO RECURSAL

Obviamente, podem acontecer impedimentos ou contratempos à fluência dos prazos recursais. Caso haja feriado, por exemplo, haverá interferência na contagem, pois não haverá dia útil a ser computado no período. Se esse feriado for apenas local, a pessoa responsável pela interposição do recurso deve comprová-lo no ato, sob pena de correr o risco de ele ser reconhecido como intempestivo (CPC, art. 1.003, §§ 3º e 6º).[131] Pode acontecer, também, de a pessoa do recorrente

---

[130] Exatamente neste sentido: STJ, RCD no HC 457.878/SE, DJe de 29.08.18.
[131] A redação do § 6º do art. 1.003 do CPC foi alterada em meados do ano de 2024. Antes disso, predominava a seguinte orientação: JDPC/CJF, Enunciado n. 66: Admite-se a correção da falta de comprovação do feriado local ou da suspensão do expediente forense, posteriormente à interposição do recurso, com fundamento no art. 932, parágrafo único, do CPC. FPPC, Enunciado n. 724: Os documentos extraídos dos sítios dos tribunais gozam de presunção de veracidade e confiabilidade, sendo idôneos para comprovar o feriado local para os fins do § 6º do art. 1.003. De sua parte, o STJ entendia que feriado local previsto em lei federal ou em lei de organização judiciária estadual não precisava ser comprovado na interposição do recurso (REsp 1.997.607/DF, DJe de 02.03.23).

ou de seu advogado vir a falecer, o que acarretaria a reabertura integral dos prazos (art. 1.004). Além disso, pode ocorrer de os próprios prazos recursais serem suspensos ou interrompidos nos casos expressamente previstos em lei (arts. 220, 221, 313, 1.004 e 1.026). Enfim, há bastante coisa que deve ser levada em consideração para aferição da tempestividade.[132]

No entanto, sugiro que você faça a complementação do estudo deste requisito com o que será apresentado no referido tópico destinado aos prazos recursais.

7.3 REGULARIDADE FORMAL

Já que o recurso expressa a continuidade do direito de ação, a pretensão recursal deve ser fundamentada fática e juridicamente, bem como conter pedido específico, à semelhança do que acontece com a petição inicial. Por isso, a petição de recurso deve obrigatoriamente ser elaborada por escrito contendo, no mínimo, a exposição dos fatos que tenham ensejado a sua interposição, a apresentação das razões que tenham motivado a pretensão recursal e o pedido de que seja proferida "nova decisão", o qual, ao contrário do pedido inicial da ação, não pode nem mesmo ser genérico.

Diversos dispositivos lhe servem de base, cada um referindo especificamente a um recurso, a exemplo dos arts. 1.010, II, III e IV; 1.015, I, II e III; 1.021, § § 1º e 3º; 1.023; 1.028; 1.029 *caput*, I, II e II e § 1º; 1.042 e 1.043, § 4º, do CPC, os quais sugiro que sejam lidos oportunamente, porque quanto mais elementos você agregar ao seu estudo, mas completo vai tornar o seu processo de aprendizagem.

Este pressuposto tem tudo a ver com o princípio da dialeticidade, já estudado por aqui, inclusive. Justamente por isso, não poderia ser considerado regular sob o ponto de vista formal, o recurso que não contivesse uma impugnação séria e detida dos fundamentos utilizados na decisão recorrida, como entende de forma pacífica o STJ, veja:

> AGRAVO INTERNO NO AGRAVO EM RECURSO ESPECIAL. PRINCÍPIO DA DIALETICIDADE EM APELAÇÃO. ANÁLISE DE SUA OBSERVÂNCIA. IMPOSSIBILIDADE. ÓBICE DA SÚMULA 7/STJ.
> 1. "[E]mbora a mera reprodução da petição inicial nas razões de apelação não enseje, por si só, afronta ao princípio da dialeticidade, se a parte não impugna os fundamentos da sentença, não há como conhecer da apelação, por descumprimento do art. 514, II, do CPC/1973, atual art. 1.010, II, do CPC/2015". (AgInt no REsp 1735914/TO, Rel. Ministro Marco Aurélio Bellizze, Terceira Turma, julgado em 7/8/2018, DJe de 14/8/2018)
> 2. Analisando o acórdão proferido na origem, verifica-se que a Corte local manifestou compreensão no sentido de que as "razões recursais não atacam os fundamentos da sentença, de modo que, desrespeitado, na hipótese, o princípio da dialeticidade recursal, o presente recurso não pode ser conhecido, por lhe faltar requisito indispensável à regularidade formal".

---
[132] JDPC/CJF, Enunciado n. 21: A suspensão dos prazos processuais prevista no *caput* do art. 220 do CPC estende-se ao Ministério Público, à Defensoria Pública e à Advocacia Pública.

> 3. Nota-se, pois, que a Corte local entendeu que houve afronta ao princípio da dialeticidade, uma vez que não foram devidamente impugnados os fundamentos da decisão então combatida.
> 4. A revisão de tal posicionamento não se mostra viável em recurso especial, pois tal providência demandaria reincursão no acervo fático-probatório dos autos, esbarrando, assim, no óbice na Súmula 7/STJ.
> 5. Agravo Interno não provido.
> (AgInt no AREsp 1.630.091/SP, DJe de 30.06.20)

Haveria idêntica irregularidade sob o ponto de vista formal no recurso que, pretendendo invocar a aplicação de precedentes qualificados ao caso sob julgamento, deixasse de demonstrar a existência de similaridade fática entre as hipóteses ou não esclarecesse de que forma a tese por aqueles abarcada este vincularia, padecendo do mesmo vício o recurso que, almejando impedir que um precedente qualificado fosse aplicado ao caso, em razão de ter sido superado, não fizesse essa comprovação na sua petição recursal.

Pelo menos é assim que entende o STJ, observe:

> PROCESSUAL CIVIL. [...]. A PARTE RECORRENTE NÃO SE DESINCUMBIU DE SEU ÔNUS ARGUMENTATIVO, PERANTE A CORTE DE ORIGEM, EM DEMONSTRAR COMO O CASO CONCRETO SE AMOLDARIA AO PRECEDENTE INVOCADO. AGRAVO INTERNO DO ENTE ESTADUAL A QUE SE NEGA PROVIMENTO. [...]
> Ao postular a aplicação de um precedente, a argumentação apresentada pela parte não pode ser genérica, limitando-se a apenas mencionar o entendimento que espera prevalecer no caso concreto. Ao revés, é necessário demonstrar, especificamente, qual seria o equívoco da decisão a ser modificada; é este, inclusive, o teor do Enunciado 9 da ENFAM. Ocorre que, no presente caso, nem os Embargos de Declaração, nem o Recurso Especial, expõem precisamente como as circunstâncias fáticas dos autos se assemelham às do julgado do STF mencionado nas razões recursais.
> 4. Agravo Interno do Ente Estadual a que se nega provimento.
> (AgInt no REsp n. 1.854.873/AM, DJe de 29.06.20)[133]

Como a regularidade formal é algo inerente ao recurso e não à pessoa que o interpõe, o terceiro também deve lhe render obediência. Portanto, além de cumprir o que determinam os dispositivos acima referidos, ele deve fazer algo mais: demonstrar a possibilidade de a decisão sobre a relação jurídica submetida à apreciação judicial atingir, na forma determinada pelo art. 996, parágrafo único.

É absolutamente essencial que este pressuposto seja preenchido no caso concreto, porque, reforço que, mesmo correndo o risco de soar repetitivo, o art. 932, III, do CPC dispõe que o relator não conhecerá de recurso "que não tenha impugnado especificamente os fundamentos da decisão recorrida".

De importante, era o que havia de ser dito sobre este pressuposto. Agora, chegou o momento de se conhecer o último pressuposto processual que será analisado neste livro: o preparo.

---

[133] No mesmo sentido o AgInt no AREsp 1.497.766/DF, DJe de 02.08.21.

7.4 Preparo

Em linguagem técnico-processual, preparo significa pagamento das despesas necessárias ao processamento do recurso. Dele se ocupa o art. 1.007 do CPC, segundo o qual:

> Art. 1.007. No ato de interposição do recurso, o recorrente comprovará, quando exigido pela legislação pertinente, o respectivo preparo, inclusive porte de remessa e de retorno, sob pena de deserção.
> § 1º São dispensados de preparo, inclusive porte de remessa e de retorno, os recursos interpostos pelo Ministério Público, pela União, pelo Distrito Federal, pelos Estados, pelos Municípios, e respectivas autarquias, e pelos que gozam de isenção legal.
> § 2º A insuficiência no valor do preparo, inclusive porte de remessa e de retorno, implicará deserção se o recorrente, intimado na pessoa de seu advogado, não vier a supri-lo no prazo de 5 (cinco) dias.
> § 3º É dispensado o recolhimento do porte de remessa e de retorno no processo em autos eletrônicos.
> § 4º O recorrente que não comprovar, no ato de interposição do recurso, o recolhimento do preparo, inclusive porte de remessa e de retorno, será intimado, na pessoa de seu advogado, para realizar o recolhimento em dobro, sob pena de deserção.
> § 5º É vedada a complementação se houver insuficiência parcial do preparo, inclusive porte de remessa e de retorno, no recolhimento realizado na forma do § 4º.
> § 6º Provando o recorrente justo impedimento, o relator relevará a pena de deserção, por decisão irrecorrível, fixando-lhe prazo de 5 (cinco) dias para efetuar o preparo.
> § 7º O equívoco no preenchimento da guia de custas não implicará a aplicação da pena de deserção, cabendo ao relator, na hipótese de dúvida quanto ao recolhimento, intimar o recorrente para sanar o vício no prazo de 5 (cinco) dias.

Note que o CPC ainda traz a exigência de que haja a comprovação do preparo no próprio ato de interposição do recurso, sob pena de deserção, a qual, também em linguagem técnico-processual, corresponde à penalidade responsável por impedir o prosseguimento do recurso que tenha sido insuficientemente preparado ou não preparado. Como o rigorismo extremo não é algo lá muito conforme ao processo civil contemporâneo, o Código determina que a pessoa que não fizer a comprovação do recolhimento na forma acima inicialmente seja intimada por seu advogado para providenciá-lo (CPC, art. 1.007, § 4º).[134] Obviamente, haverá uma sanção nesse caso. Ela só não corresponderá, a princípio, à decretação da deserção, mas sim à imposição de que o valor devido a título de preparo seja pago em dobro. Apenas na eventualidade disso também não ser feito e comprovado no prazo assinado pelo juízo é que incidirá a pena de deserção.

Algo ligeiramente assemelhado, embora mais brando, acontece quando o preparo é realizado de forma insuficiente. Afinal, aqui a pessoa terá efetuado o recolhimento de algum valor, apesar de não todo ele. Por isso, o juízo meramente

---

[134] FPPC, Enunciado n. 97: Nos casos previstos no § 4º do art. 1.007 do CPC, é de cinco dias o prazo para efetuar o preparo.

lhe intimará, por seu advogado, para complementá-lo em 05 dias, somente decretando a deserção se isso não acontecer ou se acontecer de forma mais uma vez insuficiente (CPC, art. 1.007, §§ 2° e 4°).

Isso é o que acontece em situações de normalidade, entretanto. Logo, se ficar comprovado que o preparo não foi efetuado por justo impedimento ou por mero equívoco da pessoa no preenchimento da guia de custas – ou seja, em situações de anormalidade –, o relator do recurso relevará a pena de deserção, fixando prazo de 5 (cinco) dias para que ele seja feito (CPC, art. 1.007, § 6°). Neste caso, o recolhimento deve ser feito de forma simples, e não dobrada,[135] sendo a decisão responsável por essa determinação uma daquelas mencionadas no início deste livro como irrecorríveis.

Dando sua contribuição para que o recolhimento seja feito e os atos processuais possam ser aproveitados, a Súmula n. 484 do Superior Tribunal de Justiça admite que o preparo seja efetuado no primeiro dia útil subsequente, quando a interposição do recurso ocorrer após o encerramento do expediente bancário.

Nem todo recurso se submete a preparo, contudo. Os embargos de declaração e os recursos cabíveis nos procedimentos afetos à Justiça da Infância e da Juventude são alguns deles (CPC, art. 1.023, *caput*, frase final; ECA, art. 198, I).[136] Por semelhante motivo, nem todas as pessoas precisam efetuar seu recolhimento. O Ministério Público e os indivíduos que estejam amparados pela gratuidade da justiça, por exemplo, podem recorrer em qualquer ação de família e sucessões gratuitamente (CPC, arts. 1.007, § 1°, e 98, § 1°, I). Inclusive, pode acontecer de a concessão da gratuidade ser requerida no mesmo ato de interposição do recurso, pois não existe preclusão a respeito (CPC, art. 99, *caput*, frase final).[137] Neste caso, a pessoa estará dispensada inicialmente de comprovar o recolhimento do preparo, devendo o relator apreciar seu requerimento antes de qualquer outra providência (CPC, art. 932, I). Caso a gratuidade seja deferida, o recurso será processado sem necessidade de recolhimento do preparo. Entretanto, caso seja indeferida, deverá ser fixado prazo para recolhimento de forma simples, o que impediria que fosse negado seguimento de plano ao recurso por outro motivo, como a intempestividade, por exemplo, ao fundamento de que tal postulação não suspenderia o prazo recursal (CPC, art. 99, § 7°).[138]

Essa decisão do relator, contudo, é recorrível por agravo interno, na forma do art. 1.021 do Código, o qual coerentemente também será isento de preparo, pelo menos até que seja definitivamente decidida a questão da gratuidade.

É fundamental que toda decisão denegatória de requerimento de gratuidade seja muito bem fundamentada, pois a Corte Especial do Superior Tribunal de Justiça assentou que deve ser reconhecido como tácita ou presumidamente deferida a gratuidade quando ocorrer ausência de manifestação ou seu não indeferimento expresso e fundamentado, inclusive na instância especial.[139]

---

[135] FPPC, Enunciado n. 610: Quando reconhecido o justo impedimento de que trata o § 6° do art. 1.007, a parte será intimada para realizar o recolhimento do preparo de forma simples, e não em dobro.
[136] ECA, art. 198. Nos procedimentos afetos à Justiça da Infância e da Juventude, inclusive os relativos à execução das medidas socioeducativas, adotar-se-á o sistema recursal da Lei n° 5.869, de 11 de janeiro de 1973 (Código de Processo Civil), com as seguintes adaptações: I – os recursos serão interpostos independentemente de preparo.
[137] STJ, AgInt nos EDcl no AREsp 2.086.637/MG, DJe de 14.03.23.
[138] STJ, AgInt nos EDcl no AREsp 1.686.744/SP, DJe de 04.10.22.
[139] STJ, AgRg nos EAREsp 440.971/RS, DJe de 17.03.16.

O tema ganha em importância nas ações de família e sucessões porque grande parte delas tramita sob o sistema de justiça gratuita, desafiando o advogado particular que nelas atue a estar bastante atento, porque a concessão da gratuidade é algo pessoal e intransferível (CPC, art. 99, § 6º). Logo, se a pessoa que ele estiver representando for a beneficiária, eventual recurso que verse exclusivamente sobre valor de honorários de sucumbência fixados a seu favor estará sujeito a preparo, exceto se ele próprio também demonstrar que tem direito à gratuidade (CPC, art. 99, § § 4º e 5º).[140]

7.5 Legitimidade recursal

Como se intui, a legitimidade recursal é o pressuposto relacionado à pessoa de quem possa recorrer naquele caso específico. O dispositivo legal que lhe serve de base é o art. 996 do CPC, que dispõe que

> Art. 996: O recurso pode ser interposto pela parte vencida, pelo terceiro prejudicado e pelo Ministério Público, como parte ou como fiscal da ordem jurídica.

Muita coisa já foi dita a seu respeito quando foram estudadas as características dos recursos, mais precisamente a relativa delimitação das pessoas autorizadas a manejá-los. Não custa repetir, no entanto, que a legitimidade para interposição de recursos compete, em um primeiro momento, "à parte vencida, ao Ministério Público, como parte ou como fiscal da ordem jurídica, e ao terceiro prejudicado" (CPC, art. 996), muito embora tal listagem não seja exaustiva, pois, em alguns cenários específicos, outros sujeitos do processo também podem apresentar recursos específicos, a exemplo do próprio juiz e do advogado, que se encontram respectivamente legitimados a recorrer apenas da decisão que acolhe a alegação de seu próprio impedimento ou suspeição (CPC, art. 146, § 5º) e do capítulo dos pronunciamentos judiciais que versarem sobre seus honorários (Lei n. 8.906/94, art. 23). De resto, aqui também sugiro que você leia ou releia o que foi escrito no tópico acima mencionado.

7.6 Interesse recursal

De forma conjugada à legitimidade, deve ser feito o estudo do interesse recursal. Isto porque um se encontra tão intimamente ligado ao outro que, por vezes, chegam a se confundir em um só. Tanto é assim que o dispositivo legal que faz menção àquela é o mesmo que faz a este (CPC, art. 996).

Historicamente, o interesse recursal sempre foi enxergado a partir da sucumbência. Aquele que perdia a causa (sucumbia) tinha interesse em recorrer para reverter essa situação. Quem a vencia, não. A bem da verdade, o próprio CPC/2015 meio que ainda parte desta noção. Basta perceber que em seu tantas vezes mencionado art. 996, utiliza expressões como "parte vencida" e "terceiro

---

[140] STJ, AgInt no REsp 1.988.260/MG, DJe de 16.02.23.

prejudicado". Atualmente, entretanto, chama-se atenção para a necessidade de dissociar o interesse recursal da derrota para associá-lo a algo maior e mais nobre, consistente na possibilidade de o recurso colocar a pessoa que dele faz uso simplesmente em posição mais vantajosa do que a que se encontrava anteriormente, sob o ponto de vista jurídico, independentemente do fato de a decisão ter lhe proporcionado vitória ou derrota.

Ao contrário do que possa parecer em um primeiro momento, isso é muito diferente da mera inversão da sucumbência. É algo que tem a ver com a melhora na posição jurídica de qualquer das pessoas envolvidas no processo, inclusive o próprio vencedor. Afinal, existem incontáveis possibilidades que somente podem ser obtidas por meio desse instrumento específico de impugnação das decisões judiciais. Fazendo um paralelo com algumas situações extraídas do cotidiano do direito das famílias e das sucessões, seria exemplificar com a alteração de regime de bens (CPC, art. 734; CC, art. 1.639, § 2°) e com interdição (CPC, 747; CC, arts. 1.767 e s.), que exigem a propositura de *ações judiciais* como único meio de se obter o que por meio delas é almejado. Aqui acontece exatamente o mesmo, porém, por meio de recursos. Na literatura, Zulmar Duarte[141] talvez seja aquele que com mais simplicidade e profundidade tenha exemplificado situações em que isso ocorre, sendo elas "o interesse da parte vencedora em recorrer da questão prejudicial decidida no processo contra seu interesse, a fim de afastar prejuízo hipotético advindo da coisa julgada desfavorável sobre aquela (art. 503, § 1.°, do CPC). Temos aqui um recurso para alteração ou agregação de fundamento para a vitória, afastando a sucumbência teórica (COMOGLIO; FERRI; TARUFFO, 2011. p. 645); o interesse do amigo da corte em recorrer da decisão que julga o incidente de resolução de demandas repetitivas, na medida em que não concorda com a tese fixada (art. 138, § 3.°); o interesse em recorrer do incidente de resolução de demandas repetitivas quando fixada exclusivamente a tese e não julgado o caso (art. 976, § 1.°); o interesse em recorrer no incidente de resolução de demandas repetitivas, não para discutir a tese, mas para estender sua eficácia (art. 987). A última hipótese é paradoxal. A parte vencedora recorre não para alterar a decisão (inteiramente favorável), mas sim para obter a extensão latitudinal da eficácia da decisão (o que a própria decisão recorrida é incapaz de entregar)."

O Enunciado n. 67 da JDPC/CJF caminha exatamente neste sentido quando dispõe que "há interesse recursal no pleito da parte para impugnar a multa do art. 334, § 8°, do CPC por meio de apelação, embora tenha sido vitoriosa na demanda."

7.6.1 O INTERESSE RECURSAL DO TERCEIRO

Em relação ao interesse recursal do terceiro, o art. 996 lhe confere expressa legitimidade sob a condição de que tenha sido prejudicado. Por isso, o parágrafo único deste dispositivo enuncia que "cumpre ao terceiro demonstrar a possibilidade

---

[141] DUARTE, Zulmar. Comentário ao art. 994. Em: GAJARDONI, Fernando da Fonseca [et al.] (Coord.). *Comentários ao Código de Processo Civil*. 5. ed. Rio de Janeiro: Forense, 2022.

de a decisão sobre a relação jurídica submetida à apreciação judicial atingir direito de que se afirme titular ou que possa discutir em juízo como substituto processual", mesmo que ele não detenha legitimidade *ad causam* para ser assistente simples ou litisconsorcial (CPC, art. 996, parágrafo único).[142]

Alguns terceiros têm sua legitimidade e interesse disciplinadas por artigos específicos do Código. A legitimidade recursal do assistente simples que tenha ingressado ao processo é uma dessas. E, bastante limitada, diga-se de passagem. Isto porque, enquanto o art. 121 do CPC lhe autoriza a recorrer mesmo na hipótese de o assistido permanecer inerte, o art. 122 deixa claro que, se este praticar atos de expressa disposição do direito – como o reconhecimento da procedência do pedido, a desistência da ação, a renúncia ao direito sobre o qual esta se funda ou a transação sobre direitos controvertidos –, não poderá ter sua vontade contrariada por aquele, o qual, por isso, terá suprimido seu direito de recorrer. O *amicus curiae* é outro terceiro que tem legitimidade recursal bastante reduzida e específica, pois, a teor dos §§ 1º e 3º do art. 138 do CPC, ele só se encontra autorizado a opor embargos de declaração e a interpor outros recursos em face da decisão que julgar o incidente de resolução de demandas repetitivas.

Seja como for, o terceiro se encontra livre para anexar documentos à sua petição de recurso, inclusive os que não se encaixem no conceito de "documentos novos" nos termos da lei (CPC, art. 435), até porque presume-se que ele não terá tido outra oportunidade para tanto.

7.6.2 O INTERESSE RECURSAL DO MINISTÉRIO PÚBLICO

O interesse recursal do Ministério Público, já foi dito por aqui, é bastante limitado, pois somente poderá interpor recursos nos processos em que atue como órgão agente ou interveniente (CPC, art. 179, II). E, como se sabe, nem toda ação de família e sucessões exige que isso aconteça, pois é perfeitamente possível que os direitos e interesses lá debatidos sejam estritamente patrimoniais, logo, disponíveis, e envolvam exclusivamente pessoas maiores e capazes. Isso é algo que precisa ficar marcado na mente de todos que atuam no cotidiano das varas de família e sucessões, para que a intervenção de tão importante órgão se torne mais alinhada aos preceitos constitucionais.

7.6.2.1 A intervenção do MP nas ações de família e sucessões

Da conjugação das normas provenientes dos arts. 178 e 698 do Código, extrai-se que a participação ministerial nas demandas, nas execuções, nos cumprimentos de sentença e nas ações de jurisdição voluntária de família será exigida somente quando houver: a) a existência de interesse de incapaz (de direito ou de fato), ou; b) a presença de mulher vítima de violência doméstica e familiar como parte.

No que toca à intervenção por presença de interesses de incapazes, o CPC não distingue as incapacidades, o que leva à conclusão de tanto a relativa

---

[142] Assim também: RODRIGUES, Marco Antonio. *Manual dos recursos, ação rescisória e reclamação*. São Paulo: Atlas, 2017, p. 443.

quanto a absoluta possa justificá-la. Além disso não existe necessidade de que nenhuma dessas incapacidades tenha sido previamente declarada judicialmente, pois o Superior Tribunal de Justiça entende que mesmo o incapaz de fato, isto é, aquela pessoa com comprovada enfermidade psíquica grave se encontre albergada pela regra do art. 178, II, do CPC,[143] o que autorizaria a intervenção a partir da constatação da situação de incapacidade (CPC, art. 245).[144] Todavia, é fundamental que se faça a distinção entre interesses próprios/imediatos e interesses impróprios/mediatos desses incapazes. Isto porque, somente quando o objeto litigioso lhes disser diretamente respeito (interesses próprio/imediatos) isso se mostrará necessário – como ocorreria em uma ação em que fossem cumulados pedidos de divórcio e de alimentos para os filhos do casal –, sendo, por outro lado, absolutamente desnecessária qualquer participação quando o objeto litigioso pertencer apenas às pessoas do processo que sejam maiores e capazes – como ocorreria em uma ação de partilha de bens de um casal que tivesse filhos menores (interesses impróprio/imediatos). Pelo menos, é assim que entende o STJ.[145] Naquelas, a intervenção deve acontecer inclusive em acordos, como forma de resguardar interesses indisponíveis, cabendo ao órgão ministerial alertar o Juiz para, antes de os homologar, verificar se não poderá haver prejuízo àqueles, ainda que eles estejam representados por seus genitores.[146]

Já no que concerne à intervenção em razão da existência de mulher inserida em situação de violência doméstica e familiar, nos termos da Lei Maria da Penha (CPC, art. 698, parágrafo único), o legislador deixou clara sua posição de reforço ao sistema de contenção ao ciclo dessas relações abusivas e que colocam em risco a vida de milhares e milhares de mulheres. Por óbvio, não haverá de se investigar se ela é ou não incapaz, pois a situação de violência já justificará a participação ministerial.

Embora as hipóteses acima tratadas sejam as únicas trazidas expressamente pelo CPC, é claro que a intervenção do órgão nas ações de família e sucessões, não se restringe a elas. Os interesses de outros sujeitos inseridos em situações tão delicadas quanto, também podem atrair a intervenção do Ministério Público se estiverem em situação de risco. Sim, se estiverem em situação de risco. A advertência se faz necessária porque, infelizmente, ainda é bastante comum que a se faça confusão entre pessoas com deficiência e pessoas idosas com pessoas sempre vulneráveis, e, por isso, sempre dependentes da intervenção do MP nas ações em que participem, o que não é verdade, já que a própria lei somente as assim consideram quando se encontrarem em situação de risco (Lei n. 13.146/2015, art. 10; Lei n. 10.741/2003, arts. 73 e 74, II, III e §§ 1º e 2º). Em oposição, quando não estiverem inseridas nessa especial e lamentável conjuntura, sua autonomia e independência devem ser prestigiadas, incentivadas e, sobretudo, respeitadas pelo Estado, tornando, ao menos a princípio, desnecessária a participação do órgão.

---

[143] REsp 1.969.217/SP, DJe de 11.03.22.
[144] STJ, REsp 9.996/DF, DJ de 16.12.91.
[145] REsp 1.963.885/MG, DJe de 05.05.22
[146] Assim: REsp 1.609.701/MG, DJe de 20.05.21.

Obviamente, a análise deve ser casuisticamente feita pelo próprio representante do Ministério Público, a justificar sua intervenção apenas quando existirem casos envolvendo pessoas idosas ou pessoas com deficiência, enfermas, internadas ou em observação, com limitação incapacitante, em dano ou sofrimento físico ou psicológico, por exemplo.

É bom que fique claro que a necessidade de intervenção não implica a emissão de parecer sempre favorável ao interesse que justifica sua atuação na causa. É que além de possuir a assim chamada "disponibilidade motivada" para deixar fundamentadamente de intervir no processo, o órgão possui a "liberdade de manifestação", que lhe permite verdadeiramente se manifestar contrariamente ao incapaz, à mulher inserida em situação de violência doméstica ou à pessoa vulnerável em situação de risco, porque, antes de tudo, seu papel constitucional é o de fiscal da ordem jurídica, a qual não simpatiza com inverdades e pretensões infundadas (CR, art. 127). A propósito, o entendimento do STJ é pacífico neste sentido.[147]

Conhecidas as hipóteses de intervenção, resta saber como deve ser feita sua intimação.

7.6.2.1.1 A intimação do MP nas ações de família e sucessões

De acordo com sua Lei Orgânica e com o próprio CPC, o Ministério Público possui a prerrogativa de ser intimado pessoalmente em qualquer processo e em qualquer grau de jurisdição (Lei n. 9.625/93, art. 41, IV; CPC, art. 180, *caput*, frase final). E isso se dá por carga, remessa ou meio eletrônico, como deixa claro o art. 183, § 1°, do mesmo diploma. Somente a partir dessa intimação (pessoal) é que seus prazos passarão a correr (CPC, art. 230). É preciso, no entanto, atenção para pelo menos duas situações que excepcionam essa regra. São elas as previstas no art. 272, § 6°, e no art. 1.003, § 1°, do Código de Processo Civil. Nos termos da primeira, se o representante ministerial retirar os autos da secretaria, estará intimado de qualquer decisão proferida no processo, ainda que pendente de publicação, fazendo com que seu prazo possa ter início independentemente de sua intimação pessoal (CPC, art. 272, § 6°). Já de acordo com a segunda, o prazo recursal pode ser contado da audiência se o MP nela estiver presente e a decisão for nela proferida (CPC, art. 1.003, § 1°), muito embora o Superior Tribunal de Justiça tenha interpretado este dispositivo, em sede de Recurso Especial repetitivo, no sentido de que o termo inicial para a contagem do prazo recursal é sempre a data da entrega dos autos na repartição administrativa do órgão, sendo irrelevante que a intimação pessoal tenha se dado em audiência, em cartório ou por mandado (Tema Repetitivo n. 959).

Uma vez intimado, naturalmente seus prazos poderão ter curso. Segundo o art. 180, *caput* e § 2° do CPC, o Ministério Público gozará de prazo em dobro para se manifestar nos autos, o qual terá início a partir de sua intimação pessoal, nos termos do art. 183, § 1°, não se aplicando tal benefício quando a própria lei (ou

---

[147] STJ, AgRg no REsp 1.260.436/SP, DJe de 12.12.11; REsp 135.744/SP, DJ de 22.09.03.

o juízo) estabelecer, de forma expressa, prazo próprio para prática do ato. Isso significa que, atuando como fiscal da ordem jurídica, seu prazo será contado sem a prerrogativa da dobra para oferecer opiniões e manifestações, pois é a própria lei quem já estabelece especificamente 30 dias úteis para tanto (CPC, art. 178, *caput*) e 15 dias úteis para alegações finais/parecer final (CPC, art. 364, § 2°), aplicando-se idêntico raciocínio quando o prazo para tanto for estipulado pelo juiz (CPC, art. 218).

No que concerne à nulidade pela não intervenção, está só será declarada pelo juízo se, depois de ser ouvido, o próprio Ministério Público alegar a ocorrência de prejuízo e o julgador se convencer a respeito. Isto porque o art. 279 do Código dispõe que "é nulo o processo quando o membro do Ministério Público não for intimado a acompanhar o feito em que deva intervir. § 1° Se o processo tiver tramitado sem conhecimento do membro do Ministério Público, o juiz invalidará os atos praticados a partir do momento em que ele deveria ter sido intimado. § 2° A nulidade só pode ser decretada após a intimação do Ministério Público, que se manifestará sobre a existência ou a inexistência de prejuízo." Adicione-se a isso o fato de o próprio CPC dispor que o juiz não anulará o processo se puder decidir o mérito a favor da pessoa que justificar a intervenção (art. 282, § 2°). De mais a mais, o STJ entende, de forma absolutamente pacífica, que "a intervenção do Ministério Público na segunda instância – opinando sobre o mérito da questão e ratificando a inexistência de prejuízo –, sem haver pedido de nulidade por sua ausência em primeiro grau, supre a irregularidade do feito".

Agora que a gente conhece todas essas particularidades, pode se debruçar sobre a forma como se dá a participação do MP nos recursos interpostos nas ações de família e sucessões.

7.6.2.2 A intervenção do MP nos recursos de família e sucessões

De acordo com o tantas vezes mencionado art. 996 do CPC, "o recurso pode ser interposto pela parte vencida, pelo terceiro prejudicado e pelo Ministério Público, como parte ou como fiscal da ordem jurídica". Daí advém sua legitimidade recursal. Em complemento, e, reforçando sua autonomia e liberdade institucionais, a Súmula n. 99 do STJ enuncia que "o Ministério Público tem legitimidade para recorrer no processo em que oficiou como fiscal da lei, ainda que não haja recurso da parte".

Perceba que o texto da Súmula é no sentido de que o MP tenha *legitimidade* para recorrer, mas não que seja *obrigado* a tanto. O ponto merece atenção porque ainda é muito comum que as pessoas se apeguem à equivocada ideia de que o órgão não poderia desistir de recurso interposto, tampouco renunciar ao prazo aberto para sua interposição, como se vigorasse no sistema processual civil o princípio da indisponibilidade e obrigatoriedade que orienta o sistema processual penal (CPP, art. 576). Nos dias de hoje, contudo, não parece ideal que se continue pensando assim, porque a atuação do Ministério Público no processo civil, e, especialmente, no direito das famílias e das sucessões vem sendo constantemente ressignificada, como visto há pouco, rendendo ensejo ao surgimento de cenários pouco imagináveis em um passado não tão distante. E a maior prova disso talvez advenha das próprias Recomendações e Resoluções provenientes de seu Conselho Nacional,[148] que prestigiam e afirmar sua autonomia, a liberdade e a independência funcional asseguradas pela Constituição da República (CR, art. 127, § 2°; Lei n. 8.625/93, art. 26, VIII). Disso tudo ressai que o MP não está obrigado a interpor recursos nas ações de família, tampouco impedido de desistir daqueles que tenham sido interpostos.

Este, inclusive, é o entendimento do STJ, veja:

> EMBARGOS DE DECLARAÇÃO. *HABEAS CORPUS*. MINISTÉRIO PÚBLICO. PRINCÍPIOS INSTITUCIONAIS DA UNIDADE E DA INDIVISIBILIDADE. PRÉVIA RENÚNCIA AO DIREITO DE RECORRER. PRECLUSÃO LÓGICA. CARÊNCIA DE INTERESSE. RENÚNCIA. ATO IRRETRATÁVEL. EMBARGOS NÃO CONHECIDOS.
> 1. Nos termos do art. 127, § 1°, da Constituição Federal de 1988, o Ministério Público é instituição permanente, regida pelos princípios da unidade e da indivisibilidade, segundo os quais o Parquet é um só organismo, uma só unidade, e seus membros podem ser substituídos uns pelos outros, independentemente de fundamentação, sem que haja alteração subjetiva na relação jurídica processual.
> 2. Com a interposição de prévia petição por parte do órgão ministerial renunciando ao direito de recorrer, restou superada a possibilidade de o embargante interpor qualquer recurso, por carência de interesse, porquanto consumada na espécie, a preclusão lógica.
> 3. Não há que se falar em retratação da renúncia do direito de recorrer, porquanto a renúncia é ato de disposição da faculdade de recorrer que possui efeitos preclusivos, sendo, portanto, irretratável.
> 4. Embargos não conhecidos.
> (STJ, EDcl no HC 227.658/SP, DJe de 14.05.12)

Se efetivamente vier a recorrer, no entanto, o MP não pode opinar, no âmbito recursal, contrariamente aos interesses que tenham justificado a sua atuação durante o procedimento de 1° grau. Assim, se a sentença eventualmente vier a ser proferida a favor das pessoas que os titulam, faltará interesse/legitimidade ao MP para apelar pedindo sua reforma.

Situação curiosa ocorreria se o juízo não determinasse a intimação no caso concreto em que houvesse hipótese fática legitimadora da intervenção ministerial, pois, neste caso, o representante do MP é que deveria requerer sua participação no processo, a qual, negada, desafiaria a interposição de recurso de agravo de instrumento (CPC, art. 1.015, IX e XIII), sem prejuízo do manejo oportuno da apelação pedindo a anulação da sentença (CPC, arts. 279, 996 e 1.009, § 1°) – se este for seu entendimento a partir da análise do resultado do processo – e do ajuizamento de ação rescisória (CPC, art. 967, III, a). O que é ainda mais inusitado nessa situação é que o próprio Promotor de Justiça poderá fazer sustentação oral nesses recursos, caso cabível (CPC, art. 937, VIII), independentemente da participação do Procurador de Justiça no recurso.

Sobre seus prazos recursais, a contagem terá início, em regra, da data de sua intimação da decisão (CPC, art. 1.003, *caput*), a qual deve ser pessoal,

---

[148] Por exemplo: CNMP, Recomendação n. 34/16 (art. 1°, II e IV) e Resolução n. 118/14 – modificada posteriormente pela Resolução n. 183 – (arts. 8° a 17).

em decorrência de prerrogativa de ser intimado pessoalmente em qualquer processo e em qualquer grau de jurisdição, como, aliás, já foi visto por aqui (Lei n. 9.625/93, art. 41, IV; CPC, art. 180, *caput*, frase final, art. 183, § 2º e art. 230). A exceção fica por conta das situações também já estudados dos arts. 272, § 6º e art. 1.003, § 1º, do Código de Processo Civil, cuja releitura recomendo. Em relação ao art. 1.003, § 1º, não custa lembrar, contudo, que o STJ firmou o Tema Repetitivo n. 959 no sentido de que "o termo inicial da contagem do prazo para impugnar decisão judicial é, para o Ministério Público, a data da entrega dos autos na repartição administrativa do órgão, sendo irrelevante que a intimação pessoal tenha se dado em audiência, em cartório ou por mandado", o que, em termos práticos, acaba distinguindo o "dia da intimação" do "dia do início da contagem do prazo", porque, embora a Corte entenda válida a intimação proferida em audiência quando o promotor de justiça estiver presente ao ato, condiciona o início do prazo à vista pessoal assegurada pela Lei Orgânica do Ministério Público (Lei n. 8.625/93, art. 41, IV).

Já a forma como esses prazos serão computados se submete ao duplo regime estabelecido pelo art. 180, *caput* e § 2º, do Código, variando de acordo com o que acontecer no caso concreto.

Assim, para recorrer e para oferecer contrarrazões, seus prazos sempre serão contados de forma dobrada, pois o Código de Processo Civil não estabelece nenhum prazo recursal específico/próprio exclusivamente para o MP, mas sim de forma genérica/imprópria, logo, aplicável a qualquer pessoa que pretenda recorrer ou apresentar contrarrazões. Via de consequência, bastará que se consulte o art. 1.003, § 5º, e se conte o prazo lá referido em dobro na forma prescrita pelo art. 180, *caput*.

Porém, caso não atue como recorrente, mas sim como órgão meramente interveniente, deverá oficiar no grau superior de jurisdição como fiscal da ordem jurídica, submetendo sua atuação ao mesmo regramento constitucionalmente adequado mencionado tantas vezes ao longo de todo este capítulo. Neste caso, como o prazo terá sido fixado especificamente pelo órgão julgador ou pela própria lei, de forma expressa e própria, o regramento contido no art. 180, § 2º, é que entra em cena, fazendo com que a contagem seja de forma simples, como acontece, por exemplo, no Agravo de Instrumento – em que o art. 1.019, III, enuncia expressamente que o relator "determinará a intimação do Ministério Público, preferencialmente por meio eletrônico, quando for o caso de sua intervenção, para que se manifeste no prazo de 15 (quinze) dias" – e nos Recursos Extraordinário e Especial Repetitivos – em que o art. 1.038, III e § 1º, dispõem que o relator "intimará o Ministério Público para manifestar-se", sendo que no prazo "de 15 (quinze) dias, e os atos serão praticados, sempre que possível, por meio eletrônico".

Obviamente, os recursos interpostos pelo MP não exigem preparo recursal (CPC, art. 1.007, § 1º).

Para finalizar este tópico, é preciso apenas que se esteja atento ao fato de que, quando se tratar do recurso de apelação, o MP não precisará mais emitir parecer em 1º grau, logo ao encerramento do prazo para contrarrazões, pois tal recurso agora será direcionado ao 2º grau independentemente do juízo de admissibilidade por aquele (CPC, art. 1.010, § 3º). Também é bom ter atenção à possibilidade aqui mencionada de o próprio Promotor de Justiça – e não necessariamente o Procurador de Justiça – fazer sustentação oral nos casos em que isso for cabível (CPC, art. 937, VIII).

No essencial, era o que havia de ser dito sobre o tema. Agora, o estudo pode prosseguir para que você conheça mas um pressuposto de admissibilidade recursal.

7.7 Inexistência de incompatibilidades com o direito de recorrer

Evidentemente, o juízo de admissibilidade não seria ultrapassado com sucesso se existissem fatos que extinguissem, impedissem ou fossem incompatíveis com o direito de recorrer. É preciso então que se saiba, diante do caso concreto, se não se está diante de um caso em que tenha havido o reconhecimento jurídico do pedido, a renúncia à pretensão, a transação, a desistência do recurso, a renúncia ao direito ao recurso, a aquiescência à decisão.

Além dos artigos legais que regulam alguns dos institutos acima referidos, os dispositivos legais que lhe servem de base específica no universo recursal são os arts. 998, 999 e 1.000, que dispõem que:

> Art. 998. O recorrente poderá, a qualquer tempo, sem a anuência do recorrido ou dos litisconsortes, desistir do recurso.
> Parágrafo único. A desistência do recurso não impede a análise de questão cuja repercussão geral já tenha sido reconhecida e daquela objeto de julgamento de recursos extraordinários ou especiais repetitivos.
> Art. 999. A renúncia ao direito de recorrer independe da aceitação da outra parte.
> Art. 1.000. A parte que aceitar expressa ou tacitamente a decisão não poderá recorrer.
> Parágrafo único. Considera-se aceitação tácita a prática, sem nenhuma reserva, de ato incompatível com a vontade de recorrer.

7.7.1 A desistência do recurso

Como se extrai do texto do art. 998, *caput*, do CPC, a pessoa pode, a qualquer tempo, desistir do recurso por ela interposto.

O primeiro ponto ao qual se deve estar atento é que a desistência do recurso não se confunde com a desistência da ação. Ter essa noção é importante, especialmente porque existem decisões que não serão atingidas pela desistência da ação, mas apenas pela desistência do recurso. Uma decisão interlocutória proferida no curso da fase cognitiva da demanda, por exemplo, seria atingida pela desistência da ação, já que o processo como um todo seria extinto sem resolução do mérito (CPC, art. 485, VIII). Porém, uma sentença não poderia ser alcançada pela desistência da ação, já que o ato de desistir teria como limite final justamente a sua prolação (CPC, art. 485, § 5º). Logo, se se tratasse de sentença de mérito, ela continuaria projetando seus regulares efeitos sobre a vida das pessoas. Depois que a sentença tenha sido proferida, o que pode acontecer é a desistência de seu cumprimento ou a aqui estudada desistência do recurso de apelação, se ele houver sido interposto, mas não da ação, que já terá sido extinta lá atrás.

O segundo ponto a se ter atenção é que toda desistência só tem cabimento se tiver por referência algo que já tenha tido sua implementação iniciada, mas ainda não concluída. Não é possível, assim, desistir nem de recurso que ainda não tenha sido interposto, nem daquele que já tenha sido julgado definitivamente. Estas situações desafiariam outras medidas que serão estudadas neste mesmo tópico.

A desistência é ato unilateral que prescinde de qualquer motivação ou forma especial para que seja levada a cabo. Mas, apesar de não precisar ser motivada, deve ser manifestada de forma expressa, pessoalmente ou por intermédio de procurador munido de poderes especiais (CPC, art. 105), sendo inadmissível a desistência tácita, pois seu caráter benéfico impediria que isso ocorresse (CC, art. 114).

Sua regra matriz, como dito há pouco, é o art. 998 do CPC, que dispõe que:

> Art. 998. O recorrente poderá, a qualquer tempo, sem a anuência do recorrido ou dos litisconsortes, desistir do recurso.
> Parágrafo único. A desistência do recurso não impede a análise de questão cuja repercussão geral já tenha sido reconhecida e daquela objeto de julgamento de recursos extraordinários ou especiais repetitivos.

A depender do que esteja sendo discutido no recurso, ela pode ser parcial ou total. E, por não depender de forma especial (CPC, art. 188), pode ser manifestada até mesmo oralmente, na própria sessão de julgamento.[149]

O curioso é que não existe necessidade de que a parte *requeira* a desistência do recurso ao juízo. Basta que ela desista desse recurso. A desistência é um ato, não um requerimento. O desinteressado na continuidade do procedimento exaure sua intenção exteriorizando essa vontade ao órgão julgador, sem necessidade de fazer qualquer requerimento neste sentido ou de depender da anuência de outras pessoas. Tanto é assim que o art. 998, *caput*, enfatiza que "o recorrente poderá, a qualquer tempo, sem a anuência do recorrido ou dos litisconsortes, desistir do recurso". Portanto, a prática corriqueira no cotidiano forense de se "requerer" ou "pedir a desistência" não merece ser prestigiada. Basta que se peticione *desistindo* do recurso. A vontade da pessoa que desiste já tem o efeito de causar, de impactar, de transformar diretamente a realidade, com efeitos imediatos, não dependendo de convencer o juízo e até mesmo de ser por ele homologada, o que, inclusive, impede que o desistente desista da desistência (retratação).

Só esteja atento a dois pontos: a) haverá homologação judicial sim, mas não para validar o "ato de desistir" – o qual já produz efeitos tão logo a petição

---

[149] JDPC/CJF. Enunciado n. 65: "A desistência do recurso pela parte não impede a análise da questão objeto do incidente de assunção de competência."

é juntada ao processo (CPC, art. 200, *caput*) –, mas apenas para que o recurso possa ter fim oficialmente,[150] e; b) havendo direitos e interesses de incapazes sendo discutidos no processo, essa regra sofre temperamentos pela necessidade de concordância do MP, como já visto e se verá algumas linhas adiante.

Inclusive, é maciça a jurisprudência do Superior Tribunal de Justiça no sentido de "que a desistência do recurso é ato unilateral praticado pela parte que produz efeitos imediatos, não dependendo, portanto, de homologação judicial ou de anuência da parte ex *adversa*".[151]

A decisão homologatória não fixará honorários, contudo, por não representar hipótese de incidência da regra do art. 85, § 11, do CPC.[152]

Como visto há pouco, nas ações de família e sucessões em que houver necessidade de intervenção do Ministério Público, deverá haver sua intimação previamente à homologação judicial, sendo esta uma exceção à regra de eficácia imediata da desistência. Isto porque o órgão pode entender que os interesses das pessoas que justificam sua intervenção não estariam sendo preservados adequadamente caso a desistência fosse homologada. Afinal, não se pode esquecer que, se o recurso acarreta o mero prolongamento do direito de ação, o Ministério Público estaria – como de fato está – perfeitamente autorizado não só a apresentar recursos (STJ, Súm. n. 99), como a, também, assumir a própria titularidade da ação, na condição de legitimado extraordinário (ECA, art. 201, III; STJ, Súm. n. 594).

Em decorrência da regra de que o acessório sempre segue o principal, a desistência do recurso autônomo invariavelmente levará ao não conhecimento de recurso que lhe seja eventualmente adesivo (CPC, art. 997, § 2°, III).

Finalmente, quanto ao termo final para que a desistência recursal seja manifestada, o Código não estabelece limites. Muito pelo contrário. Possibilita que isso seja feito "a qualquer tempo" (CPC, art. 990). Mas, é claro que ninguém poderia desistir de um recurso que já houvesse sido definitivamente julgado, não é mesmo? Por isso, essa expressão "a todo tempo" parece ter que ser interpretada como até o momento imediatamente antecedente à coleta de todos os votos e ao anúncio do resultado do julgamento, nos termos do art. 941,[153] pois é neste momento que o ato de julgamento do recurso se perfectibiliza.[154]

Uma vez manifestada no recurso, seus efeitos passam a ser produzidos de imediato e somente para a frente (eficácia ex *nunc*), mas apenas a partir da data da efetiva desistência e não da data de interposição do recurso desistido. Por isso, se vier a ocorrer a homologação dessa vontade, a decisão correspondente

---

[150] Esses atos que, tal como a desistência, são direcionados ao juízo não com intenção de persuadi-lo neste ou naquele sentido, mas com o mero objetivo de causar, impactar, transformar a realidade, são chamados de "atos causativos", "atos constitutivos" ou "atos determinantes". Em oposição, os atos endereçados ao juízo com o propósito específico de convencê-lo a acolher as postulações neles contidas, tal como a petição inicial e os requerimentos de tutela provisória, são denominados de "atos indutivos", "atos postulativos" ou "atos estimulantes". Assim, p. ex.: LIEBMAN, Enrico Tullio. *Manual de direito processual civil*. 3. ed. Trad. Cândido Rangel Dinamarco. São Paulo: Malheiros, 2005. v. I, p. 324; COSTA E SILVA, Paula. *Acto e processo: o dogma da irrelevância da vontade na interpretação e nos vícios do acto postulativo*. Coimbra: Coimbra Ed., 2003.
[151] REsp 1.834.016/RS, DJe de 13.08.20.
[152] STJ, AgInt nos EDcl no REsp 1.774.402/RJ, DJe de 14.12.20; REsp. 1.764.949/SP, DJe de 16.08.19; REsp. 1.769.961/RJ, DJe de 21.08.19.
[153] CPC, art. 941. "Proferidos os votos, o presidente anunciará o resultado do julgamento, designando para redigir o acórdão o relator ou, se vencido este, o autor do primeiro voto vencedor."
[154] STJ, AgInt no AgRg no REsp 1.489.640/RS, DJe de 21.10.19; REsp 1.795.534/SP, DJe de 13.09.19.

projetará efeitos desde a data da desistência (eficácia ex tunc) e não de sua efetiva prolação.[155]

No geral, esta é a dinâmica referente à desistência recursal. Porém, alguma alteração ocorreria se se estivesse diante da hipótese trazida pelo art. 998, parágrafo único, do CPC, porque, segundo ele, a desistência do recurso não impede a análise de questão cuja repercussão geral já tenha sido reconhecida e daquela que seja objeto de julgamento de recurso extraordinário ou especial repetitivo, dado o interesse público subjacente.

Atos de certa forma assemelhados à desistência, mas com ela inconfundíveis são a renúncia ao direito de recorrer e a aquiescência aos termos da decisão, a serem analisados na sequência.

7.7.2 A RENÚNCIA AO DIREITO DE RECORRER

A renúncia é ato unilateral destinado a impedir, de forma antecipada, que algo dependente da iniciativa do renunciante, mas que ainda não tenha sido iniciado, o seja. Portanto, para que possa haver *renúncia recursal*, não pode ter havido *interposição recursal*, já que ela deve anteceder qualquer iniciativa neste sentido. Neste ponto, ela se distingue completamente da desistência, que depende, pelo menos, do fato de o recurso já ter sido interposto. Também dela diverge por admitir que, em alguns casos, seja exercida até mesmo de forma tácita, se a lei não fizer imposição em sentido contrário, tal como acontece com a própria aquiescência à decisão, a ser estudada algumas linhas abaixo.

O dispositivo legal que lhe serve de base é o art. 999 que dispõe que:

> Art. 999. A renúncia ao direito de recorrer independe da aceitação da outra parte.

O mais curioso é que ela não implica abdicação ao direito debatido na demanda. Tanto é assim que estamos tratando da renúncia pura e simples ao direito de recorrer e não à pretensão veiculada na demanda subjacente. Portanto, a renunciabilidade recursal é algo ligado especificamente à vontade de recorrer, não tendo nada a ver com a abnegação de direitos debatidos na demanda. Em uma ação de alimentos, portanto, a pessoa que renunciasse ao direito de recorrer da sentença que tivesse fixado a pensão não estaria renunciando também ao direito aos alimentos em si. Via de consequência, não atentaria contra a irrenunciabilidade alimentar trazida pelo art. 1.707 do Código Civil.[156]

Justamente por isso, é algo que não depende da anuência do Ministério Público, da concordância de outras pessoas, tampouco de homologação judicial. E, também por isso, pode ser perfeitamente objeto de negócios jurídicos processuais celebrados previamente não só à propositura da ação, como à

---
[155] REsp 1.819.613/RJ, DJe de 18.09.20.
[156] CC, art. 1.707. "Pode o credor não exercer, porém lhe é vedado renunciar o direito a alimentos, sendo o respectivo crédito insuscetível de cessão, compensação ou penhora."

própria união familiar, por exemplo, em pactos antenupciais ou contratos de união estável, na forma permitida pelo art. 190 do CPC.[157]

Tal qual acontece com a desistência, a renúncia pode ser tanto total quanto parcial, e, não se submete a formas preestabelecidas, imperando ampla liberdade a respeito (CPC, art. 188). E, seguindo a mesma sistemática inerente à produção imediata de efeitos (CPC, art. 200, *caput*), a renúncia ao recurso faz com que o trânsito em julgado ocorra imediatamente para aquela pessoa que renunciar no caso concreto, sem possibilidade de retratação. É importante que se retenha essa informação, porque o fato de se tratar de ato unilateral permite que ela seja manifestada apenas por uma das pessoas do processo (a que figura como autora, por exemplo), o que em nada interfere sobre o direito e prazo recursais da outra, a não ser que ela própria também os renuncie.

Só esteja atento à circunstância de que, sendo a renúncia exercida unilateralmente, o prazo decadencial para a propositura de ação rescisória só terá início depois da homologação judicial e da intimação da outra pessoa a respeito.[158]

Ideal, no entanto, é que a renúncia seja conjunta. Aliás, é muito comum que as pessoas insiram uma cláusula específica nos acordos celebrados em audiências realizadas nas ações de família e sucessões, versando justamente sobre a renúncia aos recursos, para impor que o trânsito em julgado para ambas aconteça exatamente naquele momento. Como nada impede que o Ministério Público também renuncie a recursos na esfera cível, melhor ainda seria que houvesse também a renúncia por parte dele, para que o processo se encerrasse ali mesmo no ato.

Ainda dentro dessa temática, situação curiosa envolve as repercussões projetadas pela renúncia recursal sobre o recurso adesivo. Afinal, este deve sem interposto sempre no prazo aberto para apresentação de contrarrazões ao recurso principal, certo? Quando provocado a respeito, o STJ firmou orientação no sentido de que "a renúncia expressa ao prazo para interposição do recurso principal não pode ser estendida de forma presumida e automática ao prazo recursal do recurso adesivo, porquanto se trata de um direito exercitado somente após a intimação para contrarrazões ao recurso da parte contrária."[159] De fato, se a renúncia por parte de uma pessoa pudesse interferir na vontade da outra, se estaria admitindo, via reflexa, que poderia admitir preclusão lógica de um direito que nem sequer podia ser exercitado.

Algo bem aproximado da renúncia ao direito de recorrer aqui estudada é a renúncia ao prazo recursal prevista no art. 225 do CPC, que enuncia que "A parte poderá renunciar ao prazo estabelecido exclusivamente em seu favor, desde que o faça de maneira expressa". No entanto, embora acarretem basicamente a mesma consequência (o trânsito em julgado antecipado) e também produza efeitos imediatos no processo, independentemente de homologação judicial (CPC, art. 200, *caput*), a renúncia ao prazo, além de só poder ser manifestada

---

[157] De acordo com o Enunciado n. 492 do FPPC: "O pacto antenupcial e o contrato de convivência podem conter negócios processuais". Também nesse sentido, o Enunciado n. 18 da I JDPC/CJF estabelece que: "A convenção processual pode ser celebrada em pacto antenupcial ou em contrato de convivência, nos termos do art. 190 do CPC". Finalmente, o Enunciado n. 24 do IBDFAM dispõe que: "Em pacto antenupcial ou contrato de convivência podem ser celebrados negócios jurídicos processuais".
[158] STJ, REsp 1.344.716/RS, DJe de 12.05.20.
[159] REsp 1.899.732/PR, DJe de 20.03.23.

expressamente (CPC, art. 225), configura um negócio jurídico processual (CPC, art. 190) e, por isso, deve ser interpretada de acordo com as normas gerais de interpretação dos negócios jurídicos previstas pelo Código Civil,[160] o que possibiltaria, por exemplo, o exercício de pretensão voltada à obtenção de sua anulação por vícios como erro ou dolo (CC, arts. 139 e s. e 145 e s.), como já teve oportunidade de decidir o STJ.[161]

7.7.3 A ACEITAÇÃO DA DECISÃO

Outro fato incompatível com o direito de recorrer é a aceitação da decisão. Aliás, este talvez represente o mais típico exemplo de fato incompatível com o direito de recorrer, pois as pessoas simplesmente concordam com o que tenha sido determinado pelo Estado. Daí, acaba sendo inegável sua associação à preclusão lógica e à própria teoria dos atos próprios, na qual a proibição de se voltar contra os próprios passos (*venire contra factum proprium*) encontra sua máxima expressão.

O dispositivo legal que lhe serve de base é o art. 1.000 que dispõe que:

> Art. 1.000. A parte que aceitar expressa ou tacitamente a decisão não poderá recorrer.
> Parágrafo único. Considera-se aceitação tácita a prática, sem nenhuma reserva, de ato incompatível com a vontade de recorrer.

Da leitura desse texto se percebe que a anuência pode tanto ser expressa – como ocorreria se a pessoa peticionasse nos autos informando seu desejo de cumprir a determinação judicial –, quanto tácita – como aconteceria se ela praticasse, sem nenhuma reserva, atos incompatíveis com o desejo de recorrer. Essa menção à inexistência de ressalva é importante, porque existem atos que devem ser praticados em cumprimento a determinações judiciais que não necessariamente representam aceitação de seus termos. Imagine, por exemplo, que uma ex-esposa seja obrigada, por tutela provisória de urgência concedida liminarmente, a apagar certas postagens ofensivas feitas em suas redes sociais, no prazo máximo de 24 horas, sob pena de multa periódica. Como o agravo de instrumento a ser interposto contra essa decisão não possui efeito suspensivo automático – como a gente vai ver ao estudar esta espécie recursal –, a multa incidirá se não lhe for dado cumprimento, o qual, por isso, jamais poderia caracterizar anuência tácita a seus termos. Também quando um ex-companheiro deposita em juízo o valor dos aluguéis devidos pelo uso exclusivo da coisa comum a que tenha sido condenado a pagar à sua ex, apenas para que obtenha a isenção da multa a que se refere o art. 520, § 3º, do CPC, não está aquiescendo à decisão. Por isso é que, em casos como estes, mostra-se aconselhável que o advogado informe ao juízo que o ato está sendo praticado com ressalvas.

Contrariamente ao que acontece com a desistência e com a renúncia, que se focam no recurso, a aquiescência é, como a própria nomenclatura permite antever, ato que tem em mira a própria decisão recorrida. Mas, também se trata

---

[160] DIDIER, Fredie. *Curso de direito processual civil*. v. 1, 21. ed., Salvador: JusPodivm, 2021.
[161] REsp 2.126.117/PR, j. em 14.05.24.

de ato unilateral, independente de forma específica e da anuência das demais pessoas ou do Ministério Público, bem como de homologação judicial.

7.7.4 OUTRAS INCOMPATIBILIDADES COM O DIREITO DE RECORRER

Não pratica ato incompatível com o direito de recorrer apenas aquela pessoa que adota condutas como as vistas acima subsequentemente à prolação da decisão. Alguns atos praticados mesmo antes da decisão também servem para deixar clara o desinteresse em seu ataque. Assim, quem reconhece juridicamente o pedido veiculado na demanda, renuncia à pretensão nela deduzida ou celebra transação e acordo, dá claras mostras de que não pretende continuar litigando, tampouco prolongando seu direito de ação externado no momento da propositura desta demanda. Via de consequência, as decisões que se limitassem a homologar, em todos os seus termos, esses atos de disposição de vontade não poderiam ser atacadas por recursos interpostos pelas pessoas que os tivessem praticado, sob pena de se admitir que elas cometessem abuso do direito de recorrer ao regressarem sobre seus próprios passos.

Não por outro motivo, o art. 966, § 4º, do CPC dispõe que "os atos de disposição de direitos, praticados pelas partes ou por outros participantes do processo e homologados pelo juízo, bem como os atos homologatórios praticados no curso da execução, estão sujeitos à anulação, nos termos da lei". Veja: anulação (por meio de ação anulatória) e não reforma ou anulação (por meio de recursos).

Recorde-se apenas do que foi dito sobre os acordos celebrados nas ações de família e sucessões versando sobre direitos e interesses de incapazes, no tópico destinado ao estudo da sentença, pois, a depender do caso, não se estará diante de verdadeira transação, mas de mera proposição, sem efeito vinculante do juízo.

Aliás, tome muito cuidado para não confundir os institutos aqui tratados, porque cada um deles leva a resultados diferentes. E o STJ, como não poderia deixar de ser, está atento a esta circunstância, pois vem proferindo decisões como a seguinte:

> PROCESSUAL CIVIL. [...] RENÚNCIA AO DIREITO. MANIFESTAÇÃO NA SEGUNDA INSTÂNCIA. RECEBIMENTO COMO DESISTÊNCIA DO RECURSO. DESCABIMENTO. ACÓRDÃO. ANULAÇÃO.
> 1. A renúncia do direito é ato unilateral que pode ser manifestado em qualquer grau de jurisdição até o trânsito em julgado, configurando causa autônoma de extinção do processo com resolução de mérito, que, consequentemente, enseja novo juízo acerca dos ônus sucumbenciais, podendo o juízo que a homologa, conforme o caso, manter ou alterar eventual decisão anterior que tenha tratado dos honorários advocatícios.
> 2. Em renúncia motivada por adesão a programa de recuperação fiscal instituído no âmbito estadual, o juízo quanto ao cabimento ou não da verba honorária decorrente da extinção de ação conexa à execução fiscal dependerá do disposto na lei local de regência do benefício. Precedentes.
> 3. Hipótese em que a Corte a quo indevidamente recebeu a petição de manifestação de renúncia como desistência da apelação, para não conhecer do recurso, motivo pelo qual o acórdão recorrido deve ser

anulado, com a determinação de retorno dos autos ao Tribunal de origem, para que analise o pedido de homologação da renúncia do direito [...].
4. Agravo interno não provido.
(AgInt no REsp 1.785.055/SC, DJe de 30.11.20)

Agora que a gente conhece os pressupostos de admissibilidade dos recursos, podem ser estudadas as duas etapas de seu processamento e julgamento: o juízo de admissibilidade e o juízo de mérito recursal.

8

JUÍZO DE ADMISSIBILIDADE E JUÍZO DE MÉRITO DOS RECURSOS

NOÇÕES GERAIS

Assim como a ação judicial somente terá seu mérito analisado em primeiro grau de jurisdição se forem previamente preenchidos os pressupostos processuais e as condições da ação (CPC, art. 485, IV/VI), os recursos também só poderão ter seu mérito recursal examinado pelo órgão julgador se forem preenchidos os pressupostos e condições recursais, também chamados de pressupostos de admissibilidade recursal. Existe um nítido e proposital paralelismo a esse respeito. Afinal, é de um prolongamento do direito de ação exercido lá atrás que estamos falando, não é mesmo?

Portanto, tal como o julgamento da demanda, o julgamento definitivo do recurso também se desenvolve por fases, dando origem a duas etapas que costumam ser chamadas de "juízo de admissibilidade recursal" e "juízo de mérito recursal". Na primeira, é feita apenas a análise de questões de ordem formal, ligadas ao *direito de recorrer*, tais como a competência, o recolhimento do preparo, a tempestividade. Na segunda, que somente será realizada se a primeira for ultrapassada com sucesso, é feito o efetivo exame do conteúdo, isto é, da pretensão deduzida no recurso, ocasião em que serão examinadas, portanto, questões relacionadas ao efetivo *direito de se obter a anulação, a reforma, a integralização, o esclarecimento, a superação e/ou a distinção daquele pronunciamento judicial específico*.

8.1 O JUÍZO DE ADMISSIBILIDADE RECURSAL

Ao que se percebe, na etapa do juízo de admissibilidade são vistos apenas os aspectos de índole processual e procedimental, para que se possa saber se o direito à interposição do recurso foi regular e validamente exercido pela pessoa. Esses elementos são justamente os pressupostos de admissibilidade recursal, já estudados no tópico passado.

Por isso, as atenções agora precisam se voltar ao órgão responsável pela realização dessa etapa de admissibilidade. Isto porque o CPC e os regimentos internos dos tribunais contêm disposições variáveis a respeito, as quais devem ser analisadas casuisticamente.[162] A regra geral, contudo, é no sentido de que o juízo de admissibilidade deva ser feito pelo mesmo órgão encarregado da realização do juízo de mérito recursal (operação unifásica), sem prejuízo de, em alguns casos, essa atividade se realizar por intermédio da pessoa do relator e, em outros, pelo colegiado. Pelo menos é isso que acontece na apelação (CPC, art. 1.010, § 3º), no agravo de instrumento (CPC, art. 1.016 c/c art. 932, III) e nos embargos de declaração (CPC, arts. 1.023 e 1.024), ficando a exceção por conta dos recursos excepcionais, em que o juízo de admissibilidade é feito de forma preliminar e precária pelos tribunais de segundo grau em que são interpostos – mais precisamente por sua vice-presidência ou presidência (CPC, art. 1.029) – e definitiva pelos tribunais de superposição aos quais são encaminhados (CPC, art. 1.030), como acontece nos recursos ordinário, especial e extraordinário (operação bifásica).[163]

Por sinal, o art. 932, III e parágrafo único não deixam margem a dúvida quando enunciam que o relator não conhecerá "de recurso inadmissível, prejudicado ou que não tenha impugnado especificamente os fundamentos da decisão recorrida" e que "antes de considerar inadmissível o recurso, o relator concederá o prazo de 5 (cinco) dias ao recorrente para que seja sanado vício ou complementada a documentação exigível."

Obviamente, o juízo de admissibilidade não é feito com rigor absoluto. Afinal, já foi visto por aqui que o que realmente importa é o julgamento do mérito recursal e não somente o de seus pressupostos de admissibilidade. Por isso, diversos dispositivos espalhados por todo o Livro III do Código orientam os julgadores encarregados de sua realização a permitir que os vícios sanáveis sejam efetivamente corrigidos. Veja, por exemplo, que enquanto o art. 932, parágrafo único, dispõe que "Antes de considerar inadmissível o recurso, o relator concederá o prazo de 5 (cinco) dias ao recorrente para que seja sanado vício ou complementada a documentação exigível", o art. 938, § 1º, enuncia que "constatada a ocorrência de vício sanável, inclusive aquele que possa ser conhecido de ofício, o relator

---

[162] Veja, por exemplo, que o art. 1.044 do CPC dispõe que "No recurso de embargos de divergência, será observado o procedimento estabelecido no regimento interno do respectivo tribunal superior."
[163] STJ, AgInt no AREsp 2.175.463/MT, DJe de 02.12.22.

determinará a realização ou a renovação do ato processual, no próprio tribunal ou em primeiro grau de jurisdição, intimadas as partes", o que, de resto, segue aquilo que foi dito ao ser estudado o princípio da primazia do mérito recursal.

Como se nota, o juízo de admissibilidade é sempre preliminar ao juízo de mérito. Se aquele não for ultrapassado, este sequer ocorrerá. Falar-se-á, então, que o recurso não terá sido admitido ou não terá sido conhecido, porque seu juízo de admissibilidade foi negativo, impedindo-se por completo que tenha seu mérito analisado. Uma vez sendo ultrapassado com sucesso, contudo, a etapa do juízo de mérito terá início. Falar-se-á, então, que o recurso terá sido admitido ou conhecido, porque seu juízo de admissibilidade foi positivo.

Só não confunda as coisas: o juízo de admissibilidade positivo não implica juízo de mérito também positivo, porque não existe esta vinculação. O que o primeiro faz é permitir a abertura do segundo, mas não necessariamente que ele será resolvido a favor da parte que recorre.

Que tal, agora, conhecermos o juízo de mérito?

8.2 O JUÍZO DE MÉRITO RECURSAL

Como antevisto, esta é a etapa destinada ao exame daquilo que tenha sido postulado no pedido recursal. Sim, apesar de ser um mero desdobramento do direito de ação exercido por ocasião da propositura da ação, o recurso possui mérito próprio, representado justamente pela pretensão nele exercida, que, como tantas vezes dito ao longo deste livro, terá por propósito obter a reforma, a anulação, a integralização, o esclarecimento, a superação e/ou a distinção da decisão recorrida.

Via de regra, o pedido recursal pretende obter a reforma ou a anulação/cassação da decisão recorrida.[164] São pretensões distintas, baseadas em acontecimentos tão distintos quanto. Assim, o pedido de reforma se baseia no argumento de que a decisão teria aplicado de forma equivocada o direito ao caso descrito na ação, seja pela má avaliação da prova, seja pela má compreensão do próprio direito. Haveria, na ótica da pessoa que recorre, um erro de julgamento, ao qual muitos se referem pela expressão em latim *error in judicando*. Caso isso seja efetivamente reconhecido pelo tribunal, ele próprio proferirá outra decisão em substituição à recorrida (CPC, art. 1.008). Já o pedido de anulação se fundamenta não na suposta avaliação equivocada do direito, mas sim em possíveis erros procedimentais ocorridos durante a condução do processo ou durante a elaboração da decisão pelo órgão prolator ao, por exemplo, não proporcionar o contraditório adequadamente, indeferir a produção de provas que seriam necessárias para a reconstrução dos fatos, cercear de qualquer forma o direito de defesa, não se atentar à presença de eventuais nulidades, elaborar pronunciamentos judiciais em desatenção e desconformidade com a moldura legal estabelecida pelo art. 489 do CPC, julgar pedidos de forma diversa da que lhe

---

[164] A exceção fica por conta dos embargos de declaração, que pretendem a mera integração da decisão recorrida, após eliminação da contradição, do esclarecimento da obscuridade, da supressão da omissão ou da correção do erro material que eventualmente a inquinem (CPC, art. 1.022).

tenha sido pedida etc. Teria havido, então, sob a perspectiva de quem recorre, um erro de procedimento, ao qual alguns ainda se referem pela expressão em latim *error in procedendo*. Caso essa circunstância venha a ser efetivamente reconhecida pelo tribunal, ele anulará a decisão recorrida, ordenando que o seu próprio órgão prolator, em regra, emita outra em seu lugar.

Não deixa de ser curioso, no entanto, que aqui e ali pode acontecer de a pretensão externada no recurso coincidir com a pretensão externada na demanda, como ocorre nos casos de sentenças de improcedência, em que o objetivo da pessoa que apela é justamente obter a procedência do pedido da ação pelo provimento do pedido de reforma deduzido em seu recurso.

Em qualquer caso, o órgão julgador analisará se a pretensão recursal merece ou não ser acolhida, aplicando-se-lhe o direito de forma fundamentada. Se ela for acolhida, o juízo de mérito terá sido positivo e o recurso provido. Do contrário, o juízo de mérito terá sido negativo e o recurso será improvido.

Perceba que existe uma terminologia específica a respeito. Recursos são opostos (no caso de embargos) ou interpostos (no caso de todos os outros), jamais ajuizados, aforados ou impetrados. Se ultrapassarem o juízo de admissibilidade, serão conhecidos ou admitidos; se não ultrapassarem, serão não conhecidos ou não admitidos. Finalmente, se o juízo de mérito for concluído de forma favorável à pessoa responsável por sua apresentação, serão providos, ou, se concluído de forma desfavorável, serão improvidos ou desprovidos, jamais julgados procedentes ou improcedentes.

É importante que se empreguem esses termos, porque o próprio Código assim o faz em diversos dispositivos, a exemplo dos arts. 930, parágrafo único, 932, II e V, 937, VIII e § 3º, 946, 995, parágrafo único, 1.030, I, etc. Isso não é preciosismo. É técnica.

Ainda mais importante é fazer a adequada distinção entre os juízos de admissibilidade e mérito recursais, por causa das relevantíssimas repercussões práticas projetadas por um e por outro. Afinal, se não for ultrapassado o juízo de admissibilidade, o órgão julgador não poderá nem mesmo conhecer as matérias de ordem pública que eventualmente fundamentem o mérito recursal, como entende de forma pacífica o STJ.[165] Mais um ponto de destaque que não pode ser desconsiderado. Os efeitos recursais só poderão, em sua maioria, ser projetados se o recurso for admitido. Outro dado importante: ao contrário da decisão de admissibilidade, a decisão de mérito do recurso tem aptidão a substituir a decisão recorrida, justamente por deliberar sobre o seu conteúdo (CPC, art. 1.008), repercutindo diretamente sobre a formação da coisa julgada (CPC, art. 502), a qual, por sua vez, interferirá não só sobre o prazo, mas também sobre a competência para processamento e julgamento de ação rescisória a ser eventualmente ajuizada, por exemplo (CPC, art. 966).

---

[165] AgInt na Pet 14.712/RS, DJe de 28.04.22; AgInt nos EDcl nos EAREsp 503.161/PR, DJe de 19.11.21; REsp 1.469.761/PR, DJe de 18.12.20.

8.3 A DECISÃO QUE ENCERRA O JUÍZO DE ADMISSIBILIDADE: NATUREZA JURÍDICA, EFICÁCIA E RECORRIBILIDADE

Admitindo ou inadmitindo o recurso, o órgão competente pela realização do juízo de admissibilidade deverá fundamentar sua decisão. Obviamente, tal órgão deve explicitar as razões de seu convencimento na decisão negativa de admissibilidade, até porque isso desafiará o recurso a ser visto logo na sequência. Já a decisão positiva de admissibilidade pode ser implícita, sem necessidade de exposição clara dos motivos, porque além de poder ser revista por ocasião do juízo de mérito, a própria emissão deste já traduz o entendimento de que foram atendidos os requisitos de sua admissibilidade, inexistindo necessidade de pronunciamento explícito a esse respeito. Pelo menos, este é o entendimento que vem sendo aplicado pelo STJ à admissibilidade de recursos especiais, não havendo razão aparente para ser inaplicável aos recursos ordinários.[166]

Depois de muito debater a respeito, a literatura parece ter chegado a um consenso em torno da natureza declaratória[167] desse pronunciamento, porque o juízo de admissibilidade, positivo ou negativo, se limita a pronunciar algo que já ocorreu anteriormente, e não naquele momento.[168] Assim, um recurso apresentado fora do prazo, por exemplo, não se torna intempestivo pela decisão negativa de admissibilidade. Ele já era intempestivo, sendo meramente assim pronunciado por ela. No entanto, embora ostente essa índole declaratória a sua eficácia não pode se equiparar àquela inerente às decisões declaratórias como um todo. Isto porque, a regra geral é que os efeitos projetados por esse tipo de pronunciamento judicial sempre retroagem à data de formação do ato por ele declarado (eficácia *ex tunc*). Lembre-se do que acontece com a sentença declaratória de paternidade. Ela não declara que a pessoa é pai da criança a partir de sua prolação para frente, mas meramente pronuncia algo que já ocorreu anteriormente. Afinal, quem é declarado pai por sentença sempre foi pai, não é mesmo?

Entretanto, se este mesmo nível de retroatividade impregnar as decisões que encerram o juízo de admissibilidade recursal, poderá haver imensa insegurança jurídica. Isto porque, quando uma pessoa recorre, ainda que suspeitando o ter protocolizado intempestivamente, confia que, ao menos até que seu recurso seja definitivamente julgado, a decisão recorrida não será atingida pela preclusão ou coisa julgada. Isso, mesmo na eventualidade de ele vir a ser futuramente reconhecido como intempestivo ou prejudicado por qualquer motivo. Afinal, a questão ainda estaria *sub judice* por consequência do efeito obstativo, se lembra? Porém, se for conferida eficácia retroativa à decisão sob estudo, com a mesma intensidade e nível de retroatividade há pouco mencionados, um recurso que eventualmente venha a ser por ela reconhecido como intempestivo ou descabido não teria o condão de obstar a ocorrência da preclusão ou da

---

[166] STJ, AgInt no AREsp 2.156.601/SC, DJe de 31.03.23; AgInt no REsp 1.865.084/MG, DJe de 26.08.20.
[167] A essa natureza poderia ser agregada a condenatória quando houvesse majoração de honorários e/ou aplicação de sanções processuais (CPC, arts. 80, VII, 81 e 85, § 1°).
[168] RODRIGUES, Marco Antonio. *Manual dos recursos, ação rescisória e reclamação*. São Paulo: Atlas, 2017, p. 205; CÂMARA, Alexandre Freitas. *Manual de direito processual civil*. 2. ed. Barueri: Atlas, 2023, p. 790; MONTANS DE SÁ, Renato. *Manual de Direito Processual Civil*. 7. ed. São Paulo: Saraiva, 2015, p. 887.

coisa julgada, porque os efeitos de tal reconhecimento não seriam projetados somente da data da decisão para a frente, mas sim retroagiriam à data de sua interposição, da mesma forma que os efeitos do reconhecimento de uma paternidade retroagiriam à data da concepção da criança.

Aplicando-se por analogia a máxima de que "alegar e não provar é o mesmo que não alegar", aqui poderia ser dito que "recorrer intempestivamente é o mesmo que não recorrer". E, já que a preclusão/coisa julgada não teriam sido obstadas no caso, a pessoa seria surpreendida no futuro, com uma decisão interferindo sobre o seu passado.

Diante disso, alguns propõem que o ideal seria que a eficácia para o passado ou para o futuro variasse em conformidade com o resultado do juízo de admissibilidade: se fosse positivo, retroagiria; se negativo, não retroagiria.[169]

Durante muito tempo, o Superior Tribunal de Justiça deu mostras de que seguia a orientação no sentido de que a decisão que declarava a inadmissibilidade de recurso que não fosse manifestamente inadmissível ou intempestivo, possuía sim natureza declaratória, mas sem capacidade de gerar efeitos retroativos (eficácia *ex tunc*), já que projetava efeitos prospectivos, isto é, somente de sua prolação em diante (eficácia *ex nunc*). Porém, atualmente, esta não parece mais ser uma afirmação segura, sobretudo quando se tratar de inadmissibilidade manifesta, e, especialmente, quando o que está em jogo é o recurso de embargos de declaração, como se terá oportunidade de ver detalhadamente, um pouco mais adiante.

Seja como for, o que importa saber é que o relator, antes de exarar a decisão negatória de admissibilidade, deve possibilitar a correção ou suprimento dos vícios sanáveis que eventualmente inquinem o recurso. E, caso verifique a existência de fato superveniente à decisão recorrida ou a existência de questão apreciável de ofício ainda não examinada, mas que deva ser considerada no julgamento do recurso, intimará a todos para que se manifestem no prazo de 05 dias (CPC, arts. 932, parágrafo único, e 933).

Se o juízo de admissibilidade de qualquer recurso diferente dos embargos de declaração for negativo, sempre caberá o recurso de agravo. Só esteja atento ao fato de que existe mais de um tipo de agravo destinado a isso, conforme a decisão advenha do presidente/vice-presidente do tribunal de justiça nos casos dos recursos excepcionais, ou do relator em todos os outros recursos. Assim, se a inadmissibilidade advier do presidente ou vice-presidente do tribunal de justiça e acarretar o trancamento dos recursos excepcionais, *com base no que dispõe o inc. V do art. 1.030*, caberá o agravo ao tribunal superior a que se refere o art. 1.042 (CPC, art. 1.030, § 1º); já se a inadmissibilidade advier do mesmo presidente ou vice-presidente do tribunal de justiça, mas acarretar o trancamento dos recursos excepcionais, *com base no que dispõem os incs. I e III do art. 1.030*, caberá agravo interno na forma prevista pelo art. 1.021 (CPC, art. 1.030, § 2º). Finalmente, se a inadmissibilidade provier de decisão monocrática do relator,

---

[169] Assim, por exemplo: PINHO, Humberto Dalla Bernardina de. *Manual de direito processual civil contemporâneo*. 5. ed., São Paulo: SaraivaJur, 2023.

caberá o mesmo agravo interno, na forma prevista pelo art. 1.021, *caput*, do CPC. Todos deverão ser interpostos no prazo de 15 dias (CPC, art. 1.070).

Tenha muito cuidado, porque esses diferentes agravos, se utilizados inadequadamente, podem gerar consequências gravíssimas para a pessoa. O próprio STJ deixa isso claro quando afirma que "somente cabe agravo interno contra decisão monocrática. Manejado agravo interno contra acórdão, via recursal manifestamente incabível, não se interrompeu o prazo para outros recursos. Logo, o recurso especial é intempestivo".[170] Aliás, quando o que se encontra em jogo é a decisão de inadmissibilidade do recurso especial proferida na instância ordinária, o rigorismo parece ser ainda maior, pois a Corte segue a orientação no sentido de que o agravo previsto no artigo 1.042 do CPC é o único recurso cabível, não cabendo nem mesmo embargos de declaração, salvo quando tal pronunciamento for "tão genérico que impossibilite ao recorrente aferir os motivos pelos quais teve seu recurso obstado, impedindo-o de interpor o agravo".[171]

No próximo tópico, inclusive, esta e outras hipóteses de descabimento manifesto de recursos, bem como suas gravíssimas consequências, serão vistas um pouco mais de perto.

8.4 A DECISÃO DE INADMISSIBILIDADE DE RECURSO MANIFESTAMENTE INADMISSÍVEL

Em se tratando de recurso manifestamente inadmissível, a coisa precisa ser vista com um pouco mais de calma e com muito mais atenção. Isto porque, por manifesto, entende-se aquilo que se revela evidente, que pode ser percebido sem muito esforço. Nessa acepção, recurso manifestamente inadmissível é aquele cujo não preenchimento dos pressupostos recursais é claramente perceptível. Por isso, o STJ entende que, se houver inobservância *manifesta* dos pressupostos de admissibilidade recursais, o juízo de admissibilidade possa sim ter eficácia retroativa, pois, constantemente, vem proferindo julgados entendendo que "a interposição de recurso manifestamente incabível não suspende nem interrompe o prazo para a interposição de outro recurso"[172] e que "a confirmação no Tribunal Superior da decisão que inadmite o recurso especial ou extraordinário tem natureza meramente declaratória, apenas pronunciando algo que já aconteceu previamente, possuindo, em consequência, efeito retroativo à data do fim do prazo de interposição".[173]

Em termos práticos, isso equivaleria ao fato de o recurso nem ser interposto, contando, ainda, com um agravante: a circunstância de a pessoa responsável por sua interposição apenas tomar conhecimento a respeito disso no futuro. Afinal, se a interposição de um recurso não for capaz de acarretar a suspensão nem a interrupção do prazo recursal, a fluência deste será contínua a partir da publicação/intimação da decisão judicial, fazendo com que ocorra a preclusão

---

[170] AgInt nos EDcl no AREsp 1.999.407/DF, DJe de 02.06.22; AgInt no AREsp 1.756.479/SP, DJe de 30.06.21.
[171] AgInt nos EDcl no AREsp 1.404.895/PR, DJe de 24.05.23; AgInt nos EAREsp 1.653.277/RJ, DJe de 03.05.22.
[172] AgInt no AREsp 1.756.479/SP, DJe de 30.06.21.
[173] AgRg no AREsp 294.952/RJ, DJe de 27.10.21.

ou o trânsito em julgado nos 15 dias úteis imediatamente seguintes, ainda que o recurso (manifestamente inadmissível ou intempestivo) esteja "em trâmite" e ainda que a decisão de inadmissibilidade só venha a ser proferida meses ou anos depois.

Lembre-se do que foi dito há pouco: um recurso apresentado fora do prazo não se torna intempestivo pela decisão negativa de admissibilidade. Ele já era intempestivo desde a data de sua interposição, sendo meramente assim declarado, meramente pronunciado por ela, de forma retroativa.

Como deve ter dado para perceber, é superimportante que se saiba disso.

A propósito, confira esses dois julgados, coletados dentre vários emitidos no mesmo sentido:

> AGRAVO INTERNO NOS EMBARGOS DE DECLARAÇÃO NO AGRAVO EM RECURSO ESPECIAL. INTERPOSIÇÃO DE AGRAVO INTERNO CONTRA DECISÃO COLEGIADA. VIA MANIFESTAMENTE IMPRÓPRIA. NÃO INTERRUPÇÃO DO PRAZO PARA OUTROS RECURSOS. [...].
> Somente cabe agravo interno contra decisão monocrática. Manejado agravo interno contra acórdão, via recursal manifestamente incabível, não se interrompeu o prazo para outros recursos. Logo, o recurso especial é intempestivo [...].
> (AgInt nos EDcl no AREsp 1.999.407/DF, DJe de 02.06.22)

> PROCESSUAL CIVIL. AGRAVO INTERNO NO AGRAVO EM RECURSO ESPECIAL. INTEMPESTIVIDADE DO AGRAVO EM RECURSO ESPECIAL. EMBARGOS DE DECLARAÇÃO. INADMISSIBILIDADE CONTRA DECISÃO DENEGATÓRIA DE RECURSO ESPECIAL NA ORIGEM. ERRO GROSSEIRO. PRAZO PARA A INTERPOSIÇÃO DO RECURSO PRÓPRIO. NÃO INTERRUPÇÃO. AGRAVO INTERNO A QUE SE NEGA PROVIMENTO.
> A parte agravante foi intimada do acórdão recorrido em 29.5.2019; já o termo inicial para contagem do prazo ocorreu em 30.5.2019 e o termo final em 19.6.2019; todavia o agravo somente foi interposto em 29.1.2020 quando já esgotado o prazo recursal de 15 dias úteis. Assim, é manifesta a intempestividade do recurso conforme disposição contida no art. 994, VI, combinado com os arts. 1.003, § 5º, 1.029, e 219, *caput*, todos do CPC/2015. Segundo a orientação jurisprudencial desta Corte Superior, a interposição de recurso manifestamente incabível não interrompe o prazo recursal. Na espécie, os embargos de declaração opostos em face da decisão que inadmitiu o recurso especial não são o recurso adequado ou cabível à espécie. Precedentes.
> (AgInt no AREsp 1.802.196/MT, DJe de 16.08.21)

Poderiam ser mencionados vários outros julgados[174] caso já não tivesse ficado absolutamente claro que a jurisprudência da Corte se encontra íntegra, coerente e estável em relação a este tema, que, aliás, parece assumir especial relevância quando o recurso em questão for os embargos de declaração, como será visto com mais detalhes quando eles próprios forem estudados na segunda parte deste livro.

---

[174] AgInt no AREsp 1.875.740/RJ, DJe de 28.10.21; AgInt no AREsp 1.752.778/SC, DJe de 18.05.21; AgInt nos EDcl nos EAREsp 1.632.917/SP, DJe de 11.03.21; AgInt no MS 26.127/DF, DJe de 23.11.20.

Esses, contudo, são casos em que o não preenchimento dos requisitos é algo manifesto ou eivado de má-fé. Fora dessas hipóteses, parece que o entendimento realmente deva ser aquele mencionado no tópico antecedente, no sentido de que a decisão negativa de admissibilidade recursal projete efeitos apenas para o futuro (eficácia *ex nunc*), como forma de se proteger a segurança jurídica, a boa-fé, a economia processual e o devido processo legal. Talvez confirme essa afirmação o fato de o STJ possuir orientação firme de que o prazo bienal para a propositura da ação rescisória tem início com o trânsito em julgado da última decisão proferida no processo originário, ainda que seja uma decisão que negue seguimento a recurso intempestivo (CPC, art. 975, *caput*), até porque a extemporaneidade do recurso não obsta a aplicação da Súmula n. 401 da mesma Corte.[175]

---

[175] Assim, p. ex.: REsp 1.413.441/RS, DJe de 07.06.21; EREsp 1.352.730/AM, DJe de 10.9.15. O texto da Súm. n. 401 é o seguinte: "O prazo decadencial da ação rescisória só se inicia quando não for cabível qualquer recurso do último pronunciamento judicial."

9

A COMPETÊNCIA RECURSAL

Quando se estuda a competência recursal, pretende-se descobrir qual órgão será competente para promover a análise dos recursos interpostos pelas pessoas. Muitos a ele se referem como o órgão ou juízo *ad quem*, isto é, o órgão ou "para o qual" se recorre, em oposição ao órgão ou juízo *a quo*, ou seja, o órgão ou juízo "do qual" provém a decisão recorrida.

No ponto, o Código de 2015 simplificou essa tarefa, pois diz expressamente para onde devem ser endereçados e quem julgará cada uma das espécies recursais enumeradas em seu art. 994. Mas, em vez de também ter facilitado a diagramação do procedimento recursal, a complicou significativamente. É que seria ideal que todos os recursos fossem endereçados diretamente ao órgão encarregado de seu julgamento definitivo, pois bem se sabe que a fragmentação da análise recursal em etapas acaba consumindo bastante tempo e atos processuais, não raro levando à interposição de mais e mais recursos. No entanto, embora tenha inicialmente se inclinado a isso, o legislador de 2015 acabou adotando um sistema híbrido em que, por vezes, o recurso deva ser diretamente endereçado ao órgão competente para seu julgamento, mas, por outras, deva primeiramente ter que passar por outro órgão, para, somente em um segundo momento, ser direcionado àquele que promoverá sua análise definitiva.

E, aparentemente, não há muita lógica por detrás disso, parecendo mesmo se tratar de pura opção do legislador.

Ruim isso, não é mesmo? Mas, infelizmente, não há muita coisa a ser feita.

Atualmente, portanto, a apelação, o agravo interno, os embargos de declaração opostos de decisões colegiadas proferidas por tribunais e os recursos cabíveis perante os tribunais de superposição (ordinário, especial e extraordinário) se submetem à dualidade de etapas, devendo ser endereçados a um órgão e julgados por outro – os quais não necessariamente exercerão seu juízo de admissibilidade e juízo de mérito de forma separada –, devendo apenas o agravo de instrumento e os embargos de declaração opostos em face de julgamentos por órgãos isolados serem endereçados e julgados pelo mesmo órgão – os quais exercerão seu juízo de admissibilidade e juízo de mérito concentradamente.

Para facilitar a assimilação do que foi dito, as linhas abaixo se encarregarão de apresentar a forma como isso tudo é disciplinado pelo CPC.

Ao tratar da **apelação**, o texto normativo diz que ela deve ser "interposta por petição dirigida ao juízo de primeiro grau" (art. 1.010, *caput*), mas que, "após as formalidades previstas nos § § 1º e 2º, os autos serão remetidos ao tribunal pelo juiz, independentemente de juízo de admissibilidade". Já quando disciplina o **agravo de instrumento**, o diploma diz que ele "será dirigido diretamente ao tribunal competente" (art. 1.016), onde será definitivamente julgado (arts. 1.019 e 1.020). Por sua vez, quando regula o **agravo interno**, enuncia que ele "será dirigido ao relator" (art. 1.021, § 2º, frase inicial), e, após oportunização do contraditório sem que ocorra retratação, será levado "a julgamento pelo órgão colegiado, com inclusão em pauta" (art. 1.021, § 2º, frase final). Algo semelhante acontece com os **embargos de declaração**, pois o CPC estabelece que eles deverão ser opostos "em petição dirigida ao juiz" (art. 1.023, *caput*), mas que, "nos tribunais, o relator apresentará os embargos em mesa na sessão subsequente, proferindo voto, e, não havendo julgamento nessa sessão, será o recurso incluído em pauta automaticamente" (art. 1.023, § 2º). Finalmente, ao traçar a disciplina jurídica dos **recursos cabíveis nos tribunais de superposição**, o legislador faz o mesmo, pois determina que: a) o **recurso ordinário** previsto no art. 1.027, I e II, a "deve ser interposto perante o tribunal de origem" (art.1.028, § 2º), mas depois de proporcionado o contraditório, remetido "ao respectivo tribunal superior, independentemente de juízo de admissibilidade" (art. 1.028, § 3º); b) os **recursos extraordinário** e o **recurso especial** "serão interpostos perante o presidente ou o vice-presidente do tribunal recorrido" (art. 1.029, *caput*), mas, depois de realizado o juízo de admissibilidade positivo remetidos "ao Supremo Tribunal Federal ou ao Superior Tribunal de Justiça" (art. 1.030, V e 1.034, *caput*); c) o **agravo nesses dois últimos recursos** "será dirigido ao presidente ou ao vice-presidente do tribunal de origem" (art. 1.042, § 2º), e, após oportunização do contraditório sem que ocorra retratação, "será remetido ao tribunal superior competente" (art. 1.042, § 4º), e, finalmente; d) os **embargos de divergência** observarão "o procedimento estabelecido no regimento interno do respectivo tribunal superior" (art. 1.044, *caput*).

Como se nota, nem sempre existe dualidade de órgãos para onde os recursos devam ser endereçados e por onde devam ser julgados, tampouco obrigatoriedade a respeito de que cada um deles desempenhe isoladamente ora o papel de sua admissão (juízo de admissibilidade) ora o de seu julgamento (juízo de mérito).

Descobertos os órgãos competentes, bora conhecer os prazos recursais.

10

OS PRAZOS RECURSAIS

NOÇÕES GERAIS

O CPC/2015 simplificou demais a identificação dos prazos recursais, pois em seu art. 1.003, § 5º, dispõe que "o prazo para interpor os recursos e para responder-lhes é de 15 (quinze) dias", à exceção dos embargos de declaração, que devem ser opostos no prazo de 5 (cinco) dias (CPC, art. 1.023, *caput*).[176] Reforçando essa disposição no caso específico dos agravos, o art. 1.070 diz que "é de 15 (quinze) dias o prazo para a interposição de agravo interno, previsto em lei ou em regimento interno de tribunal, contra decisão de relator ou outra decisão unipessoal proferida em tribunal". Portanto, agora só existem dois prazos recursais: o de 05 dias para embargos de declaração e o de 15 dias para todos os demais recursos.

Por se tratarem de prazos processuais, o seu cômputo só considerará os dias úteis (CPC, art. 219, parágrafo único).[177] Apesar disso, como o texto normativo desse dispositivo se refere aos prazos que tenham sido estabelecidos por "lei" ou pelo "juiz", negócios jurídicos processuais entabulados pelas pessoas podem

---

[176] A forma de contagem desses prazos pode sofrer alteração com base nos arts. 180, 183, 186 e 229, como se verá pouco mais à frente.

[177] A exceção fica por conta das ações que tramitam pelos procedimentos especialíssimos traçados pelo Estatuto da Criança e do Adolescente, cujos prazos correm em dias corridos, a teor do que prescreve o art. 152, § 2º: "os prazos estabelecidos nesta Lei e aplicáveis aos seus procedimentos são contados em dias corridos, excluído o dia do começo e incluído o dia do vencimento, vedado o prazo em dobro para a Fazenda Pública e o Ministério Público."

não só ampliá-los ou reduzi-los, com base no art. 190 do CPC (FPPC, Enunciados n. 19 e 21),[178] como verdadeiramente substituir esse modo de contagem pelo de cômputo em dias corridos. Aliás, é justamente nesse sentido o Enunciado n. 579 do FPPC, cujo texto dispõe que "admite-se o negócio processual que estabeleça a contagem dos prazos processuais dos negociantes em dias corridos".

Essa natureza processual dos prazos recursais ainda autoriza que se faça mais uma coisa a respeito: a dilatação, pelo juiz, daqueles que ainda estejam em curso.[179] Isso porque o art. 139, VI, do CPC permite justamente que o órgão julgador dilate os prazos processuais que entender necessários para a promoção de sua adequação às necessidades do conflito, com o objetivo de conferir maior efetividade à tutela do direito. Como isso só será possível se forem enxergadas as necessidades individuais de cada pessoa inserida nessas disputas, pode ser que o juízo detecte que, naquele caso específico, apenas uma ou algumas delas precisem da ampliação de prazos, enquanto outras não. Sim, a regra legal não impõe que o prazo seja ampliado conjuntamente para todos os participantes do processo. Afinal, é provável que uma mulher inserida em situação de violência doméstica, uma criança exposta à prática de atos de alienação parental ou uma pessoa idosa submetido a cuidados, por exemplo, precise muito mais de prazos ampliados para a interposição de recursos do que os indivíduos que não se encontrem em situações assemelhadas, sobretudo quando estes forem os causadores dessas mazelas. Por isso, o órgão julgador pode dilatar de forma individualizada, casuística e distinta cada um dos prazos recursais, para cada uma das pessoas que participem do processo, possibilitando que surjam cenários em que certas pessoas possuirão 10 dias para opor embargos de declaração ou 25 dias para interpor apelação, por exemplo, enquanto outras, envolvidas no mesmo processo, continuarão tendo meramente os prazos previstos em lei.

É tudo questão de casuística e de se promover a humanização no ambiente processual.

10.1 O MARCO INICIAL DA CONTAGEM DOS PRAZOS RECURSAIS

Agora que a gente sabe quais são os prazos recursais e as formas pelas quais eles poderiam ser alterados, é preciso que se descubra o marco a partir do qual eles são contados. Sobre isso, o art. 1.003, *caput*, dispõe que "o prazo para interposição de recurso conta-se da data em que os advogados, a sociedade de advogados, a Advocacia Pública, a Defensoria Pública ou o Ministério Público são intimados da decisão", sendo certo que todos eles se considerarão intimados:
a) em audiência quando nesta for proferida a decisão (CPC, art. 1.003, § 1º), ou;
b) ao promoverem a retirada dos autos do cartório ou da secretaria em carga, ainda que existam decisões no processo que estejam pendente de publicação (CPC, art. 272, § 6º).

---

[178] FPPC, Enunciado n. 19: "São admissíveis os seguintes negócios processuais, dentre outros: acordo para retirar o efeito suspensivo de recurso [...]".; FPPC, Enunciado n. 21: São admissíveis os seguintes negócios, dentre outros: acordo para realização de sustentação oral, acordo para ampliação do tempo de sustentação oral [...]"
[179] FPPC, Enunciado n. 129: "A autorização legal para ampliação de prazos pelo juiz não se presta a afastar preclusão temporal já consumada."

A simples leitura dessas disposições legais deixa transparecer a necessidade de que o profissional saiba identificar e distinguir algumas figuras, antes mesmo de que saiba contar os prazos processuais. São elas: a prolação de decisões, a publicação de decisões e a intimação da publicação de decisões judiciais.

Vamos a elas!

10.1.1 PROLAÇÃO, PUBLICAÇÃO E INTIMAÇÃO DA PUBLICAÇÃO DA DECISÃO

A prolação ou proferimento da decisão acontece quando o órgão jurisdicional a emite e a assina. A partir deste instante ela deixa de constituir um ato de mera inteligência e vontade do magistrado (algo interno), para se tornar um ato jurídico-processual (externo). Sobre o ponto, o art. 205 do CPC dispõe que "os despachos, as decisões, as sentenças e os acórdãos serão redigidos, datados e assinados pelos juízes". Utilizando-se do processo físico como exemplo, a prolação de uma decisão aconteceria quando o juiz a imprimisse e a assinasse em seu gabinete. Como se intui, a mera prolação da decisão no gabinete não faz com que ela produza os efeitos que lhe são correspondentes. Para que efetivamente seja eficaz, deve haver sua publicação, como será visto na sequência.

A publicação da decisão é algo subsequente à sua prolação ou proferimento. Não é demais lembrar que a publicidade dos atos processuais é a regra, pois o art. 11 do CPC deixa bastante claro que "todos os julgamentos dos órgãos do Poder Judiciário serão públicos, e fundamentadas todas as decisões, sob pena de nulidade". Por isso, é absolutamente necessário que a decisão seja publicada para que possa produzir efeitos.

Mas quando se considera publicada a decisão?

Em regra, a publicação da decisão acontece quando a Secretaria do Juízo a torna pública, isto é, disponível para consulta pelo público em geral ou pelas pessoas credenciadas, quando o processo correr em segredo de justiça (CR, art. 5°, LX; CPC, art. 189). No caso de ser proferida em audiência, contudo, acontece uma coincidência entre o ato de prolação/proferimento e o de publicação da decisão (CPC, art. 366). Já em se tratando de processo eletrônico, a publicação ocorre no momento em que o próprio julgador assina e insere a decisão no sistema informatizado.

O Código de Processo Penal contém uma disposição bastante didática a respeito da publicação. De acordo com o seu art. 389, "a sentença será publicada em mão do escrivão, que lavrará nos autos o respectivo termo, registrando-a em livro especialmente destinado a esse fim". O Código de Processo Civil não possui disposição assemelhada, mas a mesma lógica lhe deve ser aplicável. Portanto, mais uma vez utilizando-se do processo físico como parâmetro, apenas para fins de exemplificação, a publicação de uma decisão aconteceria quando o Chefe de Secretaria ou Escrivão a recebesse assinada, no Cartório ou na Secretaria da Unidade Judiciária, disponibilizando-a para consulta.

Finalmente, a intimação da publicação da decisão é a cientificação efetiva das pessoas acerca do fato de ter sido publicada uma decisão judicial. Para que isso aconteça, não basta a publicação da decisão em Secretaria ou Cartório, por óbvio. Afinal, dificilmente o profissional saberia quando isso teria acontecido. É preciso, pois, que ele seja cientificado a esse respeito, o que acontece, em regra, por meio da intimação, que, por definição, "é o ato pelo qual se dá ciência a alguém dos atos e dos termos do processo" (CPC, art. 269, *caput*). E, como se sabe, as intimações devem se realizar, sempre que possível, por meio eletrônico, diz o art. 270, *caput*, do CPC. Somente no caso de isso não ser possível é que elas deverão ser feitas por meio da publicação do ato no *Diário da Justiça eletrônico (DJe)*, em cumprimento ao que determinam os arts. 205, § 3º, e 272, *caput*, do CPC, o que deixa claro que existe uma subsidiariedade a respeito, conforme, inclusive, reconhecido pelo STJ, que chegou a afetar recursos ao rito dos repetitivos para definir essa questão.[180]

Se for inviável a intimação por meio eletrônico e não houver na localidade publicação em órgão oficial, as intimações acontecerão: I - pessoalmente, se tiverem domicílio na sede do juízo; II - por carta registrada, com aviso de recebimento, quando forem domiciliados fora do juízo (CPC, art. 273). A intimação também será feita por oficial de justiça quando frustrada a realização por meio eletrônico ou pelo correio, podendo, ainda, ser efetivada com hora certa ou por edital (CPC, art. 275, *caput* e § 2º).

Mas, não é só por esses meios que a intimação da publicação da decisão acontece. A intimação também pode ocorrer: a) pela retirada dos autos físicos da Secretaria do Juízo em carga pelo profissional do Direito (advogado, membro do MP e/ou DP) ou por pessoa por ele autorizada, ficando automaticamente intimado de qualquer decisão proferida no processo, ainda que pendente de publicação (CPC, art. 272, § 6º), e; b) pela publicação da decisão em audiência na qual o profissional do Direito esteja presente ou tenha sido intimado a comparecer (CPC, art. 1.003, § 1º).[181]

Algumas palavras merecem ser ditas a respeito dessas duas modalidades, contudo.

No que toca à intimação pela retirada dos autos do processo em carga, parece existir alguma controvérsia quando isso é feito pelo estagiário do escritório de advocacia. Isto porque o STJ já entendeu que "a carga dos autos feita por estagiário não implica intimação de atos judiciais, por faltar-lhe poderes para atuar de modo independente no processo"[182] em caso em que o estagiário havia retirado os autos físicos da Secretaria do Juízo antes mesmo de a decisão ter sido publicada, apesar de já ter sido proferida. Porém, em outro caso, em que o estagiário havia retirado os autos físicos da Secretaria do Juízo depois de a decisão ter sido publicado, a mesma Corte teve oportunidade de decidir que "a jurisprudência do STJ firmou-se no sentido de que a carga dos autos feita por estagiário não importa em intimação do advogado da parte, quando efetivada antes da publicação, o que não é o caso dos autos, visto que a carga fora promovida após a publicação da sentença".[183]

Em minha particular visão, no entanto, este entendimento por último citado merece prevalecer, até porque o art. 272, § 6º, do CPC deixa claro que a retirada

---

[180] EAREsp 1.663.952/RJ, j. em 19.05.21. Ver Tema Repetitivo n. 1.180.
[181] Assim: THEODORO JUNIOR. Humberto. *Curso de direito processual civil*. v. 1. 64. ed. Rio de Janeiro: Forense, 2023, p. 789.
[182] Dentre vários: REsp 1.736.742/DF , *Dje* de 02.10.19.
[183] AgRg no REsp 1.340.430/DF, j. em 18.10.12.

dos autos do cartório ou da secretaria em carga "por pessoa credenciada a pedido do advogado ou da sociedade de advogados, pela Advocacia Pública, pela Defensoria Pública ou pelo Ministério Público implicará intimação de qualquer decisão contida no processo retirado, ainda que pendente de publicação".

Já no que toca à intimação pela publicação da decisão em audiência na qual o membro do Ministério Público ou da Defensoria Pública esteja presente ou tenha sido intimado a comparecer, o Superior Tribunal de Justiça interpretou a disposição contida no art. 1.003, § 1º, do CPC, em sede de Recurso Especial Repetitivo, no sentido de que o termo inicial para a contagem do prazo recursal é sempre a data da entrega dos autos na repartição administrativa do órgão, sendo irrelevante que a intimação pessoal tenha se dado em audiência, em cartório ou por mandado (Tema n. 959).

Este último ponto voltará a ser abordado oportunamente neste livro.

É preciso que se esteja atento, portanto, para que não se confunda os conceitos de "publicação da decisão" com o de "intimação da publicação da decisão", sobretudo quando o que está em jogo é o direito de recorrer, pois, como visto, a mera publicação da decisão não faz com que o profissional do Direito seja dela automaticamente intimado. Na literatura, inclusive, Humberto Theodoro Júnior faz a advertência de que "é preciso, portanto, não confundir publicação com intimação da sentença, embora em alguns casos os dois atos se deem simultaneamente (publicação e intimação em audiência). De ordinário, contudo, são atos distintos e praticados separadamente: o escrivão publica a decisão, fazendo-a integrar o processo por meio de termo de juntada lavrado nos autos; em seguida, a intimação ocorre pela ciência dada às partes, segundo os diversos meios de comunicação autorizados em lei (intimação pelo escrivão, pelo correio, pelo oficial de justiça, pela imprensa etc.). É bom ressaltar, por fim, que a divulgação da sentença pela imprensa oficial não é ato de publicação, em sentido técnico, mas ato de intimação, que pressupõe anterior publicação praticada nos autos. Quando, pois, se realiza a intimação pela imprensa, a sentença já estava adrede publicada e já era imodificável pelo juiz que a prolatou. A intimação na imprensa cumpre outra função: faz apenas iniciar a contagem do prazo para recurso, ou para aperfeiçoamento da coisa julgada, caso o vencido não maneje o recurso cabível em tempo hábil".[184]

Veja, agora, que coisa curiosa. Alguns atos praticados pelo profissional do direito podem deixar claro para o Juízo que ele teve conhecimento da decisão judicial proferida e publicada, mesmo que dela não tenha sido formalmente intimado.

Este curioso fenômeno receberá maior atenção no tópico seguinte.

10.1.2 A CIÊNCIA INEQUÍVOCA

Como dito, certos elementos podem deixar transparecer que a pessoa interessada tenha tomado conhecimento do pronunciamento processual, do ato processual praticado pela outra pessoa ou pelo Ministério Público, de modo a

---

[184] THEODORO JUNIOR, Humberto. *Curso de direito processual civil*. v. 1. 64. ed. Rio de Janeiro: Forense, 2023, p. 789.

restar configurada sua intimação para fins de iniciação do prazo para a interposição de seu recurso ou de suas contrarrazões recursais. Por certo, não é todo e qualquer elemento que efetivamente caracteriza a ciência inequívoca. Como sugere a própria denominação do instituto, o elemento precisa deixar claro que a pessoa tomou ou poderia, inequivocamente, ter tomado conhecimento do ato processual.

O Superior Tribunal de Justiça, por exemplo, tem entendimento solidificado no sentido de que "nos termos do 9º, § 1º, da Lei n. 11.419/2006 (Lei que dispõe sobre a informatização do processo judicial), 'as citações, intimações, notificações e remessas que viabilizem o acesso à íntegra do processo correspondente serão consideradas vista pessoal do interessado para todos os efeitos legais'",[185] e que "a carga dos autos pelo advogado da parte, antes de sua intimação por meio de publicação na imprensa oficial, enseja a 'ciência inequívoca' da decisão que lhe é adversa, iniciando a partir daí a contagem do prazo para a interposição do recurso cabível".[186]

Tanto é assim que, embora a citação seja ato absolutamente indispensável para a validade do processo, o comparecimento espontâneo da pessoa a ser citada supre sua falta ou nulidade, fluindo a partir desta data o prazo para qualquer manifestação (art. 239). Do mesmo modo, se eventualmente a pessoa peticionar nos autos de forma aleatória e espontânea, mencionando ou deixando claro ter ciência do conteúdo de alguma decisão que ainda não tenha sido oficialmente publicada, seu prazo recursal terá início a partir da protocolização dessa petição.[187]

Por outro lado, a mesma Corte de Justiça entende que "a mera publicação de despacho concedendo vista dos autos não representa 'ciência inequívoca' do advogado acerca dos atos processuais existentes nos autos a ensejar a contagem de prazo em seu desfavor. Tal despacho apenas cientifica o causídico de que ele está autorizado a retirar os autos em carga, nada mais. Retirados os autos pelo advogado, aí sim, poderá ser considerada efetivada a intimação de todos os atos processuais constantes no processo".[188]

Antes de vir a ser positivada pelo CPC/2015, muitos, inclusive, se referiam a esse fenômeno pela expressão "teoria da ciência inequívoca", segundo a qual, "em observância do princípio da instrumentalidade das formas, considera-se comunicado o ato processual, independentemente da sua publicação, quando a parte ou seu representante tenha, por outro meio, tomado conhecimento do processado no feito", desde que, é claro, haja dados objetivos e verossímeis a respeito.[189]

Agora sim, o estudo pode continuar.

10.1.3 O DIA DE COMEÇO DO PRAZO RECURSAL

Como visto há pouco, o art. 1.003, *caput*, do CPC enuncia que "O prazo para interposição de recurso conta-se da data em que os advogados, a sociedade

---

[185] AgInt no AREsp 2.374.180/RS, DJe de 24.04.24.
[186] AgInt no AREsp 1.483.050/DF, DJe de 03.10.19.
[187] É pacífico o entendimento do STJ a esse respeito: REsp 1.710.498/CE, DJe de 22.02.19; REsp 1.739.201/AM, DJe de 10.12.18.
[188] REsp 1.296.317/RJ, j. em 16.09.13.
[189] Dentre vários: STJ, AgInt no AREsp 2.001.227/SP, DJe de 24.05.23; REsp 2.016.092/AM, DJe de 1º.12.22.

de advogados, a Advocacia Pública, a Defensoria Pública ou o Ministério Público são intimados da decisão".

Mas, permitir que o prazo seja "*contado*" é uma coisa. Ele efetivamente "começar a correr" é outra completamente diferente. Tanto é assim que o dia em que essa "intimação da decisão" ocorre, não costuma ser computado como verdadeiro dia de início do prazo processual. Chega-se facilmente a essa constatação quando se lê o *caput* do art. 224 do Código, segundo o qual, "salvo disposição em contrário, os prazos serão contados excluindo o dia do começo e incluindo o dia do vencimento".

É preciso que se saiba, então, o que significa "dia de começo do prazo". Aí a coisa se complica um pouco mais, pois, por incrível que pareça, existem dois "dias de começo do prazo": um que será eliminado da contagem e outro que efetivamente marcará o dia 1 do prazo, os quais costumam ser denominados de "virtual" e "real", respectivamente. Esta foi a opção do Código, não havendo muita coisa a ser feita pelas pessoas, a não ser identificar, no caso concreto, o que venha a ser o "dia de começo do prazo virtual" (CPC, art. 224) para que se possa, na sequência, excluí-lo de sua contagem e reconhecer, como efetivo "dia de começo do prazo real", isto é, como dia 1 do prazo, o dia útil imediatamente subsequente.

A coisa se simplifica um pouco quando se percebe que o "dia do começo do prazo virtual" corresponde, invariavelmente, a algum acontecimento previsto pelo art. 231 do Código, que enuncia que, "salvo disposição em sentido diverso, considera-se dia do começo do prazo: I – a data de juntada aos autos do aviso de recebimento, quando a citação ou a intimação for pelo correio; II – a data de juntada aos autos do mandado cumprido, quando a citação ou a intimação for por oficial de justiça; III – a data de ocorrência da citação ou da intimação, quando ela se der por ato do escrivão ou do chefe de secretaria; IV – o dia útil seguinte ao fim da dilação assinada pelo juiz, quando a citação ou a intimação for por edital; V – o dia útil seguinte à consulta ao teor da citação ou da intimação ou ao término do prazo para que a consulta se dê, quando a citação ou a intimação for eletrônica; VI – a data de juntada do comunicado de que trata o art. 232 ou, não havendo esse, a data de juntada da carta aos autos de origem devidamente cumprida, quando a citação ou a intimação se realizar em cumprimento de carta; VII – a data de publicação, quando a intimação se der pelo Diário da Justiça impresso ou eletrônico; VIII – o dia da carga, quando a intimação se der por meio da retirada dos autos, em carga, do cartório ou da secretaria; IX – o quinto dia útil seguinte à confirmação, na forma prevista na mensagem de citação, do recebimento da citação realizada por meio eletrônico.

Resumidamente, portanto, a coisa toda funciona assim: o art. 1.003, *caput*, dispõe que "o prazo para interposição de recurso conta-se da data em que os advogados, a sociedade de advogados, a Advocacia Pública, a Defensoria Pública ou o Ministério Público são intimados da decisão", sendo certo que todos eles se considerarão "intimados em audiência quando nesta for proferida a decisão" (art. 1.003, § 1º). Logo, a "data em que esses profissionais são intimados da decisão" corresponde ao "dia do começo do prazo virtual" (CPC, art. 231), a qual, por isso, deve ser eliminada da contagem, para que o prazo recursal real, a ser identificado em cada caso concreto, possa efetivamente passar a ter curso (CPC, art. 224).

Pronto! Agora você sabe como contar os prazos recursais.

Lembre-se que essa dinâmica sofre uma ligeira modificação quando entram em cena órgãos como o Ministério Público[190] e a Defensoria Pública[191] pois eles gozarão de prazo em dobro para recorrer, para apresentar contrarrazões e, via de consequência, para interpor recurso adesivo (CPC, arts. 180, *caput*, e 186, *caput*).[192] Além da dobra, a contagem de seus prazos tem início, em regra, da data de suas respectivas intimações pessoais, em decorrência da prerrogativa de ambos serem assim intimados em qualquer processo e em qualquer grau de jurisdição,[193] exceto se o pronunciamento judicial for proferido na própria audiência (CPC, art. 1.003, § 1°) ou tiver havido carga dos autos (CPC, art. 272, § 6°), como referido há pouco.

Além desses órgãos, a pessoa que se torna revel, como visto, também se enquadra em uma situação especial, não em relação aos prazos em si, mas sim referentemente à sua intimação, porque seus prazos recursais correrão independentemente de intimação, a partir da publicação do ato decisório no órgão oficial, pelo menos até que ele se faça representar adequadamente no processo (art. 346).[194]

10.2 A INTIMAÇÃO PELO DIÁRIO DA JUSTIÇA (IMPRESSO E ELETRÔNICO)

É provável, entretanto, que na maioria dos processos que tramitam nas varas de família e sucessões o profissional precise ser intimado por meio de publicação do ato no Diário da Justiça, isto é, pela efetiva veiculação desse periódico, contendo a notícia em nome do advogado ou da sociedade de que faça parte (CPC, art. 272, § 1°). Isso vindo a ocorrer, a mesma regra geral se aplica: o dia da publicação é excluído da contagem, que somente se iniciará no primeiro dia útil subsequente, por força da regra geral que, no caso, vem disposta pelo art. 224, § 1°, segundo o qual "a contagem do prazo terá início no primeiro dia útil que seguir ao da publicação".

No caso específico do Diário da Justiça eletrônico, que é a realidade em praticamente todos os Estados da Federação, algo a mais tem que ser observado. Sim, o legislador complicou um pouquinho mais nossa situação. De acordo com o art. 224, § 2°, "considera-se como data de publicação o primeiro dia útil seguinte ao da disponibilização da informação no Diário da Justiça eletrônico", tornando necessário, assim, que se saiba identificar o que é "disponibilização".

Essa noção é importante para o desenvolvimento de todo o estudo dos prazos processuais, e ainda ganha especial relevo na medida em que o STJ entende ser

---

[190] Cuja legitimidade recursal é conferida pelo art. 966 e pela Súm. n. 99 do STJ.
[191] A mesma prerrogativa é assegurada aos escritórios de prática jurídica das faculdades de Direito reconhecidas na forma da lei e às entidades que prestam assistência jurídica gratuita em razão de convênios firmados com a Defensoria Pública (CPC, art. 186).
[192] Os litisconsortes patrocinados por advogados de escritórios distintos também possuam direito à dobra de prazos. Porém, como a virtualização dos processos já é uma realidade nacional, a regra se esvazia (CPC, art. 229, § 2°).
[193] Lei n. 9.625/93, art. 41, IV; CPC, art. 180, *caput*, frase final, art. 183, § 2°; LC 80/94, art. 128, I, art. 186, § 1°, e art. 230.
[194] STJ, REsp 1.027.582/CE, DJe de 11.03.09; REsp 799.965/RN, DJe de 28.10.08.

absolutamente necessária a publicação em diário oficial das decisões proferidas em processo eletrônico quando o réu revel não constituir advogado nos autos, já que tal publicação somente será dispensada quando as partes estiverem representadas por advogados cadastrados no sistema eletrônico do Poder Judiciário, pois assim a intimação se fará pelo próprio sistema.[195]

O que seria, então, disponibilização? Bom, encurtando uma longa história, adianto que "disponibilização" significa que "a informação concernente à intimação para a prática do ato processual foi inserida na página correspondente [do Diário da Justiça] na internet, independentemente do horário em que ocorreu".[196] Ela não tem o poder de intimar, contudo. O que faz esse papel é a publicação no Diário da Justiça, que ocorrerá no primeiro dia útil seguinte ao da disponibilização.[197]

Portanto, enquanto a disponibilização é o fato de uma informação ser inserida na página virtual do Diário de Justiça de cada Estado, publicação é a efetiva veiculação da comunicação processual por esta via. Publicada no Diário em certa data, esse dia deve ser excluído para que, com base no regramento geral tantas vezes mencionado, compute-se como dia 1 do prazo (real), o primeiro dia útil subsequente.

Graficamente, a coisa ficaria assim representada:

Dia da disponibilização > 1° dia útil depois > Dia da publicação > 1° dia útil depois > Dia 1 do prazo

Só não se esqueça que, havendo mais de um intimado, o prazo para cada um é contado individualmente, diz o art. 231, § 2°.

Vejamos, agora, uma situação bastante corriqueira e que costuma gerar certa confusão nas ações de família e sucessões: a abertura de prazo tanto para os advogados recorrerem quanto para as próprias pessoas cumprirem as determinações judiciais.

10.3 A INTIMAÇÃO PARA CUMPRIMENTO PESSOAL DE DETERMINAÇÃO JUDICIAL

Situação curiosa envolve aqueles casos em que a intimação da pessoa acontece em momento anterior à sua citação para o processo e aqueles em que a determinação judicial lhe imponha a prática de alguma coisa que só por ela possa ser feita pessoalmente. Seria exemplificar com a decisão concessiva de uma tutela provisória liminar que determinasse o pagamento de alimentos provisórios, a desocupação de um imóvel comum, a entrega de documentos e de suas chaves ou o pagamento de aluguéis por seu uso exclusivo. Isto porque essas situações geram nítido gravame à pessoa, fazendo surgir, assim, o interesse recursal. Porém convenhamos que a prática do ato pela pessoa seja algo independente

---

[195] REsp 1.951.656/RS, DJe de 10.02.23.
[196] ROQUE, André Vasconcelos. Comentários ao art. 223. Em: GAJARDONI, Fernando da Fonseca [e col.] (Coord.). *Teoria geral do processo*: comentários ao CPC de 2015: parte geral. São Paulo: Forense, 2015, p. 500.
[197] Tendo por julgados paradigmas os REsps 1.995.908/DF e 2.004.485/SP, o Superior Tribunal de Justiça afetou a seguinte questão a julgamento pela sistemática dos recursos especiais repetitivos: "Definir o marco inicial do prazo recursal nos casos de intimação eletrônica e de publicação no Diário da Justiça eletrônico" (Tema 1.180).

da interposição de recurso por seu advogado. Nesses casos, a pergunta que costuma ser feita é: como se contam os prazos para um e para outro?

Bom, quando a pessoa tem que cumprir algo que só por ela possa ser feito, sua intimação não se prestará apenas a lhe dar ciência de algum ato judicial, mas também a lhe convocar a dar, fazer ou deixar de fazer alguma coisa, como mencionado há pouco. Ao contrário de seu advogado, contudo, ela não é intimada pelo *Diário da Justiça, mas sim* por mandado ou por carta, até porque, a essa altura, pode nem ter constituído nenhum profissional para sua defesa.

Esta é a regra. Por conta disso, a contagem de seu prazo se submete a requisitos próprios, disciplinados no art. 231, § 3º, segundo o qual "quando o ato tiver de ser praticado diretamente pela parte ou por quem, de qualquer forma, participe do processo, sem a intermediação de representante judicial, o dia do começo do prazo para cumprimento da determinação judicial corresponderá à data em que se der a comunicação".

Assim, uma intimação de decisão interlocutória que contivesse as determinações referidas no início deste tópico ou uma intimação para a prestação de caução ou, ainda, uma notificação para a constituição de novo advogado, por exemplo, terá por "dia do começo do prazo virtual" a data em que ela for recebida pelo sujeito e não a da juntada desse mandado ou carta aos autos. Lembre-se que a juntada é necessária apenas para configurar o "dia de começo do prazo virtual" para prática de atos a serem desempenhados pelo profissional do Direito que representa esse sujeito, na hipótese de ele não ser intimado pelo Diário da Justiça. Como resultado, o verdadeiro dia 1 do prazo para que a pessoa cumpra o que lhe for determinado será o primeiro dia útil subsequente.

Logo, sendo intimada em uma sexta-feira para entregar certos documentos a seu ex-marido, este dia será o "dia de começo do prazo virtual" da ex-esposa, o que fará com que o dia 1 para que ela cumpra essa determinação seja a segunda-feira imediatamente seguinte, exceto se este dia também for não útil (CPC, art. 231, § 3º).[198]

Acontece que, se esta providência gerar prejuízo à pessoa, a via recursal também lhe será aberta. E, o prazo assinado para ela promover o cumprimento pessoal da ordem judicial pode ser diferente do prazo previsto em lei para seu advogado interpor o recurso cabível. Ademais, prazos para interposição de recursos sempre serão contados a partir da intimação do advogado e não da parte, como, aliás, deixa absolutamente claro o art. 1.003, *caput*, quando enuncia que "o prazo para interposição de recurso conta-se da data em que os advogados [....] são intimados da decisão." Portanto, essa situação fará com que, na prática, surjam dois prazos – que podem ou não ser diferentes no caso concreto – contados de duas formas obrigatoriamente distintas. Mais uma vez, o Código deixa isso bem claro quando dispõe que "aplica-se o disposto no art. 231, incisos I a VI, ao prazo de interposição de recurso pelo réu contra decisão proferida anteriormente à citação" (art. 1.003, § 2º). Como resultado, se o profissional quiser

---

[198] STF, Súm. n. 310: "Quando a intimação tiver lugar na sexta-feira, ou a publicação com efeito de intimação for feita nesse dia, o prazo judicial terá início na segunda-feira imediata, salvo se não houver expediente, caso em que começará no primeiro dia útil que se seguir".

interpor recurso dessa decisão, seu "dia de começo do prazo" será o da juntada aos autos do correspectivo mandado de intimação, fazendo com que seu dia 1 para recorrer seja o primeiro dia útil subsequente (CPC, art. 231, II, e 1.003, *caput*), tal qual explicado nos tópicos anteriores.

Esse entendimento foi, inclusive, consolidado no Enunciado n. 271 do FPPC, que, embora se refira à tutela provisória, traça o regramento a ser aplicado a qualquer situação análoga, quando dispõe que "quando for deferida tutela provisória a ser cumprida diretamente pela parte, o prazo recursal conta a partir da juntada do mandado de intimação, do aviso de recebimento ou da carta precatória; o prazo para o cumprimento da decisão inicia-se a partir da intimação da parte".

É exatamente essa sistematização que faz com que a intimação/citação do devedor para cumprir a obrigação alimentar executada na forma dos arts. 911 a 913 do Código seja considerada "dia de começo do prazo", tornando desnecessária a juntada do mandado/carta aos autos para tanto,[199] enquanto o "dia de começo do prazo" para seu advogado apresentar a justificação ou para interpor agravo de instrumento, neste caso, será o da juntada aos autos deste mandado devidamente cumprido (CPC, art. 231, I e II, c/c art. 1.003, *caput* e § 2°).[200]

Dentro da temática, questão curiosa envolve a intimação da pessoa para a prática de atos em horas ou minutos, pois o CPC não contém disposição expressa a respeito. Como a urgência que permeia esse tipo de situação impediria que se pudesse aguardar até o 1° dia útil subsequente para que tais prazos pudessem passar a correr, o regramento do caso acaba sendo feito pelo Código Civil, mais precisamente por seu art. 132, § 4°, que dispõe que § 4° "os prazos fixados por hora contar-se-ão de minuto a minuto." Logo, se o indivíduo é intimado para providenciar a inclusão do nome do filho no plano de saúde no prazo de 50 minutos ou a entrega de documentação referente a um veículo no prazo de 48 horas, a contagem terá início a partir de sua efetiva intimação e não da juntada aos autos do mandado correspondente.

Vamos conhecer, agora, os efeitos projetados pelos recursos.

---

[199] STJ, HC 622.826/SP, DJe de 08.06.21. Daí, inclusive, ser excepcionada a regra da retroatividade à data da citação, prescrita pelo art. 13, § 2°, da Lei de Alimentos, a qual, por óbvio, não pode ser aplicada aos casos, em que os alimentos provisórios são fixados antes da citação.
[200] Exatamente assim: STJ, REsp 1.656.403/SP, DJe de 06.03.19.

OS EFEITOS DOS RECURSOS

NOÇÕES GERAIS

Alguns tópicos atrás, foram estudados os efeitos projetados pelos pronunciamentos judiciais. Na ocasião, foi mencionado que existe um inegável paralelismo entre eficácia da decisão x eficácia recursal, na medida em que a lei ou o juiz podem suspender os efeitos projetados pelos pronunciamentos judiciais caso os recursos voltados aos seus respectivos ataques sejam dotados de efeito suspensivo legal (*ope legis*) ou judicial (*ope judicis*).

Por si só, isso já atribuiria relevância suficiente à eficácia recursal. Porém, longe de se limitar a atribuir suspensividade à eficácia emanada naturalmente pelos pronunciamentos judiciais, os efeitos dos recursos se destinam a algo muito mais amplo e complexo, como transmitir ao órgão julgador o conhecimento da matéria impugnada e obstar a ocorrência da preclusão e da coisa julgada, por exemplo.

Epistemologicamente, a eficácia recursal pode ser analisada sob perspectivas variadas, não havendo uniformidade a respeito. Assim, quando se leva em consideração o momento a partir do qual irradia, encontram-se efeitos que são projetados pela simples interposição do recurso, como, por exemplo o efeito obstativo, assim como outros que dependem de que tal instrumento seja interposto e efetivamente admitido pelo órgão julgador encarregado da realização do seu juízo de admissibilidade para que possam ser difundidos, a exemplo do efeito devolutivo. Há, ainda, efeitos que somente são projetados quando o recurso é julgado definitivamente, como o substitutivo e o integrativo, e até mesmo efeito que é irradiado pelo mero fato de a lei prever, em tese, sua aplicação àquele recurso específico, independentemente do fato de a pessoa vir a efetivamente recorrer no prazo legal, como é o caso do efeito suspensivo. Já quando o que se tem em mente é a necessidade ou desnecessidade de provocação do interessado, encontram-se efeitos que são automaticamente impregnados aos recursos, por força de lei, como, por exemplo, o efeito devolutivo, o obstativo e o translativo e outros que, pelo contrário, precisam ser expressamente requeridos, como o suspensivo e o ativo. Finalmente, no que toca à previsão legal específica, existem efeitos que são expressamente previstos pelo texto normativo, como o efeito suspensivo (CPC, art. 1.012, *caput*) e outros, cuja estipulação vem embutida pelo próprio sistema jurídico, a exemplo do efeito obstativo.

Vale a pena lembrar que os negócios jurídicos processuais, por constituírem verdadeiras normas jurídicas, também se inseririam no conceito de "leis" para fins de atribuição de efeitos recursais, como, aliás, é reconhecido pelo Enunciado n. 19 do FPPC[201] e pela literatura de uma maneira geral.[202]

Nos tópicos abaixo, serão estudados os principais efeitos projetados pelos recursos cabíveis nas ações de família e de sucessões, sendo eles: a) o efeito obstativo ou impeditivo; b) o efeito devolutivo; c) o efeito translativo; d) o efeito suspensivo; e) o efeito regressivo; f) o efeito expansivo; g) o efeito substitutivo; h) os efeitos integrativo, interruptivo e infringente (embargos de declaração), e; i) o efeito ativo.

11.1 O EFEITO OBSTATIVO OU IMPEDITIVO

Por efeito obstativo entende-se a eficácia recursal capaz de impedir, desde o momento de sua interposição até o seu julgamento final, a ocorrência da preclusão ou do trânsito em julgado da decisão recorrida. Seu foco está nestes institutos: preclusão e coisa julgada, mais precisamente em impedir sua formação. Como não interfere nem foca seu objetivo sobre o prazo recursal em si, a espécie eficacial sob estudo não se confunde com o "efeito interruptivo" a ser estudado linhas adiante. Já que ele impede a ocorrência da preclusão e da coisa julgada, também costuma ser chamado de "efeito impeditivo".

Como se intui ele pressupõe que o recurso tenha sido pelo menos admitido pelo órgão julgador encarregado da realização do seu juízo de admissibilidade. Uma vez que isso seja feito, contudo, não é preciso que se emita qualquer pronunciamento expresso a respeito, pois o fator obstativo por ele projetado advém naturalmente do mero fato de ter havido juízo de admissibilidade positivo. Daí

---

[201] FPPC, Enunciado n. 19: "São admissíveis os seguintes negócios processuais, dentre outros: [...] acordo para retirar o efeito suspensivo de recurso".
[202] Assim, p. ex.: MONTANS DE SÁ, Renato. *Manual de direito processual civil*. 7. ed. São Paulo: Saraiva, 2015. p. 789.

se poder afirmar que o efeito impeditivo é inerente a todo e qualquer recurso que tenha sido *admitido*.

Justamente por impedir provisoriamente que a decisão recorrida preclua ou transite em julgado é que os pronunciamentos judiciais não podem ser cumpridos definitivamente enquanto existirem recursos pendentes de julgamento, ainda que desprovidos de efeito suspensivo (CPC, art. 520).[203]

Por isso, deve-se ter extrema atenção àquelas situações mencionadas alguns capítulos atrás, envolvendo os recursos manifestamente inadmissíveis. É que o Superior Tribunal de Justiça entende que, se o juízo de admissibilidade concluir, por exemplo, que o recurso é manifestamente intempestivo ou manifestamente descabido, a sua interposição não produzirá o efeito obstativo, o que, na prática, daria no mesmo que a pessoa nem tivesse recorrido. E, se não tivesse recorrido, convenhamos que o prazo recursal teria corrido em branco, fazendo com que a decisão restasse acobertada pela preclusão ou pela coisa julgada.[204]

Conheçamos agora aquele que é o efeito recursal por excelência: o devolutivo.

11.2 O EFEITO DEVOLUTIVO

Em linguagem comum, devolver significa restituir, entregar de volta. Mas, na acepção jurídica empregado pelo sistema recursal brasileiro, o termo devolver conduz à ideia de transferir, transportar, remeter o conhecimento da impugnação apresentada pela pessoa ao conhecimento do órgão competente.[205]

Portanto, o efeito devolutivo é a eficácia recursal responsável por transferir à análise do juízo *ad quem*, a impugnação ao pronunciamento proferido pelo juízo *a quo*.

Como essa transferência faz parte de sua essência, o efeito devolutivo acaba sendo inerente a todos os recursos, não dependendo de previsão legal específica, tampouco de provocação do interessado. Isso acontece automaticamente, como uma consequência inafastável do juízo de admissibilidade positivo, tal qual ocorre com o há pouco estudado efeito impeditivo. No silêncio da lei ou do juiz, presume-se que o recurso terá sido recebido no efeito meramente devolutivo. Como resultado, não se encontrará no texto legal do CPC alguma remissão como "este recurso é dotado de efeito devolutivo" ou o juiz poderá "atribuir efeito devolutivo a este recurso", muito embora na legislação extravagante seja possível encontrar facilmente dispositivos legais enunciando que recursos serão recebidos no efeito meramente devolutivo, como na Lei de Alimentos (Lei n. 5.478/68), cujo art. 14 dispõe que "Da sentença caberá apelação no efeito devolutivo", e no Estatuto da Criança e do Adolescente (Lei n. 8.069/90), cujos arts. 199-A e

---

[203] CPC, art. 520. O cumprimento provisório da sentença impugnada por recurso desprovido de efeito suspensivo será realizado da mesma forma que o cumprimento definitivo, sujeitando-se ao seguinte regime [...].
[204] AgInt nos EDcl no AREsp 1.999.407/DF, DJe de 02.06.22; AgRg no AREsp 294.952/RJ, DJe de 27.10.21; AgInt no AREsp 1.756.479/SP, DJe de 30.06.21. Especificamente sobre os embargos de declaração, conferir: STJ, AgRg nos EDcl nos EREsp 1.961.507/PR, DJe de 31.10.23.
[205] Historicamente, o termo "devolução", de onde provém a expressão "efeito devolutivo" tem origem no Direito Romano, mais precisamente na estrutura por ele adotada para o julgamento de processos, em que todo o poder jurisdicional advinha do Imperador, o qual, contudo, delegava este poder aos juízes para que estes o exercessem em seu nome. Quando a pessoa se irresignava com a decisão dos juízes, contra ela apresentando recurso, entendia-se que este instrumento acabava "devolvendo" ao Imperador a atividade judicante que ele havia delegado aos juízes.

199-B, por exemplo, enunciam respectivamente que "A sentença que deferir a adoção produz efeito desde logo, embora sujeita a apelação, que será recebida exclusivamente no efeito devolutivo, salvo se se tratar de adoção internacional ou se houver perigo de dano irreparável ou de difícil reparação ao adotando" e "A sentença que destituir ambos ou qualquer dos genitores do poder familiar fica sujeita a apelação, que deverá ser recebida apenas no efeito devolutivo".

O efeito devolutivo se apresenta em duas dimensões: extensão e profundidade. Alguns preferem utilizar os termos direção horizontal e direção vertical para se referir ao mesmo fenômeno. Nas linhas abaixo será explicado como cada um deles se manifesta.[206]

11.2.1 A AMPLITUDE DO EFEITO DEVOLUTIVO (DIMENSÃO HORIZONTAL)

Quando se fala em extensão, fala-se naquilo que tenha sido efetivamente pedido pela pessoa no caso concreto. É algo que tem a ver com a vontade e autonomia privadas, portanto. Isto porque, não custa lembrar, o sistema processual civil brasileiro é ordenado e disciplinado pelo princípio dispositivo (CPC, art. 2º), o que faz com que nós, os indivíduos, sejamos livres para decidir o que queremos e o que não queremos transferir, remeter, enfim, devolver ao conhecimento do órgão julgador. Pelo menos essa é a regra geral. Logo, em decorrência da horizontalidade do efeito devolutivo, o tribunal só se encontrará autorizado a se debruçar sobre este material. Nada muda se a pessoa, impugnar a decisão "em parte", ou seja, por capítulos, como lhe faculta o art. 1.002. Em qualquer caso, o juízo ad quem estará vinculado a se pronunciar apenas sobre o que lhe tenha sido expressamente pedido, sob pena de violar a regra segundo a qual "é vedado ao juiz proferir decisão de natureza diversa da pedida, bem como condenar a parte em quantidade superior ou em objeto diverso do que lhe foi demandado" (CPC, art. 492), e, por isso, proferir decisão viciada por ultra, infra ou extrapetição.

Este, que pode ser considerado o regramento geral do efeito devolutivo em sua direção horizontal, é bem explicado por um enunciado que, embora se encontre no Capítulo do CPC dedicado ao tratamento da apelação (Capítulo II), se refere, na verdade, ao efeito devolutivo como categoria jurídica – e não só como um efeito aplicável a este recurso. De acordo com ele "a apelação devolverá [isto é, transferirá] ao tribunal o conhecimento da matéria impugnada" (art. 1.013). Tal regra é tão impactante para os recursos que diversos dispositivos meio que a repetem, como se nota dos arts. 932, III; 1.010, III; 1.016, III; 1.021, § 1.º; 1.023; 1.029, III, do CPC, cuja leitura oportuna mostra-se fortemente recomendável. Por isso, quando a pessoa interpõe agravo de instrumento, embargos de declaração, recurso especial, enfim, qualquer recurso previsto pelo ordenamento jurídico nacional, também pode, em regra, selecionar o que pretende impugnar, logo,

---

[206] A literatura costuma classificar o efeito devolutivo em imediato (quando o recurso é interposto diretamente perante o órgão competente para seu julgamento, como o agravo de instrumento), gradual (quando o recurso é interposto perante um órgão e posteriormente remetido a outro, que o julgará, como é o caso dos recursos excepcionais) e diferido (quando o recurso é interposto, mas fica retido aguardando o preenchimento de exigências legais para ser julgado, como é o caso do agravo retido), mas isso é de somenos importância por aqui. Assim, p. ex.: MONTANS DE SÁ, Renato. Manual de direito processual civil, 7. ed. São Paulo: Saraiva, 2015.

"devolver" ao conhecimento do tribunal, até porque é de uma manifestação consciente e voluntária de vontade que estamos tratando, não é mesmo?

Para ilustrar com exemplos a direção horizontal do efeito devolutivo, imagine uma sentença que decrete o divórcio, realize a partilha do patrimônio comum e condene o ex-marido a pagar aluguéis pelo uso comum do apartamento comum à ex-esposa, no prazo de 30 dias, sob pena de desocupação forçada. Ela terá 03 capítulos, certo? Se apenas ele interpuser apelação impugnando exclusivamente o capítulo referente à condenação ao pagamento de aluguéis, esta será a única matéria "devolvida" ao conhecimento do tribunal de justiça por força do efeito devolutivo, manifestado em sua extensão. Como resultado, ocorrerá o seguinte: a) o único capítulo impugnado deve ser conhecido estritamente nos limites estabelecidos pela própria pessoa, impedindo o órgão julgador de decidir além, aquém ou de forma diversa da que tenha sido pedida, sob pena de emitir pronunciamento viciado como *ultra petita, infra petita* ou *citra petita* (CPC, art. 492), e; b) os demais capítulos serão recobertos pela coisa julgada no mesmo momento da interposição recursal, por efeito da preclusão consumativa (CPC, arts. 200 e 502).

Exatamente o mesmo aconteceria se uma mulher inserida em situação de violência doméstica e familiar resolvesse apelar de uma sentença que tivesse julgado improcedente os seus pedidos de indenização por dano material decorrente da violência física (Lei n. 11.340/2006, art. 7°, I) e por dano moral resultante da violência psicológica (Lei n. 11.340/2006, art. 7°, II) praticada por sua ex-companheira. Se a sua apelação impugnar apenas a não indenização por dano moral, o capítulo da sentença referente à não indenização por dano material não poderá ser conhecido pelo tribunal de justiça porque terá sido recoberto pela coisa julgada no exato instante em que foi protocolizado o recurso de apelação, enfim.

11.2.2 A PROFUNDIDADE DO EFEITO DEVOLUTIVO (DIMENSÃO VERTICAL)

Coisa diferente acontece quando se fala em profundidade do efeito devolutivo, pois, aí se estará falando daquilo que tenha sido utilizado pelo órgão *a quo* para fundamentar a decisão recorrida e não daquilo que tenha sido pedido no recurso propriamente dito. É algo, portanto, que não tem a ver com a manifestação de vontade exteriorizada no *recurso*, mas sim com a *decisão recorrida* em si, mais precisamente com seus fundamentos. Por força da verticalidade do efeito devolutivo, o tribunal se encontrará autorizado a reavaliar todas as causas de pedir utilizadas pelas pessoas para fazer suas postulações e todas as razões de fato e de direito que tenham sido e as que poderiam ter sido utilizadas para que a decisão recorrida os acolhesse ou rejeitasse. Obviamente que, por serem duas faces da mesma moeda, a profundidade só ocorre dentro dos capítulos delimitados pela extensão.

Mais uma vez, dispositivos legais inseridos no Capítulo do CPC dedicado ao tratamento da apelação (Capítulo II), ajudam na compreensão do fenômeno, pois disciplinam, na verdade, o efeito devolutivo como categoria jurídica – e não só como um efeito aplicável apenas a este recurso. No ponto, me refiro especificamente aos parágrafos 1º e 2º do art. 1.013, pois eles enunciam, respectivamente, que serão "objeto de apreciação e julgamento pelo tribunal todas as questões suscitadas e discutidas no processo, ainda que não tenham sido solucionadas, desde que relativas ao capítulo impugnado" e que "quando o pedido ou a defesa tiver mais de um fundamento e o juiz acolher apenas um deles, a apelação devolverá ao tribunal o conhecimento dos demais."

Note que, enquanto a extensão do efeito devolutivo depende e se vincula ao que tenha sido expressamente pleiteado pela pessoa, a profundidade é algo absolutamente independente e desvinculado de provocação, bastando que o capítulo da decisão seja impugnado para que o juízo ad quem esteja automaticamente autorizado a conhecer de todas as causas de pedir utilizadas pelas pessoas para fazer suas postulações e os correspectivos fundamentos que o juízo a quo tenha efetivamente utilizado ou que poderia ter utilizado para as acolher ou para as rejeitar. Nada mais justo. Afinal, o recurso é um mero prolongamento do direito de ação, não é? Façamos, então, um paralelismo. Se para proferir a sua sentença, o juiz de primeiro grau se encontra autorizado a conhecer todos os argumentos de ataque e defesa, bem como todas as provas, enfim, todo o material que se encontre nos autos do processo para servir de base ao acolhimento ou à rejeição dos pedidos nele deduzidos, para prolatar a decisão ou acórdão, o tribunal de justiça se encontrará autorizado a fazer exatamente o mesmo, porém, tomando a sentença por ponto de referência.

Exatamente por isso, até mesmo o réu, que tenha sido revel na fase de conhecimento, pode se aproveitar do efeito devolutivo em sua direção vertical. O STJ, por exemplo, já teve oportunidade de decidir que "na apelação, o efeito devolutivo é amplo e não encontra restrição no campo da profundidade, estando apenas balizado pelos limites da impugnação deduzida pelo recorrente (extensão), conforme disciplina o art. 1.013, caput e § 1º, do CPC/2015. Logo, a devolutividade da apelação não está adstrita à revisão dos fatos e das provas dos autos, mas, especialmente, sobre as consequências jurídicas que lhes atribuiu o juízo a quo. Portanto, não apenas as matérias de ordem pública podem ser agitadas pelo réu revel em sua apelação, mas todo e qualquer argumento jurídico que possa alterar o resultado do julgamento".[207]

Para ilustrar a aplicação da direção vertical do efeito devolutivo na prática, imagine uma sentença que julgue improcedente o pedido de indenização pelo uso exclusivo da coisa comum, ao argumento de que, naquele caso específico, o marido que nele habita não estaria se enriquecendo sem causa (CC, art. 884). Caso somente a esposa interponha apelação, a improcedência do pedido de indenização será a única matéria "devolvida" ao conhecimento do tribunal de justiça por força do efeito devolutivo, horizontalmente considerado. Porém, em decorrência do efeito devolutivo verticalmente considerado, este órgão poderia

---

[207] AgInt no REsp 1.848.104/SP, DJe de 11.05.21.

reavaliar todas as causas de pedir e os fundamentos utilizados ou utilizáveis pelo juízo *a quo* para concluir pela improcedência. Durante essa operação, poderia ser reconhecido, por exemplo, que embora a ausência de enriquecimento sem causa motivasse a não indenização, outras causas de pedir constantes da petição inicial da ação – como a existência de composse (CC, art. 1199) ou do dever de repasse periódico de "parte da renda líquida dos bens comuns" por parte de quem os administra (Lei n. 5.478/68, art. 4º, parágrafo único) – justificariam o acolhimento do pedido indenizatório, o que autorizaria o tribunal a dar provimento ao recurso, reformando a sentença. Apenas para evitar surpresa, seria recomendável que, antes, o contraditório prévio fosse oportunizado sobre o tema (CPC, art. 10).

Esse é, como tantas vezes destacado, o regramento geral do efeito devolutivo tanto em extensão quanto em profundidade. As exceções a ele advêm daqueles itens que independem de provocação expressa da pessoa para serem conhecidos pelo órgão julgador, como os capítulos dependentes do capítulo impugnado e as matérias de ordem pública. Os primeiros se considerarão incluídos na extensão e na profundidade da irresignação por aplicação da "regra da gravitação", segundo a qual o acessório segue o principal. No exemplo acima, portanto, o tribunal estaria autorizado a decidir, mesmo sem provocação expressa, sobre o eventual dever de desocupação do marido na eventualidade de ele se recusar a pagar os aluguéis. Pelo segundo, se encontrariam embutidas as matérias de ordem pública, não só de índole processual – como a ilegitimidade, a ausência de interesse recursal e as verbas de sucumbência (CPC, art. 485, § 3º) – como também aquelas de natureza material – a exemplo do superior interesse da criança, dos juros de mora e da atualização monetária.

Estas últimas voltarão a ser analisadas quando for estudado o efeito translativo, algumas linhas adiante.

Para finalizar este tópico, vale ser dito que mesmo os embargos de declaração, que são usualmente julgados pelo próprio órgão prolator da decisão recorrida, se submetem a este efeito, porque não há necessidade de que o órgão julgador para o qual a transferência, isto é, a devolução, acontece (*ad quem*) seja diferente daquele responsável pela prolação da decisão recorrida (*a quo*).

Vejamos agora um princípio que se encontra umbilicalmente ligado ao efeito suspensivo: o efeito translativo.

11.3 O EFEITO TRANSLATIVO

Efeito translativo é a eficácia recursal responsável por transferir ao tribunal o conhecimento das matérias de ordem pública existentes no processo. Já que, no caso, transferir é sinônimo de devolver, o efeito translativo acaba sendo um efeito devolutivo "qualificado", uma vez que seu objetivo não é remeter ao órgão *ad quem* as matérias que tenham sido pré-selecionadas e expressamente provocadas pela pessoa, mas sim aquelas que o tribunal já poderia conhecer de ofício, por força do permissivo contido, exemplificativamente, no art. 278, parágrafo único,[208] no art. 330[209] e no art. 337, § 5º,[210] do CPC.

Daí já se percebem pelo menos duas coisas a seu respeito: a) que ele não integra todo e qualquer recurso, mas apenas aqueles interpostos para o ataque de casos específicos, em que existam matérias como as acima referidas, e; b) que ele é espécie daqueles efeitos que não precisam ser requeridos expressamente pelas pessoas, tampouco atribuídos expressamente pelo juízo. Aliás, muito pelo contrário. Basta que o recurso ultrapasse o juízo de admissibilidade exitosamente, para que ele passe a ser irradiado no caso concreto. Portanto, à semelhança do que ocorre com o efeito devolutivo, não se encontrará no texto legal alguma remissão como "este recurso é dotado de efeito translativo" ou o juiz poderá "atribuir efeito translativo a este recurso".

De certa forma, pode-se dizer que a sua regra matriz se encontre no art. 485, § 3º, do CPC, segundo o qual "o juiz conhecerá de ofício da matéria constante dos incisos IV, V, VI e IX [isto é, dos pressupostos processuais e das condições da ação], em qualquer tempo e grau de jurisdição, enquanto não ocorrer o trânsito em julgado".

Já que o efeito translativo devolve ao tribunal a análise de matérias de interesse direto do Estado – por isso chamadas de "matérias de ordem pública" – pode acontecer de o órgão *ad quem* julgar o recurso até mesmo em prejuízo à pessoa responsável por sua interposição, colocando-a em situação pior aquela que se encontrava originariamente, como aconteceria na hipótese de um pai que apelasse da sentença que houvesse estabelecido o compartilhamento da guarda do filho, mas o tribunal, ao julgar seu recurso, concluísse que os superiores interesses da criança somente seriam efetivamente preservados se a guarda fosse fixada unilateralmente a favor da mãe, reformando a sentença ao final.

Algo semelhante aconteceria com todas as questões de ordem pública de natureza material e processual há pouco referidas, como os juros de mora, a atualização monetária, os honorários de sucumbência, a legitimidade, o interesse processual, a representação processual, o recolhimento do preparo recursal, a tempestividade etc., até porque várias delas devem estar presentes para que se atenda ao pressuposto da regularidade formal, logo, a algo condizente à própria admissibilidade do recurso.[211]

Como alertado oportunamente, isso sequer afrontaria o princípio da vedação da reforma para pior (*non reformatio in pejus*) por ser autorizado pelo próprio sistema, que não pode conviver com a violação de normas de ordem pública. Bastaria apenas que fosse previamente oportunizado o contraditório a respeito, para que se evitasse o "julgamento surpresa" (CPC, art. 10).

---

[208] CPC, art. 278. "A nulidade dos atos deve ser alegada na primeira oportunidade em que couber à parte falar nos autos, sob pena de preclusão.
Parágrafo único. Não se aplica o disposto no caput às nulidades que o juiz deva decretar de ofício, nem prevalece a preclusão provando a parte legítimo impedimento."
[209] CPC, art. 330. "A petição inicial será indeferida quando: I – for inepta; II – a parte for manifestamente ilegítima; III – o autor carecer de interesse processual; IV – não atendidas as prescrições dos arts. 106 e 321."
[210] CPC, art. 337, § 5º. "Excetuadas a convenção de arbitragem e a incompetência relativa, o juiz conhecerá de ofício das matérias enumeradas neste artigo".
[211] Dentre vários: STJ, REsp 1.493.617/MG, DJe de 04.11.22.

Mas, esteja atento a um ponto superimportante. O entendimento do STJ é absolutamente pacífico no sentido de que o efeito translativo permite que todas as questões de ordem pública possam ser examinadas a qualquer momento pelo *tribunal de justiça estadual*, mesmo quando não tenham sido previamente submetidas à apreciação do juízo de primeiro grau, sem que isso configure indevida supressão de instância.[212] Todavia, em se tratando de recursos excepcionais (recurso especial e recurso extraordinário), a exigência *constitucional* de que haja "prequestionamento" (CR, arts. 102, III e 105, III) impediria que o efeito *legal* aqui estudado se projetasse sobre eles, impedindo seu conhecimento de ofício pelos *tribunais de superposição*, a não ser, é claro, se houvesse expressa provocação a respeito, o que, entretanto, já transformaria o assunto em algo respeitante ao efeito devolutivo e não ao translativo.[213]

A imposição constitucional é tão forte que mesmo assuntos sensíveis ao ordenamento jurídico, como o superior interesse das crianças e adolescentes, podem ser conhecidos originariamente nesses recursos, até por demandarem aprofundamento sobre o material probatório, o que lhes é vedado pela Súmula 7.[214] A propósito, confira:

> RECURSO ESPECIAL. DIREITO DE FAMÍLIA. PRETENSÃO DE ESTABELECIMENTO DA GUARDA COMPARTILHADA. DESATENDIMENTO DO MELHOR INTERESSE DA INFANTE. IMPOSSIBILIDADE DE REVISÃO NA VIA DO RECURSO ESPECIAL. REEXAME DE PROVAS. VEDAÇÃO. SÚMULA Nº 7 DO STJ.
> 1. Ação de guarda movida pelo recorrente contra a recorrida pretendendo permanecer com a guarda unilateral da filha do casal, nascida em 1 de dezembro de 2012, estando, à época, com aproximadamente dois anos de idade.
> 2. Guarda unilateral da criança mantida em favor da mãe pela sentença e pelo acórdão recorrido, em face dos fartos elementos de prova colhidos nos autos, concedendo-se ao pai o direito de visita.
> 3. Controvérsia devolvida ao conhecimento desta Corte em torno do estabelecimento de guarda compartilhada em relação à filha do casal litigante.
> 4. Esta Corte Superior tem por premissa que a guarda compartilhada é a regra e um ideal a ser buscado em prol do bem-estar dos filhos.
> 5. Prevalência do princípio do melhor interesse da criança e do adolescente, previsto no art. 227 da CF.
> 6. Situação excepcional que, no caso dos autos, não recomenda a guarda compartilhada, pois as animosidades e a beligerância entre os genitores evidenciam que o compartilhamento não viria para bem do desenvolvimento sadio da filha, mas como incentivo às desavenças, tornando ainda mais conturbado o ambiente em que inserida a menor.
> 7. Impossibilidade de revisão da situação fática considerada pelas instâncias de origem para o desabono do compartilhamento.
> 8. Recurso Especial desprovido.
> (REsp 1.838.271/SP, DJe de 25.06.21).[215]

Agora é hora de se conhecer o efeito suspensivo.

11.4 O EFEITO SUSPENSIVO

O efeito suspensivo é a eficácia recursal responsável por sustar os efeitos do pronunciamento recorrido, como visto ao ser estudada a eficácia dos pronunciamentos judiciais. De forma genérica, a ele expressamente se refere o supramencionado art. 995, parágrafo único, quando diz que:

> Art. 995. [...].
> Parágrafo único. A eficácia da decisão recorrida poderá ser suspensa por decisão do relator, se da imediata produção de seus efeitos houver risco de dano grave, de difícil ou impossível reparação, e ficar demonstrada a probabilidade de provimento do recurso.

É como se tal dispositivo trouxesse a regra matriz da eficácia recursal. Não por outro motivo, ele se encontra alocado no Capítulo destinado a traçar as disposições gerais de todos os recursos (Capítulo I do Título I do Livro III). Sua leitura conduz à conclusão de que: a) se não houver disposição de lei ou determinação do juiz, os pronunciamentos judiciais terão eficácia imediata no Brasil; b) se, do contrário, houver disposição de lei ou determinação do juiz nesse sentido, os efeitos das decisões judiciais serão suspensos, e; c) o efeito suspensivo pode ser atribuído aos recursos por disposição de lei – quando é chamado de *ope legis* – ou por determinação judicial – quando também é denominado de *ope judicis*.[216] Para que se evitem confusões futuras, não custa relembrar que quando se atribui efeito suspensivo "ao recurso" o que se suspende, na verdade, é a "decisão recorrida", mais precisamente os seus efeitos. No ponto, inclusive, a redação adotada pelo Código de Processo Civil de Portugal parece ser mais precisa, quando enuncia que "tem efeito suspensivo da decisão a apelação" (art. 647°, 3).

O efeito suspensivo apresenta algumas particularidades que o distinguem bastante das outras eficácias recursais. A primeira delas diz respeito ao próprio aspecto dual acima referido. Afinal, existem recursos que já vem impregnados com o efeito suspensivo imposto por lei, e outros aos quais isso deve ser feito casuisticamente, a partir da análise do órgão julgador. No primeiro caso, a lei expressamente os atribui ao recurso; no segundo, adota duas táticas: ou permite expressamente que o juiz o faça ou permanece completamente omissa a esse respeito, permitindo que se chegue a essa alternativa por indução. Típico caso de recurso provido de *efeito suspensivo legal* é a apelação, pois o art. 1.012 é expresso ao enunciar que "a apelação terá efeito suspensivo". Outros exemplos adviriam dos recursos especial e extraordinário destinados especificamente à impugnação da decisão proferida no julgamento de mérito do incidente de resolução de demandas repetitivas, pois o art. 987, § 1°, também dispõe que, nessas hipóteses, "o recurso tem efeito suspensivo". Por sua vez, talvez o mais clássico exemplo de recurso dotado de *efeito suspensivo judicial* seja o agravo de instrumento, ao qual o art. 1.019, I, autoriza o relator a "atribuir efeito suspensivo." Portanto, ao contrário do efeito devolutivo, o efeito suspensivo sim, pode

---

[216] No ECA existe previsão semelhante no art. 215, que enuncia que: "O juiz poderá conferir efeito suspensivo aos recursos, para evitar dano irreparável à parte".

vir previsto no texto legal como algo automático ou passível de ser atribuído casuisticamente a recurso por decisão judicial.

A sua segunda particularidade, que na verdade é uma decorrência da primeira, diz respeito à sua amplitude e ao momento a partir do qual opera em cada um desses casos. É que enquanto a eficácia *ope legis* engloba obrigatória e automaticamente toda a decisão, a partir de sua publicação (CPC, art. 995, *caput*), a *ope judicis* pode ser atribuída a apenas um ou alguns de seus capítulos, em conformidade com o que seja requerido pela pessoa, irradiando efeitos somente a partir de sua concessão em diante (CPC, art. 995, parágrafo único).

A terceira especificidade é bastante interessante: o tão só fato de a lei prever que a impugnação possa ser feita por recurso dotado de efeito suspensivo legal (*ope legis*) impede por completo que o pronunciamento judicial subjacente produza qualquer efeito. Sim, embora seja um tanto diferente, isso acontece com o efeito suspensivo legal, como, aliás, já visto por aqui. Basta perceber que, pelo simples fato de o art. 1.012, *caput*, prever que "a apelação tem efeito suspensivo", a eficácia da sentença fica inibida por completo desde o instante em que é publicada até o momento em que ocorrer o esgotamento do prazo recursal ou o julgamento definitivo da apelação eventualmente interposta, não permitindo que, neste intervalo, a pessoa promova nem mesmo o seu cumprimento provisório (CPC, arts. 520 e 1.012, § 2º).[217] exceto, é claro, se ela obtiver alguma tutela provisória, na forma a ser estudada pouco mais adiante neste livro.

Relembre-se que não é preciso que efetivamente se faça uso da apelação no caso concreto. O mero *fato* de ela ser provida de efeito suspensivo por lei já impede que a sentença projete os efeitos que lhe sejam pertinentes durante todo o prazo recursal. E, se realmente for interposta a apelação, essa suspensividade perdurará até o seu julgamento definitivo. Daí porque, é bastante comum a afirmação de que o efeito suspensivo legal não é um genuíno efeito recursal, mas sim um efeito da recorribilidade. Não por outro motivo os juízes inserem no fechamento de suas sentenças determinações como "arquivem-se os autos após o trânsito em julgado" ou "após o trânsito em julgado, cumpra-se o que foi aqui determinado".

O mesmo fenômeno não acontece, contudo, quando existe omissão legal ou a previsão de recurso provido de efeito suspensivo meramente judicial (*ope judicis*), o qual somente irradiará suas consequências ao caso concreto se, e a partir do momento em que for efetivamente atribuído ao recurso pelo órgão julgador. Até que o seja, o pronunciamento subjacente produz seus regulares efeitos a partir da data de sua publicação, na forma prevista pelo art. 995, *caput*.

---

[217] CPC, art. 520. "O cumprimento provisório da sentença impugnada por recurso desprovido de efeito suspensivo será realizado da mesma forma que o cumprimento definitivo, sujeitando-se ao seguinte regime": I – corre por iniciativa e responsabilidade do exequente, que se obriga, se a sentença for reformada, a reparar os danos que o executado haja sofrido; II – fica sem efeito, sobrevindo decisão que modifique ou anule a sentença objeto da execução, restituindo-se as partes ao estado anterior e liquidando-se eventuais prejuízos nos mesmos autos; III – se a sentença objeto de cumprimento provisório for modificada ou anulada apenas em parte, somente nesta ficará sem efeito a execução; IV – o levantamento de depósito em dinheiro e a prática de atos que importem transferência de posse ou alienação de propriedade ou de outro direito real, ou dos quais possa resultar grave dano ao executado, dependem de caução suficiente e idônea, arbitrada de plano pelo juíz e prestada nos próprios autos."
CPC, art. 1.012. "A apelação terá efeito suspensivo. [...]. § 2º Nos casos do § 1º, o apelado poderá promover o pedido de cumprimento provisório depois de publicada a sentença."

Finalmente, a quarta e última peculiaridade envolve a desnecessidade de o efeito suspensivo legal ser requerido expressamente pela pessoa que interpõe o recurso, porque, como se intui, isso ocorre automaticamente, o que, até por contraposição, não acontece com o efeito suspensivo judicial, uma vez que, neste caso, a pessoa precisará não só fazer requerimento específico para sua obtenção, mas, sobretudo, preencher dois requisitos impostos por lei: a) a comprovação de que a imediata produção dos efeitos irradiados pelo pronunciamento recorrido poderá lhe causar risco de dano grave, de difícil ou impossível reparação, e; b) a demonstração da probabilidade de que o seu recurso vá ser provido (CPC, art. 995, parágrafo único).

Isso já foi dito por aqui, mas merece ser repetido em razão de sua importância para a compreensão do conteúdo que será exposto em capítulos vindouros. Perceba que esses requisitos são, com ligeira modificação, os mesmos exigidos para a concessão da tutela provisória de urgência (CPC, art. 300, *caput*).[218] E isso não é mera coincidência. Toda suspensividade imposta pelo juiz pretende gerar conservação do estado de coisas subjacente, assumindo, por isso, o nítido caráter cautelar (conservativo). Por isso, toda vez que o efeito suspensivo for judicialmente atribuído a atos processuais que legalmente não o ostentem haverá uma típica tutela provisória de urgência, mais precisamente uma tutela cautelar (conservativa), com a única especificidade de, no caso, ser concedida no âmbito recursal (CPC, art. 294, parágrafo único). Em contraposição, toda vez que o efeito suspensivo for judicialmente retirado de atos processuais que legalmente o ostentem haverá uma típica tutela provisória de urgência, porém, de natureza antecipada (satisfativa), com a única especificidade de também ser concedida no âmbito recursal (CPC, art. 294, parágrafo único). Não por outro motivo, o Código de Processo Civil exige o preenchimento de requisitos praticamente idênticos quando trata dos recursos em espécie, como acontece na apelação (art. 1.012, § § 1º e 3º), no agravo de instrumento (art. 1.019, I), nos embargos de declaração (art. 1.026, § 1º) e até mesmo nos recursos especial e extraordinário (art. 1.029, § 5º).

Antes que este tópico seja encerrado, é preciso ser dito que a circunstância de o efeito suspensivo legal ser inerente à "recorribilidade da decisão" e não propriamente ao fato de o recurso ser ou não interposto no caso concreto, leva a uma situação extremamente desconfortável e, por que não dizer, um tanto quanto incoerente no sistema recursal brasileiro. É que a sentença de mérito – que representa o pronunciamento do juiz fundado na mais completa certeza jurídica resultante do intenso debate e da mais ampla produção probatória a respeito das questões debatidas no processo –, não produz efeitos imediatos, pelo fato de o recurso voltado ao seu ataque, qual seja, a apelação (CPC, art. 1.009, *caput*), ser provida de efeito suspensivo legal (CPC, art. 1.012, *caput*), o que obriga a pessoa que tenha se sagrado vencedora na causa a aguardar, no mínimo, o decurso do prazo previsto para a sua interposição para que

---

[218] CPC, art. 300. "A tutela de urgência será concedida quando houver elementos que evidenciem a probabilidade do direito e o perigo de dano ou o risco ao resultado útil do processo."

possa dar início ao cumprimento definitivo e usufruir de uma vez por todas dos efeitos projetados por a seu favor por tal pronunciamento (CPC, art. 523). Antes do trânsito em julgado, porém, não poderá ser promovido nem mesmo o seu cumprimento provisório, porque o art. 520 do Código impede que isso seja feito quando a decisão recorrida for impugnável por recurso dotado de efeito suspensivo, como no caso.[219] Via de consequência, se uma sentença condenar o ex-marido a desocupar o imóvel comum em 10 dias, por exemplo, este efeito não será efetivamente projetado enquanto a sentença não se tornar definitivamente imune a recursos, seja pelo decurso em branco dos prazos abertos para sua interposição, seja pelo julgamento daqueles que tiverem efetivamente sido interpostos, o que permitirá que ele lá continue morando por bastante tempo. Além de causar significativo mal-estar na pessoa que vence a causa, essa situação acaba gerando uma incoerência em nosso sistema jurídico como um todo. Isto porque a decisão interlocutória meramente processual – que ao contrário da sentença, representa um pronunciamento voltado a resolver questões incidentes, com base em meras probabilidades e que pode ser proferido até mesmo sem que a outra pessoa seja ouvida (liminarmente) – projeta sim efeitos imediatos, porque o agravo de instrumento, que é o recurso voltado ao seu ataque (CPC, art. 1.015) não possui efeito suspensivo legal, mas apenas judicial (CPC, art. 1.019, I). Como resultado, se uma decisão interlocutória concessiva de tutela provisória de urgência liminar ordenar o mesmo ex-marido a desocupar o mesmo imóvel comum no mesmo prazo de 10 dias, este efeito será imediatamente projetado a partir de sua publicação, podendo ser provisoriamente cumprida na forma do art. 520, § 5º, sem ter que ficar no aguardo do decurso do prazo previsto para interposição do agravo de instrumento.

Com o máximo respeito aos que assim não pensam, fica um pouco difícil de entender a dinâmica adotada pelo Código, porque, em uma escala de relevância, presume-se que a sentença importe mais que uma decisão interlocutória e que a certeza a ela inerente sobrepuje a mera probabilidade que permeia este pronunciamento, o que torna suposto que seus efeitos sejam irradiados de forma mais rápida e contundente do que os projetados por este. Mas, enfim! São escolhas feitas pelo legislador brasileiro, que têm que ser respeitadas por nós, cidadãos brasileiros.

Conheçamos, agora, outro efeito.

11.5 O EFEITO REGRESSIVO

O efeito regressivo é a eficácia recursal responsável por permitir que o próprio órgão prolator da decisão se retrate. Como se intui, isso não é algo comum a todos os recursos. Muito pelo contrário. Embora o CPC/2015 tenha ampliado seu campo de aplicação em relação àquele existente sob a vigência do CPC/73, o efeito regressivo comporta cabimento somente em alguns recursos e em algumas

---

[219] CPC, art. 520. "O cumprimento provisório da sentença impugnada por recurso desprovido de efeito suspensivo será realizado da mesma forma que o cumprimento definitivo, sujeitando-se ao seguinte regime.

situações expressamente previstas no texto normativo, sempre dependentes do fato de que o recurso, pelo menos, ultrapasse o juízo de admissibilidade exitosamente.

Esse caráter excepcionalíssimo se deve a uma óbvia circunstância: a de que, salvo os embargos de declaração, os recursos submetem a análise da decisão a órgãos diferentes daqueles responsáveis por sua própria prolação. Porém, por questões relacionadas à celeridade e aproveitamento de atos judiciais, a lei brasileira confere, aqui e ali, a oportunidade de o próprio órgão prolator do pronunciamento dele se retratar. Portanto, o efeito regressivo tem sim que estar previsto em lei, sob pena de não ser passível de aplicação no caso concreto. Quando isso acontece, o legislador emprega termos como "retratar" ou expressões que remetem a essa ideia. No cotidiano forense, as pessoas costumam a ele se referir por "juízo de retratação".

Os recursos que o admitem são a apelação, alguns agravos e o recurso especial e recurso extraordinário repetitivos. Na apelação, ele se viabiliza quando interposta de sentença que: a) indefere liminarmente a petição inicial (CPC, arts. 331); b) julga liminarmente improcedente o pedido nela contido (CPC, art. 332, § 3º);[220] c) extingue o processo sem resolver o mérito (CPC, art. 485, § 7º), e; d) resolve os procedimentos afetos à Justiça da Infância e da Juventude, inclusive os relativos à execução das medidas socioeducativas (ECA, art. 198, VII). Já no recurso especial e extraordinário repetitivo, se operacionaliza apenas quando é fixada a tese e publicado o acórdão paradigma (CPC, art. 1.040, II). Finalmente, no agravo interno, no agravo em recurso especial e em recurso extraordinário e no agravo de instrumento, inclusive daqueles interpostos de decisões tiradas nos procedimentos do ECA, sempre se mostra cabível (CPC, art. 1.018, § 1º, e 1.021, § 2º; ECA, art. 198, VII).

Embora possa se acreditar que algo parecido aconteça nos embargos de declaração, não é isso que ocorre na verdade, porque tal recurso já tem por propósito submeter o julgamento da pretensão nele contida, em regra, ao próprio órgão responsável pelo pronunciamento da decisão embargada, o qual, se se retratar, estará é lhe dando provimento.

Também não seria possível identificar o juízo de retratação positivo com a reconsideração feita pelo juízo, em atenção aos conhecidos "pedidos de reconsideração", porque os primeiros são genuínos efeitos recursais que, por isso, pressupõem a interposição do recurso específico enquanto estes são decorrentes da mera prática forense, sem possuírem nem mesmo previsão legal, como será visto no tópico deste livro dedicado ao estudo dessa figura.

Mais um tópico, mais um efeito.

11.6 O EFEITO EXPANSIVO

O efeito expansivo é a eficácia responsável por fazer com que o resultado do julgamento do recurso, em alguns casos específicos, atinja outras pessoas ou

---

[220] JDPC/CJF, Enunciado n. 22: "Em causas que dispensem a fase instrutória, é possível o julgamento de improcedência liminar do pedido que contrariar decisão do Supremo Tribunal Federal em controle concentrado de constitucionalidade ou enunciado de súmula vinculante."

outros pedidos além daquelas que originariamente o compunham. É efeito, portanto, que se projeta somente a partir do julgamento e não da mera interposição recursal.

Antes que se possa imaginar que ele violaria o que foi dito sobre a extensão do efeito devolutivo, é preciso que se saiba que o efeito expansivo só pode ocorrer quando a própria lei ou negócios jurídicos processuais o previrem. Não necessariamente, contudo, sob uso da expressão "efeito expansivo", que resulta de criação da literatura, mas sim referindo-se às consequências práticas por ele projetadas. Veja, por exemplo, o que diz o art. 1.005 do CPC, quando enuncia que "o recurso interposto por um dos litisconsortes a todos aproveita, salvo se distintos ou opostos os seus interesses", e que "havendo solidariedade passiva, o recurso interposto por um devedor aproveitará aos outros quando as defesas opostas ao credor lhes forem comuns."

Poderiam ainda ser mencionados como hipóteses de incidência deste efeito os julgamentos de recursos extraordinários e especiais repetitivos, porque vincularão os demais órgãos do Poder Judiciário a obedecer o que neles tenha sido decidido, na forma dos arts. 927, III, e 1.035 a 1.041 do CPC.

Vejamos mais um efeito.

11.7 O EFEITO SUBSTITUTIVO

O efeito substitutivo é a eficácia recursal responsável por acarretar a substituição da decisão recorrida por aquela que tenha sido proferida no recurso. Bem vistas as coisas, é o efeito que verdadeiramente caracteriza e justifica o sistema recursal, como, aliás, o seu próprio nome sugere. Sua previsão advém expressamente do art. 1.008 do CPC, segundo o qual "o julgamento proferido pelo tribunal substituirá a decisão impugnada no que tiver sido objeto de recurso".

"No que tiver sido objeto de recurso", esteja atento a isso. Isto porque ele será projetado tanto se o pedido recursal for acolhido quanto se for rejeitado, mas sempre naquilo que tiver sido objeto de recurso, ou seja, naquilo que tiver sido levado ao conhecimento do órgão julgador. Logo, pressupõe que o recurso tenha sido, pelo menos, admitido.

Obviamente que a substituição plena somente acontecerá se a decisão substitutiva realmente puder tomar o lugar da substituída para todos os fins, pois se aquela se limitar a ordenar que o juízo *a quo* profira outro pronunciamento para solucionar a questão, a substituição ocorrerá apenas no que toca à eliminação desta do mundo jurídico, o que, embora influencie no cabimento de recursos e na competência para seu processamento, não acarreta a verdadeira substituição de seu conteúdo propriamente dito.[221]

As consequências práticas imediatamente projetadas por este efeito são variadas. Basta perceber que o acórdão que eventualmente substituir a sentença, nos termos do art. 1.008, passará a ser o pronunciamento judicial a ser considerado

---

[221] Exatamente assim: STJ, REsp 1.913.033/SP, DJe de 25.06.21; REsp 963.220/BA, DJe de 15.04.11.

para todas as estratégias a serem adotadas pelas pessoas daí por diante. Assim, se ele eventualmente se liminar a homologar a autocomposição celebrada por estas em 2° grau de jurisdição, será o título executivo a ser cumprido, nos termos do art. 515, II, do CPC.[222] Igualmente, são os seus fundamentos que devem ser objeto do recurso especial, sendo certo que eventual vício existente em algum dos "requisitos essenciais" da sentença (relatório, fundamentação e dispositivo) restará superado.[223] Considerando-se que o acórdão é que passaria a adquirir a autoridade da coisa julgada, no caso, o efeito substitutivo influi, também, na competência para eventual apreciação de ação rescisória, na forma estabelecida pelos respectivos regimentos internos (CF, art. 96, I, a), sobretudo se ele for projetado por decisões proferidas pelos tribunais de superposição (CR, arts. 102, I, j, e 105, I).[224]

O efeito substitutivo não acontece, porém, nos embargos de declaração, como será visto no tópico abaixo.

11.8 Os efeitos integrativo, interruptivo e infringente (embargos de declaração)

Os efeitos integrativo, interruptivo e infringente são inerentes especificamente ao recurso de embargos de declaração. Eles entram no lugar do efeito substitutivo inerente aos demais recursos (CPC, art. 1.008).

Vejamos a que se prestam cada um deles.

O efeito integrativo, como o próprio nome sugere, decorre do fato de este recurso, em vez de pretender a invalidade ou a reforma da decisão recorrida, ter por propósito meramente promover a integração da decisão recorrida pelo pronunciamento a nele ser proferido depois de eliminada a contradição, esclarecida a obscuridade, suprida a omissão ou corrigido o erro material que eventualmente a inquinem (CPC, art. 1022). É, por isso, um efeito decorrente do julgamento do recurso, o que pressupõe que ele tenha ultrapassado exitosamente o juízo de admissibilidade.

Portanto, em vez de substituir completamente o pronunciamento recorrido, na forma prescrita pelo art. 1.008 do CPC, a decisão proferida nos embargos de declaração o integra, o complementa, exigindo que a leitura e interpretação dos dois textos judiciais ocorra de forma conjugada.

Já o efeito interruptivo não tem a ver com a decisão em si, mas sim com o prazo recursal. Nos termos do art. 1.026, "os embargos de declaração não possuem efeito suspensivo e interrompem o prazo para a interposição de recurso." Como se vê, a eficácia da decisão não é influenciada imediatamente pela oposição dos declaratórios, muito embora seja prudente que seus efeitos somente passem a irradiar depois que o seu conteúdo for integrado pela decisão neste proferida.

---

[222] STJ, AR 4.590/PR, DJe de 30.03.22. A respeito, o Enunciado n. 664 do FPPC dispõe que: "O Presidente ou Vice-Presidente do Tribunal de origem tem competência para homologar acordo celebrado antes da publicação da decisão de admissão do recurso especial ou extraordinário".
[223] STJ, REsp 2.063.136/AM, DJe de 29.05.23.
[224] STJ, AgInt no AREsp 2.276.252/RJ, DJe de 23.05.23.

Porém, o prazo para qualquer outro recurso fica interrompido a partir do momento em que estes ultrapassem o juízo de admissibilidade. Trata-se, então, de um efeito decorrente da mera admissão do recurso.

Dessas afirmações, é indispensável que se retenham, pelo menos, quatro pontos: a) a interrupção zera o prazo, fazendo com que ele tenha que ser recontado do início; b) a interrupção só afeta prazos recursais, mas não outros abertos para a prática dos demais atos processuais, como contestação, réplica e os atos postulatórios em geral, ainda que de natureza defensiva[225]; c) a interrupção somente acontecerá se o recurso for admitido, o que significa que se ele for manifestamente intempestivo ou mesmo descabido, sua oposição não terá tido o condão de interromper o prazo recursal, conforme já visto ao ser estudado o juízo de admissibilidade recursal; e d) embora interrompa os prazos abertos para outros recursos, não é interrompido, por óbvio, o prazo para que a outra pessoa oponha os seus próprios embargos de declaração em face do mesmo pronunciamento. Do contrário, correr-se-ia o risco de o procedimento ter seu desenvolvimento regular seriamente comprometido caso fossem opostos sucessivos embargos de declaração do mesmo pronunciamento, como, aliás, entende de forma absolutamente pacífica o STJ.[226]

Só não o confunda com o efeito obstativo, porque, ao contrário deste, o efeito interruptivo afeta a própria fluência do prazo recursal, impedindo provisoriamente, por conta disso, a formação da preclusão ou da coisa julgada.

Finalmente, o efeito infringente, também denominado de modificativo, é responsável por acarretar a excepcional modificação da decisão recorrida em decorrência do provimento dos embargos de declaração. É que, como mencionado, este recurso não se presta exatamente a rediscutir a assim chamada "justiça da decisão", ou seja, a correta aplicação do direito realizada pela decisão embargada. No entanto, excepcionalmente, pode que isso aconteça não como consequência direta, mas sim indireta, como algo proveniente da supressão da omissão, da eliminação da obscuridade, do esclarecimento da contradição e/ou da correção do erro material. A propósito, se isso realmente acontecer no caso concreto e a outra pessoa já tiver interposto outro recurso em face da decisão embargada, o art. 1.024, § 4º, do CPC determina que "caso o acolhimento dos embargos de declaração implique modificação da decisão embargada, o embargado que já tiver interposto outro recurso contra a decisão originária tem o direito de complementar ou alterar suas razões, nos exatos limites da modificação, no prazo de 15 (quinze) dias, contado da intimação da decisão dos embargos de declaração."

Como se intui, este também é um efeito decorrente do efetivo julgamento do recurso, o que pressupõe que ele tenha ultrapassado exitosamente o juízo de admissibilidade.

Conheçamos, agora, o último efeito a ser estudado por aqui: o efeito ativo.

---

[225] Exatamente assim: STJ, REsp 1.822.287/PR, DJe de 06.06.23.
[226] AgInt no REsp 2.090.548/SP, DJe de 14.12.23; EDcl nos EDcl no REsp n. 1.829.862/SP, DJe de 15.06.21.

11.9 O EFEITO ATIVO

Finalmente, por efeito ativo entende-se a eficácia recursal responsável por antecipar efeitos do mérito do recurso. Ela é projetada quando é deferida a tutela provisória de urgência antecipada (satisfativa) ou de evidência no âmbito recursal. Por isso, pressupõe que o recurso tenha, em regra, ultrapassado o juízo de admissibilidade.

O seu nome decorre de criação literária, não existindo, por isso, remissão a ele no texto do CPC, o qual se limita a traçar hipóteses em que seria possível sua aplicação prática (p. ex.: art. 995, parágrafo único, art. 1.019, I, e art. 1.026, § 1º), muito embora isso não seja nem mesmo necessário pelo fato de se tratar de uma garantia assegurada pela própria Constituição Federal a apreciação judicial de qualquer *ameaça* de lesão a direito (art. 5º, XXXV),[227] o que autoriza sua concessão sempre que esse cenário se verificar, independentemente da circunstância de haver previsão legal específica.

Sua aplicação é corriqueira nos recursos em ações de família e sucessões, notadamente naqueles casos em que o juízo a *quo* indefere requerimentos de tutela provisória, sendo preciso que o interessado recorra para que o órgão *ad quem* lhe conceda esta própria providência, preferencialmente de forma liminar. Nesse caso, e em outros a ele assemelhados, o efeito suspensivo não seria capaz de lhe proporcionar o mesmo resultado, afinal, não haveria o que se suspender. Por isso, alguns o denominam de efeito "contrassuspensivo".

Trata-se, como se vê, das figuras da antecipação da tutela e da tutela da evidência em âmbito recursal (CPC, arts. 294, parágrafo único, 300 e 311), as quais serão mais profundamente estudadas no próximo tópico, que se destina a analisar a tutela provisória recursal como um todo.

---

[227] O CPC a repete em seu art. 3º: "Não se excluirá da apreciação jurisdicional ameaça ou lesão a direito".

12

A TUTELA PROVISÓRIA RECURSAL (TÉCNICA PARA ATRIBUIR EFEITO SUSPENSIVO OU ATIVO AOS RECURSOS)

NOÇÕES GERAIS

Assim como acontece ao ajuizar a ação, ao interpor o recurso a pessoa pretende obter uma tutela definitiva, com a única diferença de isso ocorrer no âmbito recursal. Ela almeja, assim, o provimento de seu recurso, que nada mais é do que a tutela definitiva recursal. Mas, como se sabe, demora bastante até que isso aconteça. O que fazer, então, se surgir uma situação que precise ser urgentemente satisfeita ou conservada? O órgão *ad quem* não poderia fazer nada a respeito?

Imagine, por exemplo um avô que tenha tido alimentos provisórios fixados em seu desfavor por tutela provisória de urgência liminarmente concedida em ação de alimentos avoengos (CPC, art. 300; Lei n. 5.478/68, art. 4º). Caso ele queira atacar essa decisão interlocutória, terá que interpor recurso de agravo de instrumento, o qual, entretanto, não possui efeito suspensivo legal (CPC, arts. 1.015, I e 1.019, I), o que, na prática, permitiria que a liminar já pudesse ser cumprida, inclusive com decretação de seu aprisionamento civil (CPC, arts. 528 e ss.).

Pense, agora, em uma mulher inserida em situação de violência doméstica que precise urgentemente obter uma medida protetiva de afastamento de seu agressor do domicílio comum, na forma permitida pelo art. 22, II, da Lei Maria da Penha. Caso o juízo de 1º grau não verifique os requisitos necessários para tanto, descritos nos arts. 5º e 7º da mesma normativa, indeferirá seu pleito por decisão interlocutória, a qual desafiará a interposição do mesmo recurso, nos termos do art. 1.015, I, do CPC, cujo julgamento definitivo demorará tempo suficiente para aumentar ainda mais o seu risco de morte.

Pois então, nessas e em incontáveis situações cotidianas, existe sim a possibilidade de o órgão *ad quem* emitir pronunciamentos voltados tanto a satisfazer momentaneamente os anseios da pessoa que recorre, quanto a conservar o estado das coisas, ao menos pelo tempo que se fizer necessário até que o recurso seja definitivamente julgado.

Isso se dá pela tutela provisória recursal, ora estudada. E a explicação para que isso seja possível é bem simples: já que o recurso nada mais é do que o prolongamento do direito de ação já exercido lá atrás, por ocasião da propositura da demanda, a ele devem ser aplicáveis as mesmas garantias constitucionalmente asseguradas à ação, como o direito ao contraditório e à ampla defesa, a proibição ao julgamento surpresa, a competência e a imparcialidade do órgão julgador, e, no que mais interessa por aqui, a garantia de proteção contra lesão ou ameaça a direito (CR, art. 5º, XXXV).

É que, tendo essa garantia – de proteção contra "ameaça a direito" – o recorrente terá assegurado a seu favor a utilização da tutela provisória no âmbito recursal, pois é por meio dela que poderá ser evitado o risco de perecimento de seus direitos no caso de haver demora até que a tutela recursal definitiva seja prestada.

Agora que a gente sabe que a regra matriz da tutela provisória possui assento constitucional – e vem repetida a nível infraconstitucional pelo art. 3º, *caput*, do CPC –, fica fácil saber o motivo de o Código de Processo Civil não ter traçado uma disciplina mais minuciosa da tutela provisória recursal: não o fez porque não havia necessidade.

É lá no regramento da tutela provisória genérica, portanto – CPC, arts. 294/311 –, que o aplicador vai encontrar as características e finalidades da tutela provisória de urgência cautelar (conservativa), da tutela provisória de urgência antecipada (satisfativa) e da tutela provisória da evidência (da quase-certeza), muito embora também consiga encontrar algumas regras versando a respeito nos artigos destinados à disciplina dos recursos em espécie – p. ex.: CPC, arts. 995, parágrafo único, 1.012, §§ 3º e 4º, 1.019, I, o que talvez torne sensato afirmar que exista um "microssistema da tutela provisória no âmbito recursal", responsável por permitir o intercâmbio entre as suas normas.

Talvez a maior mostra disso advenha do fato de os dispositivos legais pertinentes aos recursos acabem reforçando, embora com outras palavras, a possibilidade de concessão da tutela provisória no âmbito recursal e/ou os requisitos necessários para tanto, os quais, como não poderia deixar de ser, são exatamente os mesmos da tutela provisória genérica: a probabilidade do direito e o perigo de dano ou o risco ao resultado útil do processo (CPC, art. 300, *caput*). Veja, por exemplo, que o art. 932, II, enuncia que incumbe ao relator "apreciar o pedido de tutela provisória nos recursos e nos processos de competência originária do tribunal". Na mesma linha, e sendo ainda mais literal, o art. 1.019, I, dispõe que, no agravo de instrumento, o relator "poderá atribuir efeito suspensivo ao recurso ou deferir, em antecipação de tutela, total ou parcialmente, a pretensão recursal, comunicando ao juiz sua decisão". Observe, também, que o art. 995, parágrafo único, do Código – que consagra uma espécie de regra geral da eficácia recursal – enuncia que "A eficácia da decisão recorrida poderá ser suspensa por decisão do relator, se da imediata produção de seus efeitos houver risco de dano grave, de difícil ou impossível reparação, e ficar demonstrada a probabilidade de provimento do recurso". Algo bastante parecido acontece com o art. 1.012, § 4º, ao tratar da apelação, quando dispõe que "Nas hipóteses do § 1º, a eficácia da sentença poderá ser suspensa pelo relator se o apelante demonstrar a probabilidade de provimento do recurso ou se, sendo relevante a fundamentação, houver risco de dano grave ou de difícil reparação". Seguindo a mesma diretriz, o art. 1.026, § 1º, ao tratar dos embargos de declaração, enuncia que "A eficácia da decisão monocrática ou colegiada poderá ser suspensa pelo respectivo juiz ou relator se demonstrada a probabilidade de provimento do recurso ou, sendo relevante a fundamentação, se houver risco de dano grave ou de difícil reparação".

Mas, não custa repetir: como a proteção contra "ameaça a direito" vem prevista pela Constituição Federal, a concessão da tutela provisória será assegurada no âmbito recursal mesmo que o Código de Processo Civil seja lacunoso e até completamente silente a respeito, como acontece, por exemplo, na disciplina do agravo interno (CPC, art. 1.021).

Disso tudo, o que fica é o seguinte: em qualquer situação, se a lei processual atribuir ao recurso o efeito suspensivo automático (*ope legis*), a pessoa que se sentir prejudicada com isso poderá perfeitamente requerer ao órgão julgador que o retire no caso concreto, por meio da tutela provisória recursal (de natureza satisfativa), para que possa promover o cumprimento provisório do pronunciamento recorrido (CPC, arts. 520 e s.). Por idêntico motivo, se a lei processual não atribuir automaticamente efeito suspensivo ao recurso, a pessoa em vias de ser prejudicada pode requerer exatamente o contrário, ou seja, que o órgão julgador o atribua no caso concreto (*ope judicis*), por meio da tutela provisória (de natureza conservativa), para que seja inibido o cumprimento provisório do pronunciamento recorrido. Em outras ocasiões, o que interessa à pessoa do recorrente não é atribuir nem retirar efeito suspensivo ao seu recurso, mas sim obter um provimento que antecipe os efeitos do mérito recursal, satisfazendo-o provisoriamente. Nesse caso, também lhe será perfeitamente possível obter a concessão de uma tutela provisória (de natureza satisfativa), para que possa usufruir daquilo que lhe tenha sido negado pelo pronunciamento recorrido: o efeito ativo.

Já que estamos falando de tutela provisória, que tal conhecermos os principais aspectos a ela relacionados?

12.1 A TUTELA PROVISÓRIA GENÉRICA

Tornando uma longa história curta, a tutela provisória é uma espécie de tutela jurisdicional que serve para contornar os inconvenientes surgidos durante a jornada que obrigatoriamente tem que ser percorrida para a obtenção da tutela definitiva. Sua denominação deixa claro seu propósito: provisoriamente eliminar ou conter uma crise que se revele urgente ou solucionar uma situação juridicamente evidente. Para o primeiro caso, o sistema prevê a tutela de urgência; para o segundo, a tutela da evidência (CPC, art. 294).[228]

A tutela provisória de urgência serve a dois propósitos: satisfazer ou conservar situações urgentes. Quando satisfaz, obviamente de forma provisória, pela mera antecipação de efeitos que seriam projetados pela decisão definitiva, se chama tutela antecipada ou tutela satisfativa. Já quando se volta a meramente conservar, também provisoriamente, se denomina tutela cautelar ou tutela conservativa. Nesses dois casos, como o próprio nome sugere, pressupõe-se urgência (CPC, art. 300). Já a tutela provisória da evidência se presta única e exclusivamente a solucionar, também provisoriamente, situações que se apresentem em estado de quase certeza jurídica (em situação de "evidência"). Por isso, ela não conserva, mas meramente satisfaz, sempre dispensando a existência de urgência (CPC, art. 311).

As disposições gerais referentes a todas elas se encontram primordialmente nos arts. 294 a 311 do Código. No entanto, seria impossível e até desnecessário estudar todas elas por aqui, razão pela qual recomendo que você consulte o meu Manual de Direito Processual das Famílias caso pretenda se aprofundar a respeito.[229] Além do mais, para a compreensão do que se pretende neste tópico não é preciso muito mais do que saber que provisoriedade é a característica daquilo que será oportunamente substituído pelo definitivo,[230] e, que, por isso, a concessão da tutela provisória no caso concreto, em qualquer de suas modalidades, deve se pautar sempre em um juízo de probabilidade, baseado em cognição meramente superficial, até porque o juízo de certeza, fundado em cognição plena e exauriente somente acontecerá por ocasião da concessão da tutela definitivo.

12.2 A TUTELA PROVISÓRIA RECURSAL: CABIMENTO, REQUERIMENTO E COMPETÊNCIA PARA CONCESSÃO

No âmbito recursal acontece exatamente a mesma coisa que ocorre na ação, como dito há pouco. Afinal, é de subtipos de tutela jurisdicional que estamos falando, com a única especificidade de estarem inseridas no ambiente de um recurso e não de um processo. No entanto, para deixar absolutamente clara a

---

[228] CPC, art. 294. "A tutela provisória pode fundamentar-se em urgência ou evidência."
[229] CALMON, Rafael. *Manual de direito processual das famílias*. 4. ed. São Paulo: Saraivajur, 2024.
[230] Tanto que o STJ entende que "o limite temporal máximo de vigência da tutela antecipatória é a concessão da tutela definitiva à qual se encontra vinculada, pois o provimento dotado de cognição exauriente (sentença) absorve os efeitos da decisão provisória (decisão interlocutória)". Assim: REsp 1.380.870/SC, DJe de 22.06.18.

possibilidade de as pessoas obterem tutela provisória recursal, o Código a ela se refere em diversos dispositivos espalhados por todo o Livro III de sua Parte Especial, e ainda mais enfaticamente no Título II, que é inteira e exclusivamente voltado a disciplinar os recursos, como se sabe (CPC, arts. 994 a 1.044).

Logo em seu art. 995, parágrafo único, responsável por ditar a regra matriz da eficácia das decisões, o legislador traz os requisitos necessários para a sua concessão:

> Art. 995. Os recursos não impedem a eficácia da decisão, salvo disposição legal ou decisão judicial em sentido diverso.
> Parágrafo único. A eficácia da decisão recorrida poderá ser suspensa por decisão do relator, se da imediata produção de seus efeitos houver risco de dano grave, de difícil ou impossível reparação, e ficar demonstrada a probabilidade de provimento do recurso;

Embora se refira à concessão de efeito suspensivo, nota-se com extrema simplicidade, que o parágrafo único da normativa acima transcrita elenca exatamente os mesmos requisitos que precisam ser preenchidos para que a pessoa obtenha a tutela provisória de urgência genérica, quais sejam: probabilidade de êxito na tutela definitiva (*fumus boni iuris*) e risco de dano grave, de difícil ou de impossível reparação (*periculum in mora*).[231]

Isso deixa claro que qualquer tutela provisória – de urgência ou da evidência – pode ser concedida no âmbito recursal, desde que os seus respectivos requisitos sejam preenchidos no caso concreto.

E isso não é para menos. Conforme mencionado durante o estudo dos efeitos dos pronunciamentos judiciais e do efeito suspensivo dos recursos, toda vez que o efeito suspensivo for judicialmente atribuído a atos processuais que legalmente não o ostentem haverá uma típica tutela provisória de urgência, mais precisamente uma tutela cautelar (conservativa), com a única especificidade de, no caso, ser concedida no âmbito recursal (CPC, art. 294, parágrafo único), enquanto que, toda vez que o efeito suspensivo for judicialmente retirado de atos processuais que legalmente o ostentem haverá uma típica tutela provisória de urgência, porém, de natureza antecipada (satisfativa), com a única especificidade de também ser concedida no âmbito recursal (CPC, art. 294, parágrafo único).

Isso fica ainda mais claro quando se percebe que o Código de Processo Civil volta a fazer referência aos mesmos requisitos quando trata dos recursos em espécie, como a apelação (art. 1.012, §§ 3º e 4º), o agravo de instrumento (art. 1.019, I), os embargos de declaração (art. 1.026, § 1º) e até mesmo os recursos especial e extraordinário (art. 1.029, § 5º).

Oportunamente, inclusive, sugiro que você leia cada um desses artigos, pois isso facilitará o seu processo de aprendizagem.

No que concerne à competência para a sua concessão, o art. 932, I, do CPC traz aquela que pode ser considerada a regra matriz a respeito, veja:

---

[231] Art. 300. "A tutela de urgência será concedida quando houver elementos que evidenciem a probabilidade do direito e o perigo de dano ou o risco ao resultado útil do processo."

Art. 932. Incumbe ao relator: [...]
II – apreciar o pedido de tutela provisória nos recursos e nos processos de competência originária do tribunal;

Meio que adotando a mesma sistemática adotada para elencar os requisitos para a concessão da providência aqui estudada, o Código também disciplina a competência para os recursos em espécie, da seguinte forma: apelação (art. 1.012, § 3º), agravo de instrumento (art. 1.019, I), embargos de declaração (art. 1.026, § 1º) e recursos especial e extraordinário (art. 1.029, § 5º).

Sob o aspecto formal, o requerimento de tutela provisória recursal pode ser deduzido tanto no âmbito das próprias razões e contrarrazões recursais quanto no bojo de simples petição avulsa, sendo exatamente neste sentido, inclusive, o Enunciado n. 609 do FPPC.[232] Afinal, os arts. 294, parágrafo único, e 299, "*caput*" e parágrafo único, do CPC expressamente autorizam que "A tutela provisória de urgência, cautelar ou antecipada, pode ser concedida em caráter antecedente ou incidental", devendo ser requerida "ao juízo da causa e, quando antecedente, ao juízo competente para conhecer do pedido principal", sendo certo que, "nos recursos a tutela provisória será requerida ao órgão jurisdicional competente para apreciar o mérito". E o que é mais interessante: isso pode ser feito a qualquer momento, pois não existe preclusão a respeito.

Já que é de tutela provisória que estamos tratando, ela pode ser pleiteada pela parte interessada para: a) atribuir efeito suspensivo a recursos legalmente desprovidos desse efeito; b) retirar o efeito suspensivo de recursos legalmente dotados desse efeito; c) antecipar total ou parcialmente os efeitos da tutela recursal (efeito ativo).

Contudo, por se tratar de uma excepcionalidade diante do regramento geral, o juiz só estará autorizado a assim agir se for especificamente provocado no caso concreto. Afinal, é de efeito judicialmente atribuídos (*ope judicis*) que estamos falando, não é mesmo? Além dessa provocação, a extraordinariedade da situação ainda impõe dois fatores para que o efeito suspensivo possa ser concedido pelo órgão julgador: a) que esse recurso ostente grande possibilidade de ser provido em seu mérito; e b) a demonstração de que, se aquele pronunciamento judicial específico não tiver sua eficácia suspensa judicialmente, algo de grave poderá acontecer à pessoa.

Vejamos mais de perto cada uma dessas possibilidades.

12.2.1 A ATRIBUIÇÃO DE EFEITO SUSPENSIVO A RECURSO DESPROVIDO DE EFEITO SUSPENSIVO LEGAL

Alguns pronunciamentos judiciais são desafiados por recursos desprovidos de efeito suspensivo legal (*ope legis*), como já deve ter ficado claro por aqui. Isso pode acontecer porque a lei simplesmente deixa de atribuir efeito suspensivo automático ao recurso – como acontece no caso do agravo de instrumento (CPC,

---

[232] FPPC, Enunciado n. 609: O pedido de antecipação da tutela recursal ou de concessão de efeito suspensivo a qualquer recurso poderá ser formulado por simples petição ou nas razões recursais.

art. 1.019, I) – ou porque a lei permite que, em alguns casos específicos, o efeito suspensivo a ele legalmente atribuído não tenha cabimento no caso concreto – como acontece no caso da apelação contra algumas sentenças (CPC, art. 1.012, § 1º). Nesses casos, a ausência de suspensividade faz com que o pronunciamento judicial subjacente produza efeitos imediatamente (CPC, art. 995, *caput*), possibilitando que a pessoa por ele beneficiada promova o seu cumprimento provisório imediatamente após a sua publicação (CPC, art. 520 e 1.012, § 2º).

Como forma de inibir essa eficácia, o sistema permite que a pessoa prejudicada obtenha o efeito suspensivo judicial (*ope judicis*).

Portanto, nas hipóteses de decisões interlocutórias agraváveis (CPC, art. 1.015; STJ, Tema Repetitivo 988), que sejam proferidas contra a pessoa – por exemplo: determinando que ela entregue as chaves de determinado imóvel ao seu ex-consorte ou que lhe pague alimentos –, ela terá que requerer ao desembargador relator a concessão de efeito suspensivo ao seu agravo de instrumento, como única forma de sustar a eficácia da determinação do juiz de 1º grau. Para tanto, fundamentará seu requerimento na norma a que alude o art. 1.019, I, do CPC, abaixo transcrito:

> Art. 1.019. Recebido o agravo de instrumento no tribunal e distribuído imediatamente, se não for o caso de aplicação do art. 932, incisos III e IV, o relator, no prazo de 5 (cinco) dias:
> I – poderá atribuir efeito suspensivo ao recurso ou deferir, em antecipação de tutela, total ou parcialmente, a pretensão recursal, comunicando ao juiz sua decisão

Já no caso das sentenças desafiáveis por apelação desprovida de efeito suspensivo legal (CPC, art. 1.012, § 1º) – quais sejam, aquelas que homologam divisão ou demarcação de terras; condenam a pagar alimentos; extinguem sem resolução do mérito ou julgam improcedentes os embargos do executado; julgam procedente o pedido de instituição de arbitragem; confirmam, concedem ou revogam tutela provisória, e; decretam a interdição –, a pessoa que tiver sido vencida na ação terá que requerer ao desembargador relator que atribua o efeito suspensivo *ope judicis* à sua apelação, com base no que lhe autoriza o art. 1.012, §§ 3º e 4º, abaixo transcritos:

> Art. 1.012. [...].
> § 3º O pedido de concessão de efeito suspensivo nas hipóteses do § 1º poderá ser formulado por requerimento dirigido ao:
> I – tribunal, no período compreendido entre a interposição da apelação e sua distribuição, ficando o relator designado para seu exame prevento para julgá-la;
> II – relator, se já distribuída a apelação.
> § 4º Nas hipóteses do § 1º, a eficácia da sentença poderá ser suspensa pelo relator se o apelante demonstrar a probabilidade de provimento do recurso ou se, sendo relevante a fundamentação, houver risco de dano grave ou de difícil reparação.

Um exemplo retirado da prática das Varas de Família talvez auxilie na assimilação do que está sendo dito por aqui. Imagine o que aconteceria se uma avó, por exemplo, fosse condenada a pagar alimentos aos netos. A sentença proferida no caso se enquadraria na hipótese prevista pelo supramencionado art. 1.012, § 1°, II, o que automaticamente retiraria o efeito suspensivo *ope legis* da apelação a ser por ela eventualmente interposta, permitindo que os netos promovessem o seu imediato cumprimento provisório, na forma permitida pelo art. 1.012, § 1°, do CPC. Portanto, se ela efetivamente quiser sustar a eficácia desse pronunciamento, terá que apelar, utilizando-se da técnica prevista pelo supratranscrito art. 1.012, §§ 3° e 4°, para postular ao desembargador relator a atribuição da suspensividade *ope judicis*.

Como deve ter dado para notar, são intuitivas a importância e a gigantesca área de aplicabilidade dessa técnica às ações de família e sucessões. Afinal, quatro das seis hipóteses traçadas pelo art. 1.012, § 1°, do CPC como passíveis de retirar o efeito suspensivo automático da apelação se referem a pronunciamentos proferíveis neste tipo de demanda, sendo elas: a) a sentença que condena a pagar alimentos (CPC, art. 1.012, § 1°, II); ou que b) julga improcedentes embargos opostos à sua execução (CPC, art. 1.012, § 1°, III); assim como a sentença que c) confirma, concede ou revoga tutela provisória (CPC, art. 1.012, § 1°, V);[233] e a que d) decreta a interdição (CPC, art. 1.012, § 1°, VI).

Aliás, em algumas situações absolutamente excepcionais, é possível que o efeito suspensivo seja concedido a recurso que ainda nem tenha sido admitido, desde que, pelo menos, ele tenha sido interposto.

Sim, existe essa possibilidade. Vejamos como ela pode ser colocada em prática.

12.2.2 A CONCESSÃO DE EFEITO SUSPENSIVO A RECURSO AINDA NÃO ADMITIDO

Neste caso, mais uma vez será necessário que a pessoa preencha os requisitos do art. 300 do CPC, por se tratar de uma típica cautelar inominada.[234] Com a entrada em vigor do CPC/2015, a questão restou positivada no art. 1.029, § 5°, I a III, no seguinte sentido: "o pedido de concessão de efeito suspensivo a recurso extraordinário ou a recurso especial poderá ser formulado por requerimento dirigido: I – ao tribunal superior respectivo, no período compreendido entre a publicação da decisão de admissão do recurso e sua distribuição, ficando o relator designado para seu exame prevento para julgá-lo; II – ao relator, se já distribuído o recurso; III – ao presidente ou ao vice-presidente do tribunal recorrido, no período compreendido entre a interposição do recurso e a publicação da decisão de admissão do recurso, assim como no caso de o recurso ter sido sobrestado, nos termos do art. 1.037".

Note que o inciso III da normativa permite que o presidente ou o vice-presidente do tribunal recorrido, conceda a tutela provisória de urgência a partir da mera "interposição do recurso", deixando claro, com isso, a viabilidade da alternativa aqui mencionada.[235]

---

[233] FPPC, Enunciado n. 217: "A apelação contra o capítulo da sentença que concede, confirma ou revoga a tutela antecipada da evidência ou de urgência não terá efeito suspensivo automático".
[234] Isso é pacífico no STJ. Dentre vários: AREsp 2119902/SP, DJe de 01.06.23.
[235] As Súmulas 634 e 635 do STF versam sobre o tema, enunciando, respectivamente, que "não compete ao Supremo Tribunal Federal conceder medida cautelar para dar efeito suspensivo a recurso extraordinário que ainda não foi objeto de juízo de admissibilidade na origem" e que "cabe ao Presidente do Tribunal de origem decidir o pedido de medida cautelar em recurso extraordinário ainda pendente do seu juízo de admissibilidade". Porém, os Enunciados 221 e 222 do FPPC sugerem a superação desses dois precedentes.

Com essa previsão, aplicável com adaptações a todos os recursos, parece que a questão restou definitivamente solucionada, tanto em relação à possibilidade de obtenção dessa tutela provisória, quanto em relação ao órgão competente para análise do requerimento pertinente.

Algo parecido é prescrito pelo art. 1.012, especificamente em relação à apelação. Em seu § 3º, enuncia que "o pedido de concessão de efeito suspensivo nas hipóteses do § 1º poderá ser formulado por requerimento dirigido ao: I – tribunal, no período compreendido entre a interposição da apelação e sua distribuição, ficando o relator designado para seu exame prevento para julgá-la; II – relator, se já distribuída a apelação".

Mas ainda existe um inconveniente nisso tudo. Como dito, os dispositivos legais acima transcritos exigem, no mínimo, que o recurso tenha sido interposto ou distribuído. Porém, não se pode desconsiderar que a ausência de suspensividade legal das apelações aqui estudadas possibilita que o cumprimento provisório da sentença seja iniciado imediatamente após a sua publicação e antes mesmo da eventual interposição do recurso (CPC, arts. 520 c/c 1.012, § 2º), o que coloca a pessoa do devedor e seu patrimônio sujeitos a sofrer atos executivos variados, como a prisão civil e o protesto, no caso de dívidas de alimentos (CPC, art. 528, § 3º) ou a penhora, no caso de dívidas comuns (CPC, arts. 520 e 1.012, § 2º). Imagine, por exemplo, uma ex-esposa que tenha sido condenada a prestar alimentos transitórios ao ex-marido. Por previsão legal, a apelação cabível contra esta sentença não terá efeito suspensivo automático, já que será recebida somente no efeito devolutivo (CPC, art. 1.012, § 1º, II), possibilitando, com isso, que ele promova o seu cumprimento provisório imediatamente, tão logo haja sua publicação (CPC, arts. 520 e 1.012, § 2º). Imagine, então, que ele não só dê início imediato ao cumprimento provisório, como também requeira a decretação da prisão civil dela, com base no que lhe autoriza o art. 528, § 3º, do Código. Será que haveria tempo hábil para que ela elaborasse seu recurso de apelação, efetuasse o recolhimento do preparo, promovesse a sua protocolização/distribuição no Tribunal e, enfim, tivesse o seu requerimento de atribuição de efeito suspensivo analisado pelo relator, antes de ser intimada para providenciar o pagamento dos alimentos cobrados e/ou de ter sua prisão civil decretada? Pouco provável, não é mesmo?

Bem vistas as coisas, não pareceria muito justo que neste e em casos análogos se exigisse que o requerimento de atribuição de efeito suspensivo fosse deduzido somente e obrigatoriamente por ocasião da interposição da apelação, como aparentemente pretende o art. 1.012, § 3º, I e II. É por isso que este livro sustenta a necessidade de que se interprete extensiva e sistematicamente o texto normativo do inciso I do § 3º do art. 1.012, para que dele se extraia norma que autorize a formulação de requerimento ao tribunal no período compreendido entre a "publicação da sentença e a distribuição da apelação", e não somente entre a interposição da apelação e sua distribuição.[236]

---

[236] Exatamente neste sentido: BONDIOL, Luis Guilherme Aidar. Comentários ao art. 1.012. Em, GOUVÊA, José Roberto, F. [et al]. *Comentários ao CPC*. v. XX, 2. ed. São Paulo, Saraiva, 2017.

Isso sendo feito, abre-se a possibilidade de que o requerimento de efeito suspensivo seja deduzido por simples petição, autônoma e independente, endereçada ao tribunal de justiça – e não ao juízo de primeiro grau, por lhe faltar competência para tanto, nem ao relator, que a esta altura sequer terá sido sorteado –, na qual será feita mera menção à apelação em vias de ser interposta e ao processo sentenciado. Uma vez recebida a petição, o tribunal designará imediatamente um relator para seu exame (CPC, art. 932, II), que ficará prevento para julgar a apelação (CPC, art. 1.012, § 3º, I).

E se a apelação já tiver sido interposta, mas ainda não distribuída? Bom, neste caso, o art. 1.012, § 3º, I, do Código enuncia expressamente que o pedido de concessão de efeito suspensivo poderá ser formulado por requerimento dirigido ao tribunal, "no período compreendido entre a interposição da apelação e sua distribuição, ficando o relator designado para seu exame prevento para julgá-la". Mas não se engane. Aqui também a apelação não estará com o relator, que, como visto, é a autoridade competente para análise dos requerimentos de efeito suspensivo (CPC, art. 932, II). E, acredito que nem seja preciso repetir o que acabou de ser dito sobre o tempo necessário para que se pratiquem os atos indispensáveis e que seja adotado todo o trâmite para que isso aconteça, né? Daí porque não seria recomendável que, também neste caso, o requerimento fosse formulado somente nas razões de apelação, mas sim que a postulação seja feita por petição autônoma (petição simples), com referência expressa à apelação já interposta, e endereçada ao tribunal de justiça – e não ao relator, que a esta altura sequer terá sido sorteado –, para que seja designado imediatamente um desembargador para análise da questão.

Agora, veja outra coisa muito curiosa. Da mesma forma que é possível que se atribua judicialmente efeito suspensivo a recursos que legalmente não o tenham, também é perfeitamente cabível que se retire judicialmente o efeito suspensivo legalmente previsto. Sim, você leu corretamente. É possível que a suspensividade legal (*ope legis*) seja retirada pelo órgão julgador no caso concreto (*ope judicis*). Afinal, como referido há pouco, todo efeito suspensivo não representa nada mais nada menos do que uma espécie de tutela cautelar concedida em caráter incidente, dada a sua nítida natureza meramente conservativa.

Vejamos mais de perto como isso acontece.

12.2.3 A RETIRADA DE EFEITO SUSPENSIVO DE RECURSO DOTADO DE EFEITO SUSPENSIVO LEGAL

Em algumas situações, a previsão de efeito suspensivo automático (*ope legis*) a um recurso pode trazer sérios prejuízos à pessoa que tenha se sagrado vencedora na causa. Basta imaginar quão agônico seria o estado em que se encontraria a ex-esposa que tivesse obtido uma sentença condenando o seu ex-marido a lhe pagar indenização por danos morais, ao descobrir que, em razão da apelação por ele interposta, ela ficaria inibida de promover o seu cumprimento provisório.

É justamente para eliminar esse tipo de angústia que o sistema assegura que, preenchidos certos requisitos, o efeito suspensivo legalmente atribuído seja retirado do recurso.

Para que isso efetivamente aconteça, a pessoa interessada deve, mais uma vez, requerer e comprovar os requisitos necessários à obtenção da tutela provisória de urgência, como tantas vezes dito por aqui.

E isso pode ser feito basicamente de duas maneiras: a) mediante a obtenção da tutela provisória durante o procedimento em 1º grau de jurisdição (CPC, art. 1.012, § 1º, V); b) mediante a obtenção de tutela provisória durante o procedimento em 2º grau de jurisdição (CPC, arts. 300 e 995, parágrafo único).

a) No primeiro caso, basta que a sentença confirme, conceda ou revogue a tutela provisória (de urgência ou da evidência). Aliás, a ocorrência dessa hipótese é tão corriqueira no cotidiano das Varas de Família e Sucessões, que chega a ser paradoxal a pouca importância que as pessoas lhe dão. Pense, por exemplo, em uma ação de divórcio cumulada com partilha, cuja sentença condene o ex-marido a promover a desocupação do único apartamento comum e a correspectiva entrega de suas chaves à ex-esposa, em 10 dias. Adicionalmente, imagine que o juízo tenha nela concedido tutela provisória ou até mesmo confirmado decisão proferida liminarmente neste sentido. Só o fato de este pronunciamento se enquadrar na hipótese prevista, em tese, pelo art. 1.012, § 1º, V, já retiraria o efeito suspensivo automático da apelação, permitindo que a ex-mulher promovesse o cumprimento provisório da sentença, logo depois de sua publicação,[237] com o objetivo de forçar seu ex a desocupar o imóvel neste prazo, na forma permitida pelo § 2º do próprio art. 1.012.[238]

No cotidiano, muitos, inclusive, afirmam que essas sentenças "retiram automaticamente o efeito suspensivo da apelação".[239]

b) Já no segundo caso, a retirada do efeito suspensivo automático pode ocorrer de duas formas: b.1) se a decisão contra a qual for previsto recurso dotado de efeitos suspensivo legal lhe tiver sido inteiramente favorável, a pessoa não poderá dela recorrer, por lhe faltar interesse recursal. Imagine, por exemplo, uma ex-cônjuge que tenha se sagrado vencedora na causa, pela obtenção de sentença de procedência integral de seus pedidos de divórcio e de entrega das chaves do único automóvel comum. Já que ela se encontrará privada de recorrer, bastará encaminhar uma petição simples ao órgão julgador contendo o expresso requerimento de retirada do efeito suspensivo inerente à apelação interposta por seu adversário, podendo, ainda, fazer exatamente o mesmo em contrarrazões, com base na regra geral do art. 995, parágrafo único, do CPC; b.2) se a decisão contra a qual for previsto recurso dotado de efeito suspensivo legal lhe tiver sido parcialmente desfavorável, a pessoa poderá dela recorrer. Porém, em vez de requerer expressamente que o juízo retire a suspensividade inerente à decisão subjacente, requererá sim que ele conceda o acima mencionado *efeito ativo a seu recurso*, isto é, a tutela provisória de urgência antecipada (satisfativa), com base no mesmo permissivo legal (CPC, art. 995, parágrao único).

---

[237] É absolutamente pacífico o entendimento do STJ sobre a viabilidade do cumprimento provisório de obrigação de fazer e não fazer. Dentre vários: AgInt no AREsp 2.171.874/SC, DJe de 16.12.22.
[238] CPC, art. 1.012, § 2º. Nos casos do § 1º, o apelado poderá promover o pedido de cumprimento provisório depois de publicada a sentença.
[239] JDPC/CJF, Enunciado 144: "No caso de apelação, o deferimento de tutela provisória em sentença retira-lhe o efeito suspensivo referente ao capítulo atingido pela tutela".

Se o seu pleito for acolhido, a pessoa poderá perfeitamente promover o cumprimento provisório do pronunciamento recorrido (CPC, art. 520).

Caso fossem necessários exemplos para retratar situações em que isso seria admitido, bastaria que se pensasse em uma sentença ordenando que o ex-companheiro desocupasse o único apartamento do casal, para que nele pudessem passar a morar a ex-companheira e as crianças. Pelo fato de não estar listada nas acima mencionadas exceções do art. 1.012, § 1º, tal sentença desafiaria o recurso de apelação dotado do efeito suspensivo automático (CPC, art. 1.012, *caput*), o que obstaria, como visto, que esse pronunciamento irradiasse qualquer efeito, impedindo-se que essa mãe e seus filhos adentrassem ao imóvel por um bom tempo. Caso ela não fosse sucumbente em nada, poderia requerer a retirada do efeito suspensivo automaticamente atribuído à apelação interposta por seu adversário, por petição simples ou em contrarrazões, sempre demonstrando o preenchimento dos requisitos exigidos para a concessão da tutela provisória (CPC, art. 300, *caput* e 995, parágrafo único). Já se ela tivesse sucumbido parcialmente, poderia interpor apelação contra essa sentença e, em seu âmbito, deduzir requerimento de antecipação da tutela recursal (efeito ativo) diretamente ao órgão competente (*ad quem*), para obter, pelo menos provisoriamente, a posse do bem, na forma a ser estudada na sequência.

De sua parte, o STJ já teve oportunidade de validar essa tese de retirada de efeito suspensivo de recursos, veja:

> CIVIL. PROCESSUAL CIVIL. *HABEAS CORPUS*. PRISÃO CIVIL. ALIMENTOS. PENDÊNCIA DE AGRAVO DE INSTRUMENTO INTERPOSTO EM 2º GRAU DE JURISDIÇÃO. SÚMULA 691/STF. RETIRADA DE EFEITO SUSPENSIVO DE RECURSO DE APELAÇÃO. AUSÊNCIA DE MANIFESTA ILEGALIDADE OU TERATOLOGIA.
> 1. Determinada a prisão civil do alimentante em virtude de seu inadimplemento, caberá a interposição do respectivo recurso ou, se presentes os pressupostos, a impetração de *habeas corpus*, devendo, em ambas as hipóteses, aguardar o julgamento de mérito do recurso ou da impetração, a fim de que seja exaurida a jurisdição no grau antecedente antes de impetrar *habeas corpus* perante o Superior Tribunal de Justiça. Inteligência da Súmula 691/STF.
> 2. Inexiste manifesta ilegalidade ou teratologia na decisão unipessoal de relator que, a pedido do credor, retira o efeito suspensivo anteriormente atribuído e viabiliza o prosseguimento da execução de alimentos, ao fundamento de que o recurso interposto pelo devedor é aparentemente incabível.
> 3. *Habeas corpus* liminarmente indeferido.
> (STJ, HC 562.522/SP, DJe de 27.02.20)

Em alguns casos, no entanto, o interesse da pessoa não recai sobre a concessão ou retirada do efeito suspensivo, mas sim sobre a concessão do efeito ativo.

Que tal conhecermos essa possibilidade?

12.2.4 A CONCESSÃO DE EFEITO ATIVO (ANTECIPAÇÃO DA TUTELA RECURSAL)

Como visto no capítulo antecedente, algumas situações precisam ser imediatamente tuteladas, sob pena de a demora do curso do processo acarretar graves danos irreparáveis à pessoa. Seria exemplificar com o caso de um requerimento liminar de alimentos provisórios que tenha sido denegado pelo juízo de 1º grau. Se o interessado não conseguir reverter rapidamente este pronunciamento em 2º grau de jurisdição, poderá sofrer danos irreparáveis até que a sentença seja eventualmente proferida a seu favor.

Nessa hipótese, e em outras a ele assemelhadas, o efeito suspensivo não seria capaz de lhe proporcionar o resultado pretendido simplesmente pelo fato de não haver nada a que se suspender. O caso seria, então, de se requerer ao desembargador relator a antecipação *ope judicis* dos efeitos da tutela recursal definitiva, a título de tutela provisória de urgência antecipada (satisfativa) ou da evidência, o que se convencionou chamar de "efeito ativo".

Para sua obtenção, seria necessário o preenchimento dos requisitos correspondentes, como tantas vezes mencionado por aqui. E, nem se diga que o fato de o art. 995, parágrafo único, do CPC se referir exclusivamente à possibilidade de suspensão da "eficácia da decisão recorrida" impediria a concessão do efeito ativo. Em primeiro lugar, porque ele representa uma subespécie do gênero tutela provisória, que, como visto, comporta amplo cabimento no ambiente recursal graças à previsão constitucional de proteção à "ameaça a direito" (CR, art. 5º, XXXV). Em segundo, porque existe um microssistema da tutela provisória no âmbito recursal, que permite o intercâmbio de normas como aquela prescrita pelo art. 1.019, I, do CPC, que expressamente assegura a antecipação de tutela, total ou parcialmente, da pretensão recursal.

Um exemplo retirado das Varas de Órfãos e Sucessões talvez te auxilie a enxergar a finalidade e alcance do efeito ativo na prática. Se um herdeiro requerer ao juízo do inventário o exercício antecipado dos direitos de usar e de fruir de determinado bem, na forma assegurada pelo art. 647 do CPC, mas, por qualquer motivo, esse direito lhe for negado, ele poderá perfeitamente interpor agravo de instrumento dessa decisão denegatória (CPC, art. 1.015, parágrafo único), e, uma vez comprovando o preenchimento dos requisitos da tutela provisória, pode requerer ao órgão julgador de 2º grau que antecipe total ou parcialmente a tutela recursal, mediante a atribuição de efeito ativo ao seu recurso (CPC, art. 1.019, I), para que possa exercer antecipadamente os direitos de uso e de fruição denegados pelo julgador de 1º grau.

Por sinal, as particularidades das ações de família e sucessões, permitem até mesmo que aspectos formais atinentes aos requerimentos de concessão de tutela provisória sejam flexibilizados no caso concreto. O Superior Tribunal de Justiça já teve oportunidade, por exemplo, de receber um *habeas corpus* como se fosse um requerimento de atribuição de tutela antecipada recursal, como se nota do seguinte julgado:

> CIVIL. PROCESSUAL CIVIL. DIREITO DE FAMÍLIA. AÇÃO DE GUARDA. PREVENÇÃO. *HABEAS CORPUS* RECEBIDO COMO TUTELA PROVISÓRIA ANTECEDENTE. [...]. MEDIDA COMPATÍVEL COM A NULIFICAÇÃO DO JULGAMENTO. SUPOSTA MANIFESTAÇÃO DE VONTADE DAS FILHAS ADOLESCENTES EM RESIDIR COM A GENITORA. CIRCUNSTÂNCIA FÁTICA QUE DEVE SER CONSIDERADA NO REJULGAMENTO DA APELAÇÃO. DISTANCIAMENTO TEMPORAL DOS

> ESTUDOS PSICOSSOCIAIS QUE BASEARAM AS DECISÕES DE MÉRITO. REALIZAÇÃO DE NOVO ESTUDO PSICOSSOCIAL. NECESSIDADE.[...]
> Recebido o *habeas corpus* anteriormente impetrado pela parte como pedido de tutela de provisória antecedente, por se vislumbrar que a pretensão era de atribuição de efeito suspensivo a recurso especial, em decisão acobertada pela preclusão, descabe impugnar a distribuição do próprio recurso especial [...].
> Se a parte, na primeira oportunidade que tiver de falar nos autos após a regularização das suas intimações, alega a existência de fato novo potencialmente relevante e apto a influenciar o julgamento da apelação, consubstanciado na suposta e posterior manifestação de vontade das adolescentes em residir com a genitora, é admissível que esta Corte, além de nulificar o julgamento realizado sem a regular intimação da parte, também determine a realização de atividade instrutória suplementar, a fim de que seja apurada a existência do fato novo noticiado e a atual aptidão dos pais para o exercício da guarda, sobretudo na hipótese em que as decisões de mérito se basearam em estudos psicossociais realizados em momento temporalmente distante do atual [...].
> Prejudicado o exame dos recursos interpostos pelo recorrido na TP 2.507/SP, mantida a tutela provisória deferida até a conclusão do estudo psicossocial e rejulgamento da apelação interposta.
> (STJ, REsp 1.931.097/SP, DJe de 16.08.21)

Como a tutela provisória é algo assegurado a nível constitucional – já que não se pode excluir da apreciação do Poder Judiciário *ameaça a direito* (CR, art. 5º, XXXV) –, a mesma sistemática traçada neste tópico é inteiramente aplicável ao agravo interno (CPC, art. 1.021), aos embargos de declaração (art. 1.026, § 1º), e, até mesmo, aos recursos especial e extraordinário (art. 1.029, § 5º), aos quais é indistintamente possível aplicar qualquer espécie de tutela provisória, seja sob a modalidade de urgência ou da evidência.

Por falar em agravo interno, ele é o recurso cabível da decisão monocrática que defere ou indefere a tutela provisória recursal, na forma do art. 1.021 do CPC.

Apreendidos esses conceitos e requisitos, a gente pode voltar os olhos às situações hipotéticas mencionadas logo no tópico introdutório deste capítulo para perceber como seria teoricamente simples remediá-las, desde que ambas as pessoas lá referidas fizessem a comprovação desses requisitos exigidos pelo art. 995, parágrafo único, do CPC no âmbito de suas próprias petições recursais.

Assim, bastaria tanto à mulher inserida em situação de violência doméstica como ao avô inserido em situação de risco de aprisionamento civil requerer que os relatores de seus respectivos agravos de instrumento lhes concedessem a tutela provisória, na forma permitida pelo art. 1.019, I, do Código.

Ao avô, ideal seria a concessão de efeito suspensivo voltado a inibir o cumprimento da liminar de alimentos e, por consequência, impedir o seu aprisionamento (CPC, art. 1.019, I, primeira frase).

Como toda suspensão de atos processuais, o efeito suspensivo recursal é uma típica tutela cautelar concedida em caráter incidente (CPC, art. 294, parágrafo único), justamente porque conserva o estado de coisas em seu estado originário (natureza conservativa).

Já à mulher em situação de violência doméstica, o efeito suspensivo seria totalmente imprestável, porque a decisão recorrida haveria indeferido sua postulação, inexistindo, por isso, efeitos que precisassem ser suspensos. O caso seria mesmo de obtenção do assim chamado "efeito ativo", representado pela concessão pelo juízo *ad quem* de provimento idêntico àquele pleiteado ao juízo *a quo*, por meio da técnica da tutela antecipada concedida em caráter incidente (CPC, art. 1.019, I), cuja índole a satisfaria momentaneamente (natureza satisfativa).

A eficácia recursal é assunto tão atual e relevante, que, longe de representar algo excepcional, as pessoas estão até celebrando negócios jurídicos processuais a seu respeito (FPPC, Enunciado n. 19),[240] inclusive em pactos antenupciais e contratos de união estável (FPPC, Enunciado n. 492; JDPC/CJF, Enunciado n. 18, e; IBDFAM, Enunciado n. 24).[241]

12.2.5 A TUTELA PROVISÓRIA RECURSAL LIMINAR

Assim como acontece de forma genérica, a tutela provisória recursal também pode ser deferida com ou sem a prévia oitiva da outra pessoa, sendo, neste último caso, denominada de liminar (CPC, art. 300, § 2º). Essa possibilidade ganha contornos especiais no caso de a pessoa requerer o efeito ativo em agravo de instrumento interposto contra decisão interlocutória que tenha sido proferida sem também proporcionar o contraditório prévio. Seria exemplificar com o caso de um pai que tivesse seu requerimento de obtenção da guarda unilateral dos filhos liminarmente indeferido pelo juízo de primeiro grau, isto é, sem oitiva da genitora-atual guardiã. No agravo interposto contra essa decisão, o tribunal poderia tanto ouvi-la previamente quanto decidir diretamente sobre o efeito ativo (CPC, art. 932, II).

Particularmente, acredito que este seja daqueles casos em que a oportunização prévia do contraditório agrega dados importantíssimos à controvérsia, tornando-se altamente recomendável. Não por outro motivo, o próprio art. 1.585 do Código Civil dispõe que "em sede de medida cautelar de separação de corpos, em sede de medida cautelar de guarda ou em outra sede de fixação liminar de guarda, a decisão sobre guarda de filhos, mesmo que provisória, será proferida preferencialmente após a oitiva de ambas as partes perante o juiz, salvo se a proteção aos interesses dos filhos exigir a concessão de liminar sem a oitiva da outra parte, aplicando-se as disposições do art. 1.584".

Vejamos agora uma interessante inovação proporcionada pelo CPC/2015: os honorários recursais.

---

[240] FPPC, Enunciado n. 19. "São admissíveis os seguintes negócios processuais, dentre outros: acordo para retirar o efeito suspensivo de recurso [...]".
[241] De acordo com o Enunciado n. 492 do FPPC: "O pacto antenupcial e o contrato de convivência podem conter negócios processuais". Também nesse sentido, o Enunciado n. 18 da I JDPC/CJF estabelece que: "A convenção processual pode ser celebrada em pacto antenupcial ou em contrato de convivência, nos termos do art. 190 do CPC". Finalmente, o Enunciado n. 24 do IBDFAM dispõe que: "Em pacto antenupcial ou contrato de convivência podem ser celebrados negócios jurídicos processuais".

13

OS HONORÁRIOS RECURSAIS

NOÇÕES GERAIS

O CPC/2015 modificou bastante os aspectos relacionados ao custo financeiro do processo. No que interessa por aqui, sem dúvida a maior inovação adveio de seu art. 85, § 1º, de acordo com o qual são devidos honorários advocatícios "nos recursos interpostos, cumulativamente." Nada mais justo, afinal os honorários constituem direito do advogado e têm natureza alimentar, com os mesmos privilégios dos créditos oriundos da legislação do trabalho, razão pela qual são devidos mesmo quando o advogado atue em causa própria, dizem os §§ 14 e 17 do mesmo dispositivo.

A regra matriz de sua fixação está no art. 85, § 11, segundo o qual:

> § 11. O tribunal, ao julgar recurso, majorará os honorários fixados anteriormente levando em conta o trabalho adicional realizado em grau recursal, observando, conforme o caso, o disposto nos §§ 2º a 6º, sendo vedado ao tribunal, no cômputo geral da fixação de honorários devidos ao advogado do vencedor, ultrapassar os respectivos limites estabelecidos nos §§ 2º e 3º para a fase de conhecimento.

Como se vê, o legislador não permitiu que o tribunal genuinamente fixasse honorários, até porque os recursos não dão origem a uma nova demanda, como visto por aqui. Por isso, lhe autorizou apenas majorar aqueles que já tenham sido fixados. Entretanto, não limitou essa atividade a este ou àquele recurso específico, nem a número de interposições, tornando cabível que isso ocorra a cada recurso, bastando que a decisão nele proferida genuinamente substitua pronunciamento que tenha fixado honorários sucumbenciais previamente.

Atualmente, não paira mais qualquer dúvida a respeito das hipóteses fáticas que atraem a incidência da regra que autoriza a majoração dos honorários recursais, porque o Superior Tribunal de Justiça firmou sua orientação no Tema Repetitivo n. 1.059, da seguinte forma: "A majoração dos honorários de sucumbência prevista no art. 85, § 11, do CPC pressupõe que o recurso tenha sido integralmente desprovido ou não conhecido pelo tribunal, monocraticamente ou pelo órgão colegiado competente. Não se aplica o art. 85, § 11, do CPC em caso de provimento total ou parcial do recurso, ainda que mínima a alteração do resultado do julgamento ou limitada a consectários da condenação".

Nota-se, portanto, que a majoração dos honorários recursais somente acontecerá quando o recurso deixar de ser conhecido/admitido – isto é, quando nem ultrapassar o juízo de admissibilidade – ou quando for integralmente desprovido – isto é, quando for totalmente negado provimento no mérito –, o que, em outras palavras significa dizer que a verba honorária somente será majorada no âmbito recursal se o pronunciamento judicial recorrido for inteiramente mantido pela Corte Superior.

Como resultado, para muito além de se restringir ao âmbito da apelação, a alternativa se aplica aos agravos de instrumento que tenham sido interpostos de decisões interlocutórias de exclusão de litisconsorte ou parciais de mérito, como aquelas concessivas de divórcio antecipado (CPC, art. 356),[242] assim como aos recursos excepcionais (recurso especial e recurso extraordinário) interpostos contra acórdãos que tenham fixado honorários imediata (por eles próprios) ou mediatamente (substituindo sentenças que o haviam feito). Já que o Código não faz distinção, a mesma regra se aplica às decisões monocráticas que tenham promovido o julgamento definitivo do recurso, se a substituição acima referida acontecer (CPC, art. 932, IV e V). Por outro lado, é inegável o descabimento dessa possibilidade na técnica de julgamento ampliado (CPC, art. 942), por não se tratar de recurso propriamente dito. Finalmente, a aplicabilidade desse regramento aos embargos de declaração e ao agravo interno ainda é alvo de bastante controvérsia, mas, aparentemente vem prevalecendo o entendimento sobre o descabimento, pois o Enunciado n. 16 da ENFAM estabelece que "não é possível majorar os honorários na hipótese de interposição de recurso no mesmo grau de jurisdição (art. 85, § 11, do CPC/2015)" e o Superior Tribunal de Justiça parece seguir a orientação no sentido de que "fixados os honorários recursais no primeiro ato decisório, não cabe novo arbitramento nas demais decisões

---

[242] JDPC/CJF, Enunciado n. 05: "Ao proferir decisão parcial de mérito ou decisão parcial fundada no art. 485 do CPC, condenar-se-á proporcionalmente o vencido a pagar honorários ao advogado do vencedor, nos termos do art. 85 do CPC"; JDPC/CJF, Enunciado n. 08: "Não cabe majoração de honorários advocatícios em agravo de instrumento, salvo se interposto contra decisão interlocutória que tenha fixado honorários na origem, respeitados os limites estabelecidos no art. 85, § § 2°, 3° e 8°, do CPC".

que derivarem de recursos subsequentes, apenas consectários do principal, tais como agravo interno e embargos de declaração".[243]

Por constituir um direito de todo advogado, mesmo aquele profissional que não tenha apresentado contrarrazões ao recurso interposto pode ser beneficiado pela regra sob análise caso venha a se sagrar vencedor no caso, ainda que o outro advogado tenha meramente desistido do recurso.[244] Corroborando esta tese, o STJ entende que "a fixação de honorários recursais, em favor do patrono da parte recorrida, está adstrita às hipóteses de não conhecimento ou improvimento do recurso".[245]

Questão curiosa advém da hipótese de a sentença ser de procedência, mas a apelação ser provida para reformá-la ou anulá-la, pois neste caso o acórdão do tribunal não poderá majorar os honorários fixados naquela, porque o que terá havido é a "inversão da sucumbência" e não a manutenção do julgado recorrido, como exigido pelo mencionado Tema Repetitivo n. 1.059/STJ. O caso será mesmo de fixação inicial de honorários para o outro advogado.

No que concerne ao limite máximo dessa majoração, o próprio § 11 acima transcrito enuncia que é "vedado ao tribunal, no cômputo geral da fixação de honorários devidos ao advogado do vencedor, ultrapassar os respectivos limites estabelecidos nos §§ 2º e 3º para a fase de conhecimento", os quais, como se sabe, se encontram limitados a 20% sobre o valor da condenação, do proveito econômico obtido ou, não sendo possível mensurá-lo, sobre o valor atualizado da causa. Em resumo, portanto, o somatório dos percentuais de honorários sucumbenciais, fixados em todos os graus de jurisdição, não podem ultrapassar esses 20%.[246]

A título de encerramento, merece menção a circunstância de que mesmo beneficiários da gratuidade da justiça são atingidos por esse regramento,[247] e a circunstância de que o advogado não precisará pleitear ao juízo que fixe seus honorários, pois se trata de efeito anexo ao próprio pronunciamento judicial, o que, de resto, se depreende da própria redação do art. 85, *caput*, segundo o qual "a sentença condenará o vencido a pagar honorários ao advogado do vencedor."[248] Por isso, o STJ entende de forma pacífica que, "quando devida a verba honorária recursal, mas, por omissão, o Relator deixar de aplicá-la em decisão monocrática, poderá o colegiado, ao não conhecer ou desprover o respectivo agravo interno, arbitrá-la ex *officio*, por se tratar de matéria de ordem pública, que independe de provocação da parte, não se verificando '*reformatio in pejus*'."[249]

---

[243] AgInt no AREsp 2.298.047/MS, DJe de 17.05.23; AgInt nos EDcl no AREsp 2.271.129/RJ, DJe de 17.05.23; AgInt nos EDcl no REsp 2.015.648/SP, DJe de 10.05.23. Apesar disso, o STF já os admitiu tanto em Embargos de Declaração (AgR-ED-RE 929.925/RS, j. em 07.06.16) quanto em agravo interno (AG. REG. no ARE 938.519/GO, DJe de 17.06.16).
[244] JDPC/CJF, Enunciado n. 7: "A ausência de resposta ao recurso pela parte contrária, por si só, não tem o condão de afastar a aplicação do disposto no art. 85, § 11, do CPC".
[245] REsp 1.624.297/RS, DJe de 26.04.19.
[246] STJ, Súm. n. 201: "Os honorários advocatícios não podem ser fixados em salários mínimos".
[247] STF, Súm. n. 450: "São devidos honorários de advogado sempre que vencedor o beneficiário de justiça gratuita".
[248] STF, Súm. n. 256: "É dispensável pedido expresso para condenação do réu em honorários, com fundamento nos arts. 63 ou 64 do código de processo civil." Atualmente, a referência seria ao art. 85 do CPC/2015.
[249] AgInt nos EREsp 1.539.725/DF, DJe de 19.10.17.

14

A TRAMITAÇÃO DOS RECURSOS NOS TRIBUNAIS

14.1 O PROCEDIMENTO RECURSAL

A assimilação do conteúdo a ser exposto nas linhas abaixo é essencial para que você possa compreender a forma como é realizado o julgamento de todos os recursos ordinários que serão analisados na Parte II deste livro. Por isso, fique à vontade para revisitar este tópico quantas vezes se fizerem necessárias.

Já foi dito várias vezes neste livro que o Código de 2015 facilitou a tarefa dos profissionais do direito em diversos pontos, como a identificação dos recursos cabíveis de cada pronunciamento judicial, a uniformização relativa dos prazos recursais e a padronização dos requisitos para a concessão da tutela provisória. Ao disciplinar a tramitação do recurso nos tribunais, o legislador seguiu essa mesma tendência: ao longo dos 17 artigos que compõem o Capítulo epigrafado como "Da ordem dos processos no tribunal" (Capítulo II, Título I do Livro III da Parte Especial), disciplinou de forma simples e facilmente compreensível as principais etapas a serem percorridas pelos recursos até serem definitivamente julgados, restando aos Códigos de Organização Judiciária e Regimentos Internos dos Tribunais dos Estados meramente complementar esse regramento.

Iniciemos conhecendo a ordem em que os processos e recursos devam ser julgados pelos tribunais.

14.1.1 A ORDEM DE JULGAMENTO DOS RECURSOS NOS TRIBUNAIS

Existe uma ordem específica a ser obedecida pelos processos e recursos nos tribunais. Ela vem estabelecida pelos arts. 936 e 946, que dispõem que "ressalvadas as preferências legais e regimentais, os recursos, a remessa necessária e os processos de competência originária serão julgados na seguinte ordem: I – aqueles nos quais houver sustentação oral, observada a ordem dos requerimentos; II – os requerimentos de preferência apresentados até o início da sessão de julgamento; III – aqueles cujo julgamento tenha iniciado em sessão anterior; e IV – os demais casos", sendo que o agravo de instrumento será julgado antes da apelação interposta no mesmo processo, tendo preferência até mesmo se ambos houverem de ser julgados na mesma sessão.

É bom que se saiba disso, notadamente dessa relação de prejudicialidade que existe entre agravo de instrumento e sentença, inclusive para que o advogado possa se antecipar e preparar para eventual sustentação oral, a ser analisada alguns tópicos à frente.

Entretanto, o que parece assumir maior relevo mesmo é conhecer o procedimento que deve ser seguido pelo recurso, a partir do momento em que dê entrada ao tribunal.

Disso se ocuparão os próximos tópicos.

14.1.2 A DISTRIBUIÇÃO, O ENCAMINHAMENTO E A PREVENÇÃO DO RELATOR

Tão logo dão entrada ao tribunal, os autos do recurso são registrados e imediatamente distribuídos em conformidade com o regimento interno, observando-se a alternatividade, o sorteio eletrônico e a publicidade. Depois de distribuídos, serão imediatamente conclusos ao relator. É exatamente isso que prescrevem os arts. 929 a 931 do CPC.

Nem sempre foi assim, contudo. Antes da entrada em vigor do Código de 2015 era bastante comum que os recursos demorassem meses até que fossem distribuídos ao relator. Felizmente, este tempo ficou para trás. Além de ter criado esta regra, o Código ainda incorporou algo que já fazia parte de regimentos internos de vários tribunais de justiça e até de superposição: a prevenção do relator que mantiver contato com o primeiro recurso interposto no processo, para analisar todos os outros recursos que eventualmente vierem a ser apresentados na mesma causa ou em demanda a ela conexa. Adicionalmente, outras duas hipóteses acarretam a prevenção do relator, gerando idênticas consequências: a) quando a pessoa requer a concessão de efeito suspensivo à apelação, no período compreendido entre a sua interposição e sua distribuição (CPC, art. 1.012, § 3º, I), e; b) quando a pessoa requer a concessão de efeito suspensivo a recurso especial ou extraordinário, no período compreendido entre a publicação da decisão de sua admissão e sua distribuição (CPC, art. 1.029, § 5º, I).

Ter conhecimento disso é essencial para quem atua com as ações de família e sucessões, por causa da grande aptidão que as matérias nelas tratadas possuem de gerar incidentes e processos conexos. Que o digam as ações de alimentos com suas revisionais e cumprimentos de sentença, e o inventário com suas ações remetidas "as vias ordinárias" (CPC, arts. 612, 627, § 3°, 628, § 2°, 641, § 2°, 643, *caput*). Logo, se o primeiro recurso interposto em uma ação de alimentos, por exemplo, for um agravo de instrumento questionando o valor da pensão fixada liminarmente na decisão interlocutória concessiva de tutela provisória, o relator ao qual ele for distribuído se tornará prevento para a apelação interposta da sentença proferida neste mesmo processo.

O que é mais curioso é que o recurso não precisa nem ser admitido para que o relator se torne prevento na forma acima exposta. A prevenção ocorre a partir do momento em que o recurso seja "protocolado no tribunal", como deixa claro o art. 930, parágrafo único, sendo, por isso, algo que decorre do mero *protocolo* e não de seu efetivo *recebimento* pelo relator. Portanto, mesmo que este primeiro recurso venha eventualmente a nem ser conhecido, a prevenção já estará definida. O desrespeito a tal prevenção, contudo, gera apenas nulidade relativa, devendo, por isso, a pessoa interessada levar a ocorrência ao conhecimento do juízo até o início do julgamento pelo colegiado ou monocraticamente pelo relator, sob pena de preclusão.[250]

14.2 Os poderes do relator

Na nova sistemática processual inaugurada pelo CPC/2015, os poderes do relator foram significativamente ampliados, como se poderá perceber durante a leitura deste tópico. Assim, nos termos do art. 932 do CPC:

> Art. 932. Incumbe ao relator:
> I – dirigir e ordenar o processo no tribunal, inclusive em relação à produção de prova, bem como, quando for o caso, homologar autocomposição das partes;
> II – apreciar o pedido de tutela provisória nos recursos e nos processos de competência originária do tribunal;
> III – não conhecer de recurso inadmissível, prejudicado ou que não tenha impugnado especificamente os fundamentos da decisão recorrida;
> IV – negar provimento a recurso que for contrário a:
> a) súmula do Supremo Tribunal Federal, do Superior Tribunal de Justiça ou do próprio tribunal;
> b) acórdão proferido pelo Supremo Tribunal Federal ou pelo Superior Tribunal de Justiça em julgamento de recursos repetitivos;
> c) entendimento firmado em incidente de resolução de demandas repetitivas ou de assunção de competência;
> V – depois de facultada a apresentação de contrarrazões, dar provimento ao recurso se a decisão recorrida for contrária a:
> a) súmula do Supremo Tribunal Federal, do Superior Tribunal de Justiça ou do próprio tribunal;
> b) acórdão proferido pelo Supremo Tribunal Federal ou pelo Superior Tribunal de Justiça em julgamento de recursos repetitivos;
> c) entendimento firmado em incidente de resolução de demandas repetitivas ou de assunção de competência;

---

[250] Isso é pacífico: STJ, AgInt no REsp 1.567.277/SP, DJe de 26.08.22.

> VI – decidir o incidente de desconsideração da personalidade jurídica, quando este for instaurado originariamente perante o tribunal;
> VII – determinar a intimação do Ministério Público, quando for o caso;
> VIII – exercer outras atribuições estabelecidas no regimento interno do tribunal.
> Parágrafo único. Antes de considerar inadmissível o recurso, o relator concederá o prazo de 5 (cinco) dias ao recorrente para que seja sanado vício ou complementada a documentação exigível.

Nos subtópicos abaixo, eles serão examinados mais de perto.

14.2.1 O DEFERIMENTO DE PROVAS, A ANÁLISE DA TUTELA PROVISÓRIA E A CORREÇÃO DE IRREGULARIDADES

Logo de plano, o inciso I deste dispositivo deixa claro a possibilidade de serem produzidas provas e realizados acordos no âmbito dos tribunais de justiça, o que vai ao encontro da celeridade processual, do aproveitamento dos atos e da própria solução pacífica dos conflitos. Só não confunda a possibilidade de se produzirem provas no tribunal com a impossibilidade relativa de serem juntados documentos à apelação, exceto se forem novos (CPC, arts. 435, 938, § 3º, e 1.014).[251]

Por sua vez, o poder de apreciar requerimentos de tutela provisória, previsto pelo inciso II, já foi estudado por aqui, não merecendo maiores atenções agora.

14.2.2 O JUÍZO DE ADMISSIBILIDADE RECURSAL: ENTRE O CONHECIMENTO E O NÃO CONHECIMENTO

É mesmo a possibilidade aberta pelo inciso III que merece mais atenção, pois ela abarca três situações distintas: o recurso inadmissível, o recurso prejudicado e o recurso que não tenha impugnado especificamente os fundamentos da decisão recorrida. Todas elas, contudo, capazes de causar o mesmo resultado: a inadmissibilidade recursal.

Vejamos uma a uma dessas hipóteses. Recurso inadmissível é aquele que não preenche os requisitos de admissibilidade. Já recurso prejudicado é aquele que, depois de ter sido admitido, perdeu o seu objeto por qualquer motivo, como a desistência ou, no caso específico do agravo de instrumento pendente de julgamento, pela prolação da sentença. Finalmente, o recurso que não impugna especificamente os fundamentos da decisão recorrida é aquele que deixa de observar o princípio da dialeticidade.[252]

Note que, durante essa etapa inicial, o relator mantém contato exclusivamente com o material produzido pela pessoa do recorrente, já que a pessoa do recorrido somente será intimada para apresentar contrarrazões se o juízo de admissibilidade for positivo e o recurso não for improvido monocraticamente, como se verá em instantes.

Ao analisar a jornada, pode ser que o relator detecte a existência de irregularidades formais. Se isso realmente acontecer, ele não extinguirá imediatamente

---

[251] Exatamente assim: STJ, AgInt no AREsp 345.908/SP, DJe de 15.12.21.
[252] Adicionalmente, o relator pode decidir o incidente de desconsideração da personalidade jurídica (direto ou inverso), quando este for instaurado originariamente perante o tribunal, bem como exercer outras atribuições estabelecidas no regimento interno de cada tribunal (CPC, art. 932, VI e VIII).

o processo, exceto se encontrar vícios insanáveis. Por outro lado, sendo sanáveis, determinará a prévia intimação da pessoa do recorrente, com indicação precisa do que deva ser por ela corrigido ou completado em 05 dias, por analogia ao que prescreve o art. 321, *caput*, do CPC. Alguns desses vícios se submetem a regimentos específicos, a exemplo do preparo irregular, como já mencionado neste livro (CPC, arts. 1.007, § § 2° e 4°). Não havendo regramento próprio, contudo, valerá o que diz o art. 932, parágrafo único, devendo o relator conceder o prazo de 05 dias para que seja sanado vício ou complementada a documentação exigível.

Dentro da temática, situação curiosa envolve a intempestividade, porque, se ela for manifesta, não só acarretará a inadmissão do recurso, como também impedirá a incidência do efeito obstativo, conforme visto ao ser estudado o juízo de admissibilidade recursal. No entanto, se não houver esse caráter evidente, cabe ao relator, antes de lhe negar seguimento, conceder idêntico prazo de 05 dias, não para que a intempestividade seja "suprida" – até porque isso seria impossível –, mas sim para que a pessoa comprove qualquer causa de prorrogação, suspensão ou interrupção do prazo recursal, na mesma forma disposta pelo art. 932, parágrafo único.[253]

Pode ser, também, que o relator constate a ocorrência de fato superveniente à decisão recorrida ou a existência de questão apreciável de ofício, o que o levará a adotar idêntica providência, devendo intimar a pessoa do recorrente para que se manifeste a respeito no prazo de 05 dias (CPC, art. 932, parágrafo único).

Caso a matéria sob julgamento se enquadre naquelas que exijam a participação do Ministério Público, parece ideal que o seu representante seja intimado, na forma permitida pelo art. 932, VII, para auxiliar na formação do convencimento do relator.

Se apesar de todos os esforços, não for possível sanar os vícios ou a questão cognoscível de ofício impedir o seu prosseguimento, o relator negará seguimento ao recurso por decisão monocrática (juízo de admissibilidade negativo), que desafiará a interposição de agravo interno, na forma do art. 1.021 do CPC. Não sendo este o caso, o relator o admitirá (juízo de admissibilidade positivo) por decisão, a princípio, irrecorrível, porque já foi visto que a outra pessoa poderá fazer as alegações que entender pertinentes em suas contrarrazões.

A partir daí, abre-se a possibilidade de que ele verdadeiramente profira o juízo de mérito do recurso, dando-lhe ou negando-lhe provimento.

14.2.3 O JUÍZO DE MÉRITO RECURSAL: ENTRE O PROVIMENTO E O NÃO PROVIMENTO

O julgamento propriamente dito do mérito recursal pode acontecer tanto de forma monocrática quanto colegiada, a depender do cenário que se apresente no caso concreto.

Vejamos uma a uma dessas possibilidades:

---

[253] FPPC, Enunciado n. 551: "Cabe ao relator, antes de não conhecer do recurso por intempestividade, conceder o prazo de cinco dias úteis para que o recorrente prove qualquer causa de prorrogação, suspensão ou interrupção do prazo recursal a justificar a tempestividade do recurso."

14.2.4 O JULGAMENTO MONOCRÁTICO DO RECURSO: ENTRE O PROVIMENTO E O NÃO PROVIMENTO LIMINARES

De acordo com os incisos IV e V do supratranscrito art. 932, o relator poderá genuinamente negar ou dar provimento ao recurso submetido à sua análise, inclusive liminarmente, isto é, sem oitiva da outra pessoa. Sim, embora tradicionalmente os tribunais sempre tenham sido marcados pela regra de decidirem os recursos de maneira colegiada e pela exceção de os julgarem de maneira isolada, o CPC/2015 optou por inverter essa lógica ao delegar ao relator uma imensa gama de poderes, dentre os quais o de genuinamente julgar o mérito dos recursos. Obviamente que, por se tratar de atos delegados pelo verdadeiro juízo natural – o órgão colegiado –, as decisões monocráticas por ele proferidas podem ser revistas pela Turma ou Câmara da qual faça parte, bastando que a pessoa interessada interponha o recurso de agravo interno previsto pelo art. 1.021. Aliás, é justamente por isso que não se fala em violação do princípio da colegialidade.[254]

Essa possibilidade de decidir isoladamente o mérito recursal, que aqui vem prevista de forma genérica, encontra eco em diversos dispositivos do Código, destinados ao tratamento específico do agravo de instrumento (CPC, art. 1.019, *caput*, e 932, V), da apelação (CPC, art. 1.011, I e II), dos embargos de declaração (CPC, art. 1.024, § 2º, e art. 1.026, § 1º) e dos recursos excepcionais (CPC, art. 1.030; STJ, Súm. n. 568; RISTJ, art. 34, XVIII, *b* e *c*; RISTF, art. 21, § § 1º e 2º).[255]

No que toca especificamente ao artigo 932, que se encontra sob análise neste tópico, seu inciso IV permite que o relator negue provimento a recurso que for contrário a: a) súmula do Supremo Tribunal Federal, do Superior Tribunal de Justiça ou do próprio tribunal; b) acórdão proferido pelo Supremo Tribunal Federal ou pelo Superior Tribunal de Justiça em julgamento de recursos repetitivos, ou; c) entendimento firmado em incidente de resolução de demandas repetitivas ou de assunção de competência.

Tudo isso pode ser feito, como dito, sem que a outra pessoa seja sequer intimada. Afinal, todo prejuízo recairá sobre os ombros do próprio indivíduo responsável pela interposição do recurso.

Já o inciso V do mesmo art. 932 permite que o relator dê provimento ao recurso cuja decisão recorrida seja contrária a: a) súmula do Supremo Tribunal Federal, do Superior Tribunal de Justiça ou do próprio tribunal; b) acórdão proferido pelo Supremo Tribunal Federal ou pelo Superior Tribunal de Justiça em julgamento de recursos repetitivos, e; c) entendimento firmado em incidente de resolução de demandas repetitivas ou de assunção de competência.

Note que os precedentes enumerados pelas alíneas *a*, *b* e *c* de ambos os incisos IV e V do art. 932 são exatamente os mesmos. No entanto, enquanto o desprovimento unilateral pressupõe que o *recurso* seja contrário a eles, o provimento requer que a *decisão recorrida* os contrarie. Observe, também, que ao contrário do que acontece com o juízo monocrático de mérito negativo, o juízo monocrático de mérito positivo exige que haja prévia intimação da pessoa do

---

[254] STF, HC 92.196/RJ, DJe de 18.09.08; STJ, AgInt nos EDcl no REsp 1.900.506/PR, DJe de 06.10.21; AgInt no AREsp 1.802.581/SP, DJe de 08.10.21.
[255] STJ, Súm. n. 568: "O relator, monocraticamente e no Superior Tribunal de Justiça, poderá dar ou negar provimento ao recurso quando houver entendimento dominante acerca do tema."

recorrido para apresentação de contrarrazões (CPC, art. 932, V, primeira frase),[256] até porque bem se sabe que o sujeito não pode ter pretensão acolhida contra si sem que ele seja, antes, ouvido a respeito pelo menos (CR, art. 5°, LIV e LV).

Tal como dito há pouco, se a matéria sob julgamento se enquadrar naquelas que exijam a participação do Ministério Público, parece ideal que o seu representante seja intimado, na forma permitida pelo art. 932, VII, para auxiliar na formação do convencimento do relator, o que em nada desnaturaria a unilateralidade do pronunciamento, pelo simples fato de o *parquet* não ser órgão julgador.

Caso haja necessidade de produção de provas antes do julgamento monocrático, bastará que o relator o converta em diligência, a qual se realizará no próprio tribunal ou em primeiro grau de jurisdição (CPC, art. 938, § 3°).

Ao ser oportunamente julgado, a decisão que der ou negar provimento monocrático ao recurso será desafiada por agravo interno, na forma do múltiplas vezes citado art. 1.021 do CPC. Não sendo o caso de julgamento monocrático, mas sim colegiado, deverá ser seguido o procedimento que será analisado no tópico seguinte.

14.2.5 O JULGAMENTO COLEGIADO DO RECURSO: A SESSÃO DE JULGAMENTO

Se não negar seguimento nem decidir monocraticamente o mérito do recurso, o relator deverá elaborar o relatório e o seu voto, devolvendo os autos à secretaria da Câmara ou Turma. Na sequência, como não existe mais a figura do revisor – que, na sistemática revogada, se pronunciava nos recursos de apelação e embargos infringentes –, os autos serão apresentados ao presidente, que designará dia para ter início a sessão de julgamento, ordenando a publicação da pauta no órgão oficial com pelo menos 05 (cinco) dias de antecedência dessa data. Naturalmente, os advogados poderão ter vista dos autos em secretaria depois que isso seja feito, sem prejuízo de a pauta ser obrigatoriamente fixada na entrada da sala em que se realizar a sessão de julgamento (CPC, arts. 934 e 935).

A intimação dos advogados a respeito da inclusão do processo em pauta é algo obrigatório, sob pena de nulidade.[257] Afinal, o profissional possui o direito de ser intimado da pauta, para que possa distribuir memoriais, fazer audiências e realizar sustentação oral.

O efetivo julgamento do recurso se inicia com a exposição da causa pelo relator, na forma determinada pela frase inicial do art. 937. Logo depois de isso ser feito, abre-se aos advogados, em alguns casos, a oportunidade de fazer sustentação oral, a qual receberá atenções mais detalhadas no próximo tópico.

14.3 A SUSTENTAÇÃO ORAL

A sustentação oral é o ato por meio do qual o profissional pode apresentar verbalmente ao colegiado julgador, em plena sessão de julgamento, as razões de fato e de direito que tenham sido expostas por escrito em suas razões ou

---

[256] CPC, art. 932, V – "depois de facultada a apresentação de contrarrazões, dar provimento ao recurso se a decisão recorrida for contrária a:"
[257] Pacífico no STJ: REsp 2.103.074/MT, j. em 14.05.24; AgInt no AREsp 1.410.328/SP, DJe de 24.05.22. AgRg no RE nos EDcl no AgRg no REsp 1.966.704/DF, DJe de 22.04.22.

contrarrazões recursais. A oportunidade para que isso seja feito abre-se imediatamente após o relator ter concluído a exibição da causa, na forma há pouco referida, ocasião em que deve dar a palavra aos advogados da pessoa do recorrente e da pessoa do recorrido e, se for o caso, ao representante do Ministério Público,[258] nesta ordem, para que possam realizá-la, caso desejem. Seu prazo é improrrogável de 15 (quinze) minutos para cada um, devendo ser observadas, quanto ao processamento, as regras do regimento interno do tribunal (CPC, art. 937, *caput*, c/c art. 1.021, *caput*, frase final), muito embora nada impeça a celebração de negócios jurídicos processuais a respeito, na forma do art. 190 do CPC e do Enunciado n. 21 do FPPC.[259]

Conforme mencionado, essa possibilidade não lhes é aberta pelo CPC em todos os recursos, mas somente naqueles listados no art. 937, sendo eles: a apelação; o recurso ordinário; o recurso especial; o recurso extraordinário; os embargos de divergência, e; o agravo de instrumento interposto contra decisões interlocutórias parciais de mérito (CPC, art. 356)[260] e contra aquelas que versem sobre tutelas provisórias de urgência ou da evidência,[261] sendo oportunizada idêntica alternativa na ação rescisória, no mandado de segurança, na reclamação e em outras hipóteses previstas em lei ou no regimento interno do tribunal. O CPC admite a sustentação oral, ainda, na técnica de julgamento ampliado prevista pelo art. 942, a qual, contudo, não é um recurso, mas uma técnica de julgamento de recurso. A respeito, inclusive, o Enunciado n. 682 do FPPC dispõe que "é assegurado o direito à sustentação oral para o colegiado ampliado pela aplicação da técnica do art. 942, ainda que não tenha sido realizada perante o órgão originário".

Complementando esse rol, a partir do ano de 2022, o Estatuto da Advocacia passou a prever o cabimento de sustentação oral no recurso interposto contra a decisão monocrática de relator que julgar o mérito ou não conhecer dos seguintes recursos ou ações: I – recurso de apelação; II – recurso ordinário; III – recurso especial; IV – recurso extraordinário; V – embargos de divergência; VI – ação rescisória, mandado de segurança, reclamação, *habeas corpus* e outras ações de competência originária (Lei n. 8.906/94, art. 7º, § 2º-B).

Daí já se vê que advieram "outras hipóteses previstas em lei", ampliando-se o rol originário do art. 937, para que a sustentação oral se tornasse possível, também, em recursos importantíssimos, dos quais o mais significativo talvez seja o agravo interno (CPC, art. 1.021).[262]

Nesses casos, trata-se de um verdadeiro direito subjetivo do advogado, notadamente nos recursos em ações de família e sucessões, como já foi, inclusive, reconhecido pelo próprio STJ.[263] Não lhe sendo assegurada oportunidade para

---

[258] Sobre o interesse recursal do Ministério Público, conferir tópico específico deste livro.
[259] FPPC, Enunciado n. 21: São admissíveis os seguintes negócios, dentre outros: acordo para realização de sustentação oral, acordo para ampliação do tempo de sustentação oral [...].
[260] JDPC/CJF, Enunciado n. 61: "Deve ser franqueado às partes sustentar oralmente as suas razões, na forma e pelo prazo previsto no art. 937, *caput*, do CPC, no agravo de instrumento que impugne decisão de resolução parcial de mérito (art. 356, § 5º, do CPC)."
[261] FPPC, Enunciado n. 681: Cabe sustentação oral no julgamento do agravo de instrumento interposto contra decisão que versa sobre efeito suspensivo em embargos à execução ou em impugnação do cumprimento de sentença.
[262] O STJ entende que não cabe sustentação oral em agravo interno interposto contra pronunciamento que decida as petições de recursos para o Supremo Tribunal Federal (PSusOr no AgRg no RE nos EDcl no AgRg no Agravo em Recurso Especial 2.026.533/SP, j. em 19.04.23), nem no julgamento de agravo interno (AgInt) ou agravo regimental (AgRg) contra decisão que nega seguimento a recurso extraordinário (RE) interposto contra acórdão do STJ (AgRg no AREsp 2.170.433/PA, DJe de 10.10.22).
[263] EDcl no AgInt nos EDcl no AREsp 1.269.627/SP, DJe de 26.04.23; REsp 1.903.730/RS, DJe de 11.06.21.

tanto, haverá nulidade absoluta do julgamento como um todo. A propósito, a Corte já teve oportunidade de assentar que "o vício decorrente da ausência de intimação do patrono da parte para a sessão de julgamento e, consequentemente, da inviabilização de sua sustentação oral em hipótese prevista em lei não é mera formalidade dispensável e não é suscetível de convalidação pela simples republicação do acórdão com a correta intimação, mas, ao revés, é dever dos julgadores, imposto de forma cogente a todos os Tribunais, em observância aos princípios constitucionais do contraditório, da ampla defesa e do devido processo legal."[264]

O profissional que desejar fazer uso dessa técnica poderá requerer, até o início da sessão, que o processo seja julgado em primeiro lugar, sem prejuízo das preferências legais, sendo obviamente admitido que a sustentação seja feita por videoconferência, bastando que haja requerimento nesse sentido até o dia anterior ao da sessão.

Pela literalidade da lei, isso só poderia ser feito se o julgamento do recurso fosse remetido ao órgão colegiado, pois o CPC emprega o termo "sessão de julgamento". No entanto, o acima referido art. 7º, § 2º-B, do EOAB passou a prever a possibilidade de sustentação oral também em julgamentos monocráticos, o que eliminou as dúvidas que ainda pudessem existir a respeito dessa possibilidade nos agravos internos dos arts. 1.021 e 1.042.[265]

Tudo isso deixa suficientemente clara a relevância dessa técnica para que o profissional performe em alto nível. Daí porque, faço questão de insistir, mesmo correndo o risco de soar repetitivo: a não intimação prévia gera nulidade absoluta, justamente por violação a uma das prerrogativas da própria advocacia. Só não confunda as coisas: o que acarreta a nulificação é a ausência de intimação prévia. Mas o STJ possui orientação firme no sentido de que "não se reconhece nulidade pela falta de sustentação oral se esta se deve à inação do advogado que não compareceu à sessão".[266]

14.3.1 A SUSTENTAÇÃO ORAL NOS RECURSOS DE FAMÍLIA E DE SUCESSÕES

Além da notável importância que a sustentação oral sempre teve no recurso de apelação, merece destaque por aqui o fato de se ter passado a admiti-la no agravo de instrumento interposto contra decisões interlocutórias que versem sobre tutelas provisórias e que procedam a julgamentos parciais de mérito (CPC, art. 356), porque as ações de família fornecem o palco perfeito para que isso aconteça. Basta que se imagine como são corriqueiras as decisões "liminares" de alimentos provisórios, guarda provisória, regime provisório de convivência, medidas protetivas de urgência fundadas na Lei Maria da Penha (arts. 22 a 24), medidas protetivas de crianças e adolescentes fundadas no ECA (art. 98), assim como aquelas decisões interlocutórias parciais de mérito que, durante o

---

[264] REsp 1.931.097/SP, DJe de 16.08.21. No mesmo sentido, dentre vários: REsp 2.103.074/MT, j. em 14.05.24.
[265] REsp 1.931.097/SP, DJe de 16.08.21; REsp 1.903.730/RS, DJe de 11.06.21.
[266] AgInt no RMS 72.683/RJ, DJe de 03.05.24.

saneamento e organização do processo, reconheçam a ocorrência de prescrição parcial de pretensões,[267] ou fixem a data da separação de fato.[268]

Igualmente, as ações de sucessões admitiriam sustentação oral em agravos tirados de decisões concessivas de tutela provisória que, verificando a existência de disputa sobre a qualidade de herdeiro, sobrestassem a entrega de quinhões (CPC, art. 627, § 3º), bem como das que ordenassem a reserva de quinhões do herdeiro excluído em poder do inventariante (CPC, art. 628, § 2º), assim como daquelas que eventualmente ordenassem o sequestro de bens sujeitos à colação (CPC, art. 641, § 1º) ou estabelecessem a reserva de bens suficientes para pagamento do credor (CPC, art. 643, parágrafo único), ou, ainda, a reserva de quinhão de nascituro (CPC, art. 650),[269] sem falar nas inúmeras decisões interlocutórias concessivas de tutela provisória na execução e no cumprimento, provisório ou definitivo, de sentenças (CPC, art. 1.015, parágrafo único).

Ao interpretar a frase "decisão interlocutória que versa sobre tutela provisória", contida no texto do art. 1.015, I, do CPC, o Superior Tribunal de Justiça assentou que ela "abrange as decisões que examinam a presença ou não dos pressupostos que justificam o deferimento, indeferimento, revogação ou alteração da tutela provisória e, também, as decisões que dizem respeito ao prazo e ao modo de cumprimento da tutela, a adequação, suficiência, proporcionalidade ou razoabilidade da técnica de efetiva da tutela provisória e, ainda, a necessidade ou dispensa de garantias para a concessão, revogação ou alteração da tutela provisória".[270] Como resultado, mesmo a decisão interlocutória que eventualmente reduza ou aumente a multa fixada para o descumprimento da tutela provisória é atacável por agravo de instrumento, pois, em última análise, diz respeito a seus aspectos acessórios como prazo e modo de cumprimento,[271] admitindo, por isso, a sustentação oral de suas razões.

Esse entendimento deve ser analisado com bastante atenção pelo profissional que atua no cotidiano das varas de família e sucessões, porque a decisão que decreta a prisão civil da pessoa que deve alimentos é, sem dúvida, uma interlocutória que desafia a interposição do agravo de instrumento, pois emitida no âmbito de cumprimento definitivo/provisório ou de execução de sentença (CPC, art. 1.015, parágrafo único)[272]. Porém, tal pronunciamento não pode ser enquadrado, pelo menos em um primeiro momento, como concessivo de tutela provisória, mas sim como uma decisão interlocutória proferida ordinariamente no âmbito do cumprimento/execução. Todavia, não se pode negar que, quando os alimentos são fixados provisoriamente, decorrem sim de uma decisão interlocutória concessiva de tutela provisória de urgência (Lei n. 5.478/68, art. 4º), o que poderia levar alguns a quererem aplicar o supramencionado posicionamento do STJ ao pronunciamento que, lhe dando aplicabilidade, decretasse a prisão civil da pessoa, ao argumento de que esta segunda decisão estaria meramente

---

[267] STJ, REsp 1.702.725/RJ, DJe de 28.06.19.
[268] STJ, REsp 1.798.975/SP, DJe de 04.04.19.
[269] FPPC, Enunciado n. 681: "Cabe sustentação oral no julgamento do agravo de instrumento interposto contra decisão que versa sobre efeito suspensivo em embargos à execução ou em impugnação ao cumprimento de sentença".
[270] REsp 1.752.049/PR, DJe de 15.03.19.
[271] REsp 1.827.553/RJ, DJe de 29.09.19.
[272] JDC/CJF, Enunciado n. 522: "Cabe prisão civil do devedor nos casos de não prestação de alimentos gravídicos estabelecidos com base na Lei n. 11.804/2008, inclusive deferidos em qualquer caso de tutela de urgência".

dizendo respeito a "aspectos acessórios como prazo e modo de cumprimento" da medida imposta pela primeira.

Talvez não se possa chegar a tanto, muito embora uma tese como essa não deixasse de ser bastante criativa.

Seja como for, logo depois de ser exaurida a possibilidade de sustentação oral – independentemente do fato de ela ter efetivamente acontecido –, a sessão de julgamento terá prosseguimento na forma vista no tópico seguinte.

14.4 O PROSSEGUIMENTO DA SESSÃO DE JULGAMENTO

Ao ser dado seguimento à sessão de julgamento do recurso pelo colegiado, obviamente podem ser detectadas questões cognoscíveis de ofício ou fatos supervenientes que não tenham sido identificados pelo relator até este momento. Isso acontecendo, o julgamento será imediatamente suspenso a fim de que as pessoas se manifestem especificamente sobre eles, depois de intimadas na forma prevista no art. 933, caput e § 1º.[273] Inclusive, no curso do julgamento, o advogado poderá pedir a palavra, pela ordem, para indicar que determinada questão suscitada na sessão não foi submetida ao prévio contraditório, requerendo a aplicação da norma a que se refere este artigo (FPPC, Enunciado n. 595). Independe e paralelamente a isso, também podem existir questões preliminares ao mérito que sejam suscitadas somente neste momento, as quais, é claro, devem ser decididas antes deste, até porque podem impedir o seu julgamento caso acolhidas. Caso constate a ocorrência de vício sanável, inclusive aquele que possa ser conhecido de ofício, o relator determinará a realização ou a renovação do ato processual, no próprio tribunal ou em primeiro grau de jurisdição, intimando previamente as pessoas. Feito isso, sempre que possível, o julgamento do recurso terá continuidade para que possa ser conhecida a pretensão recursal propriamente dita, ocasião em que terá início a discussão e o julgamento da matéria principal, sobre a qual deverão se pronunciar os juízes vencidos na preliminar (CPC, art. 940).

Adentrando efetivamente ao mérito recursal, pode, ainda, haver necessidade de produção de provas. Neste caso, será aberta ao órgão julgador possibilidade idêntica àquela conferida ao relator, razão pela qual o julgamento poderá ser convertido em diligência – a qual se realizará no próprio tribunal ou em primeiro grau de jurisdição, por carta de ordem (CPC, art. 264), prosseguindo-se o julgamento na sequência (CPC, art. 938, § 3º).[274]

14.5 O PEDIDO DE VISTA E A CONCLUSÃO DO JULGAMENTO

Caso algum julgador não se considere habilitado a proferir imediatamente seu voto, poderá solicitar vista pelo prazo máximo de 10 (dez) dias, após o qual o recurso será reincluído em pauta para julgamento na sessão seguinte à data da devolução. Se, durante o pedido de vista, for detectado algum vício sanável ou a existência

---

[273] JDPC/CJF, Enunciado n. 60: "É direito das partes a manifestação por escrito, no prazo de cinco dias, sobre fato superveniente ou questão de ofício na hipótese do art. 933, § 1º, do CPC, ressalvada a concordância expressa com a forma oral em sessão."
[274] Essa oportunidade também se abre, embora sob alguma controvérsia, nos recursos excepcionais. Por todos, conferir: RODRIGUES, Marco Antonio. Manual dos recursos, ação rescisória e reclamação. São Paulo: Atlas, 2017, p. 465.

de fato superveniente, o julgador que a solicitou deverá encaminhar os autos ao relator, que tomará as providências previstas no *caput* do art. 933 e, em seguida, solicitará a inclusão do feito em pauta para prosseguimento do julgamento, com submissão integral da nova questão aos julgadores (CPC, art. 933, § 2º).

Via de regra, a apelação e o agravo de instrumento serão julgados por um colegiado composto de 03 desembargadores (CPC, art. 941, § 2º). Proferidos os votos de cada um, o presidente anunciará o resultado do julgamento, designando para redigir o acórdão o relator ou, se vencido este, o autor do primeiro voto vencedor (CPC, art. 941, *caput*).

Uma novidade trazida pelo CPC/2015 é que, agora, o voto poderá ser alterado até o momento da proclamação do resultado pelo presidente, salvo aquele já proferido por juiz afastado ou substituído (art. 941, § 1º).

Lavrado o acórdão, sua ementa será publicada no órgão oficial no prazo de 10 (dez) dias (CPC, art. 943). Se o acórdão não for publicado no prazo de 30 (trinta) dias, contado da data da sessão de julgamento, as notas taquigráficas o substituirão, para todos os fins legais, independentemente de revisão (CPC, art. 944, parágrafo único).

14.6 A TÉCNICA DE AMPLIAÇÃO DO COLEGIADO (CPC, ART. 942)

Como visto há pouco, a regra geral é no sentido de que, no julgamento de apelação ou de agravo de instrumento, a decisão seja tomada, no órgão colegiado, pelo voto de 03 desembargadores, devendo o voto vencido ser necessariamente declarado e considerado parte integrante do acórdão para todos os fins legais, inclusive de pré-questionamento.[275] Entretanto, o Código inova consideravelmente a partir deste momento. É que seu art. 942, *caput*, dispõe que, quando o resultado da apelação for não unânime, o julgamento terá prosseguimento em sessão a ser designada com a presença de outros julgadores, que serão convocados nos termos previamente definidos no regimento interno, em número suficiente para garantir a possibilidade de inversão do resultado inicial, assegurado às partes e a eventuais terceiros o direito de sustentar oralmente suas razões perante os novos julgadores. Sendo possível, o julgamento prosseguirá na mesma sessão, colhendo-se os votos de outros julgadores que porventura componham o órgão colegiado. Entretanto, os julgadores que já tiverem votado poderão rever seus votos por ocasião do prosseguimento do julgamento.

A isso, denomina-se técnica de ampliação de colegiado.

De acordo com o 942, § 3º, ela também se aplica ao julgamento não unânime proferido em: a) agravo de instrumento, quando houver reforma da decisão que julgar parcialmente o mérito, e; b) ação rescisória, quando o resultado for a rescisão da sentença, devendo, no caso em que seu prosseguimento ocorrer em órgão de maior composição previsto no regimento interno.[276]

Como se percebe, a técnica de ampliação de colegiado exige a presença de requisitos próprios e distintos quando aplicada à apelação ou ao agravo.

---

[275] Com isso, restou superada a Súm. n. 320 do STJ. Assim: FPPC, Enunciado n. 200: "Fica superado o enunciado 320 da súmula do STJ."
[276] Essa técnica não se aplica, contudo, ao julgamento do incidente de assunção de competência e ao de resolução de demandas repetitivas; da remessa necessária e ao julgamento não unânime proferido, nos tribunais, pelo plenário ou pela corte especial (CPC, art. 942, § 4º).

Enquanto para a apelação, a lei se contenta com a mera ocorrência de não unanimidade no seu julgamento, independentemente do fato de a sentença recorrida ter ou não enfrentado o mérito, para o agravo exige-se, além da não unanimidade de seu julgamento, o fato de a decisão recorrida ter julgado parcialmente o mérito, e, ainda, vir a ser reformada pelo agravo de instrumento.

Contudo, o Superior Tribunal de Justiça vem conferindo interpretação ampliativa ao texto normativo do art. 942, § 3º, do CPC, para entender cabível o julgamento estendido quando houver reforma, por maioria, de decisão interlocutória que versar sobre o mérito do processo, ainda que não se trate de decisão de julgamento antecipado parcial de mérito previsto no art. 356 do mesmo diploma. De acordo com sua orientação predominante, "o conceito de 'julgar parcialmente o mérito' não se circunscreve ao julgamento antecipado parcial de mérito previsto no art. 356 do CPC, mas, ao revés, diz respeito mais amplamente às decisões interlocutórias que versem sobre o mérito do processo, de modo que esta Corte tem, reiteradamente, conferido contornos mais precisos às hipóteses em que deve ser aplicada a técnica de ampliação do colegiado prevista no art. 942, § 3º, II, do CPC".[277] Com base nesse posicionamento, a Corte já teve oportunidade de admitir o emprego da técnica de ampliação do colegiado em decisão proferida em agravo de instrumento que, por maioria, reformou (i) decisão proferida em incidente de desconsideração (direta ou inversa) da personalidade jurídica;[278] (ii) decisão interlocutória de mérito proferida na fase de liquidação por arbitramento;[279] e (iii) decisão interlocutória que julgou parcialmente procedente a primeira fase da ação de exigir contas promovida por filho em face de sua mãe.[280]

E, por questão de coerência, os embargos de declaração eventualmente opostos de decisão que tenha sido proferida sob essa técnica também serão julgados com a composição ampliada (JDPC/CJF, Enunciado n. 137).[281] Adicionalmente, o Enunciado n. 682 do FPPC dispõe que "é assegurado o direito à sustentação oral para o colegiado ampliado pela aplicação da técnica do art. 942, ainda que não tenha sido realizada perante o órgão originário.

De todas as hipóteses previstas por lei, merece especial atenção por aqui o cabimento da técnica no agravo de instrumento que reformar decisão interlocutória parcial de mérito, porque acontece com frequência que o conflito subjacente às ações de família e sucessões vá sendo solucionado paulatinamente, em camadas, justamente por intermédio de decisões parciais de mérito, na forma do art. 356 do CPC, as quais são agraváveis, por força do que dispõe seu § 5º. Esse cenário poderia ser identificado, por exemplo, em uma ação de indenização pelo uso exclusivo da coisa comum movida entre ex-companheiros, em cujo saneamento fosse reconhecida a prescrição de parte da pretensão,[282] ou em uma ação de divórcio cumulada com partilha de bens em que a mesma decisão de saneamento e organização do processo fixasse a data da separação de fato,[283] promovendo, com isso, o recorte necessário para a identificação do patrimônio partilhável.

---

[277] REsp 2.105.946/SP, DJe de 14.06.24; AgInt no REsp 1.975.624/MA, DJe de 30.11.22.
[278] REsp 2.120.433/SP, DJe de 05.04.24.
[279] REsp 1.931.969/SP, DJe de 11.02.22.
[280] REsp 2.105.946/SP, DJe de 14.06.24.
[281] Não é aplicável, contudo, aos recursos afetos ao ECA: STJ, REsp 1.694.248/RJ, DJe de 15.05.18.
[282] STJ, REsp 1.702.725/RJ, DJe de 28.06.19.
[283] STJ, REsp 1.798.975/SP, DJe de 04.04.19.

Portanto, se este agravo acarretar a reforma dessas decisões por votação não unânime, a ampliação de colegiado será automaticamente aplicável.

Seja qual for o caso, o emprego da técnica pode ir acontecendo de forma paulatina. E, desde que sejam assegurados os direitos e garantias institucionais a todos os envolvidos no processo, não há que se cogitar de nulidade, exceto se houver comprovação específica de prejuízo, como deixa claro o seguinte julgado.

> CIVIL. PROCESSUAL CIVIL. DIREITO DE FAMÍLIA. PRELIMINAR DE NULIDADE DO JULGAMENTO DA APELAÇÃO POR VIOLAÇÃO AO ART. 942 DO CPC/15. INOCORRÊNCIA. TÉCNICA CUJA FINALIDADE É APROFUNDAR A DISCUSSÃO A RESPEITO DE CONTROVÉRSIA ACERCA DA QUAL HOUVE DIVERGÊNCIA, MEDIANTE A CONVOCAÇÃO DE NOVOS JULGADORES. JULGAMENTO AMPLIADO QUE PODERÁ OCORRER EM SESSÃO FUTURA OU NA PRÓPRIA SESSÃO. HIPÓTESE SINGULAR EM QUE A CÂMARA JULGADORA, A DESPEITO DE FORMADA ORDINARIAMENTE COM NÚMERO DE MEMBROS SUFICIENTES PARA PROPICIAR A INVERSÃO DO RESULTADO DO JULGAMENTO, ESTAVA MOMENTANEAMENTE DESFALCADA DE 01 JULGADOR. INEXISTÊNCIA DE ÓBICE PARA QUE O INÍCIO DO JULGAMENTO AMPLIADO OCORRA NA MESMA SESSÃO EM QUE SE FORMOU A DIVERGÊNCIA E, APÓS A PROLAÇÃO DO 4º VOTO, QUE SEJA SUSPENSO AO AGUARDO DA CONVOCAÇÃO DO 5º JULGADOR. AUSÊNCIA DE PREJUÍZO ÀS PARTES, EIS QUE RESGUARDADA A POSSIBILIDADE DE NOVA SUSTENTAÇÃO ORAL. [...].
> A técnica de ampliação de colegiado prevista no art. 942 do CPC/15 tem por finalidade aprofundar a discussão a respeito de controvérsia, de natureza fática ou jurídica, acerca da qual houve dissidência, mediante a convocação de novos julgadores, sempre em número suficiente a viabilizar a inversão do resultado inicial.
> Precedente da 3ª Turma.
> Dado que, no julgamento da apelação, a decisão colegiada será tomada pelo voto de 03 julgadores (art. 941, § 2º, do CPC/15), a deliberação dos 02 julgadores convocados poderá ocorrer em sessão futura (art. 942, caput), nas hipóteses de turmas ou câmaras compostas por apenas 03 julgadores, ou na própria sessão de julgamento (art. 942, § 1º), nas hipóteses de turmas ou câmaras compostas por 05 ou 07 julgadores.
> Na singular hipótese de uma turma ou câmara formada ordinariamente por 05 julgadores, mas que se encontre com 04 ao tempo do julgamento, não há óbice para que o início do julgamento ampliado previsto no art. 942 ocorra na mesma sessão em que se formou a divergência, colhendo-se o voto do 4º julgador, e que, ato contínuo, seja suspenso o julgamento ao aguardo da convocação do 5º julgador, inexistindo na hipótese, inclusive, prejuízo às partes, a quem se garante a possibilidade de sustentar oralmente as suas razões perante o 5º julgador.
> A parte que, inequivocamente ciente da suposta nulidade ocorrida em sessão de julgamento da qual participou, não suscita o vício na própria sessão ou na primeira oportunidade que tiver de falar no processo, vindo a fazê-lo apenas tardiamente, age em desrespeito ao princípio da boa-fé processual, na medida em que configurada a chamada nulidade de algibeira. Precedentes. [...]
> (STJ, REsp 1.888.386/RJ, DJe de 19.11.20)

Assimiladas essas noções, encerra-se a primeira parte deste livro. Na segunda parte, serão analisados os recursos em espécie, na ordem em que trazidos pelo Código de Processo Civil.

parte II

os recursos em espécie

1

OS RECURSOS EM ESPÉCIE

NOÇÕES GERAIS

Isso já foi dito na primeira parte deste livro, mas não custa repetir: o CPC/2015 lista todos os recursos por ele previstos em seu art. 994, que dispõe que:

> Art. 994. São cabíveis os seguintes recursos:
> I – apelação;
> II – agravo de instrumento;
> III – agravo interno;
> IV – embargos de declaração;
> V – recurso ordinário;
> VI – recurso especial;
> VII – recurso extraordinário;
> VIII – agravo em recurso especial ou extraordinário;
> IX – embargos de divergência.

Por questão de coerência, o estudo será feito nesta exata ordem, ao menos até os embargos de declaração.

Obviamente, muita coisa que lhes diz respeito já foi adiantada ao longo dos capítulos voltados à análise de seus princípios, de suas hipóteses de cabimento e de seus efeitos, razão pela qual eu recomendarei, aqui e ali, que você meramente os releia. Porém, para facilitar a assimilação do conteúdo exposto e acelerar o seu processo de aprendizagem, optei por adotar uma estratégia específica, inserindo no próprio corpo do texto todos os artigos referentes a cada um desses recursos, simplesmente para que sua leitura não tenha que ser descontinuada toda vez que for necessária a consultar ao texto normativo.

Então, vamos lá!

A APELAÇÃO

O Código disciplina a apelação nos arts. 1.009 a 1.014, os quais, a bem da verdade, trazem várias disposições que deveriam fazer parte do regramento geral dos recursos, e não apenas da apelação, como dito por aqui. Daí porque, inclusive, muitos a consideram o "recurso por excelência".

Nos tópicos seguintes, será possível conhecê-la um pouco mais de perto.

2.1 Conceito e hipóteses de cabimento

Tradicionalmente, a apelação sempre foi o recurso voltado ao ataque de sentenças terminativas ou definitivas.[280] Bastava, portanto, que se conhecesse o que era sentença, para se saber do que apelar. Contudo, a nova diagramação conferida pelo legislador de 2015 aos pronunciamentos judiciais, à sua preclusão e ao recurso de agravo – incluindo a supressão de sua modalidade retida – modificou profundamente esse cenário. Isto porque, agora, o sistema autoriza que as preliminares de apelação e/ou as suas contrarrazões façam as vezes de uma apelação destinada especificamente ao ataque das decisões interlocutórias não agraváveis, quais sejam, aquelas não previstas no rol do art. 1.015 do CPC.

---

[280] Exceto por exclusão legal, a exemplo da Lei dos Juizados Especiais Cíveis (L. 9099/95, art. 41) e da Lei de Execuções Fiscais (L 6.830/80, art. 34).

Sim, por mais inusitado que possa parecer, isso se tornou possível. Agora, então, pode-se falar que apelação é o recurso voltado tanto ao ataque de sentenças quanto de algumas decisões interlocutórias (as inagraváveis). E o que é ainda mais significativo: as suas contrarrazões ostentam algo bem próximo a uma natureza recursal, contrarrecursal talvez.

É o que se extrai da leitura do art. 1.009 do CPC, segundo o qual:

> Art. 1.009. Da sentença cabe apelação.
> § 1º As questões resolvidas na fase de conhecimento, se a decisão a seu respeito não comportar agravo de instrumento, não são cobertas pela preclusão e devem ser suscitadas em preliminar de apelação, eventualmente interposta contra a decisão final, ou nas contrarrazões.
> § 2º Se as questões referidas no § 1º forem suscitadas em contrarrazões, o recorrente será intimado para, em 15 (quinze) dias, manifestar-se a respeito delas.
> § 3º O disposto no *caput* deste artigo aplica-se mesmo quando as questões mencionadas no art. 1.015 integrarem capítulo da sentença.

Como se nota, enquanto o *caput* deste dispositivo estabelece a regra geral – no sentido que a apelação é cabível de sentenças –, seu parágrafo primeiro consagra a exceção – no sentido de que a preliminar de apelação ou suas contrarrazões são cabíveis para atacar as decisões interlocutórias não agraváveis que tenham sido proferidas na fase de conhecimento. Perceba, também, que a omissão a respeito das decisões interlocutórias proferidas em outras fases ou procedimentos do processo de conhecimento ou no processo de execução foi proposital, porque delas se incumbe o art. 1.015, parágrafo único, quando diz que "também caberá agravo de instrumento contra decisões interlocutórias proferidas na fase de liquidação de sentença ou de cumprimento de sentença, no processo de execução e no processo de inventário".

A antiga tradição foi superada, portanto, inaugurando-se uma nova ordem de coisas por meio da qual a pessoa pode fazer o seguinte: a) interpor apelação para atacar sentenças definitivas ou terminativas (CPC, art. 1.009, *caput*); b) interpor apelação para atacar exclusivamente decisões interlocutórias inagraváveis (CPC, art. 1.009, § 1º), e; c) apresentar contrarrazões à apelação interposta pela outra pessoa, para atacar exclusivamente decisões interlocutórias inagraváveis (CPC, art. 1.009, § 1º).

Tudo isso parece autorizar que se conceitue apelação como sendo o recurso voltado ao ataque de todas as sentenças e das decisões interlocutórias inagraváveis.[281]

Alguns desses pronunciamentos, contudo, continuam sendo de difícil classificação. No direito das sucessões, isso ainda se complica um pouco mais, por dois motivos básicos: a) muitas de suas ações judiciais tramitam por procedimentos especiais, tanto de jurisdição contenciosa quando voluntária (CPC, arts. 659 e ss.; 735 e ss., 738 e ss.), e; b) o art. 1.015, parágrafo único, do CPC estabelece que

---

[281] Obviamente, leis esparsas podem conter disposições específicas excepcionando este regramento. No Estatuto da Criança e do Adolescente, por exemplo, existe a seguinte previsão: Art. 199. Contra as decisões proferidas com base no art. 149 caberá recurso de apelação.

cabe agravo de instrumento de todas as decisões interlocutórias proferidas no processo de inventário. O STJ já teve oportunidade de assinalar, por exemplo, que "as decisões proferidas com base na regra do art. 984 do CPC/73 (atual art. 612 do CPC/2015) e que não se refiram às questões de alta indagação, conquanto eventualmente rotuladas de interlocutórias, versam sobre o próprio mérito da relação jurídica conexa, possuem natureza jurídica de sentença e são aptas a se revestirem da imutabilidade e da indiscutibilidade proporcionadas pela coisa julgada material".[282]

Mais uma vez, mostra-se essencial que o profissional esteja muito atento ao posicionamento dos tribunais superiores, sem prejuízo de requerer ao "juízo *ad quem*", a aplicação do princípio da fungibilidade a seu recurso.

2.1.1 A APELAÇÃO CONTRA SENTENÇA

A apelabilidade da sentença, em si, não merece maiores comentários, porque, a seu respeito, a tradição brasileira foi mantida (CPC, art. 1.009, *caput*). Relembre-se apenas que o conceito de sentença sofreu significativa alteração pelo Código de 2015, conforme longamente exposto em capítulo próprio deste livro, cuja releitura, inclusive, recomendo. Basta ao intérprete, então, conjugar as disposições do art. 1009, *caput*, com as do 203, § 1º, para saber do que apelar.

O que exige maiores reflexões mesmo são seus aspectos formais e a apelabilidade prevista pelo § 1º de tal normativa, a serem analisados com um pouco mais de calma a partir do tópico abaixo.

2.1.2 A APELAÇÃO CONTRA DECISÃO INTERLOCUTÓRIA

No que concerne à possibilidade de se atacarem decisões interlocutórias em preliminar de apelação, como permite a primeira frase do art. 1.009, § 1º, do CPC, merece ser relembrada a necessidade de que tais interlocutórias sejam daquelas não agraváveis, isto é, não enumeradas no rol do art. 1.015 do CPC, nem passíveis de enquadramento nas hipóteses trazidas pelo Tema repetitivo 998 do Superior Tribunal de Justiça, como já se teve oportunidade de afirmar no capítulo destinado ao estudo deste tipo de pronunciamento judicial, cuja releitura vai desde logo recomendada.

Contudo, é preciso desde logo descartar a obrigatoriedade de a pessoa ter que apelar da *sentença* para fazer isso. Ela pode apelar diretamente dessas interlocutórias, no prazo destinado à interposição da apelação da sentença. É que, muito embora o legislador possa ter suposto que somente aqueles indivíduos que tivessem seus pedidos julgados improcedentes pela sentença fossem fazer uso da técnica – pelo fato de terem sido "vencidos" na ação –, existem incontáveis casos em que mesmo pessoas que se sagrem "vencedoras" na sentença, possam ter interesse recursal de atacar decisões interlocutórios inagraváveis contra elas proferidas. E, convenhamos que não faria nenhum sentido obrigá-las a apelar

---
[282] REsp 1.829.945/TO, DJe de 04.05.21.

dessa *sentença*, apenas para que tivessem a oportunidade de, em tópico preliminar, atacarem as *decisões interlocutórias inagraváveis*.

É necessário que haja autonomia e independência a esse respeito. Imagine, por exemplo, uma decisão que tivesse aumentado de ofício o valor da causa, por ocasião do saneamento do processo (CPC, arts 357 c/c art. 292, § 3º). Mesmo sagrando-se vencedora na sentença, logo, não tendo interesse em dela interpor apelação, a pessoa pode pretender apelar exclusivamente para atacar aquela decisão corretiva do valor da causa, visando reduzi-lo àquele originariamente indicado em sua petição inicial, eximindo-se, por consequência, de ter que complementar as custas futuramente, o que, em muitas ações de partilha, poderia ser bastante oneroso. As decisões interlocutórias que impõem multas diversas, como aquelas por não comparecimento à sessão de conciliação e mediação (CPC, art. 334, § 8º) ou pela prática de ato atentatório à dignidade da justiça e litigância de má-fé (CPC, arts. 77, § 2º, e 81), também poderiam despertar o interesse na aplicação da técnica pelo indivíduo que, mesmo sendo "vencedor" na causa, não quisesse se sujeitar a cobranças futuras, inclusive sob pena de ter seus dados inscritos em cadastros de maus pagadores pelo Estado (CPC, art. 77, § 3º), consequência esta aplicável, indistintamente, mesmo a beneficiários da gratuidade da justiça, dada a regra do art. 98, § 2º, do Código.[283]

O Enunciado n. 67 da JDPC/CJF caminha exatamente nesse sentido quando dispõe que "há interesse recursal no pleito da parte para impugnar a multa do art. 334, § 8º, do CPC por meio de apelação, embora tenha sido vitoriosa na demanda." Sendo ainda mais enfático, o Enunciado n. 662 do FPPC dispõe que "é admissível impugnar, na apelação, exclusivamente a decisão interlocutória não agravável."

Aquilo que foi dito por ocasião do estudo do interesse recursal tem total cabimento aqui. Justamente por isso, o entendimento atualmente prevalente na literatura é no mesmo sentido defendido neste livro: o de que apelação é o recurso voltado ao ataque, também, de decisão interlocutória.[284]

Já no que toca à possibilidade de essas decisões inagraváveis serem impugnadas em contrarrazões de apelação, como autoriza a frase final do art. 1.009, § 1º, do CPC, muita coisa muda de figura, porque, como se intui, haverá total dependência de que tal recurso seja, pelo menos admitido pelo órgão julgador, para que a pretensão contrarrecursal possa ser conhecida. Essa dependência, de certa forma, aproxima esta figura do recurso adesivo, do qual se distingue, contudo, pelo fato de as contrarrazões possuírem limites muito mais estreitos, pois voltadas ao ataque exclusivo das interlocutórias. Talvez a melhor comparação seja mesmo com a figura do pedido contraposto previsto no sistema dos juizados especiais (Lei n. 9099/95, art. 31) e nas ações possessórias (CPC, art. 556), porque não haverá necessidade de recolhimento de custas específicas, tampouco de que as contrarrazões ultrapassem o seu próprio juízo de admissibilidade ou exista

---

[283] CPC, art. 98, § 2º. "A concessão de gratuidade não afasta a responsabilidade do beneficiário pelas despesas processuais e pelos honorários advocatícios decorrentes de sua sucumbência."
[284] DUARTE, Zulmar. Comentários ao art. 1.009. Em: GAJARDONI, Fernando da Fonseca [et al.] (Coords.). *Comentários ao Código de Processo Civil*. 5. ed. Rio de Janeiro: Forense, 2022; CÂMARA, Alexandre Freitas. *Manual de direito processual civil*. 2. ed. Barueri: Atlas, 2023, p. 767.

possibilidade de lhe serem atribuídos efeitos.[285] Havendo a admissão do recurso, bastará que estas sejam apresentadas no prazo legal e que, obviamente delimitem a controvérsia, apresentando o pedido que se entender pertinente ao caso, até para permitir que a outra pessoa (a do recorrente) apresente as suas contrarrazões à pretensão contrarrecursal, no prazo de 15 dias assinado pelo art. 1.009, § 2º.

Perceba que ambas as técnicas podem ser utilizadas tanto pela pessoa que vence quanto por aquela que é vencida na ação, ampliando-se suas possibilidades e estratégias de atuação no processo, o que não deixa de ser positivo. Porém, de um modo geral, acredito que toda essa alteração não tenha sido tão positiva assim, pois complica um pouco a vida do profissional, porque, além de ele ter que saber o que é sentença, será obrigado a conhecer quais são as decisões interlocutórias inagraváveis, o que somente será possível a partir da análise incessante do posicionamento do Superior Tribunal de Justiça, porque é a ele que incumbe dar a última palavra sobre interpretação de direito federal.

Finalmente, ao prescrever que o disposto no *caput* se aplica "mesmo quando as questões mencionadas no art. 1.015 integrarem capítulo da sentença", o art. 1.009, § 3º, quer dizer que deverão integrar a apelação – e não outro recurso a ser eventualmente interposto – a impugnação direcionada a todas as deliberações feitas em sentença sobre tutelas provisórias, incidente de desconsideração da personalidade jurídica, gratuidade da justiça, exclusão de litisconsorte, intervenção de terceiros, enfim, eliminando-se com isso uma antiga prática forense de se apresentarem recursos separados para o ataque do mérito e das demais questões que eventualmente fossem decididas em sentença, o que ainda vem reforçado pela regra do art. 1.013, § 5º, quando dispõe que "o capítulo da sentença que confirma, concede ou revoga a tutela provisória é impugnável na apelação."

2.2 O PRAZO DE INTERPOSIÇÃO DA APELAÇÃO

Já foi mencionada neste livro a opção claramente exercida pelo legislador de 2015 de unificar os prazos recursais e os concentrar em um só dispositivo, qual seja, o múltiplas vezes citado art. 1.003, § 5º, de acordo com o qual "excetuados os embargos de declaração, o prazo para interpor os recursos e para responder-lhes é de 15 (quinze) dias. É nele, portanto, que a apelação deve ser interposta, tanto na modalidade independente quanto na adesiva, ainda que destinada exclusivamente ao ataque de decisões interlocutórias na forma admitida pelo art. 1.009, § 1º.

Não se esqueça das especificidades inerentes aos prazos recursais do Ministério Público e da Defensoria Pública, bem como daquelas referentes ao prazo de interposição de recurso pela pessoa contra decisão proferida anteriormente à sua citação, ao qual o art. 1.003, § 2ª, determina que se se aplique o disposto no

---

[285] Em sentido contrário: BUENO, Cassio Scarpinella. *Curso sistematizado de direito processual civil*. v. 2. 11. ed. São Paulo: Saraivajur, 2022, p. 766.

art. 231, I a VI, já estudado no capítulo deste livro destinado aos prazos recursais, cuja releitura recomendo em caso de existir qualquer dúvida.

2.3 A PETIÇÃO INICIAL DA APELAÇÃO: FORMA E CONTEÚDO

De acordo com o art. 1.010, *caput*, I a IV:

> Art. 1.010. A apelação, interposta por petição dirigida ao juízo de primeiro grau, conterá:
> I – os nomes e a qualificação das partes;
> II – a exposição do fato e do direito;
> III – as razões do pedido de reforma ou de decretação de nulidade;
> IV – o pedido de nova decisão.

Por ser um recurso de fundamentação livre, a apelação comporta uma multiplicidade de questões e causas de pedir, desde que direcionadas a impugnar precisamente os argumentos lançados na sentença ou nas interlocutórias inagraváveis, e a basear "o pedido de nova decisão", que pode ter por objetivo tanto a sua reforma (por erro de julgamento) quanto a sua anulação (por erro de procedimento), assim de forma global como restrita a capítulos específicos. Embora seja incogitável a formulação de pedido genérico neste recurso, é claro que a postulação de reforma ou anulação deve ser interpretada em conformidade com os mesmos parâmetros aplicáveis à interpretação do pedido deduzido na petição inicial (CPC, art. 322, § 2º). Nada impede, ainda, que já seja pedida a aplicação eventual da técnica prevista pelo art. 1.013, § § 3º e 4º, para a eventualidade de se mostrar possível a aplicação da "teoria da causa madura", a ser estudada algumas linhas adiante.

Ao elaborar a sua petição inicial recursal, no entanto, além de obedecer ao que enunciam os acima mencionados incisos do art. 1.010, *caput*, o advogado deve estar atento ao fato de que a regra do art. 489, § 1º, I a VI, do CPC lhe atribui um importante ônus: o de fundamentar adequadamente a sua petição recursal. Como resultado, tal peça não pode mais se limitar à indicação, à reprodução ou à paráfrase de ato normativo, sem explicar sua relação com a causa ou a questão decidida. E, se pretender invocar a aplicação de precedentes qualificados ou impedir sua incidência ao caso concreto, deve, respectivamente, promover a identificação de seus fundamentos determinantes e a demonstração da similitude entre ambos ou a comprovação de sua superação pelo órgão competente, sob pena de inviabilizar o próprio órgão julgador de realizar a distinção (*distinguishing*) ou superação (*overruling*) na hipótese e como foi expressamente incorporado ao Enunciado n. 9 da ENFAM, segundo o qual "é ônus da parte, para os fins do disposto no art. 489, § 1º, V e VI, do CPC/2015, identificar os fundamentos determinantes ou demonstrar a existência de distinção no caso em julgamento ou a superação do entendimento, sempre que invocar jurisprudência, precedente ou enunciado de súmula."[286]

---

[286] DIDIER JR., Fredie; PEIXOTO, Ravi. O art. 489, § 1º, do CPC e a sua incidência na postulação dos sujeitos processuais: um precedente do STJ. Em: ALVIM, Teresa [e col.] (Orgs.). *Novo CPC aplicado* – visto por processualistas. São Paulo: RT, 2017, p. 98-99.

Pelo menos é assim que entende o STJ, veja:

> PROCESSUAL CIVIL [...]. A PARTE RECORRENTE NÃO SE DESINCUMBIU DE SEU ÔNUS ARGUMENTATIVO, PERANTE A CORTE DE ORIGEM, EM DEMONSTRAR COMO O CASO CONCRETO SE AMOLDARIA AO PRECEDENTE INVOCADO. AGRAVO INTERNO DO ENTE ESTADUAL A QUE SE NEGA PROVIMENTO.
> [...]
> Ao postular a aplicação de um precedente, a argumentação apresentada pela parte não pode ser genérica, limitando-se a apenas mencionar o entendimento que espera prevalecer no caso concreto. Ao revés, é necessário demonstrar, especificamente, qual seria o equívoco da decisão a ser modificada; é este, inclusive, o teor do Enunciado 9 da ENFAM. Ocorre que, no presente caso, nem os Embargos de Declaração, nem o Recurso Especial, expõem precisamente como as circunstâncias fáticas dos autos se assemelham às do julgado do STF mencionado nas razões recursais.
> 4. Agravo Interno do Ente Estadual a que se nega provimento.
> (AgInt no REsp n. 1.854.873/AM, DJe de 29.06.20)[287]

2.4 O preparo na apelação

Exceto se existir alguma hipótese eximindo a pessoa de efetuar o preparo, ele deve ser efetuado e comprovado já no momento da interposição da apelação (CPC, art. 1.007), valendo, quanto ao mais, tudo o que foi dito por ocasião do estudo deste pressuposto processual.

2.5 O juízo em que é interposta e o juízo ao qual é remetida a apelação

No prazo acima mencionado, a petição inicial da apelação deverá ser protocolizada perante o próprio juízo prolator da sentença, em conformidade com o disposto nas normas de organização judiciária locais e com o que enuncia o art. 1.010, *caput*, segundo o qual:

> Art. 1.010. A apelação, interposta por petição dirigida ao juízo de primeiro grau, conterá:
> [...]
> § 1º O apelado será intimado para apresentar contrarrazões no prazo de 15 (quinze) dias.
> § 2º Se o apelado interpuser apelação adesiva, o juiz intimará o apelante para apresentar contrarrazões.
> § 3º Após as formalidades previstas nos §§ 1º e 2º, os autos serão remetidos ao tribunal pelo juiz, independentemente de juízo de admissibilidade.

Imediatamente após receber a sua petição, o juiz oportunizará a apresentação de contrarrazões – tanto à apelação independente, quanto à adesiva –, no prazo de 15 dias (CPC, art. 1.010, §§ 1º e 2º), ocasião em que será franqueada, também, a interposição da apelação contrarrecursal permitida pelo art. 1.009, § 1º, do CPC. Uma vez transcorrido tal prazo, os autos serão remetidos ao tribunal

---

[287] No mesmo sentido o AgInt no AREsp 1.497.766/DF, DJe de 02.08.21.

de justiça, independentemente de juízo de admissibilidade, diz o § 3° do supratranscrito artigo 1.010.

É fundamental que você se atenha a essa previsão legal, porque o juízo *a quo* não mais deve, como no sistema revogado, fazer qualquer análise sobre a admissibilidade do recurso, nem mesmo respeitantes à eventual intempestividade ou ausência de preparo, pois a análise de todos os pressupostos recursais será feita de uma só vez pelo órgão *ad quem*, que é o competente, único e exclusivamente, para a realização do juízo de admissibilidade da apelação e da atribuição dos efeitos que lhe sejam pertinentes.[288] Inclusive, se o juiz de primeiro grau inadmitir a apelação, não caberá agravo de instrumento, podendo caber reclamação por usurpação de competência.[289]

Obviamente, nada disso acontecerá se o juízo se retratar, conforme será visto em seguida.

2.6 O JUÍZO DE RETRATAÇÃO NA APELAÇÃO (EFEITO REGRESSIVO)

A apelação admite o efeito regressivo em alguns casos. É o que acontece quando é interposta de sentença que tenha: a) indeferido liminarmente a petição inicial (CPC, arts. 331); b) julgado liminarmente improcedente o próprio pedido (CPC, art. 332, § 3°); c) declarado extinto o processo sem resolução do mérito (CPC, art. 485, § 7°), ou; d) resolvido procedimentos afetos à Justiça da Infância e da Juventude, inclusive os relativos à execução das medidas socioeducativas (ECA, art. 198, VII).

O seu procedimento vem previsto nos arts. 331, § 1°, e 332, § 4°, do Código, devendo, por analogia, ser aplicado aos demais casos. Quem o realiza é o próprio juízo prolator da sentença e não o tribunal de justiça. Se houver retratação, os autos da apelação não serão remetidos ao tribunal de justiça. Mantendo seu posicionamento, contudo, incidirá a regra geral, devendo o recurso ser encaminhado à instância superior.

Já que o órgão prolator da sentença não pode exercer o juízo de admissibilidade, poderia surgir a dúvida se ele deveria realizar o juízo positivo de retratação mesmo quando faltassem pressupostos recursais à apelação. Ao menos versando sobre a intempestividade, o Enunciado n. 68 da JDPC/CJF dispõe que "a intempestividade da apelação desautoriza o órgão *a quo* a proferir juízo positivo de retratação", com o qual este livro, respeitavelmente, não concorda pelas razões expostas no tópico antecedente sobre a completa impossibilidade de o órgão prolator da sentença praticar qualquer conduta relacionada ao juízo de admissibilidade da apelação.

2.7 O PROCEDIMENTO DA APELAÇÃO NO TRIBUNAL

Tão logo deem entrada no tribunal, os autos da apelação devem ser registrados e imediatamente distribuídos em conformidade com o regimento interno,

---

[288] Mas, enquanto o Enunciado n. 99 do FPPC é enfático a esse respeito quando dispõe que "o órgão *a quo* não fará juízo de admissibilidade da apelação", o Enunciado n. 68 da JDPC/CJF dispõe que "a intempestividade da apelação desautoriza o órgão *a quo* a proferir juízo positivo de retratação".
[289] FPPC, Enunciado n. 207: "Cabe reclamação, por usurpação da competência do tribunal de justiça ou tribunal regional federal, contra a decisão de juiz de primeiro grau que inadmitir recurso de apelação."

observando-se a alternatividade, o sorteio eletrônico e a publicidade. Depois de distribuídos, serão imediatamente conclusos ao relator, que, inclusive, já pode estar prevento, como mencionado oportunamente por aqui (CPC, arts. 929 a 931). Isso sendo feito, serão abertas as possibilidades tratadas no próximo tópico.

2.8 AS DECISÕES MONOCRÁTICAS PROFERIDAS NA APELAÇÃO

De acordo com o artigo 1.011 do CPC:

> Art. 1.011. Recebido o recurso de apelação no tribunal e distribuído imediatamente, o relator:
> I – decidi-lo-á monocraticamente apenas nas hipóteses do art. 932, incisos III a V;
> II – se não for o caso de decisão monocrática, elaborará seu voto para julgamento do recurso pelo órgão colegiado.

Este dispositivo dá mais uma mostra de como os poderes do relator foram ampliados na nova ordem de coisas instaurada pelo CPC/2015. Note que, tão logo ele receba a apelação, poderá tanto lhe negar seguimento em razão de ela ser inadmissível, prejudicada ou não ter impugnado especificamente os fundamentos da decisão recorrida (art. 1.011, I c/c art. 932, III),[290] quanto efetivamente decidir o seu próprio mérito, assim para lhe negar provimento (art. 1.011, I, c/c art. 932, IV)[291] ou para efetivamente lhe dar provimento, desde que, neste último caso, abra previamente a oportunidade para apresentação de contrarrazões (art. 1.011, I, c/c art. 932, V).[292]

Note que o improvimento monocrático pode acontecer independentemente de contraditório prévio porque é algo que irradia efeitos exclusivos sobre a própria pessoa que interpõe o recurso. Contrariamente, entretanto, o provimento monocrático só pode ocorrer depois de proporcionado o contraditório, sob pena de nulidade, porque inevitavelmente projetará consequências sobre a outra pessoa.[293]

Se forem necessárias provas antes do julgamento monocrático, os arts. 932, I, e 938, § 3º, permitem que o relator as produza ou ordene que isso seja feito pelo juízo de primeiro grau. A prova documental, contudo, só pode ser juntada à apelação se for considerada "nova" (CPC, arts. 1.014, c/c 435).

Versando sobre o próprio mérito recursal, o julgamento proferido monocraticamente substituirá o pronunciamento impugnado no que tiver sido objeto de recurso, em conformidade com o que dispõe o art. 1.008 do CPC, devendo fixar os honorários recursais, caso isso seja possível (CPC, art. 85, 11).

---

[290] Art. 932. "Incumbe ao relator: III – não conhecer de recurso inadmissível, prejudicado ou que não tenha impugnado especificamente os fundamentos da decisão recorrida."
[291] Art. 932. "Incumbe ao relator: IV – negar provimento a recurso que for contrário a: a) súmula do Supremo Tribunal Federal, do Superior Tribunal de Justiça ou do próprio tribunal; b) acórdão proferido pelo Supremo Tribunal Federal ou pelo Superior Tribunal de Justiça em julgamento de recursos repetitivos, e; c) entendimento firmado em incidente de resolução de demandas repetitivas ou de assunção de competência."
[292] Art. 932. "Incumbe ao relator: V – depois de facultada a apresentação de contrarrazões, dar provimento ao recurso se a decisão recorrida for contrária a: a) súmula do Supremo Tribunal Federal, do Superior Tribunal de Justiça ou do próprio tribunal; b) acórdão proferido pelo Supremo Tribunal Federal ou pelo Superior Tribunal de Justiça em julgamento de recursos repetitivos, e; c) entendimento firmado em incidente de resolução de demandas repetitivas ou de assunção de competência;"
[293] Embora se referindo ao agravo de instrumento, mas em tudo aplicável ao caso: STJ, REsp 1.936.838/SP, DJe de 18.02.22.

Apesar de substitui-lo, essa decisão não pode ser atacada diretamente por recurso especial ou recurso extraordinário. Isto porque ambos pressupõem o preenchimento de dois requisitos cumulados: a) o prequestionamento, e; b) o fato de a decisão recorrida ser a única ou a última naquela instância (CR, arts. 102, III, e 105, III). Como o julgamento monocrático é feito por delegação da turma ou câmara, a instância ainda não terá se esgotado, somente o sendo quando o próprio órgão colegiado der a palavra final sobre o assunto, via acórdão. Tanto é assim que toda decisão monocrática desafia o recurso de agravo interno (CPC, art. 1.021), justamente para que ele possa permitir a transformação de um pronunciamento que tenha sido prolatado isoladamente (decisão monocrática) por outro a ser proferido coletivamente (acórdão). Aplica-se ao caso, por analogia, o disposto na Súmula n. 281 do STF, de acordo com a qual "é inadmissível o recurso extraordinário, quando couber, na Justiça de origem, recurso ordinário da decisão impugnada."

Portanto, a pessoa simplesmente não pode imediata e diretamente impugnar a decisão do relator por recurso especial ou extraordinário. Caso pretenda interpor qualquer recurso excepcional contra o julgamento de sua apelação, deve, antes e obrigatoriamente interpor o recurso de agravo interno previsto no art. 1.021 do CPC, para que transporte o julgamento da apelação para o órgão colegiado, e, aí sim, possa obter um acórdão que represente a última decisão proferida naquela instância.

Exatamente neste sentido, confira:

> AGRAVO INTERNO NO AGRAVO EM RECURSO ESPECIAL. RECURSO ESPECIAL INTERPOSTO CONTRA DECISÃO MONOCRÁTICA. AUSÊNCIA DE EXAURIMENTO DA INSTÂNCIA ORDINÁRIA. INCIDÊNCIA DA SÚMULA 281/STF. AGRAVO INTERNO DESPROVIDO.
> 1. Nos termos da jurisprudência desta Corte Superior, revela-se inadmissível o processamento de recurso especial interposto contra decisão monocrática, porquanto um dos pressupostos para sua admissibilidade é o exaurimento das instâncias ordinárias.
> Incidência da Súmula 281 do Supremo Tribunal Federal [...]
> (STJ, AgInt no AREsp 1.966.023/PR, DJe de 24.03.22)

É preciso alguma insistência neste ponto. Por isso, prefiro correr o risco de soar repetitivo para deixar claro que os recursos excepcionais só poderão ser interpostos quando for completamente exaurida a instância estadual a respeito do pronunciamento originariamente recorrido, o que sempre ocorrerá pelo julgamento colegiado (via acórdão) e nunca pelo relator (via decisão monocrática). Via de consequência, se originariamente se recorre de uma sentença que decreta a partilha dos bens comuns do casal, a instância só se exaurirá a respeito quando esta apelação for julgada colegiadamente. Logo, se o tribunal de justiça, com base no art. 932, IV ou V, do CPC, lhe der ou negar provimento monocraticamente, não terá exaurido a instância, já que desta decisão monocrática ainda cabe o recurso de agravo interno para levar a questão ao colegiado (CPC, art. 1.021), o qual, aí sim, poderá julgar definitiva e colegiadamente a causa por um acórdão, dando a última palavra sobre o assunto e, via de consequência, exaurindo a instância com seu acórdão (CPC, arts. 941 a 943).

Exatamente neste sentido, veja:

> PROCESSUAL CIVIL. ADMINISTRATIVO. EQUILÍBRIO ECONÔMICO-FINANCEIRO DO CONTRATO. AUSÊNCIA DE EXAURIMENTO DA INSTÂNCIA ORDINÁRIA. NÃO CONHECIMENTO DO RECURSO ESPECIAL.
> Por sentença, julgou-se improcedente o pedido. No Tribunal "a quo", por decisão monocrática, o recurso de apelação não foi conhecido ante a sua intempestividade.
> Mediante análise dos autos, verifica-se que o recurso especial da parte agravante foi interposto contra decisão monocrática proferida pelo Tribunal "a quo".
> Consoante entendimento firmado pelo Supremo Tribunal Federal, é necessário que a parte interponha todos os recursos ordinários no Tribunal de origem antes de buscar a instância especial (Súmula n. 281 do STF).
> Tal entendimento também é aplicado em hipóteses como a dos presentes autos, em que, à decisão singular exarada pelo relator, foram opostos embargos de declaração, julgados por meio de acórdão pelo Tribunal de origem, contra o qual foi diretamente interposto recurso especial, sem que houvesse, portanto, o necessário exaurimento das instâncias ordinárias. Nesse sentido, o AgInt no AREsp 1557971/SP, relatora Ministra Nancy Andrighi, Terceira Turma, DJe de 20/11/2019.
> Agravo interno improvido.
> (STJ, AgInt no AREsp 1.876.811/RJ, DJe de 25.10.21)

A atenção sobre esse ponto tem que ser redobrada no caso de serem opostos embargos de declaração contra a monocrática que decidir a apelação, porque eles podem levar a questão a ser decidida pelo colegiado, via acórdão, portanto. Porém, este julgamento será referente apenas aos embargos de declaração e não à decisão monocrática que havia decidido a apelação. Como os declaratórios não possuem o genuíno efeito substitutivo (CPC, art. 1.008), mas apenas o integrativo (CPC, art. 1.022), o pronunciamento que efetivamente valerá para fins de recorribilidade excepcional continuará sendo a decisão monocrática, o que leva à inexorável conclusão de que ainda não terá havido exaurimento da instância, a tornar descabida a via excepcional. A propósito, observe este julgado que bem reflete a orientação seguida pelo STJ:

> AGRAVO INTERNO NO AGRAVO EM RECURSO ESPECIAL. RECURSO ESPECIAL INTERPOSTO CONTRA DECISÃO MONOCRÁTICA. AUSÊNCIA DE EXAURIMENTO DA INSTÂNCIA ORDINÁRIA. INCIDÊNCIA DA SÚMULA 281/STF. AGRAVO INTERNO DESPROVIDO.
> 1. Nos termos da jurisprudência desta Corte Superior, revela-se inadmissível o processamento de recurso especial interposto contra decisão monocrática, porquanto um dos pressupostos para sua admissibilidade é o exaurimento das instâncias ordinárias.
> Incidência da Súmula 281 do Supremo Tribunal Federal.
> 2. O mero não conhecimento ou a improcedência do agravo interno não enseja a necessária imposição da multa prevista no art. 1.021, § 4°, do CPC/2015, tornando-se imperioso para tal que seja nítido o descabimento do recurso, o que não se verifica no caso concreto.
> 3. Agravo interno desprovido.
> (STJ, AgInt no AREsp 1.966.023/PR, DJe de 24.03.22)

Este raciocínio precisa ser bem compreendido porque, na prática, muitas pessoas ainda acreditam que quando a decisão monocraticamente exarada pelo relator, na apelação ou no agravo de instrumento, é atacada por embargos de declaração que acabam sendo julgados pelo órgão colegiado do tribunal de justiça, a instância terá sido exaurida por este acórdão, mas isso não é verdade, pois só o será pelo julgamento colegiado da apelação.

> PROCESSUAL CIVIL. ADMINISTRATIVO. EQUILÍBRIO ECONÔMICO-FINANCEIRO DO CONTRATO. AUSÊNCIA DE EXAURIMENTO DA INSTÂNCIA ORDINÁRIA. NÃO CONHECIMENTO DO RECURSO ESPECIAL. [...]
> Mediante análise dos autos, verifica-se que o recurso especial da parte agravante foi interposto contra decisão monocrática proferida pelo Tribunal "a quo".
> Consoante entendimento firmado pelo Supremo Tribunal Federal, é necessário que a parte interponha todos os recursos ordinários no Tribunal de origem antes de buscar a instância especial (Súmula n.281 do STF).
> Tal entendimento também é aplicado em hipóteses como a dos presentes autos, em que, à decisão singular exarada pelo relator, foram opostos embargos de declaração, julgados por meio de acórdão pelo Tribunal de origem, contra o qual foi diretamente interposto recurso especial, sem que houvesse, portanto, o necessário exaurimento das instâncias ordinárias. Nesse sentido, o AgInt no AREsp 1557971/SP, relatora Ministra Nancy Andrighi, Terceira Turma, DJe de 20/11/2019.
> Agravo interno improvido.
> (STJ, AgInt no AREsp 1.876.811/RJ, DJe de 25.10.21)

Seja como for, não sendo caso de decidir a apelação monocraticamente, o Ministério Público deverá ser intimado para se manifestar nos autos, se houver necessidade de sua intervenção (CPC, art. 932, VII, c/c art. 178). Em seguida, o relator deve elaborar seu voto e encaminhá-la a julgamento pelo órgão colegiado, diz o art. 1.011, II, o qual será estudado alguns capítulos à frente.

2.9 Os efeitos da apelação e a tutela provisória recursal na apelação

Caso dê seguimento à apelação, o relator deve lhe atribuir efeitos.

O Código não deixa a menor margem para dúvida quando enuncia que:

> Art. 1.012. A apelação terá efeito suspensivo.
> § 1º Além de outras hipóteses previstas em lei, começa a produzir efeitos imediatamente após a sua publicação a sentença que:
> I – homologa divisão ou demarcação de terras;
> II – condena a pagar alimentos;
> III – extingue sem resolução do mérito ou julga improcedentes os embargos do executado;
> IV – julga procedente o pedido de instituição de arbitragem;
> V – confirma, concede ou revoga tutela provisória;
> VI – decreta a interdição.
> § 2º Nos casos do § 1º, o apelado poderá promover o pedido de cumprimento provisório depois de publicada a sentença.

Note que tal dispositivo impregna dois efeitos à apelação: a) o suspensivo, como regra (*caput*), e; b) o devolutivo como exceção (§ 1º).[294]

Logo, a regra é que a apelação seja automaticamente recebida no efeito suspensivo, pois este é o seu efeito legal (*ope legis*), como tantas vezes mencionado neste livro. Portanto, se ultrapassar o juízo de admissibilidade, não será preciso que, ordinariamente o relator lhe atribua efeito devolutivo ou suspensivo, porque isso é algo que a lei já faz automaticamente, impedindo que a sentença produza qualquer efeito. Como resultado, resta completamente inviabilizada qualquer tentativa de promover o seu cumprimento, mesmo que provisório (CPC, arts. 520 e 1.012, § 2º, em sentido contrário).

É preciso que se esteja atento porque o efeito suspensivo *ope legis* do recurso de apelação não obsta a eficácia das decisões interlocutórias nele impugnadas (FPPC, Enunciado n. 559).

Caso pretenda retirar essa suspensividade legal, a pessoa interessada nessa providência deverá requerer ao órgão julgador que ele "retire o efeito suspensivo" no caso concreto, por meio daquela tutela provisória de urgência de natureza antecipada e incidental vista há pouco, comumente chamada de "efeito ativo" (CPC, art. 294, parágrafo único). Para tanto, ela deverá fazer o requerimento pertinente e comprovar a probabilidade de êxito de seu recurso e a existência de risco de dano grave, de difícil ou impossível reparação na forma exigida pelo art. 995, parágrafo único, do Código e estudada por aqui no capítulo voltado à tutela provisória recursal.

Caso a obtenha, o recurso tramitará no efeito meramente devolutivo, possibilitando o cumprimento provisório da sentença, na forma dos supramencionados arts. 520 e 1.012, § 2º, do CPC. Obviamente que o deferimento dessa tutela provisória retirará o efeito suspensivo apenas do capítulo por ela atingido (JDPC/CJF, Enunciado n. 144).

Isso é, como antevisto, o que ordinariamente acontece. Porém, situações extraordinárias, mas nem por isso inusuais no cotidiano das varas de família e sucessões, podem fazer exatamente o contrário: a sentença recorrida se enquadrar em uma das hipóteses previstas pelo art. 1.012, § 1º, do CPC, fazendo com que a suspensividade *ope legis* não incida sobre o caso, e, por via de consequência, a apelação seja recebida exclusivamente no efeito devolutivo, admitindo, por isso, o seu cumprimento provisório na forma dos tantas vezes mencionados arts. 520 e 1.012, § 2º, do CPC. Tal qual no caso visto há pouco, essa situação também é automática: basta existir uma hipótese fática que justifique sua incidência para que o regramento ora estudado recaia sobre ela.[295]

Perceba que são situações específicas, não raro permeadas por circunstâncias que lhes conferem urgência, como a sentença condenatória de alimentos,

---

[294] No sistema da infância e juventude, o ECA dispõe que: "Art. 199-A. A sentença que deferir a adoção produz efeito desde logo, embora sujeita a apelação, que será recebida exclusivamente no efeito devolutivo, salvo se se tratar de adoção internacional ou se houver perigo de dano irreparável ou de difícil reparação ao adotando" e que: "Art. 199-B. A sentença que destituir ambos ou qualquer dos genitores do poder familiar fica sujeita a apelação, que deverá ser recebida apenas no efeito devolutivo".

[295] FPPC, Enunciado n. 217: "A apelação contra o capítulo da sentença que concede, confirma ou revoga a tutela antecipada da evidência ou de urgência não terá efeito suspensivo automático".

como aquela que decreta a interdição (CPC, art. 755, § 3º; CC, arts. 1.767 e ss.) e com o capítulo da sentença que confirmar, conceder ou revogar a tutela provisória. Na legislação extravagante, algo assemelhado acontece, por exemplo, com a sentença proferida na ação de alimentos (Lei n. 5.478/68, art. 14), com a que defere a adoção nacional e com a sentença que destitui ambos ou qualquer dos genitores do poder familiar, as quais também produzem efeitos desde logo (ECA, arts. 199-A e 199-B).[296]

Ao se deparar com esses casos a mesma sistemática pode ser adotada, porém, de modo reverso. O interessado em não ter o cumprimento provisório da sentença iniciado contra si pode requerer ao juízo competente que atribua a seu recurso o efeito suspensivo *ope judicis* por meio de tutela provisória de urgência cautelar incidentemente (CPC, art. 294, parágrafo único), em conformidade com o que lhe assegura o § 4º do mesmo art. 1.012, veja:

> Art. 1.012. [...].
> § 4º Nas hipóteses do § 1º, a eficácia da sentença poderá ser suspensa pelo relator se o apelante demonstrar a probabilidade de provimento do recurso ou se, sendo relevante a fundamentação, houver risco de dano grave ou de difícil reparação.

As sentenças referentes a alimentos vêm gerando alguma controvérsia, contudo. Isto porque o art. 1.012, § 1º, II, do CPC, se refere especificamente à sentença que "condena a pagar alimentos", o que tem levado parcela da literatura a entender que apenas a sentença que efetivamente condenar a prestar alimentos deva ser desafiada por recurso desprovido de efeito suspensivo automático, enquanto as sentenças exoneratórias e revisionais (majoratórias ou redutórias), dada sua natureza predominantemente constitutiva, refugiriam à tal prescrição, se enquadrando no regramento geral, estabelecido pelo art. 1.012, *caput*, do mesmo diploma, logo, sendo dotadas de efeito suspensivo automático. Este é o caso, por exemplo, de Manoel Caetano Ferreira Filho, para quem "como o objetivo é proteger a pessoa que tem direito a receber os alimentos, impõem-se as seguintes soluções: a) a sentença que majora o valor dos alimentos também está sujeita a apelação sem efeito suspensivo e, assim, produz efeito imediatamente; b) as sentenças que reduzem o valor dos alimentos ou extinguem a obrigação de pagá-los (exoneração) estão sujeitas a apelação com efeito suspensivo e, assim, não têm eficácia imediata. Nestas duas hipóteses, o devedor (autor da ação de redução ou de exoneração de alimentos), malgrado a sentença de procedência, continuará com a obrigação de pagar no valor integral que estava fixado antes da sentença. Somente se estas duas sentenças confirmarem, concederem ou revogarem tutela provisória a apelação não terá, quanto a estes capítulos, efeito suspensivo".[297]

Respeitosamente, porém, acredito que este posicionamento não deva ser prestigiado. Em primeiro lugar, porque o art. 14 da Lei de Alimentos (Lei n.

---

[296] ECA, art. 199-A. A sentença que deferir a adoção produz efeito desde logo, embora sujeita a apelação, que será recebida exclusivamente no efeito devolutivo, salvo se se tratar de adoção internacional ou se houver perigo de dano irreparável ou de difícil reparação ao adotando.
Art. 199-B. A sentença que destituir ambos ou qualquer dos genitores do poder familiar fica sujeita a apelação, que deverá ser recebida apenas no efeito devolutivo.
[297] FERREIRA FILHO, Manoel Caetano. Comentários ao art. 1.012. Código de Processo Civil Anotado/OAB Paraná, 2015. Em sentido próximo: DUARTE, Zulmar. Comentários ao art. 1.012. Em: GAJARDONI, Fernando da Fonseca [et al.] (Coords.). *Comentários ao Código de Processo Civil*. 5. ed. Rio de Janeiro: Forense, 2022.

5.478/68) – logo, da lei vocacionada especificamente à disciplina normativa das ações de alimentos –, dispõe de forma genérica que "Da sentença caberá apelação no efeito devolutivo". Em segundo lugar, porque a cognição das ações de alimentos não possui limitações dignas de nota, o que, aliado à irrepetibilidade da verba alimentar, faz com que o acertamento da questão inerente ao binômio alimentar deva ser respeitado e produzir efeitos imediatos, em qualquer caso. Em terceiro, porque o próprio sistema processual fornece ferramentas para que seja atribuído o efeito suspensivo judicial (*ope judicis*) a apelações desprovidas legalmente deste efeito (*ope legis*), como acaba de ser mencionado (CPC, art. 1.012, §§ 3º e 4º).

Talvez por isso o legislador do CPC/2015, mesmo tendo oportunidade para tanto, não tenha revogado o art. 14 da Lei de Alimentos, em seu art. 1.072, V. É provável que, ao perceber que o sistema forneceria respostas adequadas ao problema, tenha preferido prescrever que toda e qualquer sentença proferida no âmbito do microssistema de alimentos fosse desafiada por recurso de apelação dotado de efeito devolutivo apenas, adotando a linha de pensamento que, de certa forma, acaba se assemelhando àquela que levou à elaboração do enunciado da Súmula 621 do STJ, o qual também não faz qualquer distinção entre as sentenças que majoram, minoram ou exoneram alimentos, quando o assunto é a retroatividade, nos termos do art. 13, § 2º, da Lei de Alimentos.

Na literatura, o pensamento adotado neste livro encontra eco, por exemplo, em Luis Guilherme Aidar Bondiol, para quem existe "uma vocação conatural dos pronunciamentos judiciais sobre alimentos à eficácia imediata, para que se preserve a atualidade do binômio necessidade e possibilidade alimentícia, fato que impõe a sua exposição a recursos desprovidos de efeito suspensivo".[298]

De sua parte, o STJ também entende de forma pacífica que tanto as sentenças condenatórias quanto aquelas proferidas em revisionais de alimentos, independentemente do fato de causarem redução ou majoração dos alimentos, se inserem na regra do art. 1.012, § 1º, II, do CPC.[299]

Como deve ter dado para notar, existe um constante duelo entre concessão e retirada do efeito suspensivo aos recursos, sempre condicionado ao preenchimento casuístico dos requisitos necessários para a tutela provisória (CPC, art. 300). Por questão de coerência, contudo, a competência para o conhecimento desses requerimentos deve obedecer ao que prescreve o art. 1.012, § 3º, I e II, segundo o qual:

> Art. 1.012. [...].
> § 3º O pedido de concessão de efeito suspensivo nas hipóteses do § 1º poderá ser formulado por requerimento dirigido ao:
> I – tribunal, no período compreendido entre a interposição da apelação e sua distribuição, ficando o relator designado para seu exame prevento para julgá-la;
> II – relator, se já distribuída a apelação.

---

[298] BONDIOL, Luis Guilherme Aidar. Comentários ao art. 1.012. Em, GOUVÊA, José Roberto, F. [et al]. *Comentários ao CPC*. v. XX, 2. ed. São Paulo, Saraiva, 2017.
[299] Assim: AgRg no REsp 1.236.324/SP, DJe de 14.11.14; AgRg nos EREsp 1.138.898/PR, DJe de 02.06.11.

Muito embora o texto normativo acima transcrito seja suficientemente claro a respeito da competência para análise do requerimento de efeito suspensivo à apelação dotada apenas de efeito devolutivo legal, não esclarece o procedimento a ser adotado pela pessoa interessada em sua obtenção. Mais ainda. Parece ter deixado de disciplinar uma das mais corriqueiras situações das Varas de Família, abrindo um perigoso vácuo normativo. Isto porque, ao mesmo tempo em que o art. 1.010, § 3º, do CPC retirou do juízo de primeiro grau a competência para exercer a admissibilidade recursal e, para atribuir efeito suspensivo a apelações, os dois incisos do § 3º do art. 1.012 do mesmo diploma exigem, no mínimo, que a apelação tenha sido interposta ou distribuída.

Mas já foi dito por aqui que o efeito suspensivo *ope judicis* pode ser atribuído mesmo a recursos que ainda nem foram distribuídos, restando superadas quaisquer discussões existentes a respeito de possíveis limitações acarretadas pela regra do art. 1.012, § 3º.

2.10 As matérias transferidas ao tribunal pelo efeito devolutivo da apelação

Por se tratar do "recurso por excelência", a apelação tem aptidão a transferir ao tribunal de justiça uma quantidade muito grande de matérias por intermédio de seu efeito devolutivo.

A seu respeito, o CPC assim se manifesta:

> Art. 1.013. A apelação devolverá ao tribunal o conhecimento da matéria impugnada.
> § 1º Serão, porém, objeto de apreciação e julgamento pelo tribunal todas as questões suscitadas e discutidas no processo, ainda que não tenham sido solucionadas, desde que relativas ao capítulo impugnado.
> § 2º Quando o pedido ou a defesa tiver mais de um fundamento e o juiz acolher apenas um deles, a apelação devolverá ao tribunal o conhecimento dos demais.

No entanto, como é a pessoa do recorrente que escolhe contra o que efetivamente deseja apelar, ela pode optar tanto por impugnar a sentença como um todo ou apenas alguns de seus capítulos. Lembre-se que o próprio Código autoriza que a "decisão pode ser impugnada no todo ou em parte" (art. 1.002). Adotando qualquer das alternativas, a sua apelação transferirá ao tribunal o conhecimento exclusivo daquilo que houver sido expressamente impugnado, por intermédio do que se convencionou chamar de dimensão horizontal do efeito devolutivo. Ao fazer isso, entretanto, o tribunal estará autorizado a conhecer de todas as causas de pedir que tenham sido expostas na petição inicial da ação, assim como de todos os fundamentos utilizados pelo juiz de primeiro grau para acolher ou rejeitas os pedidos que tenham sido lá deduzidos, desta vez, por intermédio do que se costuma chamar de dimensão vertical do efeito devolutivo.

É exatamente essa a orientação seguida pelo Superior Tribunal de Justiça, pois entende que "a devolutividade do recurso de apelação não está adstrita à revisão dos fatos e das provas do processo, mas alcança também, especialmente, as consequências jurídicas que lhes atribuiu a instância anterior". Sendo assim, não apenas as matérias de ordem pública podem ser alegadas pelo réu revel em sua apelação, mas qualquer argumento jurídico que possa alterar o resultado do julgamento,[300] e que "as questões suscitadas e discutidas no processo devem ser objeto de apreciação do Tribunal quando do julgamento da apelação, mesmo que o Juiz tenha acolhido apenas um dos fundamentos do pedido ou da defesa (art. 515, § § 1° e 2°, do CPC/1973), não estando o julgamento adstrito à matéria devolvida na apelação."[301]

O mais interessante dentro dessa temática é que, se a ação for julgada improcedente e a pessoa que se sentir "vencida" apelar, aquela pessoa que tiver se sagrado "vencedora" não precisa novamente suscitar, em suas contrarrazões, as questões já arguidas na contestação, para que o tribunal conheça de seus argumentos. Ela também não estará obrigado a recorrer, mesmo que adesivamente, para que o Tribunal conheça dos demais argumentos de defesa, pois a apelação devolve ao tribunal todos os fundamentos, por causa da amplitude e profundidade inerente ao efeito devolutivo.[302]

2.11 AS ESPECIFICIDADES DAS MATÉRIAS DE FAMÍLIA E SUCESSÕES

Obviamente, as especificidades inerentes às ações de família e sucessões podem conferir um colorido especial a tudo isso, notadamente quando veicularem direitos e interesses de pessoas incapazes, vulneráveis e em situação de risco, ou assuntos que sejam considerados sensíveis ao ordenamento jurídico como um todo, sobretudo porque, nesses casos, se estará diante de pessoas e temas que despertam a proteção especial do Estado. Não por outro motivo, o rigorismo inerente a vários institutos processuais cede passo quando essa particularidade se mostra presente, o que permite que haja, por exemplo, uma interpretação mais ampla e flexível dos pedidos deduzidos pelas pessoas (pedidos implícitos),[303] a ampliação dos poderes instrutórios do juiz (CC, art. 1.584, § 3°),[304] e o abrandamento das regras de preclusão,[305] não sendo diferente com o rigorismo inerente à dimensão horizontal do efeito devolutivo, que certamente deverá ser flexibilizado no caso concreto.

É preciso apenas que se esteja atento para não se destinar idêntico tratamento jurídico processual às apelações interpostas em todas as ações de família e sucessões, como se todas elas veiculassem pontos sensíveis ou dissessem respeito a interesses titularizados por pessoas que necessitem de proteção especial do Estado. Definitivamente, isso não pode acontecer. Afinal, bem se sabe que nem todo direito de família e sucessões é indisponível,[306] que nem todo direito

---

[300] AgInt no REsp 1.848.104/SP, DJe de 11.05.21.
[301] AgInt no AgInt no REsp 1.121.780/RS, DJe de 23.04.18.
[302] STJ, REsp 1.203.776/SP, DJe de 24.11.11.
[303] STJ, AgInt no REsp 1.477.031/MG, DJe de 02.09.19.
[304] Assim, p. ex.: STJ, REsp 1.573.635/RJ, DJe de 06.12.18.
[305] Inclusive, é absolutamente pacífico o entendimento da inaplicabilidade da preclusão *pro judicato* em matéria probatória. Assim, dentre vários: STJ, REsp 1.817.729/DF, DJe de 23.06.22; AgInt no REsp 1.918.008/MT, DJe de 15.10.21; REsp 1.677.926/SP, DJe de 25.03.21.
[306] Basta ver que o divórcio consensual pode ser obtido em serventia extrajudicial, desde que preenchidos os requisitos legais.

indisponível é insuscetível de autocomposição[307] e que nem toda ação de família e de sucessões é ação de estado.[308] Essas são noções básicas que precisam ficar gravadas na mente de todos os que pretendam atuar nessa área do direito. Logo, é preciso que o profissional faça um recorte no caso concreto para identificar qual recurso merece e qual não merece essa proteção estatal especial. Se merecer, a flexibilização estará autorizada, como demonstra este julgado:

> CIVIL. PROCESSUAL CIVIL. DIREITO DAS SUCESSÕES. AÇÃO DE INVENTÁRIO [...] RECONHECIMENTO INCIDENTAL DE NULIDADE DE NEGÓCIOS JURÍDICOS. EXISTÊNCIA DE PEDIDO NA PETIÇÃO INICIAL. DESNECESSIDADE. MATÉRIA COGNOSCÍVEL DE OFÍCIO, QUE INDEPENDE DE AÇÃO AUTÔNOMA, DESDE QUE RESPEITADO O CONTRADITÓRIO E A AMPLA DEFESA. RECONHECIMENTO DAS NULIDADES NO BOJO DA AÇÃO DE INVENTÁRIO. [...] DECISÕES PROFERIDAS NO CURSO DO INVENTÁRIO QUE RECONHECEM A NULIDADE DE NEGÓCIOS JURÍDICOS. ENFRENTAMENTO DO PRÓPRIO MÉRITO DA RELAÇÃO JURÍDICA CONEXA. NATUREZA JURÍDICA DE SENTENÇA, EMBORA ROTULADA COMO INTERLOCUTÓRIA. COISA JULGADA MATERIAL. OCORRÊNCIA [...].
> O reconhecimento incidental da nulidade de negócios jurídicos que envolveram bens pertencentes ao espólio prescinde de pedido formulado na petição inicial da ação de inventário, uma vez que se trata de matéria cognoscível de ofício e que independe de ação autônoma para essa finalidade, desde que respeitado o contraditório e a ampla defesa. Precedentes.
> É procedimentalmente viável o reconhecimento incidental, na ação de inventário, da nulidade de negócios jurídicos que envolveram bens pertencentes ao espólio, na medida em se trata de questão prejudicial ao desfecho do inventário e que está abrangida pela regra do art. 984 do CPC/73 (atual art. 612 do CPC/15), especialmente na hipótese de nulidades aferíveis de plano e que dispensavam instrução distinta da documental.
> As decisões proferidas com base na regra do art. 984 do CPC/73 (atual art. 612 do CPC/15) e que não se refiram às questões de alta indagação, conquanto eventualmente rotuladas de interlocutórias, versam sobre o próprio mérito da relação jurídica conexa, possuem natureza jurídica de sentença e são aptas a se revestirem da imutabilidade e da indiscutibilidade proporcionadas pela coisa julgada material [...].
> Hipótese em que a nulidade dos negócios jurídicos que envolveram os bens do espólio, declarada em decisões anteriores à sentença, era verificável *ictu oculi*, pois houve a alienação de bens de espólio em que há herdeiros incapazes sem autorização judicial, sem oitiva do Ministério Público e subscrito por quem não possuía poderes de representação do espólio e que agiu em conluio com os demais recorrentes com o propósito de lesar os herdeiros e terceiros, devendo ser mantidas independentemente da superveniência de sentença que extinguiu o inventário sem resolução do mérito. [...].
> (STJ, REsp 1.829.945/TO, DJe de 04.05.21)[309]

---

[307] Tanto que o art. 334, § 4º, II, do CPC permite a designação da audiência de conciliação ou mediação mesmo nas causas versando sobre direitos indisponíveis, desde que eles sejam autocomponíveis.
[308] Sem entrar em pormenores, ações de estado são aquelas que possuem por objetivo o estabelecimento ou a modificação do estado ou da capacidade das pessoas.
[309] Em sentido semelhante: REsp 1.893.978/MT, DJe de 29.11.21.

É a mostra de como o efeito translativo comporta cabimento nos recursos interpostos em ações de família e sucessões.

Por outro lado, caso essas especificidades não estejam presentes, o recurso será processado e julgado como qualquer outro, sem sofrer qualquer modificação de relevo, veja:

> CIVIL. PROCESSUAL CIVIL. DIREITO DE FAMÍLIA. AÇÕES DE RECONHECIMENTO E DISSOLUÇÃO DE SOCIEDADE DE FATO CUMULADAS COM PARTILHA CONEXAS E SENTENCIADAS CONJUNTAMENTE. OMISSÃO SOBRE A INCIDÊNCIA DO ART. 933, § 2º, DO CPC/15, MANIFESTADA EM EMBARGOS DE DECLARAÇÃO. AUSÊNCIA DE DECISÃO SOBRE A MATÉRIA. OMISSÃO CONFIGURADA, [...] EFEITO DEVOLUTIVO DA APELAÇÃO. PROFUNDIDADE AMPLÍSSIMA. EXAME DE QUESTÕES DECIDIDAS, SUSCITADAS E NÃO DECIDIDAS E DE ORDEM PÚBLICA, SUSCITADAS OU NÃO, DECIDIDAS OU NÃO. NECESSIDADE DE RESPEITAR, CONTUDO, A MATÉRIA DEVOLVIDA PELA PARTE. EXTENSÃO DA APELAÇÃO QUE É SOBERANAMENTE DEFINIDA PELO RECORRENTE AO OPTAR PELOS CAPÍTULOS DECISÓRIOS QUE SERÃO IMPUGNADOS. INVASÃO DO TRIBUNAL SOBRE CAPÍTULO NÃO IMPUGNADO QUE OFENDE A COISA JULGADA. OFENSA, NA HIPÓTESE, TAMBÉM AOS PRINCÍPIOS DA INÉRCIA, DA ADSTRIÇÃO, DO CONTRADITÓRIO E DA NÃO SUPRESA, BEM COMO PROMOÇÃO DE *REFORMATIO IN PEJUS*.
> Os propósitos recursais consistem em definir: (i) se houve omissão relevante no acórdão recorrido; (ii) se o acórdão recorrido, ao determinar a partilha também dos bens de titularidade da autora-recorrente, proferiu decisão surpresa, decidiu mais do que fora pedido e agravou a situação da recorrente em apelação interposta exclusivamente por ela [...].
> O efeito devolutivo da apelação, na perspectiva de sua profundidade, permite que o Tribunal examine as questões suscitadas pelas partes e decididas pela sentença, as questões suscitadas pelas partes, ainda que não decididas pela sentença, bem como das questões de ordem pública, que sequer precisam ter sido suscitadas, tenham sido elas decididas ou não pela sentença.
> Todavia, o efeito devolutivo sob a ótica da profundidade deve sempre respeitar a matéria efetivamente devolvida pela parte, a quem cabe, soberanamente, definir a extensão do recurso a partir de quais capítulos decisórios serão impugnados, sob pena de ofensa à coisa julgada que progressivamente se formou sobre os capítulos decisórios que não foram voluntariamente devolvidos no recurso.
> Na hipótese, a pretensão deduzida pela recorrente foi de reconhecimento da sociedade de fato post mortem e de partilha dos bens de propriedade do falecido, não houve reconvenção ou sequer arguição, como matéria de defesa, da partilha dos bens sob a titularidade da autora, a sentença se limitou a determinar a partilha nos termos do pedido autoral e a apelação, somente interposta pela autora, limitou-se à necessidade, ou não, de liquidação de sentença para apuração dos bens que lhe caberiam.
> Nesse contexto, a despeito de provido o recurso para reconhecer a desnecessidade da liquidação para apuração e partilha dos bens de titularidade do falecido que cabiam à autora, foi determinado, "de ofício", também a inclusão dos bens de propriedade da autora na partilha, razão pela qual o acórdão recorrido, a um só tempo, violou os princípios da inércia, da adstrição, do contraditório e da não surpresa, bem como ofendeu a coisa julgada que se formou sobre o capítulo decisório não impugnado e promoveu "reformatio in pejus" em recurso exclusivo da autora.

> Recurso especial conhecido e provido, a fim de excluir do acórdão recorrido a determinação de inclusão na partilha dos bens sob a titularidade exclusiva da recorrente e, consequentemente, a determinação de liquidação para essa finalidade, mantida a sucumbência como definida na sentença. (REsp 1.998.498/RJ, DJe de 30.05.22)

2.12 A produção de provas na apelação

Caso haja necessidade de produção de provas antes do julgamento monocrático, bastará que o relator o converta em diligência, a qual se realizará no próprio tribunal ou em primeiro grau de jurisdição, como visto agora há pouco (CPC, arts. 932, I, e 938, § 3º). O mesmo pode acontecer se essa necessidade se apresentar ao órgão colegiado (CPC, art. 938, § 3º).[310]

No que toca à produção de prova documental, no entanto, o posicionamento do STJ é no sentido de que, a rigor, sua anexação originária à petição inicial do recurso não deva ser tolerada, exceto daqueles considerados "novos" nos termos da lei (CPC, arts. 435), não só porque os demais já devem constar dos autos do processo neste momento,[311] mas, também, porque o art. 1.014 deixa claro que "as questões de fato não propostas no juízo inferior poderão ser suscitadas na apelação, se a parte provar que deixou de fazê-lo por motivo de força maior", mediante contraditório (CPC, art. 10).

Em nenhuma hipótese será cabível a redistribuição do ônus probatório originariamente na apelação (CPC, art. 373, § 1º), porque isso somente pode ser feito antes da etapa de instrução do processo em 1º grau de jurisdição, e, se proferida em momento posterior, na mesma instância, deve-se garantir à pessoa a quem foi imposto esse ônus a oportunidade de apresentar suas provas. Afinal, as normas que versam sobre o ônus da prova e suas modificações são regra de procedimento e não de julgamento.[312]

2.13 A decisão colegiada da apelação: a sessão de julgamento

Nos termos do art. 1.011, II, não sendo caso de decidir monocraticamente a apelação, o relator deve elaborar seu voto e encaminhá-la a julgamento pelo órgão colegiado. Via de regra, este recurso é julgado por uma Turma ou Câmara composta por 03 desembargadores (CPC, art. 941, § 2º), mas que pode ter sua composição ampliada caso se afigure a hipótese do art. 942, já estudada por aqui.

Qualquer que seja o caso, o julgamento definitivo do recurso substituirá a decisão recorrida para todos os fins (CPC, art. 1.008), fixando honorários recursais, se for o caso (CPC, art. 85, § 11). Desta decisão sim, haverá um acórdão que, em tese, desafiará a interposição dos recursos excepcionais, pois terá havido o verdadeiro exaurimento da instância estadual sobre as questões decididas na apelação.

---

[310] CPC, art. 938, § 3º. "Reconhecida a necessidade de produção de prova, o relator converterá o julgamento em diligência, que se realizará no tribunal ou em primeiro grau de jurisdição, decidindo-se o recurso após a conclusão da instrução."
[311] AgInt no AREsp 345.908/SP, DJe de 15.12.21; AgInt no AREsp 1.734.438/RJ, DJe de 07.04.21.
[312] REsp 1.286.273/SP, DJe de 22.06.21.

2.14 A SUSTENTAÇÃO ORAL NA APELAÇÃO

A sustentação oral, já foi visto neste livro, é o ato por meio do qual o profissional pode apresentar verbalmente ao colegiado julgador, em plena sessão de julgamento, as razões de fato e de direito que tenham sido expostas por escrito em suas razões ou contrarrazões recursais.

Ela é sempre cabível na apelação (CPC, art. 937, I).

A oportunidade para que isso seja feito abre-se imediatamente após o relator ter concluído a exibição da causa, na forma há pouco referida, ocasião em que deve dar a palavra aos advogados da pessoa do recorrente e da pessoa do recorrido e, se for o caso, ao representante do Ministério Público, nesta ordem, para que possam realizá-la, caso desejem. Seu prazo é improrrogável de 15 (quinze) minutos para cada um, devendo ser observadas, quanto ao processamento, as regras do regimento interno do tribunal (CPC, art. 937, *caput*, c/c art. 1.021, *caput*, frase final).

Na apelação, trata-se de um verdadeiro direito subjetivo do advogado, notadamente nos recursos em ações de família e sucessões, como já foi, inclusive, reconhecido pelo próprio STJ.[313] Não lhe sendo assegurada oportunidade para tanto, haverá nulidade absoluta do julgamento como um todo. A propósito, a Corte já teve oportunidade de assentar que "o vício decorrente da ausência de intimação do patrono da parte para a sessão de julgamento e, consequentemente, da inviabilização de sua sustentação oral em hipótese prevista em lei não é mera formalidade dispensável e não é suscetível de convalidação pela simples republicação do acórdão com a correta intimação, mas, ao revés, é dever dos julgadores, imposto de forma cogente a todos os Tribunais, em observância aos princípios constitucionais do contraditório, da ampla defesa e do devido processo legal."[314]

O profissional que desejar fazer uso dessa técnica poderá requerer, até o início da sessão, que o processo seja julgado em primeiro lugar, sem prejuízo das preferências legais, sendo obviamente admitido que a sustentação seja feita por videoconferência, bastando que haja requerimento nesse sentido até o dia anterior ao da sessão.

Seja como for, logo depois de ser exaurida a possibilidade de sustentação oral – independentemente do fato de ela ter efetivamente acontecido –, a sessão de julgamento terá prosseguimento na forma vista no tópico antecedente.

2.15 A "TEORIA DA CAUSA MADURA" NA APELAÇÃO: CPC, ART. 1.013, §§ 3º E 4º

Quando o julgamento da apelação anular ou reformar sentenças que não tenham resolvido o mérito do processo (sentenças terminativas), ou, ainda que o

---

[313] EDcl no AgInt nos EDcl no AREsp 1.269.627/SP, DJe de 26.04.23; REsp 1.903.730/RS, DJe de 11.06.21.
[314] REsp 1.931.097/SP, DJe de 16.08.21.

tenham resolvido, o tenham feito de forma incompleta, maculada por ausência de fundamentação adequada ou por vício de ultra, extra e citra ou infrapetição (sentenças definitivas viciadas), pode ser que surja um curioso cenário: a verificação pelo tribunal que a causa se encontra madura para julgamento pelo mérito.

Nesses casos, o tribunal poderá não só anular ou reformar a sentença, como, ele próprio julgar o mérito da causa. É o que dispõe o art. 1.013, §§ 3º e 4º, veja:

> Art. 1.013. [...].
> § 3º Se o processo estiver em condições de imediato julgamento, o tribunal deve decidir desde logo o mérito quando:
> I – reformar sentença fundada no art. 485;
> II – decretar a nulidade da sentença por não ser ela congruente com os limites do pedido ou da causa de pedir;
> III – constatar a omissão no exame de um dos pedidos, hipótese em que poderá julgá-lo;
> IV – decretar a nulidade de sentença por falta de fundamentação.
> § 4º Quando reformar sentença que reconheça a decadência ou a prescrição, o tribunal, se possível, julgará o mérito, examinando as demais questões, sem determinar o retorno do processo ao juízo de primeiro grau.

Vejamos essas possibilidades mais de perto.

Logo no *caput*, o dispositivo deixa claro que a causa precisa estar em condições de imediato julgamento, seja pelo fato de versar sobre matéria exclusivamente jurídica, seja pelo fato de, versando também sobre matéria fática, todas as provas e debates terem sido concluídos.

O inciso I trata das sentenças terminativas, logo, proferidas com base no art. 485 do CPC. Elas não precisam conter vícios para que lhes possam se submeter à regra sob estudo. Basta que, ao serem reformadas ou anuladas pelo tribunal, a causa subjacente esteja pronta para imediato julgamento, que, aliás, é o requisito que tem que estar presente em todas as hipóteses. Seria exemplificar com o caso de uma sentença que tivesse reconhecido de plano a ilegitimidade ativa de uma filha para propor ação de alimentos em face de seu pai ao argumento de que ela seria indigna (CC, art. 1.708, parágrafo único; CPC, art. 485, VI). Caso o tribunal reforme esta sentença por entender ser ela legitimada a tanto, reformará a sentença e, se já existir prova suficientemente segura a respeito da inocorrência da indignidade, poderá julgar o mérito logo na sequência, sob uso da técnica ora estudada, fixando os alimentos.[315] Já os incisos II e III exigem que a sentença contenha vício, mais precisamente que ela seja *extra petita* (inciso II) ou *infra petita* (inciso III), logo, que tenha sido proferida de forma diversa da pedida ou aquém da pedida, em violação à regra da congruência, disciplinada pelos arts. 141,[316] 490[317] e 492[318] do CPC. A hipótese prevista pelo inciso II poderia ser exemplificada com uma sentença que houvesse condenado o ex-companheiro

---

[315] REsp 1704972/CE, DJe de 15.10.18.
[316] CPC, art. 141. "O juiz decidirá o mérito nos limites propostos pelas partes, sendo-lhe vedado conhecer de questões não suscitadas a cujo respeito a lei exige iniciativa da parte."
[317] CPC, art. 490. "O juiz resolverá o mérito acolhendo ou rejeitando, no todo ou em parte, os pedidos formulados pelas partes."
[318] CPC, art. 492. "É vedado ao juiz proferir decisão de natureza diversa da pedida, bem como condenar a parte em quantidade superior ou em objeto diverso do que lhe foi demandado."

a pagar alimentos compensatórios à sua ex-companheira, em vez de ter lhe condenado ao pagamento de alimentos familiares, como pedido na inicial. Já o caso previsto pelo inciso III poderia ser exemplificado com uma sentença que tivesse julgado o pedido de divórcio, mas deixado de julgar o pedido de partilha deduzido na inicial. Caso o tribunal anule estas sentenças, poderá perfeitamente rejulgar o seu mérito, sanando os vícios, logo na sequência, sob uso da técnica sob estudo, desde que a causa já esteja "madura". Apenas a título de registro, a sentença *ultra petita* não precisará ser refeita, bastando que o tribunal anule o excesso por ela cometido no julgamento além do que lhe tenha sido pedido. Por sua vez, o inciso IV trata das sentenças nulas por falta de fundamentação adequada (CPC, art. 489, § 1º). Este caso deixa evidente o que foi dito assim que estudada a sentença, logo no capítulo introdutório deste livro, pois demonstra a necessidade de a fundamentação dos pronunciamentos judiciais ser feita de forma substancial e analítica, sob pena de nulidade. Isso sendo reconhecido pelo tribunal, a sentença será cassada e outra proferida em seu lugar, sob fundamentação adequada. Finalmente, o parágrafo único se refere exclusivamente às sentenças que reconhecerem a decadência ou a prescrição, da qual seria exemplo aquelas que reconheçam a prescrição da pretensão condenatória de indenização pelo uso exclusivo da coisa comum. Caso o tribunal seja provocado a respeito, poderá reforma-la e, logo em seguida, rejulgar o mérito ultrapassando a prescrição,

Em todas elas, repito, é preciso que a causa esteja madura, pronta para julgamento, até para justificar o emprego da teoria que lhe confere suporte. Isso acontecendo, o tribunal poderá, depois de anular ou reformar a sentença, proferir julgamento de mérito por ele próprio, conformando os desvios às exigências legais (CPC, art. 487), sem necessidade de remeter os autos ao primeiro grau para que isso seja feito pelo juiz.

Merece apenas ser dito que, como o tribunal estará promovendo o verdadeiro julgamento da causa, e não apenas a reforma da sentença, o princípio que proíbe a reforma da decisão para pior (*non reformatio in pejus*) não é aplicável ao caso.

2.16 O FATO SUPERVENIENTE NA APELAÇÃO

De acordo com o art. 1.014 do CPC:

> Art. 1.014. As questões de fato não propostas no juízo inferior poderão ser suscitadas na apelação, se a parte provar que deixou de fazê-lo por motivo de força maior.

Basicamente, o que ele prevê é a aplicação da regra do art. 493 no âmbito recursal.

Talvez não pareça, mas essa disposição tem uma aptidão enorme de ser aplicada aos recursos em ações de família e sucessões porque as crianças e adolescentes que deles participem podem atingir a maioridade durante a sua tramitação. Independentemente da alteração de capacidade, a sua manifestação de vontade a respeito de seus guardiões pode sofrer alterações com o passar do tempo, projetando relevantíssimas repercussões sobre o julgamento do recurso.

Mostra disso pode ser obtida a partir da leitura de 03, dentre vários julgados recentes do STJ. No primeiro deles, a Corte reconheceu que a maioridade da filha durante o julgamento da apelação representaria "fato superveniente relevante que deve ser considerado para que se delibere sobre a condenação em alimentos, de modo que deve ser provido o recurso especial para determinar o retorno do processo ao Tribunal e para determinar seja o julgamento da apelação convertido em diligência, apenas em relação ao capítulo decisório dos alimentos, investigando-se se a filha ainda necessita dos alimentos e quais são as atuais possibilidades dos pais."[319] Já no segundo, não só anulou todo o julgamento de uma apelação por entender que teria havido a alegação de "de fato novo potencialmente relevante e apto a influenciar o julgamento da apelação, consubstanciado na suposta e posterior manifestação de vontade das adolescentes em residir com a genitora", como reputou necessária "a realização de atividade instrutória suplementar, a fim de que seja apurada a existência do fato novo noticiado e a atual aptidão dos pais para o exercício da guarda, sobretudo na hipótese em que as decisões de mérito se basearam em estudos psicossociais realizados em momento temporalmente distante do atual."[320] Finalmente, no terceiro, assentou expressamente que "em se tratando de ação que versa sobre alimentos, as modificações ocorridas no plano dos fatos, como, por exemplo, a superveniente implementação dos requisitos para a exoneração, são relevantes para o adequado desate da controvérsia, não sendo correto resolver essa espécie de litígio apenas com base na moldura fática delineada ao tempo da propositura da ação, que deve ser interpretado à luz do substrato fático-temporal vigente ao tempo da decisão de mérito". Com base nesse entendimento, deu provimento ao Recurso Especial, estabelecendo termo final para a pensão alimentícia devida no caso.[321]

Agora é chegada a hora de conhecermos outro recurso: o agravo de instrumento.

---

[319] REsp 1.698.728/MS, DJe de 13.05.21.
[320] REsp 1.931.097/SP, DJe de 16.08.21.
[321] STJ, REsp 1.888.386/RJ, DJe de 19.11.20.

3

O AGRAVO DE INSTRUMENTO

O Código disciplina o agravo de instrumento nos arts. 1.015 a 1.020, os quais serão estudados nos tópicos seguintes.

3.1 Conceito e hipóteses de cabimento

O agravo de instrumento é o recurso voltado ao ataque de decisões interlocutórias agraváveis que tenham sido proferidas por juízes de 1º grau. O pleonasmo é proposital. O emprego da expressão "decisões interlocutórias agraváveis" nesta conceituação se faz necessário e conveniente porque torna uma longa história curta. Afinal, como explicado em capítulo específico deste livro, o conceito de decisão interlocutória é obtido por exclusão a partir da conceituação da sentença (CPC, art. 203, § 2º), sendo a sua recorribilidade exercida ora por agravo de instrumento ora por apelação, em conformidade com a sua maior ou menor propensão a ser atingida pela preclusão. Já que estamos estudando o agravo de instrumento, melhor focarmos apenas sobre as agraváveis, até porque as não agraváveis acabaram de ser analisadas no tópico antecedente.

Essa nova configuração das interlocutórias deve-se ao fato de o art. 1015 do CPC ter tentado enumerar de forma pretensamente taxativa, todas aquelas que desafiariam o agravo de instrumento. Isso foi feito da seguinte forma:

> Art. 1.015. Cabe agravo de instrumento contra as decisões interlocutórias que versarem sobre:
> I – tutelas provisórias;
> II – mérito do processo;
> III – rejeição da alegação de convenção de arbitragem;
> IV – incidente de desconsideração da personalidade jurídica;
> V – rejeição do pedido de gratuidade da justiça ou acolhimento do pedido de sua revogação;
> VI – exibição ou posse de documento ou coisa;
> VII – exclusão de litisconsorte;
> VIII – rejeição do pedido de limitação do litisconsórcio;
> IX – admissão ou inadmissão de intervenção de terceiros;
> X – concessão, modificação ou revogação do efeito suspensivo aos embargos à execução;
> XI – redistribuição do ônus da prova nos termos do art. 373, § 1º;
> XII – (VETADO);
> XIII – outros casos expressamente referidos em lei.
> Parágrafo único. Também caberá agravo de instrumento contra decisões interlocutórias proferidas na fase de liquidação de sentença ou de cumprimento de sentença, no processo de execução e no processo de inventário.

Os motivos que levaram o legislador a agir dessa forma já foram explicados detalhadamente no capítulo deste livro dedicado ao estudo das decisões interlocutórias, não havendo necessidade de que sejam novamente mencionados por aqui.

E olha que esse rigorismo nem chegou tanto a influenciar o cumprimento/execução de alimentos e o direito das sucessões, porque o legislador já havia facilitado de certo modo a tarefa de identificação das decisões agraváveis, ao deixar claro no parágrafo único do art. 1.015, que "caberá agravo de instrumento contra decisões interlocutórias proferidas no cumprimento de sentença, no processo de execução e no processo de inventário", eliminando qualquer dúvida a respeito do cabimento do agravo de instrumento sobre decisões decretam a prisão civil da pessoa que deve alimentos e/ou que removem inventariante, por exemplo.

Apesar disso, deixou alguma dúvida sobre se a expressão "processo de inventário" estaria se referindo única e exclusivamente à ação de inventário de partilha, prevista pelos arts. 610 a 658, ou a algo mais amplo, compreensivo, assim, de todas as "ações sucessórias", dúvida esta que, ao que parece, já foi eliminada pelo Superior Tribunal de Justiça ao permitir que, pelo menos decisões proferidas no âmbito do arrolamento sumário, como aquelas que tão comumente versem sobre a incidência do ITCMD, atraiam a incidência da regra prescrita pelo parágrafo único do art. 1.015, tornando-se, por isso, agraváveis.[322]

Respeitosamente, este livro segue a linha de que todas as decisões interlocutórias proferidas em todas as ações sucessórias sejam agraváveis, e não apenas aquelas proferidas no âmbito restrito dessas duas demandas, que, a

---

[322] Exatamente assim: AREsp 2.171.950/AL, DJe de 03.11.22; REsp 1.747.035/SE, DJe de 07.06.19; REsp 1.704.520/MT, DJe de 19.12.18.

bem da verdade, representam apenas duas expressões do mesmo fenômeno: o "inventário e partilha".

Só não confunda as coisas: as decisões interlocutórias são agraváveis, mas existem pronunciamentos que parecem, mas não são, decisões proferidas em ações sucessórias, mas sim despachos. Um exemplo bem claro é o pronunciamento que determina a apresentação de quesitos para aferir a pertinência da prova pericial, cuja natureza de mero despacho inviabiliza a interposição de agravo. Coisa completamente diferente aconteceria se o juízo indeferisse a apresentação dos quesitos, pois aí sim teria proferido decisão interlocutória agravável.[323]

Na execução e no cumprimento acontece algo parecido. O pronunciamento judicial que decreta a penhora, muito embora gere gravame ao devedor, não configura decisão interlocutória, mas mero despacho, inagravável, portanto. Caso queira, o devedor pode manifestar sua indignação por mera petição protocolizada perante o próprio prolator da decisão, na forma admitida pelo art. 525, § 11, do CPC, apesar de o STJ já ter admitido a interposição excepcional de agravo de instrumento em cumprimento de sentença sem exigir que o devedor previamente adotasse tal providência.[324] Mas aqui também a coisa muda de figura quando o pronunciamento é de indeferimento da penhora requerida pelo credor, porque, deste modo, se estará diante de típica decisão interlocutória agravável na forma do art. 1.015, parágrafo único do CPC.[325]

Seja como for, o que mais importa neste momento é saber que o rigorismo e a pretensa taxatividade trazidas por este dispositivo não resistiram ao teste do tempo, como já era de se esperar, pois, no ano de 2018, ao julgar os REsps 1.696.396/MT e 1.704.520/MT, o Superior Tribunal de Justiça fixou a tese da "taxatividade mitigada" no Tema Repetitivo 988 de sua jurisprudência, para passar a permitir que, independentemente de estar listada no rol desse dispositivo legal, a via do agravo de instrumento esteja aberta se o caso concreto apresentar urgência e sua recorribilidade somente ao final se tornar imprestável, o que ampliou consideravelmente o número de decisões agraváveis, logo sujeitas à preclusão imediata.[326]

De fato, por que motivo o legislador preveria o agravo de instrumento para atacar uma decisão que versasse sobre redistribuição do ônus da prova (CPC, art. 1.015, XI), mas não o admitiria como meio hábil a impugnar o pronunciamento que versasse sobre a prova propriamente dita, como o deferimento/indeferimento de uma perícia, por exemplo? E, mais. Qual a razão de não se admitir a interposição do agravo de instrumento contra uma decisão que reputasse, por exemplo, a Vara de Família de determinada comarca como competente para o processamento e julgamento da causa, se ele seria o recurso adequado para o ataque de uma decisão que rejeitasse alegação de convenção de arbitragem

---

[323] Nesse sentido: STJ, AREsp 2.325.782/MG, DJe de 28.06.23; AgInt no AREsp 1.887.101/RJ, j. em 14.02.22.
[324] REsp 2.023.890/MS, DJe de 27.10.22.
[325] STJ, AgInt no REsp 2.069.558/PR, DJe de 25.10.23.
[326] Tema repetitivo 998: "o rol do art. 1.015 do CPC/15 é de taxatividade mitigada, por isso admite a interposição de agravo de instrumento quando verificada a urgência decorrente da inutilidade do julgamento da questão no recurso de apelação". Os temas enumerados neste rol, contudo, não se aplicam ao processo de inventário, por disposição expressa do parágrafo único do mesmo dispositivo, tornando as decisões lá proferidas sempre agraváveis.

(CPC, art. 1.015, III), que, como sabido, proporciona justamente o afastamento da jurisdição e competência do juízo para a prática de tais atos?

Difícil de explicar, não é mesmo? Pois é. Questionamentos como esses poderiam ser repetidos incessantemente pelo simples fato de a vida ser rica demais para que o legislador tentasse – como de fato tentou – compartimentá-la em caixinhas.

No subtópico seguinte, serão listadas a título meramente exemplificativo, diversos pronunciamentos judiciais tidos por agraváveis e por inagraváveis pelo STJ.

3.1.1 DECISÕES INTERLOCUTÓRIAS AGRAVÁVEIS E INAGRAVÁVEIS EM CONFORMIDADE COM O STJ

A partir da fixação do Tema repetitivo 998, o STJ passou a admitir a interposição do recurso, dentre outras incontáveis hipóteses, contra decisões interlocutórias versando sobre:

a. a inversão do ônus da prova em ações que tratam de relação de consumo (REsp 1.729.110/CE, DJe de 4.4.19);
b. a admissão de terceiro em ação judicial com o consequente deslocamento da competência para Justiça distinta (REsp 1.797.991/PR, DJe de 21.6.19);
c. arguição de impossibilidade jurídica do pedido (REsp 1.757.123/SP, DJe de 15.8.19);
d. aumento da multa em tutela provisória (REsp 1.827.553/RJ, DJe de 29.8.19);
e. liquidação e cumprimento de sentença, no processo de execução e na ação de inventário, em que, inclusive, há ampla e irrestrita recorribilidade de todas as decisões interlocutórias (REsp 1.736.285/MT, DJe de 24.5.19);
f. o enquadramento fático-normativo da relação de direito existente entre as partes e também sobre prescrição ou decadência, no saneamento (REsp 1.702.725/RJ, DJe de 28.6.19);
g. concessão de efeito suspensivo aos embargos à execução de título extrajudicial (REsp 1.745.358/SP, DJe de 1°.3.19);
h. deferimento ou indeferimento de requisição para exibição de documentos (REsp 1.798.939/SP, DJe de 21.11.19);
i. regras de competência (REsp 1.704.520/MT, DJe de 19.12.18);
j. legitimidade para a causa, acolhimento e rejeição de prescrição e decadência (REsp 1.772.839/SP, DJe de 23.5.19);
k. a fixação da data da separação de fato do casal (REsp 1.798.975/SP, DJe de 4.4.19);
l. o julgamento da primeira fase da ação de exigir contas, quando julgar procedente o pedido (REsp 1.746.337/RS, DJe de 21.6.19);
m. declaração de incompetência relativa ou absoluta (REsp 1.730.436/SP, DJe de 19.11.18; AgInt nos EDcl no REsp 1.731.330/CE, DJe de 27.8.18);
n. determinação de busca e apreensão de menor para efeito de transferência de guarda provisória (REsp 1.744.011/RS, DJe de 2.4.19);
o. rejeição da alegação de nulidade do processo por falta de intervenção do Ministério Público (REsp 1.820.166/SP, DJe de 19.12.19);
p. exclusão de litisconsorte (AgInt no REsp 2.014.696/DF, DJe de 19.04.23; REsp 1.772.839/SP, DJe de 23.5.19);
q. habilitação do crédito no inventário (REsp 1.963.966/SP, DJe de 5.5.22);
r. o indeferimento de requerimento de homologação de acordo extrajudicial (REsp 1.817.205/SC, DJe de 09.11.21);
s. imposição imediata de adiantamento de honorários periciais por terceiro (RMS 59.638/SP, DJe de 07.04.21).

Ainda dentro dessa temática, uma situação especial, que, por isso, merece destaque, é aquela que diz respeito ao pronunciamento judicial que posterga a análise de requerimentos de tutela provisória liminar para momento subsequente à oitiva da outra pessoa. Isto porque, conforme explicado oportunamente neste livro, esse pronunciamento não é bem um despacho, mas, quando muito, um "falso despacho", algo próximo a uma decisão interlocutória meramente denominada de despacho, responsável por indeferir o requerimento de tutela provisória naquele momento. Por isso, o Superior Tribunal de Justiça já teve oportunidade de decidir que "alegada a urgência para a imissão na posse e sendo proferida decisão postergando a medida requerida, há evidente indeferimento que pode ser discutido por Agravo de Instrumento, nos moldes do art. 1.015, I, do CPC/2015. Recurso Especial parcialmente conhecido e, nessa extensão, provido".[327]

Acompanhando esse posicionamento, inclusive, foram elaborados três enunciados por respeitáveis centros de estudos jurídicos brasileiros. O Enunciado n. 70 da I JDPC/CJF, segundo o qual "é agravável o pronunciamento judicial que postergar a análise de pedido de tutela provisória ou condicioná-la a qualquer exigência"; o praticamente idêntico o Enunciado n. 29 do FPPC, de acordo com o qual: "é agravável o pronunciamento judicial que postergar a análise do pedido de tutela provisória ou condicionar sua apreciação ao pagamento de custas ou a qualquer outra exigência", e o Enunciado n. 30 do FPPC, cujo texto é o seguinte: "o juiz deve justificar a postergação da análise liminar da tutela provisória sempre que estabelecer a necessidade de contraditório prévio."

Obviamente, essa lista, que já é meramente exemplificativa, tende a ser alterada com o passar do tempo, até porque seria simplesmente impossível ao ser humano tentar compartimentar em caixas todos os episódios surgidos no ambiente processual. E o que é pior: o fenômeno inverso também acontece. Constantemente a Corte vem divulgando seu posicionamento sobre a insuscetibilidade de certos pronunciamentos serem atacados por agravo de instrumento ou mandado de segurança. No final do ano de 2020, por exemplo, a Corte firmou posicionamento a respeito do completo descabimento do Mandado de Segurança para o ataque de decisões interlocutórias, deixando bem claro que "conquanto seja excepcionalmente admissível a impugnação de decisões judiciais *lato sensu* por mandado de segurança, não é admissível, nem mesmo excepcionalmente, a impugnação de decisões interlocutórias por mandado de segurança após a tese firmada no tema repetitivo 988, que estabeleceu uma exceção ao posicionamento há muito adotado nesta Corte, especificamente no que tange à impugnabilidade das interlocutórias, de modo a vedar, em absoluto, a impugnação dessa espécie de decisão pelas partes mediante mandado de segurança, porque há via impugnativa recursal apropriada, o agravo de instrumento."[328] Já no ano de 2021 entendeu que não cabe agravo de instrumento contra decisão interlocutória que verse sobre instrução probatória.[329]

---

[327] STJ, REsp 1.767.313/MG, DJe de 18.06.19. No mesmo sentido: EAREsp 230.380/RN, DJe de 11.10.17; AgRg no AREsp 228.816/RN, DJe de 10.05.16; AREsp n. 221.761/RN, DJe de 07.05.15.
[328] STJ, RMS 63.202/MG, DJe de 18.12.20.
[329] STJ, RMS 65.943/SP, DJe de 16.11.21.

Finalmente, e, obviamente sem colocar fim à lista, no ano de 2022 decidiu que a decisão que determina emenda da petição inicial não é recorrível por agravo de instrumento.[330]

Embora o conhecimento a respeito de todos esses temas seja algo essencial para o profissional atuante no cotidiano das varas de família e sucessões, o descabimento do agravo de instrumento sobre instrução probatória na fase de conhecimento talvez seja aquele que gere maior incômodo, porque certas provas podem ser absolutamente determinantes para o acolhimento ou desacolhimento da pretensão deduzida na demanda. Acredito que poucos divergiriam sobre a importância de uma exibição de documentos em ações de fiscalização/supervisão de alimentos (conhecida impropriamente como "prestação de contas de alimentos"),[331] ou sobre a relevância de uma prova pericial em uma ação de partilha,[332] por exemplo. Mas, como se nota dos julgados inseridos nas referidas notas de rodapé, o STJ dá mostras de entender que não existe urgência ou risco ao perecimento do direito suficiente a afastar a tese da taxatividade mitigada, o que vem fazendo com que os agravos de instrumento interpostos contra esses indeferimentos não sejam conhecidos. A única saída que se abre à pessoa que se sentir prejudicada nesses casos, portanto, é aguardar a prolação de sentença, a qual, se for de improcedência, poderá ser desafiada por apelação em cuja preliminar ou contrarrazões deverá ser suscitada a questão, na forma permitida pelo art. 1.009, § 1º, do CPC, conforme visto no capítulo anterior.

Porém, pelo menos naquelas ações em que o objeto da prova sejam fatos que somente possam ser obtidos mediante contato imediato com crianças ou adolescentes, esse entendimento parece necessitar ser revisto o quanto antes. É que nesses casos, o deferimento de uma oitiva ou de uma perícia, por exemplo, pode configurar um ato de "violência institucional" por acarretar sua revitimização, ou seja, uma "prática institucional que submeta crianças e adolescentes a procedimentos desnecessários, repetitivos, invasivos, que levem as vítimas ou testemunhas a reviver a situação de violência ou outras situações que gerem sofrimento, estigmatização ou exposição de sua imagem", nos termos prescritos pelo Decreto n. 9.603/2018, art. 5º, II. Por configurar uma especial forma de violência (Lei n. 13.431/2017, art. 4º, IV), esta prática institucional deve ser evitada por todos os profissionais envolvidos no sistema de garantia de direitos da criança e do adolescente, os quais deverão, em seu lugar, dar preferência à abordagem de questionamentos mínimos e estritamente necessários ao atendimento, como enfatiza o art. 15, *caput*, do supramencionado Decreto, de resto, reforçado pelas disposições da própria Lei n. 13.431/2017, que enfatiza que "Não será admitida a tomada de novo depoimento especial, salvo quando justificada a sua imprescindibilidade pela autoridade competente e houver a concordância da vítima ou da testemunha, ou de seu representante legal" (art. 11, § 2º).

Neste cenário, e em outros a ele assemelhados, inadmitir-se o agravo de instrumento talvez não seja a melhor opção. Muito pelo contrário. A própria

---

[330] STJ, REsp 1.987.884/MA, DJe de 23.06.22.
[331] AREsp 1.965.213/SE, j. em 01.02.22.
[332] REsp 1.729.794/SP, DJe de 09.05.18.

decisão denegatória prolatada pelo relator pode agravar a situação e, com isso, vir a ser considerada ato de violência institucional.

A coisa toda ganha em importância quando se constata que não é só o deferimento da prova em si que pode acarretar revitimização. Por vezes, decisões de indeferimento também podem levar a semelhante estado de coisas. Se, no mesmo cenário acima, o juízo de primeiro grau ordenar que a criança se submeta a exame pericial, mas, logo em seguida impedir que os advogados apresentem quesitos ou indiquem assistentes técnicos na forma assegurada pelo art. 465, § 1º, II e III, do CPC, não será sua decisão de deferimento, mas sim a de indeferimento que poderá configurar ato de violência institucional. Afinal, por não ser admitido o manejo do agravo de instrumento, a prova invariavelmente será produzida sem que esses importantes elementos a acompanhem, podendo levar o prejudicado a oportunamente apelar com base no já estudado art. 1.009, § 1º, do Código, requerendo justamente a anulação da sentença com objetivo de que a perícia seja novamente produzida, desta vez de forma completa, levando ao sério risco de proporcionar revitimização à criança.

Isso me leva, respeitosamente, a acreditar que, aqui também, a decisão de inadmissão do agravo de instrumento possa configurar um ato de violência institucional.

A manter-se o panorama atual, talvez seja melhor seguir as lições do Professor Fernando Salzer. Isto porque ele ensina que a violência institucional vem tipificada como um verdadeiro crime de abuso de autoridade pelo art. 15-A da Lei n. 13.869/2019. Logo, quem quer que a cometesse praticaria ato coator apto a ser combatido pela via do mandado de segurança como único remédio hábil à proteção do seu direito líquido e certo de evitar a revitimização (Lei n. 12.016/2009).

Uma alternativa para evitar esse tipo de contratempo talvez seja a utilização da ação de produção antecipada de provas, porque o próprio art. 382, § 4º assegura que "neste procedimento, não se admitirá defesa ou recurso, salvo contra decisão que indeferir totalmente a produção da prova pleiteada pelo requerente originário."[333]

3.1.2 DECISÕES INTERLOCUTÓRIAS AGRAVÁVEIS E INAGRAVÁVEIS EM CONFORMIDADE COM A LITERATURA

Paralelamente a esse movimento jurisprudencial, a literatura também se encarrega de listar várias situações que desafiariam o agravo de instrumento, mesmo sem se encaixarem na moldura traçada pelo art. 1.015 do CPC. Eis algumas delas:

> FPPC, Enunciado n. 29: "é agravável o pronunciamento judicial que postergar a análise do pedido de tutela provisória ou condicionar sua apreciação ao pagamento de custas ou a qualquer outra exigência"

---

[333] DUARTE, Zulmar. Comentários ao art. 369. Em: GAJARDONI, Fernando da Fonseca [et al.] (Coord.). *Comentários ao Código de Processo Civil*. 5. ed. Rio de Janeiro: Forense, 2022.

FPPC, Enunciado n. 30: "o juiz deve justificar a postergação da análise liminar da tutela provisória sempre que estabelecer a necessidade de contraditório prévio."

FPPC, Enunciado n. 154: "É cabível agravo de instrumento contra ato decisório que indefere parcialmente a petição inicial ou a reconvenção".

FPPC, Enunciado n. 177: "a decisão interlocutória que julga procedente o pedido para condenar o réu a prestar contas, por ser de mérito, é recorrível por agravo de instrumento".[334]

FPPC, Enunciado n. 560: "As decisões de que tratam os arts. 22, 23 e 24 da Lei n. 11.340/2006 (Lei Maria da Penha), quando enquadradas nas hipóteses do inciso I, do art. 1.015, podem desafiar agravo de instrumento".

FPPC, Enunciado n. 611: Na hipótese de decisão parcial com fundamento no art. 485 ou no art. 487, as questões exclusivamente a ela relacionadas e resolvidas anteriormente, quando não recorríveis de imediato, devem ser impugnadas em preliminar do agravo de instrumento ou nas contrarrazões.

FPPC, Enunciado n. 612: "Cabe agravo de instrumento contra decisão interlocutória que, apreciando pedido de concessão integral da gratuidade da Justiça, defere a redução percentual ou o parcelamento de despesas processuais".

FPPC, Enunciado n. 693: Cabe agravo de instrumento contra a decisão interlocutória que converte o rito da tutela provisória de urgência requerida em caráter antecedente.

JDPC/CJF, Enunciado n. 70: "É agravável o pronunciamento judicial que postergar a análise de pedido de tutela provisória ou condicioná-la a qualquer exigência".

JDPC/CJF, Enunciado n. 71: "É cabível o recurso de agravo de instrumento contra a decisão que indefere o pedido de atribuição de efeito suspensivo a Embargos à Execução, nos termos do art. 1.015, X, do CPC".

JDPC/CJF, Enunciado n. 72: "É admissível a interposição de agravo de instrumento tanto para a decisão interlocutória que rejeita a inversão do ônus da prova, como para a que a defere".

JDPC/CJF, Enunciado n. 93: "Da decisão que julga a impugnação ao cumprimento de sentença cabe apelação, se extinguir o processo, ou agravo de instrumento, se não o fizer".

JDPC/CJF, Enunciado n. 125: "A decisão parcial de mérito não pode ser modificada senão em decorrência do recurso que a impugna".

JDPC/CJF, enunciado n. 55: "É cabível apelação contra sentença proferida no procedimento especial de habilitação (arts. 687 a 692 do CPC)".

No âmbito específico da infância e juventude, Fernando Salzer[335] chama atenção para a circunstância de que "nas ações judiciais que abordem ou impactem, ainda que de forma indireta, reflexa, o direito à convivência familiar de crianças ou adolescentes, além das disposições contidas no ECA, também se faz necessário a observância da orientação contida no § 1º do art. 1º da Lei Federal n. 12.010/2009, no sentido de que a intervenção estatal, em cumprimento ao disposto no *caput* do art. 226 da Constituição Federal, deverá ser prioritariamente voltada à orientação, apoio e promoção social das famílias naturais, junto às quais a criança e o adolescente devem permanecer". Por isso, ele sustenta que "toda e qualquer decisão judicial que potencialmente possa causar interferências

---

[334] STJ, REsp 1.847.194/MS, DJe de 23.03.21.
[335] SALZER, Fernando. Agravo de instrumento nas ações sobre direitos de crianças e adolescentes. Disponível em: https://www.conjur.com.br/2022-mar-26/fernando-salzer-agravo-instrumento-acoes-familia/#_edn9.

arbitrárias ou ilegais na vida particular ou familiar de crianças ou adolescentes, ameaçar, violar ou prejudicar direitos de tais cidadãos, assim como submetê-los a procedimentos probatórios incorretos, desnecessários, repetitivos, invasivos ou que possam gerar sofrimento, estigmatização ou exposição de suas imagens, se caracterizará como se tutela provisória de urgência fosse, face ao perigo de irreversibilidade dos virtuais danos biopsicossociais causados pelos efeitos de tais decisões, assim como pelo risco ao resultado útil dos respectivos processos, sendo tais interlocutórias passíveis de serem confrontadas, controladas, através do imediato manejo do agravo de instrumento, seja com fulcro no art. 1.015, I, do CPC, seja com arrimo no precedente vinculante firmado pelo STJ, tema/repetitivo n. 988".

Taí mais uma razão pela qual o profissional que atua no cotidiano forense deve estar atento ao direito processual das famílias e das sucessões.

3.2 O PRAZO DE INTERPOSIÇÃO DO AGRAVO DE INSTRUMENTO

O múltiplas vezes mencionado art. 1.003, § 5º, deixa claro que "excetuados os embargos de declaração, o prazo para interpor os recursos e para responder-lhes é de 15 (quinze) dias", sendo neste, portanto, que o agravo de instrumento deve ser interposto e eventualmente respondido.

Não se esqueça das especificidades inerentes aos prazos recursais do Ministério Público e da Defensoria Pública, bem como daquelas referentes ao prazo de interposição de recurso pela pessoa contra decisão proferida anteriormente à sua citação, ao qual o art. 1.003, § 2º, determina que se se aplique o disposto no art. 231, I a VI, já estudado no capítulo deste livro destinado aos prazos recursais, cuja releitura recomendo em caso de existir qualquer dúvida.

3.3 A PETIÇÃO INICIAL DO AGRAVO DE INSTRUMENTO: FORMA E CONTEÚDO

O art. 1.016 do CPC traz os aspectos formais inerentes ao agravo de instrumento, ao dispor que:

> Art. 1.016. O agravo de instrumento será dirigido diretamente ao tribunal competente, por meio de petição com os seguintes requisitos:
> I – os nomes das partes;
> II – a exposição do fato e do direito;
> III – as razões do pedido de reforma ou de invalidação da decisão e o próprio pedido;
> IV – o nome e o endereço completo dos advogados constantes do processo.

Como se percebe, muito do que é exigido pelos incisos do *caput* deste dispositivo já foi analisado nos tópicos destinados ao estudo do princípio da dialeticidade e do juízo de admissibilidade recursal, razão pela qual sugiro que você os releia.

Por ser um recurso de fundamentação livre, o agravo de instrumento também comporta uma multiplicidade de questões e causas de pedir, desde que direcionadas especificamente a impugnar precisamente os argumentos lançados na decisão interlocutória agravável e se prestem a basear "o pedido de nova decisão", que pode ter por objetivo tanto a sua reforma (por erro de julgamento) quanto a sua anulação (por erro de procedimento), tanto de forma global quanto restrita a capítulos específicos.

Embora o agravo de instrumento não admita a formulação de pedido genérico, é claro que a postulação de reforma ou anulação deve ser interpretada em conformidade com os mesmos parâmetros aplicáveis à interpretação do pedido deduzido na petição inicial (CPC, art. 322, § 2°).

Assim como acontece com todas os atos de postulação, a regra do art. 489, § 1°, I a VI, do CPC também tem que ser lhe aplicada, com adaptações, atribuindo-se um ônus ao advogado. Por isso, a sua petição inicial recursal não pode se limitar à indicação, à reprodução ou à paráfrase de ato normativo, sem explicar sua relação com a causa ou a questão decidida. E, se pretender invocar a aplicação de precedentes qualificados ou impedir sua incidência ao caso concreto, deve, respectivamente, promover a identificação de seus fundamentos determinantes e a demonstração da similitude entre ambos ou a comprovação de sua superação pelo órgão competente, sob pena de inviabilizar o próprio órgão julgador de realizar a distinção (*distinguishing*) ou superação (*overruling*) na hipótese e como foi expressamente incorporado ao Enunciado n. 9 da ENFAM, segundo o qual "é ônus da parte, para os fins do disposto no art. 489, § 1°, V e VI, do CPC/2015, identificar os fundamentos determinantes ou demonstrar a existência de distinção no caso em julgamento ou a superação do entendimento, sempre que invocar jurisprudência, precedente ou enunciado de súmula"[336], até porque este é o entendimento pacífico do STJ.[337]

O agravo de instrumento tem um motivo para ser assim denominado. Se os autos do processo ainda forem físicos – como tradicionalmente sempre foi – ele deve ser acompanhado de um instrumento, isto é, de "um conjunto de cópias relativas ao processo originário, que precisam ser apresentadas por aquele que recorre", e que podem ser divididas em dois tipos: as obrigatórias e as facultativas.[338]

A seu respeito, o art. 1.017 dispõe que:

> Art. 1.017. A petição de agravo de instrumento será instruída:
> I – obrigatoriamente, com cópias da petição inicial, da contestação, da petição que ensejou a decisão agravada, da própria decisão agravada, da certidão da respectiva intimação ou outro documento oficial que comprove a tempestividade e das procurações outorgadas aos advogados do agravante e do agravado;
> II – com declaração de inexistência de qualquer dos documentos referidos no inciso I, feita pelo advogado do agravante, sob pena de sua responsabilidade pessoal;
> III – facultativamente, com outras peças que o agravante reputar úteis.

---

[336] DIDIER JR., Fredie; PEIXOTO, Ravi. O art. 489, § 1°, do CPC e a sua incidência na postulação dos sujeitos processuais: um precedente do STJ. Em: ALVIM, Teresa [e col.] (Orgs.). *Novo CPC aplicado – visto por processualistas.* São Paulo: RT, 2017, p. 98-99.
[337] AgInt no AREsp 1.497.766/DF, DJe de 02.08.21; AgInt no REsp n. 1.854.873/AM, DJe de 29.06.20.
[338] RODRIGUES, Marco Antonio. *Manual dos recursos, ação rescisória e reclamação.* São Paulo: Atlas, 2017, p. 489.

Na falta da cópia de qualquer peça ou no caso de algum outro vício que comprometa a admissibilidade do agravo de instrumento, o relator não deve lhe negar seguimento imediatamente, mas sim aplicar o disposto no art. 932, parágrafo único[339], restando, por isso, superado o enunciado da Súmula n. 288 do STF.[340] E, obviamente que se os autos do processo forem eletrônicos, dispensam-se as peças referidas nos incisos I e II do *caput*, facultando-se à pessoa do agravante anexar outros documentos que entender úteis para a compreensão da controvérsia (CPC, art. 1.016, § § 3º e 5º).

3.4 O PREPARO NO AGRAVO DE INSTRUMENTO

Se for o caso, deve a pessoa responsável comprovar o preparo já no momento de sua interposição (CPC, art. 1.017, § 1º), exceto se existir alguma circunstância específica eximindo-a desta obrigação.

3.5 O JUÍZO EM QUE É INTERPOSTO E O JUÍZO AO QUAL É REMETIDO O AGRAVO DE INSTRUMENTO

Nos 15 dias úteis acima mencionados, a petição inicial do agravo de instrumento deverá ser protocolizada perante o próprio tribunal de justiça que fará o seu julgamento, em conformidade com o disposto nas normas de organização judiciária locais. Em comparação com a apelação – que tem que ser interposta perante o 1º grau de jurisdição – esta possibilidade constitui fator de inegável aceleração do procedimento do agravo de instrumento.

A esse respeito, versa o art. 1.017, § 2º, do CPC:

> Art. 1.017. [...]:
> § 2º No prazo do recurso, o agravo será interposto por:
> I – protocolo realizado diretamente no tribunal competente para julgá-lo;
> II – protocolo realizado na própria comarca, seção ou subseção judiciárias;
> III – postagem, sob registro, com aviso de recebimento;
> IV – transmissão de dados tipo fac-símile, nos termos da lei;
> V – outra forma prevista em lei.

3.6 O PROCEDIMENTO DO AGRAVO DE INSTRUMENTO NO TRIBUNAL

Como se viu, o agravo de instrumento é recurso que deve ser interposto diretamente perante o próprio órgão encarregado de promover o seu julgamento, qual seja o tribunal de justiça (CPC, art. 1.016, *caput*). Tão logo adentre a esta Corte, os seus autos devem ser registrados e imediatamente distribuídos em conformidade com o regimento interno, observando-se a alternatividade, o sorteio eletrônico e a publicidade. Depois de distribuídos, serão imediatamente

---

[339] CPC, art. 932. "Incumbe ao relator. Parágrafo único. Antes de considerar inadmissível o recurso, o relator concederá o prazo de 5 (cinco) dias ao recorrente para que seja sanado vício ou complementação a documentação exigível."
[340] STF, Súm. n. 288. Nega-se provimento a agravo para subida de recurso extraordinário, quando faltar no traslado o despacho agravado, a decisão recorrida, a petição de recurso extraordinário ou qualquer peça essencial à compreensão da controvérsia."

conclusos ao relator, que, inclusive, já pode estar prevento, como mencionado oportunamente por aqui (CPC, arts. 929 a 931).

3.7 AS DECISÕES MONOCRÁTICAS NO AGRAVO DE INSTRUMENTO

Ao serem distribuídos ao relator, o artigo 1.019, impõe que:

> Art. 1.019. Recebido o agravo de instrumento no tribunal e distribuído imediatamente, se não for o caso de aplicação do art. 932, incisos III e IV, o relator, no prazo de 5 (cinco) dias:
> I – poderá atribuir efeito suspensivo ao recurso ou deferir, em antecipação de tutela, total ou parcialmente, a pretensão recursal, comunicando ao juiz sua decisão;
> II – ordenará a intimação do agravado pessoalmente, por carta com aviso de recebimento, quando não tiver procurador constituído, ou pelo Diário da Justiça ou por carta com aviso de recebimento dirigida ao seu advogado, para que responda no prazo de 15 (quinze) dias, facultando-lhe juntar a documentação que entender necessária ao julgamento do recurso;
> III – determinará a intimação do Ministério Público, preferencialmente por meio eletrônico, quando for o caso de sua intervenção, para que se manifeste no prazo de 15 (quinze) dias.

A mais superficial leitura deste dispositivo demonstra que, assim como acontece com a apelação e com os recursos de um modo geral, os poderes do relator foram ampliados também no agravo de instrumento. Afinal, note que, tão logo ele o receba, poderá tanto lhe negar seguimento em razão de ele ser inadmissível, prejudicada ou não ter impugnado especificamente os fundamentos da decisão recorrida (art. 1.019, I, c/c art. 932, III),[341] quanto efetivamente decidir o seu próprio mérito, tanto para lhe negar provimento (art. 1.011, I c/c art. 932, IV)[342] quanto para efetivamente lhe dar provimento, desde que, neste último caso, abra previamente a oportunidade para apresentação de contrarrazões (art. 1.011, I, c/c art. 932, V).[343]

Note que o improvimento monocrático pode acontecer independentemente de contraditório prévio porque é algo que irradia efeitos exclusivos sobre a própria pessoa que interpõe o recurso. Contrariamente, entretanto, o provimento monocrático só pode ocorrer depois de proporcionado o contraditório, sob pena de nulidade, porque inevitavelmente projetará consequências sobre a outra pessoa.

Qualquer que seja o caso, não é mais necessário que o tribunal solicite que o juízo prolator da decisão agravada lhe preste informações, como acontecia no sistema revogado, pois a lei não faz nenhuma imposição a este respeito.

Situação interessante pode acontecer naqueles casos em que a decisão interlocutória agravada indefere requerimento de tutela provisória liminarmente

---

[341] Art. 932. "Incumbe ao relator: III – não conhecer de recurso inadmissível, prejudicado ou que não tenha impugnado especificamente os fundamentos da decisão recorrida."
[342] Art. 932. "Incumbe ao relator: IV – negar provimento a recurso que for contrário a: a) súmula do Supremo Tribunal Federal, do Superior Tribunal de Justiça ou do próprio tribunal; b) acórdão proferido pelo Supremo Tribunal Federal ou pelo Superior Tribunal de Justiça em julgamento de recursos repetitivos, e; c) entendimento firmado em incidente de resolução de demandas repetitivas ou de assunção de competência."
[343] Art. 932. "Incumbe ao relator: V – depois de facultada a apresentação de contrarrazões, dar provimento ao recurso se a decisão recorrida for contrária a: a) súmula do Supremo Tribunal Federal, do Superior Tribunal de Justiça ou do próprio tribunal; b) acórdão proferido pelo Supremo Tribunal Federal ou pelo Superior Tribunal de Justiça em julgamento de recursos repetitivos, e; c) entendimento firmado em incidente de resolução de demandas repetitivas ou de assunção de competência;"

deduzido pela pessoa que propõe a demanda. Isto porque, se houve o indeferimento liminar, é porque o outro indivíduo ainda nem havia sido citado na ocasião. Como resultado, se for interposto agravo de instrumento deste pronunciamento, o próprio tribunal de justiça deverá intimá-lo pessoalmente, na forma prevista pelo art. 1.019, II, para que apresente suas contrarrazões, somente assim viabilizando o eventual provimento monocrático permitido pelo art. 1.011, I, c/c art. 932, V, do CPC, sob pena de nulidade.[344]

Se versar sobre o próprio mérito recursal, o julgamento proferido monocraticamente substituirá a decisão impugnada no que tiver sido objeto de recurso, em conformidade com o que dispõe o art. 1.008 do CPC,[345] devendo fixar os honorários recursais, caso isso seja possível (CPC, art. 85, § 11).

Versando sobre o próprio mérito recursal, o julgamento proferido monocraticamente substituirá o pronunciamento impugnado no que tiver sido objeto de recurso, em conformidade com o que dispõe o art. 1.008 do CPC, devendo fixar os honorários recursais, caso isso seja possível (CPC, art. 85, § 11).

Aqui, vale o mesmo que foi dito a respeito do julgamento monocrático da apelação. Isto porque, apesar de substituir a decisão interlocutória proferida pelo juiz, essa decisão monocrática não pode ser atacada diretamente por recurso especial ou recurso extraordinário. Isto porque ambos pressupõem o preenchimento de dois requisitos cumulados: a) o prequestionamento, e; b) o fato de a decisão recorrida ser a única ou a última naquela instância (CR, arts. 102, III, e 105, III). Como o julgamento monocrático é feito por delegação da turma ou câmara, a instância ainda não terá se esgotado, somente o sendo quando o próprio órgão colegiado der a palavra final sobre o assunto, via acórdão. Tanto é assim que toda decisão monocrática desafia o recurso de agravo interno (CPC, art. 1.021), justamente para que ele possa permitir a transformação de um pronunciamento que tenha sido prolatado isoladamente (decisão monocrática) por outro a ser proferido coletivamente (acórdão). Aplica-se ao caso, por analogia, o disposto na Súmula n. 281 do STF, de acordo com a qual "é inadmissível o recurso extraordinário, quando couber, na Justiça de origem, recurso ordinário da decisão impugnada."

Portanto, a pessoa simplesmente não pode imediata e diretamente impugnar a decisão do relator por recurso especial ou extraordinário. Se, por exemplo, o tribunal de justiça, com base no art. 932, IV ou V, do CPC, der ou negar provimento monocraticamente a um agravo de instrumento interposto contra uma decisão que havia concedido tutela provisória liminarmente (CPC, art. 1.015, I), não terá exaurido a instância já que ainda cabe o recurso de agravo interno previsto pelo art. 1.021 do Código. Como resultado, caso pretenda interpor qualquer recurso excepcional contra este julgamento, a pessoa deve, antes e obrigatoriamente interpor tal recurso de agravo interno, para que transporte o julgamento do agravo de instrumento para o órgão colegiado, e, aí sim, possa obter um acórdão que represente a última decisão proferida naquela instância (CPC, arts. 941 a 943).

---

[344] Exatamente assim: STJ, REsp 1.936.838/SP, DJe de 18.02.22.
[345] STJ, REsp 1.913.033/SP, DJe de 25.06.21; AgInt no AREsp 649.912/ES, DJe de 12.11.20.

Exatamente neste sentido, veja:

> PROCESSUAL CIVIL. AGRAVO INTERNO NO AGRAVO EM RECURSO ESPECIAL. INTERPOSIÇÃO DE RECURSO ESPECIAL CONTRA ACÓRDÃO QUE DECIDE PEDIDO LIMINAR. REFORMA. IMPOSSIBILIDADE. SÚMULA 735/STF.
> 1. Esta Corte firmou compreensão segundo a qual é incabível recurso especial com objetivo de discutir a correção de acórdão que nega ou defere medida liminar ou antecipação de tutela, por não se tratar de decisão em única ou última instância, incidindo, por analogia, a Súmula 735/STF.
> 2. A mitigação do referido Enunciado pode ser admitida especificamente quando a própria medida importar em ofensa direta à lei federal que disciplina a tutela provisória (art. 300 do CPC/2015), o que não é a hipótese dos autos.
> 3. Agravo interno não provido.
> (STJ, AgInt no AREsp 1.734.976/PE, DJe de 16.06.21)

A atenção sobre esse ponto tem que ser redobrada no caso de serem opostos embargos de declaração contra a monocrática que decidir o agravo de instrumento, porque eles podem levar a questão a ser decidida pelo colegiado, via acórdão, portanto. Porém, este acórdão dirá respeito apenas aos embargos de declaração e não à decisão monocrática que havia decidido o agravo de instrumento. Como os declaratórios não possuem o genuíno efeito substitutivo (CPC, art. 1.008), mas apenas o integrativo (CPC, art. 1.022), o pronunciamento que efetivamente valerá para fins de recorribilidade excepcional continuará sendo a monocrática, o que leva à inexorável conclusão de que ainda não terá havido exaurimento da instância, a tornar descabida a via excepcional. A propósito, observe este julgado, que bem reflete a orientação seguida pelo STJ:

> PROCESSUAL CIVIL. ADMINISTRATIVO. EQUILÍBRIO ECONÔMICO-FINANCEIRO DO CONTRATO. AUSÊNCIA DE EXAURIMENTO DA INSTÂNCIA ORDINÁRIA. NÃO CONHECIMENTO DO RECURSO ESPECIAL. [...]
> Mediante análise dos autos, verifica-se que o recurso especial da parte agravante foi interposto contra decisão monocrática proferida pelo Tribunal "a quo".
> Consoante entendimento firmado pelo Supremo Tribunal Federal, é necessário que a parte interponha todos os recursos ordinários no Tribunal de origem antes de buscar a instância especial (Súmula n.281 do STF).
> Tal entendimento também é aplicado em hipóteses como a dos presentes autos, em que, à decisão singular exarada pelo relator, foram opostos embargos de declaração, julgados por meio de acórdão pelo Tribunal de origem, contra o qual foi diretamente interposto recurso especial, sem que houvesse, portanto, o necessário exaurimento das instâncias ordinárias.
> Nesse sentido, o AgInt no AREsp 1557971/SP, relatora Ministra Nancy Andrighi, Terceira Turma, DJe de 20/11/2019.
> Agravo interno improvido.
> (STJ, AgInt no AREsp 1.876.811/RJ, DJe de 25.10.21)

Não sendo o caso de o agravo de instrumento ser decidido monocraticamente, o Ministério Público deverá ser intimado para se manifestar nos autos, se houver necessidade de sua intervenção (CPC, art. 1.019, III, c/c art. 178). Escoado o prazo aberto para tanto, o relator solicitará dia para julgamento pelo colegiado, em conformidade com o que prescreve o art. 1.020, o qual será estudado alguns tópicos adiante.

3.8 O JUÍZO DE RETRATAÇÃO NO AGRAVO DE INSTRUMENTO

O agravo é dotado de efeito regressivo. O órgão responsável por sua realização, contudo, não é o tribunal de justiça, mas sim o próprio juízo prolator da decisão agravada. Se efetivamente ocorrer a retratação, o recurso seja considerado prejudicado na forma do art. 1.018, § 1º, de acordo com o qual "se o juiz comunicar que reformou inteiramente a decisão, o relator considerará prejudicado o agravo de instrumento".

No entanto, para que possa se retratar, o juízo de primeiro grau precisa, antes, ter conhecimento de que a sua decisão foi atacada por agravo de instrumento. Aí surge uma situação extremamente curiosa. É que o art. 1.018, *caput*, atribui à própria pessoa responsável por sua interposição, o ônus de noticiar este fato àquele órgão, mediante a juntada de cópia da petição recursal, do comprovante de sua interposição e da relação dos documentos que o instruíram, em até 03 dias contados do efetivo protocolo – e não do fim do prazo recursal. Porém, se este ônus for descumprido e a outra pessoa levar tal fato ao conhecimento do tribunal, no máximo, até o momento de apresentação de suas contrarrazões, o agravo será inadmitido (CPC, art. 1.018, § 3º).[346] Como a regra é no sentido de que os atos processuais sejam aproveitados ao máximo, estes dois últimos requisitos são cumulativos. Logo, se em vez de a informação ao tribunal ser feita em contrarrazões, o for por intermédio do Ministério Público, por exemplo, o recurso não será inadmitido.

Nada disso se aplica se o processo for eletrônico, o que, de certa forma, torna todas as prescrições do supra analisado art. 1.018, algo de somenos importância nos dias de hoje, como, aliás, realça o Enunciado n. 663 do FPPC quando dispõe que "a providência prevista no *caput* do art. 1.018 somente pode prejudicar o conhecimento do agravo de instrumento quando os autos do recurso não forem eletrônicos".

3.9 OS EFEITOS DO AGRAVO DE INSTRUMENTO E A TUTELA PROVISÓRIA RECURSAL

Como se sabe, o agravo de instrumento não possui o efeito suspensivo legal (*ope legis*). Por isso, de forma independente e paralela aos acontecimentos referidos no tópico antecedente, o relator pode lhe atribuir efeito suspensivo (*ope judicis*), na forma permitida pelo art. 1.019, I, primeira frase. Entretanto, como a suspensividade somente será relevante se a decisão agravada for de *deferimento* do requerimento pertinente, o legislador assegura que lhe possa também ser judicialmente atribuído o efeito ativo (*ope judicis*), para aqueles casos em que a decisão agravada tiver sido de *indeferimento* do requerimento deduzido pela pessoa responsável por sua interposição, em conformidade com o que autoriza o art. 1.019, I, segunda frase. Para tanto, deverão ser preenchidos os requisitos exigidos pelo tantas vezes mencionado art. 995, parágrafo único, do CPC, cuja leitura vai desde logo recomendada, preferencialmente de forma simultânea à do tópico referente à tutela provisória recursal.

---

[346] JDPC/CJF, Enunciado n. 73: Para efeito de não conhecimento do agravo de instrumento por força da regra prevista no § 3º do art. 1.018 do CPC, deve o juiz, previamente, atender ao art. 932, parágrafo único, e art. 1.017, § 3º, do CPC, intimando o agravante para sanar o vício ou complementar a documentação exigível.

Ambas as hipóteses são absolutamente corriqueiras no cotidiano das varas de família e sucessões. A decisão interlocutória versando sobre a prisão civil no âmbito de cumprimento/execução de alimentos seria agravável por causa da previsão expressa do art. 1.015, parágrafo único. A legitimidade e interesse para sua interposição, assim como o efeito a lhe ser atribuído, contudo, variaria em conformidade com o que fosse por ela decidido. Se fosse decretado o aprisionamento, o alimentante poderia agravar requerendo a concessão de efeito suspensivo ao seu recurso, obviamente, para que não fosse presa (tutela de urgência cautelar-conservativa). Já se o requerimento de prisão civil fosse indeferido, quem teria interesse em agravar seria o alimentado, o qual poderia requerer a atribuição de efeito ativo ao seu recurso, para que o aprisionamento fosse decretado pelo próprio tribunal, a título de antecipação da tutela recursal (tutela de urgência antecipada-satisfativa).

Qualquer que seja o efeito atribuído ao agravo, o juízo de 1° grau deve ser imediatamente comunicado a respeito (CPC, art. 1.019, I, frase final).

3.10 As matérias transferidas ao tribunal pelo efeito devolutivo do agravo de instrumento

Não há dúvida de que o efeito devolutivo seja algo inerente a todo e qualquer recurso. Por isso, torna-se irrelevante o fato de a disciplina normativa do agravo de instrumento não contar com artigos específicos dizendo, por exemplo, que "ele devolverá ao tribunal o conhecimento da matéria impugnada" em suas razões, ou que serão "objeto de apreciação e julgamento pelo tribunal todas as questões suscitadas e discutidas no processo, ainda que não tenham sido solucionadas, desde que relativas ao capítulo impugnado", ou, ainda, que "quando o pedido ou a defesa tiver mais de um fundamento e o juiz acolher apenas um deles", o recurso devolverá ao tribunal o conhecimento dos demais, como acontece com a apelação (CPC, art. 1.013, *caput*, e §§ 1° e 2°), até porque, conforme realçado oportunamente, tais dispositivos tratam do efeito devolutivo como instituto jurídico e não como algo restrito à apelação.[347]

Como resultado, torna-se acurado dizer que o agravo de instrumento também devolverá ao tribunal o conhecimento da matéria impugnada, sendo-lhe, de resto, naturalmente aplicáveis todo o regramento inerente ao efeito devolutivo, inclusive no que toca à sua eventual translatividade. Este, por sinal, é o motivo pelo qual muito do que foi dito a seu respeito por ocasião da análise da apelação será aplicado por aqui.

Assim, a pessoa responsável pela interposição do agravo pode escolher se prefere agravar contra a decisão interlocutória como um todo ou apenas alguns de seus capítulos (CPC, art. 1.002). Seja qual for a sua alternativa, o agravo de instrumento transferirá ao tribunal o conhecimento exclusivo daquilo que houver sido expressamente impugnado, por intermédio da dimensão horizontal

---

[347] FPPC, Enunciado n. 705: Aplicam-se os §§ 3° e 4° do art. 1.013 ao agravo de instrumento interposto contra decisão parcial de mérito.

do efeito devolutivo, o que, por sua vez, possibilitará que a Corte conheça de todas as causas de pedir que tenham sido expostas na petição inicial da ação, assim como de todos os fundamentos utilizados pelo juiz de primeiro grau para acolher ou rejeitar as postulações que tenham sido lá deduzidos, desta vez, por intermédio da dimensão vertical do efeito devolutivo, desde que, é claro, de forma limitada aos capítulos impugnados.

Tanto é assim que o Superior Tribunal de Justiça nem sequer hesita em afirmar que "o agravo de instrumento é dotado de efeito devolutivo, permitindo ao Tribunal ad quem reexaminar a questão resolvida pela decisão interlocutória de que se recorre",[348] o qual, assim como na apelação, encontra-se "limitado às questões resolvidas pela decisão agravada, visto que tal recurso devolve ao tribunal apenas o conteúdo das decisões interlocutórias impugnadas".[349]

3.11 As especificidades das matérias de família e sucessões no agravo de instrumento

Obviamente, as especificidades inerentes às ações de família e sucessões podem casuisticamente modificar um pouco este cenário, notadamente quando veicularem direitos e interesses de pessoas incapazes, vulneráveis e em situação de risco, ou assuntos que sejam considerados sensíveis ao ordenamento jurídico como um todo, sobretudo porque, nesses casos, se estará diante de pessoas e temas que despertam a proteção especial do Estado, o que vem acarretando uma interpretação mais ampla e flexível dos pedidos deduzidos pelas pessoas (pedidos implícitos),[350] a ampliação dos poderes instrutórios do juiz (CC, art. 1.584, § 3º),[351] e o abrandamento das regras de preclusão,[352] não sendo diferente com o rigorismo inerente à dimensão horizontal do efeito devolutivo, que certamente deverá ser flexibilizado no caso concreto.

É preciso apenas que não se tenha isso por regra geral, aplicável indistintamente a todos os casos. Afinal, nem todo direito de família e sucessões é indisponível,[353] nem todo direito indisponível é insuscetível de autocomposição[354] e nem toda ação de família ou de sucessões é ação de estado.[355] Essas são noções básicas que precisam ficar gravadas na mente de todos os que pretendam atuar nessa área do direito. Logo, é preciso que o profissional faça um recorte no caso concreto para identificar qual recurso merece e qual não merece essa proteção estatal especial. Se merecer, a flexibilização estará autorizada, como demonstra este julgado:

---

[348] Nesse sentido: REsp 1.913.033/SP, DJe de 25.06.21; AgInt no AREsp 649.912/ES, DJe de 12.11.20.
[349] AgInt nos EDcl no AREsp 1.643.749/RS, DJe de 28.04.23.
[350] STJ, AgInt no REsp 1.477.031/MG, DJe de 02.09.19.
[351] Assim, p. ex.: STJ, REsp 1.573.635/RJ, DJe de 06.12.18.
[352] Inclusive, é absolutamente pacífico o entendimento da inaplicabilidade da preclusão pro judicato em matéria probatória. Assim, dentre vários: STJ, REsp 1.817.729/DF, DJe de 23.06.22; AgInt no REsp 1.918.008/MT, DJe de 15.10.21; REsp 1.677.926/SP, DJe de 25.03.21.
[353] Basta ver que o divórcio consensual pode ser obtido em serventia extrajudicial, desde que preenchidos os requisitos legais.
[354] Tanto que o art. 334, § 4º, II, do CPC permite a designação da audiência de conciliação ou mediação mesmo nas causas versando sobre direitos indisponíveis, desde que eles sejam autocomponíveis.
[355] Sem entrar em pormenores, ações de estado são aquelas que possuem por objetivo o estabelecimento ou a modificação do estado ou da capacidade das pessoas.

> AGRAVO NO AGRAVO DE INSTRUMENTO. DIREITO DE FAMÍLIA. GUARDA. ALEGAÇÃO, PELO PAI DA CRIANÇA, DE QUE A CONDUTA IMPRÓPRIA DA MÃE CAUSARIA PREJUÍZOS À CRIAÇÃO DO MENOR. ACUSAÇÃO DE CONSUMO DE SUBSTÂNCIAS ENTORPECENTES DENTRO DA RESIDÊNCIA. [...] ACÓRDÃO QUE DETERMINOU A MODIFICAÇÃO DA GUARDA DA CRIANÇA, CONFERINDO-A AO PAI. RECURSO ESPECIAL DA MÃE NÃO ADMITIDO. AGRAVO PROVIDO PARA DETERMINAR A SUBIDA DO RECURSO, COM DEFERIMENTO DE ANTECIPAÇÃO DE TUTELA RECURSAL. GUARDA GARANTIDA À MÃE ATÉ O JULGAMENTO DO RECURSO.
> No direito de família, notadamente quando se trata do interesse de menores, a responsabilidade do julgador é redobrada: é a vida da criança que está para ser decidida e para uma criança, muitas vezes, um simples gesto implica causar-lhe um trauma tão profundo, que se refletirá por toda a sua vida adulta. Por esse motivo, toda a mudança brusca deve ser, na medida do possível, evitada. Nos processos envolvendo a guarda de menores, a verossimilhança deve ser analisada com maior rigor. Tirar a criança do convívio com sua mãe, com quem esteve, sempre, desde o nascimento, é medida que só pode ser adotada em casos extremos. [...]
> – É inverossímil a versão exposta na petição inicial da ação de guarda, que imputa uma série de comportamentos inaceitáveis à mãe da criança, se poucos meses antes do ajuizamento dessa ação os pais vinham, em conjunto, negociando acordo para a guarda compartilhada do menor. Determinar a modificação da guarda da criança, retirando-a da mãe, diante de um panorama incerto como esse, é medida que deve ser evitada. É fundamental antecipar a tutela recursal para, neste processo, manter a criança com a mãe até o julgamento do recurso especial.
> Agravo provido, determinando-se a subida do recurso especial.
> Deferida antecipação da tutela recursal.
> (STJ, AgRg no Ag 1.121.907/SP, DJe de 03.06.09)

É a mostra de como o efeito translativo comporta cabimento também nos agravos de instrumento interpostos em ações de família e sucessões.

Por outro lado, caso essas especificidades não estejam presentes, o recurso será processado e julgado como qualquer outro, sem sofrer qualquer modificação de relevo, veja:

> AGRAVO INTERNO NO AGRAVO EM RECURSO ESPECIAL. AGRAVO DE INSTRUMENTO.
> DIREITO DE FAMÍLIA. CONTRATO DE PREVIDÊNCIA PRIVADA. VGBL. NATUREZA DE APLICAÇÃO FINANCEIRA. SUJEIÇÃO À PARTILHA. REVISÃO. IMPOSSIBILIDADE. INCIDÊNCIA DAS SÚMULAS 5 E 7 DO STJ. AGRAVO INTERNO NÃO PROVIDO.
> 1. Na hipótese, o Tribunal de origem, após a análise do contrato de VGBL firmado e dos elementos fático-probatórios dos autos, concluiu que a movimentação financeira se mostra incompatível com previdência privada, tomando forma de verdadeira aplicação financeira, o que autoriza a partilha dos valores depositados. A modificação de tal entendimento é inviável no âmbito estreito do recurso especial, a teor do disposto nas Súmulas 5 e 7 do STJ.
> 2. Agravo interno a que se nega provimento.
> (STJ, AgInt no AREsp 1.813.193/SP, DJe de15.10.21)

3.12 A PRODUÇÃO DE PROVAS NO AGRAVO DE INSTRUMENTO

Caso haja necessidade de produção de provas antes do julgamento monocrático, bastará que o relator o converta em diligência, a qual se realizará no próprio tribunal ou em primeiro grau de jurisdição, como visto agora há pouco (CPC, arts. 932, I, e 938, § 3º). O mesmo pode acontecer se essa necessidade se apresentar ao órgão colegiado (CPC, art. 938, § 3º).

No que toca à produção de prova documental, contrariamente ao que acontece com a apelação, não existe limitação a que se tratem meramente de provas novas. Muito pelo contrário. O próprio art. 1.017, III, abre bastante margem a que a pessoa apresente os documentos que reputar úteis, desde que, é claro, haja o contraditório oportuno (CPC, art. 10).

3.13 A DECISÃO COLEGIADA DO AGRAVO DE INSTRUMENTO: A SESSÃO DE JULGAMENTO

Nos termos do art. 1.020, não sendo caso de decidir monocraticamente a pretensão recursal, "o relator solicitará dia para julgamento em prazo não superior a 01 mês da intimação do agravado". Tal qual a apelação, via de regra, o agravo de instrumento é julgado por uma Turma ou Câmara composta por 03 desembargadores (CPC, art. 941, § 2º), admitindo-se a técnica de ampliação do colegiado prevista pelo art. 942, tão somente quando houver reforma da decisão que julgar parcialmente o mérito (CPC, art. 356).[356] Já a aplicação da teoria da causa madura, que possui grande campo de aplicação quando houver prolação de decisão interlocutória de mérito, independentemente do acolhimento ou rejeição do pedido, se torna perfeitamente possível, desde que, por óbvio, estejam presentes os requisitos exigidos pelo art. 1.013, § 3º, do CPC.[357]

Qualquer que seja o caso, o julgamento definitivo do recurso substituirá a decisão recorrida para todos os fins (CPC, art. 1.008),[358] fixando honorários recursais, se for o caso (CPC, art. 85, § 11). Desta decisão sim, haverá um acórdão que, preenchendo os requisitos exigidos por lei, desafiará a interposição dos recursos excepcionais, pois terá havido o verdadeiro exaurimento da instância estadual sobre as questões decididas no agravo de instrumento.

3.14 A SUSTENTAÇÃO ORAL NO AGRAVO DE INSTRUMENTO

O agravo de instrumento pode comportar sustentação oral, se for interposto contra decisões interlocutórias parciais de mérito (CPC, arts. 937, VIII, c/c 356)[359] e contra aquelas que versem sobre tutelas provisórias de urgência ou da evidência (CPC, arts. 937, VIII, c/c arts. 294 e ss.). Nesses casos, trata-se de um verdadeiro direito subjetivo do advogado, notadamente nos recursos em ações de família

---

[356] Exatamente assim: STJ, AgInt no REsp 1.828.365/PR, DJe de 10.03.20.
[357] STJ, EDcl no AREsp 1.800.092/SP, DJe de 13.04.22.
[358] STJ, REsp 1.913.033/SP, DJe de 25.06.21; AgInt no AREsp 649.912/ES, DJe de 12.11.20.
[359] JDPC/CJF, Enunciado n. 61: "Deve ser franqueado às partes sustentar oralmente as suas razões, na forma e pelo prazo previsto no art. 937, caput, do CPC, no agravo de instrumento que impugne decisão de resolução parcial de mérito (art. 356, § 5º, do CPC)."

e sucessões, como repetido propositalmente algumas vezes.[360] Não lhe sendo assegurada oportunidade para tanto, haverá nulidade absoluta do julgamento como um todo, como também analisado por aqui.

Em sendo cabível, a oportunidade para que isso seja feito abre-se imediatamente após o relator ter concluído a exibição da causa, na forma há pouco referida, ocasião em que deve dar a palavra aos advogados da pessoa do recorrente e da pessoa do recorrido e, se for o caso, ao representante do Ministério Público,[361] nesta ordem, para que possam realizá-la, caso desejem. Seu prazo é improrrogável de 15 (quinze) minutos para cada um, devendo ser observadas, quanto ao processamento, as regras do regimento interno do tribunal (CPC, art. 937, *caput*, c/c art. 1.021, *caput*, frase final).

O profissional que desejar fazer uso dessa técnica poderá requerer, até o início da sessão, que o processo seja julgado em primeiro lugar, sem prejuízo das preferências legais, sendo obviamente admitido que a sustentação seja feita por videoconferência, bastando que haja requerimento nesse sentido até o dia anterior ao da sessão.

Além da notável importância que a sustentação oral sempre teve no recurso de apelação, merece ser relembrado o fato de se ter passado a admiti-la no agravo de instrumento interposto contra decisões interlocutórias que versem sobre tutelas provisórias e que procedam a julgamentos parciais de mérito (CPC, art. 356), porque as ações de família e sucessões fornecem o palco perfeito para que isso aconteça, como cotidianamente acontece nas decisões "liminares" de alimentos provisórios, guarda provisória, regime provisório de convivência, medidas protetivas de urgência fundadas na Lei Maria da Penha (arts. 22 a 24), medidas protetivas de crianças e adolescentes fundadas no ECA (art. 98), divórcios liminares, sobrestamento da entrega e reserva de quinhões (CPC, arts. 627, § 3º, e 628, § 2º), sequestro de bens sujeitos à colação (CPC, art. 641, § 1º) ou estabelecessem a reserva de bens suficientes para pagamento do credor (CPC, art. 643, parágrafo único), ou, ainda, a reserva de quinhão de nascituro (CPC, art. 650),[362] sem falar nas inúmeras decisões interlocutórias concessivas de tutela provisória na execução e no cumprimento, provisório ou definitivo, de sentenças (CPC, art. 1.015, parágrafo único), bem como naquelas decisões interlocutórias parciais de mérito que, durante o saneamento e organização do processo, reconhecem a ocorrência de prescrição parcial de pretensões[363] fixem a data da separação de fato[364] ou concedam o divórcio antecipado (CPC, art. 356, I).

Seja como for, logo depois de ser exaurida a possibilidade de sustentação oral – independentemente do fato de ela ter efetivamente acontecido –, a sessão de julgamento terá prosseguimento na forma vista no tópico antecedente.

---

[360] EDcl no AgInt nos EDcl no AREsp 1.269.627/SP, DJe de 26.04.23; REsp 1.903.730/RS, DJe de 11.06.21.
[361] Sobre o interesse recursal do Ministério Público, conferir tópico específico deste livro.
[362] FPPC, Enunciado n. 681: "Cabe sustentação oral no julgamento do agravo de instrumento interposto contra decisão que versa sobre efeito suspensivo em embargos à execução ou em impugnação ao cumprimento de sentença".
[363] STJ, REsp 1.702.725/RJ, DJe de 28.6.19.
[364] STJ, REsp 1.798.975/SP, DJe de 4.4.19.

3.15 A PROLAÇÃO DA SENTENÇA E O AGRAVO DE INSTRUMENTO PENDENTE DE JULGAMENTO

Para finalizar o estudo deste recurso, resta saber o que acontece quando o juízo de 1° grau profere sentença de mérito enquanto o agravo de instrumento ainda se encontre pendente de julgamento pelo tribunal. Essa situação acontece com bastante frequência, porque o agravo não possui efeito suspensivo automático, o que faz com que o processo continue tramitando naturalmente, podendo, a depender do cenário, ser julgado com bastante brevidade.

Neste caso, a solução variará conforme a sentença seja ou não objeto de apelação. Se não for interposta apelação, este ato será considerado pelo tribunal como aquiescência com o comando da sentença (CPC, art. 1.000), cujo trânsito em julgado fará com que os efeitos das decisões interlocutórias até então proferidas sejam por ela absorvidas e o agravo extinto por perda superveniente do objeto, veja:

> DIREITO PROCESSUAL CIVIL. AGRAVO EM RECURSO ESPECIAL. EXECUÇÃO DE ALIMENTOS. RECURSO ESPECIAL INTERPOSTO NO BOJO DE AGRAVO DE INSTRUMENTO. SUPERVENIÊNCIA DE SENTENÇA DE MÉRITO. PERDA DO OBJETO.
> 1. Execução de alimentos.
> 2. Consoante a jurisprudência desta Corte, a prolação de sentença de mérito nos autos principais, enseja, como regra, a absorção dos efeitos das decisões que a antecederam, prejudicando o exame do recurso especial interposto contra decisões interlocutórias. Precedentes.
> 3. Agravo em recurso especial prejudicado.
> (AREsp 2.305.452/SC, DJe de 31.05.23)[365]

Mas, se for interposta apelação em face da sentença, o Código obriga que o agravo de instrumento permaneça tramitando para que ambos sejam julgados juntos. Por causa da prioridade, entretanto, art. 946 impõe que "o agravo de instrumento será julgado antes da apelação interposta no mesmo processo", e que "se ambos os recursos de que trata o *caput* houverem de ser julgados na mesma sessão, terá precedência o agravo de instrumento."

Sobre o ponto, o STJ também já teve oportunidade de deixar assentado que "não há que se falar em perda superveniente do objeto (ou da utilidade ou do interesse no julgamento) do agravo de instrumento que impugna decisões interlocutórias que versaram sobre prescrição e sobre distribuição judicial do ônus da prova quando sobrevém sentença de mérito que é objeto de apelação, na medida em que ambas são questões antecedentemente lógicas ao mérito da causa, seja porque a prescrição tem aptidão para fulminar, total ou parcialmente, a pretensão deduzida pelo autor, de modo a impedir o julgamento do pedido ou, ao menos, a direcionar o modo pelo qual o pedido deverá ser julgado, seja porque a correta distribuição do ônus da prova poderá, de igual modo, influenciar o modo de julgamento do pedido, sobretudo nas hipóteses em que o desfecho da controvérsia se der pela insuficiência de provas e pela impossibilidade de elucidação do cenário fático".[366]

---

[365] No mesmo sentido: AgInt no REsp 2.007.370/PE, DJe de 26.04.23; AgInt no REsp 1.712.508/SP, DJe de 22.05.19.
[366] REsp 1.831.257/SC, DJe de 22.11.19.

4

O AGRAVO INTERNO

O código disciplina o agravo interno no art. 1.021, caput e parágrafos, os quais serão estudados a seguir.

4.1 Conceito e hipóteses de cabimento

O agravo interno é o recurso destinado ao ataque de decisões monocráticas e de algumas decisões unipessoais proferidas no âmbito dos tribunais. Seu objetivo é permitir que as questões por elas decididas sejam analisadas por aquele que é o juízo natural dos recursos: o órgão colegiado. Lembre-se que o aumento dos poderes do relator decorre de uma delegação feita por este (CPC, art. 932). Preserva-se, assim, o "princípio do colegiado", possibilitando-se que a instância seja completamente exaurida, inclusive para fins de admissibilidade dos recursos excepcionais (CR, arts. 102, III e 105, III).[367]

De acordo com o art. 1.021 do CPC:

> Art. 1.021. Contra decisão proferida pelo relator caberá agravo interno para o respectivo órgão colegiado, observadas, quanto ao processamento, as regras do regimento interno do tribunal.

---

[367] No âmbito processual penal, o mesmo recurso é denominado de "agravo regimental".

Portanto, o agravo interno é o recurso cabível para o ataque de todas as decisões proferidas por relatores – cujos principais exemplos advêm do art. 932 do CPC –, bem como de algumas decisões unipessoais proferidas por presidentes ou vice-presidentes dos tribunais – a exemplo daquela prevista pelo art. 1.030, § 2º do CPC. Assim, será atacável por ele tanto a monocrática que nega seguimento aos recursos quanto a que lhes concede efeito ativo ou suspensivo ou, ainda, as decisões que lhes negam ou dão provimento. Este artigo não exaure, por óbvio, todas as decisões monocráticas. Outras hipóteses se encontram espalhadas pelo Código, como aquela que decide a desconsideração inversa da personalidade jurídica no âmbito dos tribunais (art. 136, parágrafo único), ou a decisão monocrática do relator que indefere pedido de gratuidade de justiça na apelação,[368] por exemplo.

Esteja bastante atento, porém, a duas circunstâncias que muitas vezes passam despercebidas: a) existem decisões monocráticas irrecorríveis, conforme mencionado no tópico deste livro voltado ao estudo da relação existente entre pronunciamento judicial e recorribilidade, a exemplo daquelas previstas no art. 138 c/c 950, § 3º, e no art. 1.007, § 6º. Porém, antes que se possa pensar em incoerências, o próprio texto desses artigos deixa clara sua irrecorribilidade, impedindo-se que se incorra em equívoco a respeito, e; b) o agravo interno não é cabível apenas de decisão proferida por relator (decisão monocrática), ou pelo presidente/vice-presidente do tribunal (decisões unipessoais), como enfatizam os arts. 1.021 e 1.030, § 2º, respectivamente. Portanto, outras decisões isoladas que venham a ser proferidas por membros de tribunal desafiarão outro tipo de agravo, mas não o interno. É essencial que se tenha isso em mente, porque é possível se identificar mais um tipo específico de decisões isoladamente proferidas no âmbito, como as há pouco mencionadas: as decisões unipessoais prolatadas pelo vice-presidente ou pelo presidente. Embora em quase tudo se assemelhem às monocráticas, delas se diferenciam pela autoridade responsável por sua prolação. É por meio delas que se nega seguimento a recurso especial ou a recurso extraordinário não submetido ao regime da repercussão geral ou dos repetitivos, por exemplo (CPC, art. 1.030, V e § 1º). E é a elas que se referem o art. 1.024, § 2º, quando faz menção a "outra decisão unipessoal proferida em tribunal", e o art. 1.070, quando dispõe que "é de 15 (quinze) dias o prazo para a interposição de qualquer agravo, previsto em lei ou em regimento interno de tribunal, contra decisão de relator ou outra decisão unipessoal proferida em tribunal".

A partir dessa diferenciação, o STJ entende que "os pronunciamentos da vice-presidência que versam sobre a admissibilidade de recursos extraordinários não consubstanciam decisões monocráticas de relator", o que inviabiliza a realização de sustentação oral em agravos internos interpostos contra pronunciamentos que decidam as petições de recursos para o Supremo Tribunal Federal.[369]

Se esta decisão de inadmissibilidade for proferida com fundamento no inciso V do art. 1.030, o recurso específico voltado para o seu ataque é aquele

---

[368] STJ, REsp 2.087.484/SP, DJe de 09.10.23. Por certo, não será exigido o pagamento do preparo do recurso enquanto o indeferimento do benefício não for confirmado pelo órgão colegiado.
[369] PSusOr no AgRg no RE nos EDcl no AgRg no Ag. em REsp 2.026.533/SP, j. em 19.04.23.

previsto no art. 1.042, também denominado de agravo em recurso especial e em recurso extraordinário ou de "agravo do art. 1.042", por expressa previsão do art. 1.030, § 2º.

4.2 O PRAZO DE INTERPOSIÇÃO DO AGRAVO INTERNO

O agravo interno deve ser interposto no prazo de 15 dias previsto como regra geral pelo várias vezes mencionado art. 1.003, § 5º, do CPC. Complementando esta disposição, o art. 1.070 estabelece que "é de 15 (quinze) dias o prazo para a interposição de qualquer agravo, previsto em lei ou em regimento interno de tribunal, contra decisão de relator ou outra decisão unipessoal proferida em tribunal."

4.3 A PETIÇÃO INICIAL DO AGRAVO INTERNO: FORMA E CONTEÚDO

Por ser um recurso de fundamentação vinculada, a petição inicial do agravo interno deve conter única e exclusivamente a impugnação específica dos fundamentos da decisão recorrida, como deixa absolutamente claro o art. 1.021, § 1º, do CPC ao dispor que "a petição de agravo interno, o recorrente impugnará especificadamente os fundamentos da decisão agravada."

Embora soe como algo meramente repetitivo do que prescreve o princípio da dialeticidade, a mensagem veiculada por este dispositivo mira em algo muito mais amplo. Em primeiro lugar, porque obriga a pessoa que agrava a ser bastante detalhista em sua impugnação. Em segundo, porque evidencia que o que tem que ser impugnado são os fundamentos da decisão anterior, ou seja, os motivos que tenham sido utilizados pelo relator para decidir monocraticamente daquele jeito específico, e não a fundamentação que tenha sido empregada no pronunciamento prolatado antes desta decisão monocrática. Em terceiro, porque essa vinculação impede que a pessoa tente inovar em sede de agravo interno.

Este é, inclusive o posicionamento do STJ, segundo o qual "é dever da parte de refutar 'em tantos quantos forem os motivos autonomamente considerados' para manter os capítulos decisórios objeto do agravo interno total ou parcial",[370] e "não se admite adicionar argumento em sede de agravo interno ou embargos de declaração, por importar inadmissível inovação".

Na prática, porém, muitos agravos internos acabam nem sendo admitidos porque simplesmente repetem as mesmas razões empregadas para fundamentar o recurso anterior, meio que se esquecendo que a própria decisão agravada já teria se encarregado de rejeitá-las.

4.4 O JUÍZO EM QUE É INTERPOSTO E O JUÍZO AO QUAL É REMETIDO O AGRAVO INTERNO

O agravo interposto deve ser interposto perante o próprio relator que tiver proferido a decisão recorrida, mas posteriormente remetido ao órgão colegiado para julgamento definitivo (CPC, art. 1.021, § 2º).

---

[370] STJ, EREsp 1.424.404/SP, DJe de 17.11.21. No mesmo sentido: AgInt no AREsp 895.746/SP, DJe de 19.08.16.

4.5 O PROCEDIMENTO DO AGRAVO INTERNO NO TRIBUNAL

O procedimento do agravo retido seguirá o que for imposto pelo regimento interno do tribunal, no que for compatível com as prescrições do art. 1.021, § 2º, do CPC, segundo o qual:

> Art. 1.021. [...]
> § 2º O agravo será dirigido ao relator, que intimará o agravado para manifestar-se sobre o recurso no prazo de 15 (quinze) dias, ao final do qual, não havendo retratação, o relator leva-lo-á a julgamento pelo órgão colegiado, com inclusão em pauta.

Basicamente, portanto, a petição recursal deve ser apresentada ao próprio relator, o qual, tão logo o receba, intimará a outra pessoa para que possa se manifestar em 15 dias, ao final do qual, não havendo retratação, deverá ser remetido a julgamento pelo órgão colegiado, com inclusão em pauta.

4.6 O PREPARO DO AGRAVO INTERNO

O Código de Processo Civil não prevê, mas também não proíbe que o agravo interno seja oneroso, o que possibilita que os Estados legislem a respeito. Caso haja imposição do recolhimento de custas, deve-se seguir o regramento geral traçado pelo art. 1.007 do CPC, fazendo com que o correspectivo comprovante acompanhe a petição recursal.

Contudo, caso haja gratuidade da justiça, a mera "interposição do agravo interno prolonga a dispensa provisória de adiantamento de despesa processual de que trata o § 7º do art. 99, sendo desnecessário postular a tutela provisória recursal" (FPPC, Enunciado n. 613).[371]

4.7 AS DECISÕES MONOCRÁTICAS NO AGRAVO INTERNO

O agravo interno não poderá ser decidido monocraticamente pelo próprio relator responsável pela elaboração da monocrática recorrida, pois isso seria absolutamente incoerente. Em reforço a este entendimento, o art. 1.021, § 3º, dispõe que "é vedado ao relator limitar-se à reprodução dos fundamentos da decisão agravada para julgar improcedente o agravo interno."

Assim, após a oportunização do contraditório, o relator deve se limitar a encaminhar os autos do recurso ao colegiado para que este exerça o juízo de admissibilidade e eventualmente decida seu mérito. Ao que parece, nem mesmo negar seguimento por hipóteses de intempestividade ou descabimento seria permitido ao relator, porque o art. 1.021, §§ 4º e 5º é bem claro quando dispõe que:

> Art. 1.021. [...]
> § 4º Quando o agravo interno for declarado manifestamente inadmissível ou improcedente em votação unânime, o órgão colegiado, em decisão

---

[371] CPC, art. 99, § 7º: "Requerida a concessão de gratuidade da justiça em recurso, o recorrente estará dispensado de comprovar o recolhimento do preparo, incumbindo ao relator, neste caso, apreciar o requerimento e, se indeferi-lo, fixar prazo para realização do recolhimento."

fundamentada, condenará o agravante a pagar ao agravado multa fixada entre um e cinco por cento do valor atualizado da causa.

Por isso, a única decisão monocrática passível de nele ser proferida é aquela decorrente do juízo de retratação, a ser visto no próximo tópico.

4.8 O JUÍZO DE RETRATAÇÃO NO AGRAVO INTERNO

Assim como acontece em qualquer agravo, o agravo interno também é dotado do efeito regressivo. Por sinal, o art. 1.021, § 2º, do CPC é bastante claro a este respeito quando condiciona a remessa dos autos do recurso ao colegiado à não realização da retratação pelo relator. Por contraposição, se houver retratação, o recurso será automaticamente prejudicado.

4.9 OS EFEITOS DO AGRAVO INTERNO E A TUTELA PROVISÓRIA RECURSAL

O agravo interno é dotado apenas do efeito devolutivo por lei. Nada impede, contudo, que lhe seja atribuído efeito suspensivo ou ativo *ope judicis*, bastando que a pessoa faça uso da tutela provisória recursal, preenchendo as exigências do várias vezes citado art. 995, parágrafo único, do CPC.

A respeito, o Enunciado n. 725 do FPPC é bem claro ao dispor que "cabe tutela provisória recursal liminar no agravo interno."

4.10 AS MATÉRIAS TRANSFERIDAS AO TRIBUNAL PELO EFEITO DEVOLUTIVO DO AGRAVO INTERNO

Por ser um recurso de fundamentação vinculada, o efeito devolutivo inerente ao agravo interno transfere ao órgão colegiado exclusivamente a questão decidida monocraticamente pelo relator, para que seja reavaliada pelo colegiado. Obviamente, as dimensões horizontal e vertical se encarregarão de possibilitar que, dentro desse tema, a análise seja a mais completa possível.

4.11 A DECISÃO COLEGIADA DO AGRAVO INTERNO: A SESSÃO DE JULGAMENTO

O agravo interno foi elaborado justamente para proporcionar que uma decisão proferida monocraticamente seja revista e redecidida colegiadamente. Este é justamente o seu propósito, como deve ter ficado claro até aqui. O procedimento desta sessão segue o que o regramento estabelecido pelo CPC e pelo regimento interno do tribunal, naquilo que forem compatíveis.

4.12 A SUSTENTAÇÃO ORAL NO AGRAVO INTERNO

Muito embora o art. 937 do CPC não preveja o cabimento de sustentação oral no agravo interno, a partir do ano de 2022, o Estatuto da Advocacia passou a admiti-la (Lei n. 8.906/94, art. 7º, § 2º-B), tratando-se, assim, de um verdadeiro direito subjetivo do advogado, notadamente nos recursos em ações de família e sucessões.[372] Via de consequência, se essa oportunidade não lhe for assegurada, haverá nulidade absoluta do julgamento como um todo.

O profissional que desejar fazer uso dessa técnica poderá requerer, até o início da sessão, que o processo seja julgado em primeiro lugar, sem prejuízo das preferências legais, sendo obviamente admitido que a sustentação seja feita por videoconferência, bastando que haja requerimento nesse sentido até o dia anterior ao da sessão. A oportunidade para que isso seja feito abre-se imediatamente após o relator ter concluído a exibição da causa, ocasião em que deve dar a palavra aos advogados da pessoa do recorrente e da pessoa do recorrido e, se for o caso, ao representante do Ministério Público,[373] nesta ordem, para que possam realizá-la, caso desejem. Seu prazo é improrrogável de 15 (quinze) minutos para cada um, devendo ser observadas, quanto ao processamento, as regras do regimento interno do tribunal (CPC, art. 937, *caput*, c/c art. 1.021, *caput*, frase final).

Só esteja atento ao alerta feito há pouco. A partir da diferenciação do que sejam decisões monocráticas e decisões unipessoais, o STJ entende que "os pronunciamentos da vice-presidência que versam sobre a admissibilidade de recursos extraordinários não consubstanciam decisões monocráticas de relator", o que inviabiliza a realização de sustentação oral em agravos internos interpostos contra pronunciamentos que decidam as petições de recursos para o Supremo Tribunal Federal.[374]

Seja como for, logo depois de ser exaurida a possibilidade de sustentação oral – independentemente do fato de ela ter efetivamente acontecido –, a sessão de julgamento terá prosseguimento na forma vista no tópico antecedente.

4.13 O AGRAVO INTERNO MANIFESTAMENTE INADMISSÍVEL OU IMPROCEDENTE

Quando o agravo interno é definitivamente julgado, pode acontecer uma inusitada situação. Se o órgão colegiado reconhecer por unanimidade que ele é manifestamente inadmissível ou deve ser manifestamente improvido, a pessoa do agravante pode ser multada entre 1% e 5% do valor da causa, além de ficar impedida de interpor outros recursos, se tal valor não for depositado em juízo (CPC, art. 1.021, §§ 4° e 5°).[375] Os beneficiários da gratuidade da justiça, embora também possam ser sancionados com essa multa (CPC, art. 98, § 4°),[376] possuem a prerrogativa de efetuar o depósito acima referido somente ao final, como realça o art. 1.021, § 5°.

No entanto, é preciso que esta disposição seja interpretada de forma constitucionalmente adequada. Afinal, o que a multa pretende coibir é o abuso na interposição deste recurso, devido à sua aptidão de impedir que a instância se encerre enquanto ele não for definitivamente julgado pelo órgão colegiado.

---
[372] EDcl no AgInt nos EDcl no AREsp 1.269.627/SP, DJe de 26.04.23; REsp 1.903.730/RS, DJe de 11.06.21.
[373] Sobre o interesse recursal do Ministério Público, conferir tópico específico deste livro.
[374] PSusOr no AgRg no RE nos EDcl no AgRg no Ag. em REsp 2.026.533/SP, j. em 19.04.23.
[375] JDPC/CJF, Enunciado n. 74: O termo "manifestamente" previsto no § 4° do art. 1.021 do CPC se refere tanto à improcedência quanto à inadmissibilidade do agravo. FPPC, Enunciado n. 358: A aplicação da multa prevista no art. 1.021, § 4°, exige manifesta inadmissibilidade ou manifesta improcedência.
[376] CPC, art. 98, § 4°. A concessão de gratuidade não afasta o dever de o beneficiário pagar, ao final, as multas processuais que lhe sejam impostas.

Por isso, ela não poderia incidir automaticamente, pelo simples fato de existir intempestividade ou improvimento manifesto. É preciso que a análise seja feita de forma casuística para que somente seja multada a pessoa que interpuser o agravo interno com nítido propósito abusivo ou protelatório, e, ainda por cima, desde que isso seja declarado por unanimidade.[377]

Este é o posicionamento pacífico do STJ, como se percebe do seguinte julgado:

> PROCESSUAL CIVIL. EMBARGOS DE DECLARAÇÃO NO AGRAVO INTERNO NO RECURSO ESPECIAL. MULTAS DOS ARTS. 80 E 1.021, § 4°, DO CPC/2015. NÃO INCIDÊNCIA. OMISSÃO CARACTERIZADA. EMBARGOS ACOLHIDOS.
> [...]
> Na forma da jurisprudência desta Corte, "A aplicação da multa prevista no § 4° do art. 1.021 do NCPC não é automática, não se tratando de mera decorrência lógica do desprovimento do agravo interno em votação unânime. A condenação ao pagamento da aludida multa, a ser analisada em cada caso concreto, em decisão fundamentada, pressupõe que o agravo interno mostre-se manifestamente inadmissível ou que sua improcedência seja de tal forma evidente que a simples interposição do recurso possa ser tida, de plano, como abusiva ou protelatória" (AgInt no AREsp 1.658.454/SP, Rel. Ministro Marco Aurélio Bellizze, Terceira Turma, julgado em 31/8/2020, DJe de 8/9/2020).
> "O simples fato de haver o litigante feito uso de recurso previsto em lei não significa litigância de má-fé" (AgRg no REsp 995.539/SE, Terceira Turma, Rel. Min. Nancy Andrighi, DJe de 12/12/2008).
> (EDcl no AgInt no REsp 1.980.536/MS, DJe de 25.05.23)

Mais ainda. Não é todo e qualquer recurso que fica impedido de ser interposto. O Superior Tribunal de Justiça já definiu que "a multa imposta como requisito de admissibilidade para novos recursos somente obsta o conhecimento das irresignações supervenientes que tenham por objetivo discutir matéria já apreciada e com relação à qual tenha ficado reconhecida a existência de abuso no direito de recorrer",[378] sendo essa análise casuística.

---

[377] FPPC, Enunciado n. 359: A aplicação da multa prevista no art. 1.021, § 4°, exige que a manifesta inadmissibilidade seja declarada por unanimidade.
[378] EDcl no AgInt no REsp 1.450.225/RJ, DJe de 30.08.18. No mesmo sentido: EDcl no AgInt no AREsp 966.430/SP, DJe de 24.09.20.

5

OS EMBARGOS DE DECLARAÇÃO

O código trata dos embargos de declaração nos arts. 1.022 a 1.026, os quais serão analisados abaixo.

5.1 Conceito e hipóteses de cabimento

Os embargos de declaração são o recurso destinado a esclarecer obscuridade, eliminar contradição, suprir omissão ou corrigir erros materiais eventualmente existentes em pronunciamentos judiciais. Esse é, ao mesmo tempo, o seu conceito e o seu propósito. Deles se encarrega o art. 1.022 do Código, quando dispõe que:

> Art. 1.022. Cabem embargos de declaração contra qualquer decisão judicial para:
> I – esclarecer obscuridade ou eliminar contradição;
> II – suprir omissão de ponto ou questão sobre o qual devia se pronunciar o juiz de ofício ou a requerimento;
> III – corrigir erro material.
> Parágrafo único. Considera-se omissa a decisão que:
> I – deixe de se manifestar sobre tese firmada em julgamento de casos repetitivos ou em incidente de assunção de competência aplicável ao caso sob julgamento;
> II – incorra em qualquer das condutas descritas no art. 489, § 1º.

A própria redação do *caput* deste dispositivo já realça pelo menos três grandes diferenças suas para com as outras espécies recursais: I) o fato de os declaratórios serem cabíveis de qualquer pronunciamento judicial, independentemente de seu conteúdo decisório;[379] II) o fato de se tratar de um recurso de fundamentação vinculada, ou seja, de um instrumento de impugnação que deve se limitar a apontar, de forma específica, que o pronunciamento judicial embargado esteja acometido de um ou mais daqueles vícios mencionados no art. 1.022 do CPC, quais sejam, a obscuridade, a contradição, a omissão ou o erro material, sem qualquer possibilidade de alegar outras matérias que não estas; e III) o fato de poderem ser opostos, simultaneamente, tanto pelo vencedor quanto pelo vencido. Isso porque seu objetivo primordial é apenas proporcionar o esclarecimento ou integração da decisão impugnada, e não sua reforma ou anulação.

As suas hipóteses de cabimento serão analisadas individualmente abaixo.

5.1.1 A OBSCURIDADE (CPC, ART. 1.022, I, PRIMEIRA FRASE)

Por obscuridade, entende-se o vício que torna o pronunciamento judicial absolutamente incompreensível ou muito difícil de ser compreendido. Na literatura, Rodrigo Mazzei a ele se refere como o defeito "do texto que é de difícil (senão de impossível) compreensão", presente, em regra, "no discurso dúbio, passível de várias interpretações, em virtude da falta de elementos textuais que o organizem, conferindo-lhe harmonia interpretativa".[380]

Diversos motivos podem comprometer a legibilidade dos pronunciamentos judiciais a ponto de os tornar obscuros para fins de cabimento dos declaratórios, desde o cumprimento muito longo de frases, a complexidade de certas palavras e até mesmo o uso exagerado de latinismos ou subjetivismos. É preciso saber, entretanto, que a má-redação do texto judicial, embora possa comprometer severamente a sua performance, devendo, por isso, ser evitada ao máximo, não necessariamente representará obscuridade embargável, exceto, é claro, se prejudicar significativamente a própria compreensão da mensagem que por ele pretendia ser transmitida.

E, como se intui, este vício pode estar presente tanto na fundamentação quanto no dispositivo do pronunciamento judicial.

Sua ocorrência é cotidiana. Seria exemplificar com uma decisão que, ao fixar alimentos, não deixasse claro se o pensionamento deveria ocorrer pelo pagamento em pecúnia ou pelo fornecimento de cestas básicas periódicas.

5.1.2 A CONTRADIÇÃO (ART. 1.022, I, SEGUNDA FRASE)

A contradição é o vício decorrente da ausência de compatibilidade entre as premissas e a conclusão de um mesmo pronunciamento judicial. É a incoerência

---

[379] A exceção fica por conta da decisão de inadmissibilidade do recurso especial proferida na instância ordinária, contra a qual não são cabíveis Embargos Declaratórios conforme entendimento pacífico dos tribunais superiores: STF, Emb.Decl. no Ag.Reg. na Reclamação 57.806/PR, j. em 05.06.23; RE 637.002 AgR-ED, DJe de 10.05.18; STJ, AgInt nos EDcl no AREsp 2.166.427/SP, DJe de 25.05.23.
[380] MAZZEI, Rodrigo. *Embargos de declaração*: recurso de saneamento com função constitucional. Londrina: Thoth, 2021. p. 221.

interna que sempre está à sua base. Seria contradição para fins de embargabilidade, portanto, uma sentença que, depois de afirmar por diversas vezes na fundamentação que os melhores interesses da criança somente estariam preservados se a sua guarda fosse atribuída à mãe, a atribuísse unilateralmente ao pai no capítulo dispositivo.[381]

Só esteja atento ao fato de que esta incoerência precisa ser interna, ou seja, acontecer no âmbito do mesmo pronunciamento, como mencionado no exemplo acima. Por isso, se existir incoerência entre uma decisão anterior e outra posterior, ou, ainda, divergência para com as provas dos autos ou manifestações das pessoas, poderá acontecer o que muitos denominam de "incoerência externa", que não justificará a oposição dos embargos de declaração, mas, quando muito, outros recursos, conforme entende de forma absolutamente pacífica o STJ.[382]

5.1.3 A OMISSÃO (CPC, ART. 1.022, II)

Omissão é o vício que se manifesta quando o pronunciamento judicial é emitido de modo incompleto, deixando de se pronunciar sobre ponto ou questão a que, por imposição normativa, estava obrigado. Note que, contrariamente ao que acontece nos casos de total inércia do órgão julgador, onde sequer existe pronunciamento, aqui existe pronunciamento sim, porém, incompleto em seu conteúdo.

É provável que a frase de abertura deste tópico cause certa surpresa, porque muitas pessoas ainda acreditam que o juízo somente esteja obrigado a se pronunciar sobre aquilo que lhe tenha sido expressamente *pedido*, o que não é inteiramente verdade. Obviamente, ele tem que se pronunciar a respeito de *tudo aquilo* a que tenha sido provocado (CPC, arts. 141, 490 e 492). Porém, também deve se pronunciar sobre *alguns itens* que não lhe tenham sido expressamente pedidos, quando o sistema impuser que isso seja feito, como acontece com: a) as postulações legalmente embutidas nos pedidos expressos ou resultantes de sua interpretação global, como os juros de mora, a atualização monetária e os pedidos implícitos (CPC, art. 322, §§ 1º e 2º);[383] b) as prestações sucessivas (CPC, art. 323);[384] c) as questões subsequentemente dependentes da questão decidida (CPC, art. 281),[385] e; d) as matérias de ordem pública (CPC, art. 485, § 3º).[386]

Por isso, assim como haveria omissão em uma sentença que deixasse de apreciar um pedido expressamente deduzido (*infra petita*), seria omisso o pronunciamento que, reconhecendo a paternidade, não se pronunciasse sobre os alimentos, já que o art. 7º da Lei n. 8.560/90 prevê um verdadeiro pedido implícito quando determina que "sempre que na sentença de primeiro grau se

---

[381] Dentre vários: STJ, EDcl no HC 711.194/SP, DJe de 20.10.22.
[382] STJ, AREsp 2.304.950/RJ, DJe de 15.06.23; EDcl no REsp 1.060.210/SC, DJe de 03.04.14.
[383] CPC, art. 322. "O pedido deve ser certo. § 1º Compreendem-se no principal os juros legais, a correção monetária e as verbas de sucumbência, inclusive os honorários advocatícios. § 2º A interpretação do pedido considerará o conjunto da postulação e observará o princípio da boa-fé."
[384] CPC, art. 323. "Na ação que tiver por objeto cumprimento de obrigação em prestações sucessivas, essas serão consideradas incluídas no pedido, independentemente de declaração expressa do autor, e serão incluídas na condenação, enquanto durar a obrigação, se o devedor, no curso do processo, deixar de pagá-las ou de consigná-las."
[385] CPC, art. 281. "Anulado o ato, consideram-se de nenhum efeito todos os subsequentes que dele dependam, todavia, a nulidade de uma parte do ato não prejudicará as outras que dela sejam independentes."
[386] CPC, art. 485, § 3º. "O juiz conhecerá de ofício da matéria constante dos incisos IV, V, VI e IX, em qualquer tempo e grau de jurisdição, enquanto não ocorrer o trânsito em julgado."

reconhecer a paternidade, nela se fixarão os alimentos provisionais ou definitivos do reconhecido que deles necessite". Seria igualmente omissa a sentença que deixasse de fixar honorários sucumbenciais, porque o art. 85 do CPC determina que "a sentença condenará o vencido a pagar honorários ao advogado do vencedor".

Mas, não para por aí. O parágrafo único do art. 1.022 ainda acrescenta que se considera omissa a decisão que:

> I – deixe de se manifestar sobre tese firmada em julgamento de casos repetitivos ou em incidente de assunção de competência aplicável ao caso sob julgamento, porque estes são precedentes de observância obrigatória por todo o Poder Judiciário, na forma dos arts. 928, 947, 985 e 1.040 do CPC. Logo, devem ser aplicados aos casos sob apreciação concreta, exceto se for feita sua distinção (*distinguishing*) ou restar comprovado ter havido sua superação pelo órgão responsável por sua elaboração (*overruling*), conforme estudado no capítulo deste livro dedicado à fundamentação da sentença.
> II – incorra em qualquer das condutas descritas no art. 489, § 1°. Também já foi visto por aqui que o art. 489, § 1° do CPC enuncia que não será fundamentado – logo, será considerado omisso para os fins de embargabilidade – o pronunciamento judicial decisório que: a) se limitar à indicação, à reprodução ou à paráfrase de ato normativo, sem explicar sua relação com a causa ou a questão decidida;[387] b) empregar conceitos jurídicos indeterminados, sem explicar o motivo concreto de sua incidência no caso; c) invocar motivos que se prestariam a justificar qualquer outra decisão; d) não enfrentar todos os argumentos deduzidos no processo capazes de, em tese, infirmar a conclusão adotada pelo julgador; e) se limitar a invocar precedente ou enunciado de súmula, sem identificar seus fundamentos determinantes nem demonstrar que o caso sob julgamento se ajusta àqueles fundamentos, e; f) deixar de seguir enunciado de súmula, jurisprudência ou precedente invocado pela parte, sem demonstrar a existência de distinção no caso em julgamento ou a superação do entendimento. Assim, se uma sentença proferida em ação de investigação de paternidade reconhecer que a pessoa apontada como pai da criança não é seu verdadeiro genitor, poderá perfeitamente deixar de enfrentar a questão inerente aos alimentos (Lei n. 8.560/90, art. 7°), sem, com isso, incorrer em omissão. Afinal, somente pais possuem o dever de alimentar seus filhos, não é mesmo? Também não seria omissa a sentença de partilha que, depois de reconhecer que um apartamento não se comunicaria ao ex-cônjuge, deixasse de enfrentar o pedido de divisão dos rendimentos por ele produzidos. Tudo isso porque, relembre-se: a decisão judicial somente precisa enfrentar expressamente aqueles pontos e questões que sejam capazes de infirmar, em tese, a sua conclusão final.[388]

Só não confunda as coisas. Muitas pessoas opõem embargos de declaração alegando omissão quando, na verdade, o que pretendem é rediscutir a justiça da decisão por intermédio de recurso não destinado especificamente a isso. Por isso, o STJ vem alertando para a circunstância de que "não há violação do art. 1.022 do CPC/2015 quando o Tribunal *a quo* se manifesta clara e fundamentadamente

---

[387] FPPC, Enunciado n. 562: "Considera-se omissa a decisão que não justifica o objeto e os critérios de ponderação do conflito entre normas."
[388] JDPC/CJF, Enunciado n. 76: "É considerada omissa, para efeitos do cabimento dos embargos de declaração, a decisão que, na superação de precedente, não se manifesta sobre a modulação de efeitos."

acerca dos pontos indispensáveis para o desate da controvérsia, apreciando-a e apontando as razões de seu convencimento, ainda que de forma contrária aos interesses da parte, como verificado na hipótese. O julgador não está obrigado a rebater, um a um, todos os argumentos invocados pelas partes quando, por outros meios que lhes sirvam de convicção, tenha encontrado motivação satisfatória para dirimir o litígio. As proposições poderão ou não ser explicitamente dissecadas pelo magistrado, que só estará obrigado a examinar a contenda nos limites da demanda, fundamentando o seu proceder de acordo com o seu livre convencimento, baseado nos aspectos pertinentes a hipótese *sub judice* e com a legislação que entender aplicável ao caso concreto."[389] Longe de representar algo de somenos importância, o emprego inadequado dos embargos de declaração pode vir a causar sérios prejuízos à pessoa que os opõe, como será visto alguns tópicos adiante.

5.1.3.1 A omissão quanto ao direito e ao valor dos honorários de advogado (CPC, art. 85, § 18)

Dentro do tema relacionado à omissão, existe uma situação específica, qual seja a omissão na fixação ou valoração dos honorários sucumbenciais nos pronunciamentos judiciais. Isto porque, ao considerar esta possibilidade, o art. 85, § 18, dispõe que:

> Art. 85. A sentença condenará o vencido a pagar honorários ao advogado do vencedor. [...]
> § 18. Caso a decisão transitada em julgado seja omissa quanto ao direito aos honorários ou ao seu valor, é cabível ação autônoma para sua definição e cobrança.

Perceba que a omissão a respeito justifica perfeitamente a oposição dos embargos de declaração até, é claro, que haja o trânsito em julgado. No entanto, depois que este ocorra, a pessoa não mais poderá recorrer, tampouco provocar o próprio órgão prolator do pronunciamento omisso por simples petição. Mas, como não seria justo que o advogado não fosse remunerado por seus serviços, o § 18 do art. 85 permite que ele promova demanda autônoma, superando-se, com isso, o enunciado da Súmula n. 453 do STJ.[390]

5.1.4 O ERRO MATERIAL (ART. 1.022, III)

Trata-se de hipótese de cabimento que não existia no Código de Processo Civil de 1973. O erro material é o vício que se apresenta quando acontecem erros flagrantemente não intencionais, decorrentes de qualquer episódio de pura e simples desatenção do órgão julgador. É o mesmo defeito referido pelo art. 494, I, ao se referir a inexatidões materiais ou erros de cálculo, cujas facilidade de detecção e simplicidade de correção autorizam até mesmo sua supressão de

---

[389] RCD no AREsp 2.107.689/SP, DJe de 23.03.23. Em igual sentido: AgInt no AREsp 1.992.284/SP, DJe de 27.05.23; EDcl no REsp 1.816.457/SP, DJe de 18.05.20.
[390] STJ, Súm. n. 453. "Os honorários sucumbenciais, quando omitidos em decisão transitada em julgado, não podem ser cobrados em execução ou em ação própria."

ofício, o que, em certos cenários, possibilitaria que isso fosse feito mesmo no caso de os embargos de declaração serem intempestivos.[391]

Não por outro motivo, o Enunciado n. 360 do FPPC dispõe que "a não oposição de embargos de declaração em caso de erro material na decisão não impede sua correção a qualquer tempo."

Sua ocorrência é bastante frequente, como nos casos de equívoco de grafia ou modificações involuntárias dos nomes das partes ou dos dados do processo, por exemplo.

Só não confunda erro material com erro de julgamento, pois são coisas completamente diferentes. O erro material aqui referido, e que autoriza a oposição dos aclaratórios, é aquele relacionado a inexatidões textuais perceptíveis à primeira vista, e cuja correção, via de regra, não modifica o conteúdo decisório do julgado. Já o erro de julgamento, é aquele relacionado à apreciação equivocada dos fatos e/ou à aplicação inexata do direito, cuja correção somente pode ser feita por meio da via recursal apropriada, dada sua flagrante aptidão de modificar completamente o conteúdo decisório do julgado.

5.1.5 OUTRAS HIPÓTESES DE CABIMENTO DOS EMBARGOS DE DECLARAÇÃO

A rigor, somente estes 4 vícios autorizariam o manejo dos declaratórios. Porém, é possível notar uma prática consistente na ampliação do conceito de erro de fato, para nele se incluir algo muito mais amplo e complexo do que as meras inexatidões materiais e erros de cálculo. Na literatura, Araken de Assis[392] e Marco Antonio Rodrigues,[393] por exemplo, sustentam que também poderia ser reconhecido como erro de fato a justificar o cabimento dos embargos "a falta de percepção do órgão judiciário quanto a elemento já constante nos autos, notório ou dedutível por regra de experiência", como no caso de uma sentença ser proferida meses depois de outra sentença já ter sido validamente prolatada nos mesmos autos. Outros, como Humberto Theodoro Júnior[394] defendem que "nos últimos tempos, os tribunais superiores têm admitido que os embargos de declaração se prestem a corrigir decisão contaminada por 'escancarado engano' formado a partir do desconhecimento de determinada circunstância evidente nos autos ou de premissa totalmente equivocada. O equívoco, em tais casos, seria tão acentuado que o reparo não exigiria um verdadeiro reexame nem um profundo rejulgamento da causa. Um simples alerta mostrar-se-ia suficiente para a necessária reformulação do entendimento equivocadamente manifestado." Seria exemplificar com a embargabilidade de sentenças *extra petita* ou *ultra petita*, para que o próprio órgão responsável por sua prolação pudesse promover a adequação aos limites do objeto litigioso, eliminando as extravagâncias e excessos existentes.

---

[391] Assim também: MAZZEI, Rodrigo. *Embargos de declaração*: recurso de saneamento com função constitucional. Londrina: Thoth, 2021, p. 301.
[392] ASSIS, Araken de. *Manual dos recursos*. 8. ed. São Paulo: RT, 2016, p. 729.
[393] RODRIGUES, Marco Antonio. *Manual dos recursos, ação rescisória e reclamação*. São Paulo: Atlas, 2017, p. 443.
[394] THEODORO JÚNIOR, Humberto. *Curso de direito processual civil*. v. 3. 56. ed. Rio de Janeiro: Forense, 2023, p. 876.

Ainda dentro desta temática, só esteja atento a pelo menos duas orientações seguidas pelo Superior Tribunal de Justiça: a) a de que "não configura julgamento *ultra petita* ou *extra petita*, com violação ao princípio da congruência ou da adstrição, o provimento jurisdicional proferido nos limites do pedido, o qual deve ser interpretado lógica e sistematicamente a partir de toda a petição"[395], e; b) a de que "mesmo à luz do novo CPC, os Embargos de Declaração não constituem veículo próprio para o exame das razões atinentes ao inconformismo da parte, tampouco meio de revisão, rediscussão e reforma de matéria já decidida".[396]

5.2 O PRAZO DE OPOSIÇÃO DOS EMBARGOS DE DECLARAÇÃO

Por representar justamente a exceção expressamente prevista pelo art. 1.003, § 5°, os embargos de declaração devem ser opostos no prazo de 05 dias, como deixa claro o art. 1.023 do CPC:

> Art. 1.023. Os embargos serão opostos, no prazo de 5 (cinco) dias, em petição dirigida ao juiz, com indicação do erro, obscuridade, contradição ou omissão, e não se sujeitam a preparo.
> § 1° Aplica-se aos embargos de declaração o art. 229.
> § 2° O juiz intimará o embargado para, querendo, manifestar-se, no prazo de 5 (cinco) dias, sobre os embargos opostos, caso seu eventual acolhimento implique a modificação da decisão embargada.

Obviamente, idêntico prazo será destinado à apresentação de contrarrazões, como se vê da leitura do § 2° da normativa. Porém, contrariamente ao que acontece com os demais recursos, o contraditório somente será oportunizado se o órgão julgador notar de antemão que, em tese, o eventual acolhimento dos aclaratórios poderá implicar a modificação da decisão embargada, dando origem aos assim chamados "efeitos modificativos ou infringentes", a serem estudados alguns tópicos adiante. Por resultar de um juízo de prognose, o ideal é que, na dúvida, seja proporcionado o contraditório.

No mais, devem ser observados os regramentos já expostos neste livro a respeito dos prazos para o Ministério Público e Defensoria Pública.

5.3 A PETIÇÃO INICIAL DOS EMBARGOS DE DECLARAÇÃO: FORMA E CONTEÚDO

Por se tratar de recurso de fundamentação vinculada, a petição inicial dos declaratórios deve conter a exposição expressa e detalhada dos vícios acima referidos, sob pena de nem ser conhecida pelo órgão julgador. Não é preciso que se aprofunde demasiadamente sobre o tema, porque o juízo examinará inicialmente apenas se esses requisitos se encontram ou não presentes no caso concreto, já que a efetiva incursão sobre eles é tarefa a ser realizada por ocasião de seu efetivo julgamento, quando da análise do mérito recursal. Portanto, na petição inicial bastará que seja feita mera menção, simples indicação da

---
[395] AgInt nos EDcl no AREsp 1.732.159/SP, DJe de 10.03.23; AgInt no AREsp 1.287.421/SC, DJe de 04.03.21.
[396] Dentre vários: EDcl na PET no REsp 1.525.174/RS, DJe de 12.12.19.

ocorrência dos vícios, até porque o art. 1.023, *caput* do Código exige que tal arrazoado faça a "indicação" do erro, obscuridade, contradição ou omissão.

Mas, é claro que a boa-fé deve orientar todas as postulações, até por imposição expressa do art. 5º do CPC. Como resultado, se a pessoa pretender alegar vícios absolutamente inexistentes, em escancarada intenção de ganhar tempo para a interposição de outros recursos ou nitidamente pretendendo apenas impedir a ocorrência da preclusão ou coisa julgada, sua postura pode ser enxergada pelo juízo como tentativa de apresentação de recurso manifestamente inadmissível, a atrair as severas consequências aplicáveis a este tipo de situação, já mencionadas por aqui, inclusive.

De uns tempos pra cá, aliás, o Superior Tribunal de Justiça se tornou muito mais rigoroso em relação ao controle dos pressupostos e requisitos de admissibilidade dos embargos de declaração. E, convenhamos, isso já era algo a ser esperado. Afinal, além de ser um recurso de fundamentação vinculada, os declaratórios têm aptidão a interromper o prazo para a interposição de outros recursos (CPC, art. 1.026). Se não houver uma fiscalização mais minuciosa a respeito, o sistema como um todo corre o sério risco de entrar em colapso, porque as pessoas podem simplesmente abusar do direito de embargar, com o único propósito de prorrogar indefinida e sucessivamente o prazo para interposição do recurso voltado ao verdadeiro ataque da decisão proferida de forma contrária a seus interesses, como a apelação, o agravo de instrumento e o recurso especial, exemplificativamente.

Como resultado dessa mudança de postura, a Corte passou a reconhecer, por exemplo, que "não se conhece dos embargos de declaração quando a parte não indica nenhum dos vícios enunciados no art. 1.022 do CPC/2015",[397] que "a não indicação de um dos vícios previstos no art. 1.022 do CPC/2015, nos termos do exigido no art. 1.023, *caput*, do CPC/2015, inviabiliza a compreensão da controvérsia a ser sanada nos embargos de declaração, caracterizando deficiência de fundamentação (Súmula 284/STF)"[398] e que "não se pode conhecer dos embargos de declaração que se limitaram a externar irresignação com o que foi decidido, sem fazer referência a nenhum dos vícios enumerados no art. 1.022 do NCPC quanto ao teor do acórdão embargado, descumprindo os requisitos previstos no art. 1.023 do mesmo diploma legal",[399] apenas para citar alguns dentre um punhado de julgados proferidos no mesmo sentido. Se esse maior rigorismo acarretasse apenas o não conhecimento do recurso, tudo bem, porque a petição inicial recursal que não preenche os requisitos exigidos por lei não poderia mesmo ultrapassar o juízo de admissibilidade. O problema é que esse entendimento levou ao enriquecimento, também, das consequências aplicáveis ao caso. Isto porque a Corte Especial do STJ passou a entender que "a oposição de embargos de declaração não é capaz de interromper o prazo recursal quando os embargos forem intempestivos ou incabíveis ou quando deixarem de indicar os vícios próprios de embargabilidade (omissão, contradição, obscuridade ou

---

[397] Nesse sentido: EDcl nos EDcl no AgInt no AREsp 1.465.658/RS, DJe de 14.12.20; EDcl no AgInt no REsp 1.684.573/RS, DJe de 05.05.20.
[398] EDcl no MS 28.073/DF, DJe de 15.08.22.
[399] EDcl no AgInt no CC 168.959/MT, DJe de 05.05.22.

erro material)".⁴⁰⁰ E isso sim, é algo da mais alta relevância. Afinal, agora, não são só os declaratórios "manifestamente intempestivos" ou "manifestamente incabíveis" que deixarão de interromper o prazo para a interposição dos outros recursos. Não! Os embargos de declaração que deixarem de indicar adequadamente o vício próprio de embargabilidade – isto é, a omissão, a contradição, a obscuridade ou o erro material presente no caso -, também serão inadmitidos e, consequentemente, também deixarão de interromper o prazo recursal para todos os fins.

Em termos práticos, as consequências projetadas pelos embargos declaratórios inadmitidos acabam sendo exatamente as mesmas que seriam projetadas se eles nem mesmo tivessem sido opostos no passado, com a única diferença de isso ser levado ao conhecimento da pessoa responsável por sua oposição somente no futuro, por intermédio da decisão responsável por declarar a sua inadmissibilidade. Não se esqueça que um recurso apresentado fora do prazo, por exemplo, não se torna intempestivo pela decisão negativa de admissibilidade. Ele já era intempestivo, sendo meramente assim pronunciado por ela. Afinal, "recurso não interposto" significa "fluência ininterrupta do prazo recursal". E fluência ininterrupta do prazo recursal é algo que leva inevitavelmente à preclusão ou ao trânsito em julgado tão logo decorram 15 dias úteis da publicação da decisão judicial recorrida.

Por isso foi feita a advertência no tópico destinado ao estudo da decisão que encerra o juízo de admissibilidade, na parte 01 deste livro, ao qual remeto o leitor.

A coisa toda ganha em importância e dramaticidade quando se percebe que esse "novo" posicionamento foi firmado no âmbito da Corte Especial do STJ, o que lhe atribui a característica de precedente qualificado, na forma do art. 927, V do CPC. Não por outro motivo, o Tribunal passou a prolatar decisões como a que segue abaixo transcrita:

> AGRAVO INTERNO NOS EMBARGOS DE DECLARAÇÃO NO AGRAVO EM RECURSO ESPECIAL – AÇÃO DE OBRIGAÇÃO DE FAZER – DECISÃO MONOCRÁTICA QUE CONHECEU DO RECLAMO PARA CONHECER EM PARTE E DESPROVER O APELO NOBRE. INSURGÊNCIA RECURSAL DA AUTORA.
> 1. É intempestivo o agravo interno interposto após o prazo legal de 15 (quinze) dias úteis, nos termos do artigo 1.021 c/c o artigo 1.070 do CPC/15.
> 1.1. A oposição de embargos de declaração manifestamente inadmissíveis, por ausência de indicação de qualquer vício previsto no art. 1.022 do CPC/15, não interrompe o prazo para interposição de recursos subsequentes.
> 2. Razões do agravo interno que não impugnam especificamente os fundamentos invocados na decisão agravada, nos termos do artigo 1.021, § 1º, do CPC/15, a atrair a aplicação da Súmula 182/STJ.
> 3. Agravo interno não conhecido.
> (STJ, AgInt nos EDcl no AREsp 2.410.475/SP, DJe de 18.03.24)

Feitas essas observações, o estudo pode prosseguir para que seja conhecida a competência recursal dos aclaratórios.

---

⁴⁰⁰ AgRg nos EDcl nos EREsp 1.961.507/PR, DJe de 31.10.23. No mesmo sentido: AgRg nos EAREsp 2.216.810/SP, DJe de 03.07.23.

5.4 O JUÍZO EM QUE SÃO INTERPOSTOS E O JUÍZO AO QUAL SÃO REMETIDOS OS EMBARGOS DE DECLARAÇÃO

Os embargos de declaração devem ser apresentados ao próprio órgão responsável pela elaboração do pronunciamento recorrido, o qual será, também, o competente para promover o seu julgamento. É a este órgão que quer se referir o supratranscrito art. 1.023, *caput*, do CPC, quando enuncia que os embargos serão opostos "em petição dirigida ao juiz". Portanto, se forem apresentados contra pronunciamento exarado por juiz de primeiro grau, a petição deve ser direcionada ao juízo de que faça parte. Se a decisão for proferida por relator, idem. A sua petição deve ser diretamente direcionada a ele próprio para que sejam decididos monocraticamente, e, se forem opostos de acórdão, devem ser apresentados à Turma ou Câmara, em conformidade com o regimento interno do tribunal, para decisão colegiada e assim por diante.

É o que dispõe o art. 1.024 do Código, veja:

> Art. 1.024. O juiz julgará os embargos em 5 (cinco) dias.
> § 1º Nos tribunais, o relator apresentará os embargos em mesa na sessão subsequente, proferindo voto, e, não havendo julgamento nessa sessão, será o recurso incluído em pauta automaticamente.
> § 2º Quando os embargos de declaração forem opostos contra decisão de relator ou outra decisão unipessoal proferida em tribunal, o órgão prolator da decisão embargada decidi-los-á monocraticamente.

5.5 O PROCEDIMENTO DOS EMBARGOS DE DECLARAÇÃO

No primeiro grau de jurisdição, tão logo seja protocolizada a petição perante o órgão competente, o julgador pode dar ou negar seguimento aos declaratórios, a depender do fato de os vícios terem ou não sido apontados de forma adequada e em conformidade com a boa-fé, na maneira há pouco referida. Ultrapassando com sucesso o juízo de admissibilidade, poderão ser julgados imediatamente, sem necessidade de oportunização do contraditório, o que, como visto, somente ocorrerá se houver suspeita de que o seu eventual provimento acarretará a modificação do julgado primitivo.

Porém, "não tendo havido prévia intimação do embargado para apresentar contrarrazões aos embargos de declaração, se surgir divergência capaz de acarretar o acolhimento com atribuição de efeito modificativo do recurso durante a sessão de julgamento, esse será imediatamente suspenso para que seja o embargado intimado a manifestar-se no prazo do § 2º do art. 1.023" (FPPC, Enunciado n. 614).

Nos tribunais não existem modificações rituais de relevo, exceto, é claro, aquelas eventualmente impostas pelos regimentos internos, cuja consulta fica desde logo recomendada.

Se, eventualmente, o recurso do qual se originou a decisão embargada comportar a aplicação da técnica de ampliação do colegiado, prevista pelo art. 942 do CPC, os declaratórios também terão que ser julgados com a composição ampliada (JDPC/CJF, Enunciado n. 137).

5.6 A DESNECESSIDADE DE PREPARO DOS EMBARGOS DE DECLARAÇÃO

Os embargos de declaração não se sujeitam a preparo por força de lei (CPC, art. 1.023, frase final).

5.7 AS DECISÕES MONOCRÁTICAS NOS EMBARGOS DE DECLARAÇÃO

Por ser um recurso cabível de todos os pronunciamentos judiciais proferíveis em todos os graus de jurisdição, os embargos de declaração podem sim comportar, em certos cenários, decisões monocráticas, tais quais referidas pelo art. 932 do CPC. Assim, se opostos de decisão do relator, este próprio julgador poderá monocraticamente tanto lhes negar seguimento – por intempestividade, por exemplo –, como lhes dar ou negar provimento – caso verifique ou não a presença dos vícios previstos pelo art. 1.022 do Código.

Aliás, o próprio art. 1.024, acima transcrito, escancara esta possibilidade ao enunciar em seu § 2° que "quando os embargos de declaração forem opostos contra decisão de relator ou outra decisão unipessoal proferida em tribunal, o órgão prolator da decisão embargada decidi-los-á monocraticamente".

5.8 OS EFEITOS DOS EMBARGOS DE DECLARAÇÃO E A TUTELA PROVISÓRIA RECURSAL

De acordo com o art. 1.026, *caput*, do CPC:

> Art. 1.026. Os embargos de declaração não possuem efeito suspensivo e interrompem o prazo para a interposição de recurso.

Como se nota, os declaratórios não possuem o efeito suspensivo automático (*ope legis*), o que permitirá que, pelo menos em tese, a eficácia da decisão primitiva seja irradiada naturalmente, exceto, é claro, se contra ela for previsto recurso dotado de efeito suspensivo automático. Sim, porque já foi dito por aqui que a suspensividade automática não é propriamente um efeito dos recursos, mas sim da própria decisão passível de ser atacada por recursos dotados desta eficácia. Logo, se uma sentença, por exemplo, for embargada de declaração, ela ficará automaticamente inibida de produzir os efeitos que lhe sejam próprios, não pelo fato de ter sido recorrida por embargos de declaração, mas sim porque ela não produziria efeitos de qualquer jeito, enquanto não se esgotasse o prazo para interposição ou fosse definitivamente julgada pelo Tribunal de Justiça a apelação, que é o recurso especificamente voltado ao seu ataque (CPC, art. 1.012, *caput*).[401] Em reforço a este entendimento, o Enunciado n. 218 do FPPC dispõe que "A inexistência de efeito suspensivo dos embargos de declaração não autoriza o cumprimento provisório da sentença nos casos em que a apelação tenha efeito suspensivo". Por outro lado, se uma decisão interlocutória agravável (CPC, art. 1.015) for embargada de declaração, ela poderá produzir normalmente

---

[401] Exceto, é claro, se a sentença for uma daquelas previstas no art. 1.012, parágrafo único, § 1°, do CPC.

os seus efeitos característicos, porque o recurso especificamente voltado à sua impugnação é o agravo de instrumento que, por força de lei, é desprovido de efeito suspensivo automático (CPC, art. 1.019, I).

Mas convenhamos que a mera possibilidade de o provimento dos declaratórios modificar a decisão embargada acaba fazendo com que a decisão recorrida seja colocada em uma zona de incerteza durante todo o intervalo que medeia a sua oposição e o seu efetivo julgamento, o que, na prática, acaba funcionando como algo bem próximo a um genuíno efeito suspensivo.[402]

Por outro lado, eles são dotados do efeito interruptivo, o qual interrompe o prazo para a interposição de qualquer outro recurso por qualquer pessoa, fazendo com que ele volte a correr do zero para todas as pessoas componentes do processo e não somente para aquela responsável pela oposição do recurso. Relembre-se apenas que este efeito, embora interrompa os prazos abertos para outros recursos, não interrompe, por óbvio, o prazo para que a outra pessoa oponha os seus próprios embargos de declaração em face do mesmo pronunciamento já embargado,[403] pois isso, além de não fazer nenhum sentido, geraria o risco de o procedimento ter seu desenvolvimento regular seriamente comprometido caso fossem opostos sucessivos embargos de declaração do mesmo pronunciamento.

Mas não confunda as coisas, ok? A interrupção é do prazo "para a interposição de recurso", como enfatiza o texto normativo e não "dos efeitos da decisão recorrida". Saber isso é superimportante por, pelo menos, dois motivos: 1) se o recurso previsto para o ataque da decisão embargada for desprovido de efeito suspensivo automático, será preciso que o embargante se valha do permissivo contido nos arts. 995 e 1.026, § 1º, do CPC para atribuir o efeito suspensivo judicial aos embargos (*ope judicis*); 2) a interrupção é apenas do prazo para interposição de outros recursos. Portanto, se uma tutela provisória de urgência vier a ser eventualmente deferida antes de a pessoa ser citada (liminarmente), a eventual oposição de declaratórios contra esta decisão não terá o condão de interromper o prazo para apresentação de contestação, mas apenas para a "interposição de recurso".[404]

Apesar de não ser dotado do efeito suspensivo legal, já foi dito incontáveis vezes neste livro que a suspensividade é algo que pode ser impregnado aos recursos por via da tutela provisória (efeito suspensivo judicial ou *ope judicis*), bastando, para tanto, que seus pressupostos sejam preenchidos no caso concreto. Com os embargos de declaração, não poderia ser diferente. Por isso, o art. 1.026, § 1º, dispõe que:

> Art. 1.026. [...]
> § 1º A eficácia da decisão monocrática ou colegiada poderá ser suspensa pelo respectivo juiz ou relator se demonstrada a probabilidade de provimento do recurso ou, sendo relevante a fundamentação, se houver risco de dano grave ou de difícil reparação.

---

[402] Com esta percepção: THEODORO JÚNIOR, Humberto. *Curso de direito processual civil*. v. 3. 56. ed. Rio de Janeiro: Forense, 2023, p. 876.
[403] Por sinal, o STJ é absolutamente pacífico a este respeito: AgInt no REsp 2.090.548/SP, DJe de 14.12.23; EDcl nos EDcl no REsp n. 1.829.862/SP, DJe de 15.06.21.
[404] Exatamente neste sentido: STJ, REsp 1.822.287/PR, DJe de 06.06.23; REsp 1.542.510/MS, DJe de 07.10.16.

Existe, porém, um importante detalhe neste dispositivo. Em vez de exigir o preenchimento dos requisitos indispensáveis à concessão da tutela provisória de urgência, como o Código usualmente faz, se contenta com a demonstração da isolada da probabilidade de provimento do recurso (primeira frase) "ou" desta probabilidade somada ao risco de grave ou difícil reparação (segunda frase), demonstrando ser aplicável no âmbito recursal, também, a disciplina da tutela da evidência (CPC, art. 311).

Finalmente, o último efeito legalmente impregnado aos aclaratórios é o modificativo, também chamado de "efeito infringente". Ele, entretanto, somente acontece em alguns casos e, ainda por cima, se o julgamento do recurso não só integrar, mas verdadeiramente modificar a decisão recorrida. Daí já se nota que se trata de um efeito decorrente do julgamento e não da mera apresentação do recurso, como visto oportunamente neste livro. Ademais, trata-se de uma excepcionalidade, dado ao fato de os declaratórios não se prestarem, em regra, a rever a justiça da decisão tampouco lhe acarretar qualquer alteração. É a ele que se refere o supratranscrito art. 1.023, § 2º, quando enuncia que o juiz deverá proporcionar o contraditório nos embargos de declaração "caso seu eventual acolhimento implique a modificação da decisão embargada".

Na literatura, a lição de Rodrigo Mazzei[405] sobre o tema é, mais uma vez, formidável. Segundo o professor capixaba, a função dos embargos declaratórios "é a de reparar erros de forma dos atos judiciais que o legislador elegeu, normalmente representados pelos vícios da obscuridade, contradição e omissão". Porém, algumas situações excepcionais podem "levar a um 'efeito rescindente' (isto é, capaz de gerar a cassação). Assim, hipóteses extraordinárias em que o "*error in procedendo*, se retirado, poderá abalar a estrutura decisória antes firmada [...] podem redundar na anulação do ato judicial embargado, ou seja, serão capazes de ocasionar aquilo que rotula de efeitos modificativos ou infringentes, dos embargos de declaração. Contudo, tal fato não retira a vinculação dos embargos de declaração ao *error in procedendo*".

Embora essa modificação seja algo excepcional e inconfundível com o tradicional "pedido de reconsideração", ela independe do vício que inquina o julgado primitivo. Uma sentença que inversa e equivocadamente condenasse a pessoa do alimentado a pensionar o alimentante, seria contraditória. Caso os embargos de declaração contra ele opostos fossem providos, haveria a inevitável e correta inversão da sucumbência, para que o alimentante fosse condenado a este pensionamento. Como resultado, haveria nítida modificação do julgado primitivo. O mesmo aconteceria caso a sentença fosse omissa a respeito da prescrição de um pedido indenizatório qualquer. Se fosse dado provimento aos embargos de declaração, a pretensão do vencedor estaria inevitavelmente fulminada, e assim por diante.

5.8.1 AS CONSEQUÊNCIAS PROJETADAS PELO EFEITO MODIFICATIVO SOBRE OUTRO RECURSO INTERPOSTO

Justamente por causa dessa aptidão a modificar completamente o julgado primitivo, o art. 1.024, § 4º, do CPC dispõe que

---

[405] MAZZEI, Rodrigo. *Embargos de declaração*: recurso de saneamento com função constitucional. Londrina: Thoth, 2021, p. 321.

> Art. 1.024. [...]
> § 4° Caso o acolhimento dos embargos de declaração implique modificação da decisão embargada, o embargado que já tiver interposto outro recurso contra a decisão originária tem o direito de complementar ou alterar suas razões, nos exatos limites da modificação, no prazo de 15 (quinze) dias, contado da intimação da decisão dos embargos de declaração.
> § 5° Se os embargos de declaração forem rejeitados ou não alterarem a conclusão do julgamento anterior, o recurso interposto pela outra parte antes da publicação do julgamento dos embargos de declaração será processado e julgado independentemente de ratificação.

Na prática, é bastante comum acontecer a hipótese prevista por esses dispositivos legais. Seria exemplificar com o corriqueiro caso de, contra a mesma sentença, uma pessoa opor embargos de declaração e a outra interpor apelação. Obviamente, esta não poderia ser encaminhada ao tribunal de justiça antes de aqueles serem julgados, dada a possibilidade de este julgamento acarretar a modificação da sentença. Como resultado, o apelo permanece em estado de latência. Caso a decisão proferida nos embargos não modifique a sentença, a regra do art. 1.024, § 5°, será aplicada, devendo a apelação ser processada e julgada normalmente. No entanto, se o julgamento dos aclaratórios alterar de qualquer forma a sentença, a regra do § 4° é que deverá ser aplicada para que a pessoa responsável pela interposição da apelação possa complementar ou alterar suas razões, nos exatos limites da modificação, no prazo de 15 (quinze) dias, contado da intimação da decisão dos embargos de declaração.

Por sinal, essa previsão do CPC levou ao cancelamento da Súmula n. 418 e à correspectiva edição, em seu lugar, da Súmula n. 579, na forma já explicada no tópico destinado ao estudo da tempestividade recursal, cuja releitura vai desde logo recomendada.

5.9 As matérias transferidas ao órgão julgador pelo efeito devolutivo dos embargos de declaração

Por se tratar de recurso de fundamentação vinculada, o efeito devolutivo em sua dimensão horizontal se encarregará de transferir ao conhecimento do órgão julgador apenas os vícios que forem expressamente mencionados na petição inicial recursal.[406] No entanto, ao se deparar com este inconformismo, tal órgão poderá se aprofundar nos motivos que o tenham levado a assim agir, obviamente dentro dos limites da devolução, por conta da dimensão vertical inerente ao mesmo efeito.

5.10 A decisão colegiada dos embargos de declaração: a mesa de julgamento

Obviamente que, mesmo quando opostos no tribunal, não há necessidade de que os aclaratórios sejam decididos de forma colegiada. Em primeiro lugar,

---

[406] Na literatura, porém, muitos negam a possibilidade de os embargos de declaração ostentarem efeito devolutivo, em razão de o órgão prolator do pronunciamento recorrido e julgador do recurso ser o mesmo. Assim, p. ex.: CÂMARA, Alexandre Freitas. *Manual de direito processual civil*. 2. ed. Barueri: Atlas, 2023, p. 898; RODRIGUES, Marco Antonio. *Manual dos recursos, ação rescisória e reclamação*. São Paulo: Atlas, 2017, p. 765.

porque podem ser opostos de decisões monocráticas, quando então deverão ser decididos por seu próprio prolator (CPC, art. 1.024, § 2º). Em segundo, porque eles não acarretarão a substituição propriamente dita da decisão embargada, mas apenas a esclarecerão ou integrarão. Também por isso, seu julgamento não gerará, via de regra, a última decisão com o papel de acarretar o encerramento da instância para fins de cabimento de recursos excepcionais, exceto se tiverem que ser opostos com objetivo de prequestionamento (CPC, art. 1.025).[407]

No entanto, caso sejam opostos contra acórdãos, naturalmente terão que ser julgados pelo órgão colegiado, pois deste terá se originado a decisão recorrida, como enfatiza o art. 1.024, § 1º, do CPC, ao enunciar que:

> Art. 1.024. [...].
> § 1º Nos tribunais, o relator apresentará os embargos em mesa na sessão subsequente, proferindo voto, e, não havendo julgamento nessa sessão, será o recurso incluído em pauta automaticamente.

Ao se referir à apresentação em "mesa", o legislador quis deixar clara a desnecessidade de sua inclusão imediata em pauta de julgamento, a qual somente acontecerá se não houver julgamento na primeira sessão designada para tanto.

5.11 FUNGIBILIDADE ENTRE EMBARGOS DE DECLARAÇÃO E AGRAVO INTERNO

Objetivando aproveitar ao máximo os atos processuais, o Código permite que o relator conheça dos embargos de declaração como se fossem agravo interno, quando entender que este e não aquele seria o recurso cabível contra a decisão monocrática por si proferida. Com isso, o CPC/2015 incorporou ao seu texto normativo uma possibilidade que já vinha sendo admitida na prática dos tribunais superiores, quando as pessoas afrontavam decisões monocráticas com recursos denominados de "embargos de declaração", sem sequer indicar a ocorrência de omissões, contradições, obscuridades ou erros de fato, mas sim a existência de erros de procedimento e/ou julgamento, em nítida pretensão de obter a sua reforma ou invalidação.[408]

Para que se evitem nulidades futuras, no entanto, exige-se que a pessoa responsável pela oposição dos aclaratórios seja intimada previamente para, em 05 dias, complementar as razões recursais, ajustando-as às exigências do art. 1.021, § 1º.

Isso fica claro quando se lê o autoexplicativo art. 1.024, § 3º:

> § 3º O órgão julgador conhecerá dos embargos de declaração como agravo interno se entender ser este o recurso cabível, desde que determine previamente a intimação do recorrente para, no prazo de 5 (cinco) dias, complementar as razões recursais, de modo a ajustá-las às exigências do art. 1.021, § 1º.

---

[407] STF, Súm. n. 356: "O ponto omisso da decisão, sobre o qual não foram opostos embargos declaratórios, não pode ser objeto de recurso extraordinário, por faltar o requisito do prequestionamento."
[408] Ver, p. ex.: STJ, EDcl no AREsp 136.265/SP, DJe de 02.08.12; EDcl no Ag 1.206.491/PR, DJe de 01.02.12.

5.12 A SUSTENTAÇÃO ORAL NOS EMBARGOS DE DECLARAÇÃO

A rigor, pela dicção do art. 937 do CPC, não caberia sustentação oral no âmbito de embargos de declaração. Acontece que, a partir do ano de 2022, o Estatuto da Advocacia passou a prever o cabimento de sustentação oral no recurso interposto contra a decisão monocrática de relator que julgar o mérito ou não conhecer dos seguintes recursos ou ações: I – recurso de apelação; II – recurso ordinário; III – recurso especial; IV – recurso extraordinário; V – embargos de divergência; VI – ação rescisória, mandado de segurança, reclamação, *habeas corpus* e outras ações de competência originária (Lei n. 8.906/94, art. 7º, § 2º-B).

Portanto, se os embargos de declaração forem opostos contra a decisão monocrática de relator que julgar o mérito ou não conhecer de qualquer dos recursos acima referidos, comportará perfeitamente a sustentação oral, a qual, neste caso, se tratará de um verdadeiro direito subjetivo do advogado.[409] Não lhe sendo assegurada oportunidade para tanto, haverá nulidade absoluta do julgamento como um todo. A propósito, a Corte já teve oportunidade de assentar que "o vício decorrente da ausência de intimação do patrono da parte para a sessão de julgamento e, consequentemente, da inviabilização de sua sustentação oral em hipótese prevista em lei não é mera formalidade dispensável e não é suscetível de convalidação pela simples republicação do acórdão com a correta intimação, mas, ao revés, é dever dos julgadores, imposto de forma cogente a todos os Tribunais, em observância aos princípios constitucionais do contraditório, da ampla defesa e do devido processo legal."[410]

Como dito várias vezes por aqui, o profissional que desejar fazer uso dessa técnica poderá requerer, até o início da sessão, que o processo seja julgado em primeiro lugar, sem prejuízo das preferências legais, sendo obviamente admitido que a sustentação seja feita por videoconferência, bastando que haja requerimento nesse sentido até o dia anterior ao da sessão (CPC, art. 937).

5.13 OS EMBARGOS DE DECLARAÇÃO MANIFESTAMENTE PROTELATÓRIOS

Em razão de ser um recurso de oposição simplificada, desprovido de preparo e capaz de impedir a ocorrência da preclusão ou coisa julgada por sua mera apresentação perante o órgão competente, não seria de se estranhar que algumas pessoas cometessem abusos na utilização dos embargos de declaração. Afinal, quem nunca ouviu falar de embargos declaratórios pretendendo que o órgão julgador rebatesse, um a um, todos os argumentos trazidos na petição inicial ou na contestação, ou pretendendo que a justiça da decisão fosse revista?

Objetivando conter esse tipo de situação, o art. 1.026 do CPC enuncia que:

> Art. 1.026. [...].
> § 2º Quando manifestamente protelatórios os embargos de declaração, o juiz ou o tribunal, em decisão fundamentada, condenará o embargante a

---

[409] EDcl no AgInt nos EDcl no AREsp 1.269.627/SP, DJe de 26.04.23; REsp 1.903.730/RS, DJe de 11.06.21.
[410] REsp 1.931.097/SP, DJe de 16.08.21.

pagar ao embargado multa não excedente a dois por cento sobre o valor atualizado da causa.

§ 3º Na reiteração de embargos de declaração manifestamente protelatórios, a multa será elevada a até dez por cento sobre o valor atualizado da causa, e a interposição de qualquer recurso ficará condicionada ao depósito prévio do valor da multa, à exceção da Fazenda Pública e do beneficiário de gratuidade da justiça, que a recolherão ao final.

§ 4º Não serão admitidos novos embargos de declaração se os 2 (dois) anteriores houverem sido considerados protelatórios.

Portanto, caso reconheça que os declaratórios estejam sendo utilizados de forma manifestamente protelatória, com o nítido propósito de impedir a ocorrência da preclusão/coisa julgada naquele caso específico, o órgão julgador condenará a pessoa responsável por sua oposição a pagar à outra uma multa não excedente a 2% sobre o valor atualizado da causa.[411] Note que, ao contrário do que acontece com o agravo interno, esta multa inicial não interferirá sobre o direito a pessoa apresentar novos recursos. Mas, se mesmo depois de ser multada, a pessoa persistir no seu intento, opondo novos embargos de declaração manifestamente protelatórios, acontecerão 03 coisas: a) essa multa será elevada a até 10% sobre o valor atualizado da causa; b) a interposição de qualquer outro recurso ficará vinculada ao depósito prévio do valor desta multa, excetuados os beneficiários da gratuidade da justiça, que podem fazer seu pagamento ao final, e; c) não será mais cabível a oposição de novos embargos de declaração daí por diante, o que fará com que o terceiro eventualmente oposto não seja nem mesmo conhecido e, por isso, sequer interrompa o prazo para a ocorrência da preclusão ou da coisa julgada.[412]

Como se nota, são sanções bastante severas. Por isso, o entendimento pacífico do STJ é no sentido de que a sua incidência não deva ser automática, como se estivesse se tratando de mera decorrência lógica da rejeição do recurso.[413] Muito pelo contrário. Elas devem ser aplicadas apenas e tão somente quando o juízo não tiver qualquer dúvida sobre o propósito manifestamente protelatório subjacente à oposição do recurso, como ocorreria na oposição sucessiva de embargos desprovidos de fundamento ou na reiteração de embargos contra decisão que já havia improvido outros que também pretendiam rediscutir a justiça da decisão, por exemplo.[414]

Paralelamente a isso, é possível detectar a existência de um movimento tendente a agregar uma consequência bastante gravosa aos casos de oposição manifestamente descabida dos embargos de declaração: a não interrupção do prazo recursal. O Supremo Tribunal Federal, por exemplo, vem seguidamente proferindo decisões no seguinte sentido:

> PROCESSUAL CIVIL. EMBARGOS DECLARATÓRIOS NO AGRAVO INTERNO NA RECLAMAÇÃO. INEXISTÊNCIA DE VÍCIOS DE FUNDAMENTAÇÃO NO ACÓRDÃO EMBARGADO. NÍTIDO CARÁTER INFRINGENTE. EMBARGOS MANIFESTAMENTE

---

[411] STJ, Súm. n. 98. "Embargos de declaração manifestados com notório propósito de prequestionamento não têm caráter protelatório."
[412] FPPC, Enunciado n. 361: Na hipótese do art. 1.026, § 4º, não cabem embargos de declaração e, caso opostos, não produzirão qualquer efeito."
[413] EDcl no REsp 1.809.207/PA, DJe de 19.04.23; AgInt no AgInt no AREsp n. 1.934.915/SP, DJe de 16.12.22.
[414] STJ, EDcl nos EDcl no REsp 1.924.275/DF, DJe de 01.12.21.

INCABÍVEIS NÃO INTERROMPEM O PRAZO PARA INTERPOSIÇÃO DE OUTROS RECURSOS. PRECEDENTES. EMBARGOS DE DECLARAÇÃO NÃO CONHECIDOS. CERTIFICAÇÃO DO TRÂNSITO EM JULGADO E ARQUIVAMENTO IMEDIATO DOS AUTOS INDEPENDENTEMENTE DA PUBLICAÇÃO DO ACÓRDÃO REFERENTE AO PRESENTE JULGAMENTO.
1. O acórdão embargado não apresenta omissão, contradição, obscuridade ou erro material. O ofício judicante realizou-se de forma completa e satisfatória, não se mostrando necessários quaisquer reparos.
2. A parte embargante pretende dar nítido caráter infringente aos declaratórios, os quais não estão vocacionados a essa função, salvo em situações excepcionais, não caracterizadas no caso.
3. Embargos manifestamente incabíveis não produzem o efeito de interromper o prazo para interposição de outros recursos. Precedentes: ARE 738.488 AgR, Rel. Min. Joaquim Barbosa, Tribunal Pleno, DJe de 24/3/2014; AI 241.860 AgR-ED-ED-ED-AgR, Rel. Min. Carlos Velloso, Segunda Turma, DJ de 8/11/2002).
4. Embargos de Declaração não conhecidos. Determinação de certificação do trânsito em julgado e arquivamento imediato dos autos independentemente da publicação do acórdão referente ao presente julgamento.
(Emb. Decl. no Ag.Reg. na Reclamação 57.806/PR, j. em 05.06.23)

DIREITO CONSTITUCIONAL. EMBARGOS DE DECLARAÇÃO EM AGRAVO INTERNO EM RECURSO EXTRAORDINÁRIO. PRECATÓRIO. ATUALIZAÇÃO. PRETENSÃO MERAMENTE INFRINGENTE. CARÁTER PROTELATÓRIO.
1. Não há erro, obscuridade, contradição ou omissão no acórdão questionado, o que afasta a presença dos pressupostos de embargabilidade, conforme o art. 1.022 do CPC/2015.
2. A via recursal adotada não se mostra adequada para a renovação de julgamento que ocorreu regularmente.
3. Embargos de declaração rejeitados, determinando-se o trânsito em julgado e a baixa imediata dos autos à origem."
(RE 637.002 AgR-ED, DJe de 10.05.18)

De forma não muito diferente, o Superior Tribunal de Justiça, vem assim decidindo:

ADMINISTRATIVO E PROCESSUAL CIVIL. EMBARGOS DE DECLARAÇÃO. OPOSIÇÃO CONTRA DECISÃO DENEGATÓRIA DE RESP NA ORIGEM. ERRO GROSSEIRO. PRAZO PARA A INTERPOSIÇÃO DO RECURSO PRÓPRIO. NÃO INTERRUPÇÃO. INTEMPESTIVIDADE DO AGRAVO. PRECEDENTES DO STJ.
1. Esta Corte Superior consagra entendimento segundo o qual "os embargos de declaração, quando opostos contra decisão de inadmissibilidade do recurso especial proferida na instância ordinária, não interrompem o prazo para a interposição do agravo previsto no artigo 1.042 do CPC - único recurso cabível –, salvo quando essa decisão for tão genérica que impossibilite ao recorrente aferir os motivos pelos quais teve seu recurso obstado, impedindo-o de interpor o agravo" (AgInt nos EAREsp n. 1.653.277/RJ, relator Ministro Luis Felipe Salomão, Corte Especial, julgado em 26/4/2022, DJe de 3/5/2022).
2. Agravo interno não provido.
(AgInt nos EDcl no AREsp 2.166.427/SP, DJe de 25.05.23)

AGRAVO INTERNO NOS EMBARGOS DE DECLARAÇÃO NO AGRAVO EM RECURSO ESPECIAL. INTEMPESTIVIDADE. NÃO CABIMENTO DE EMBARGOS DE DECLARAÇÃO CONTRA DECISÃO QUE NÃO ADMITE O RECURSO ESPECIAL

NA ORIGEM. NÃO INTERRUPÇÃO DO PRAZO RECURSAL. RAZÕES RECURSAIS INSUFICIENTES. MULTA DO ART. 1.021, § 4°, DO CPC/2015. NÃO INCIDÊNCIA, NA ESPÉCIE. LITIGÂNCIA DE MÁ-FÉ. NÃO CONFIGURADA. AGRAVO INTERNO IMPROVIDO.
Tendo em vista o não cabimento dos embargos de declaração contra decisão que inadmite o recurso especial na origem, a sua oposição não interrompe o prazo recursal. Agravo em recuso especial intempestivo. [...] Agravo interno improvido.
(AgInt nos EDcl no AREsp 1.404.895/PR, DJe de 24.05.23)

Variados julgados continuam sendo proferidos neste mesmo sentido, demonstrando que o entendimento a respeito se encontra estável, íntegra e coerente.[415]

Ao menos pelo que se extrai da leitura desses julgados, os Tribunais Superiores parecem não investigar o elemento subjetivo da pessoa que opõe os embargos, dando mostras de se contentar com a mera "ausência dos pressupostos do art. 1.022 do CPC" ou com o seu "não cabimento" ao caso, o que é algo muito mais brando do que o seu uso protelatório. Pela grande quantidade de julgados proferidos nos últimos anos, talvez seja possível afirmar que a jurisprudência das mais altas Cortes de Justiça brasileiras esteja estável, íntegra e coerente nesse sentido, servindo de alerta aos profissionais que atuam no contencioso cível em geral para somente embargarem de declaração quando o pronunciamento recorrido efetivamente se encontrar eivado de contradição, obscuridade, omissão ou erro de fato, sob pena de correrem o risco de seu recurso não ser conhecido e, por conseguinte, não acarretar a interrupção do prazo para outros recursos com a certificação imediata da preclusão/trânsito em julgado e o eventual arquivamento dos autos, imediatamente e de forma independente da publicação do acórdão referente ao julgamento.[416]

Aqui se encerra a Parte II deste livro, e, consequentemente, o estudo dos recursos. Na próxima e última Parte, serão estudadas as espécies remanescentes dos meios de impugnação de decisões judiciais: os sucedâneos recursais e as ações autônomas de impugnação.

---

[415] STJ, EDcl no AgInt nos EDcl no AREsp 2.220.804/RJ, DJe de 18.10.23; EDcl no AgInt no REsp 1.734.412/PB, DJe de 27.3.23; EDcl no AgInt no AREsp 2.131.586/SP, DJe de 13.3.23.
[416] STF, ARE 738.488 AgR, DJe de 24.03.14; AI 241.860 AgR-ED-ED-ED-AgR, DJ de 08.11.02.

parte III

os sucedâneos recursais e as ações autônomas

OS SUCEDÂNEOS RECURSAIS E AS AÇÕES AUTÔNOMAS DE IMPUGNAÇÃO

NOÇÕES GERAIS

Como visto, não é só por meio de recursos que as pessoas podem impugnar decisões judiciais. Afinal, se os pronunciamentos do juiz podem lhes gerar inconformismo independentemente do tempo e do processo em que sejam proferidos, parece ser intuitivo concluir que o sistema tenha que contemplar diversos instrumentos hábeis ao seu ataque, até mesmo depois de encerrada a tramitação do procedimento e de alcançada a coisa julgada.

É aí que aparecem as outras duas espécies de meios de impugnação de decisões judiciais, que são: a) as ações autônomas de impugnação, e; b) os sucedâneos recursais.

Fez bem, portanto, o legislador de 2015 ao conferir tratamento diferenciado aos recursos e a esses outros meios nos Títulos I e II do Livro III da Parte Especial do CPC.

As ações autônomas de impugnação, como a própria nomenclatura evidencia, são verdadeiras ações judiciais. Por isso, elas sempre dão origem a uma nova relação jurídico-processual, isto é, a uma demanda constituída de partes, pedido e causa de pedir próprios, podendo tanto se voltar ao ataque de decisões proferidas em processos que ainda se encontrem em curso – como os embargos de terceiro e o mandado de segurança contra ato judicial –, quanto à afronta de decisões transitadas em julgado – como é o caso da ação rescisória.

Seus mais significativos exemplos talvez sejam a ação rescisória (CPC, arts. 966 e ss.), o *habeas corpus* (CR, art. 5º, LXVIII), o mandado de segurança contra decisões judiciais (Lei n. 12.016/2009, art. 5º, II), os embargos de terceiro (CPC, arts. 674 e ss.), a ação anulatória de partilha amigável (CC, art. 849; CPC, art. 966, § 4º) e a ação declaratória de inexistência de sentença transitada em julgado (*querela nullitatis insanabilis* – CPC, art. 19).

Assim como qualquer outra demanda, elas não possuem algo que possa ser assemelhado a um "efeito suspensivo" automático, o que significa que o seu ajuizamento, em regra, não interfere na solução ou continuidade do processo em que proferida a decisão que se deseja modificar. Nada impede, porém, que isso seja obtido por intermédio da tutela provisória genérica, desde que, é claro, sejam preenchidos os seus requisitos legais (CPC, arts. 294 e ss.).[417]

Já por sucedâneos recursais, entendem-se aquelas figuras voltadas à impugnação de decisões judiciais que não se enquadrem como recursos – por não serem expressamente previstas em lei como tal – nem como ações autônomas de impugnação – por não darem origem a uma nova demanda. Resultam, portanto, da exclusão dos dois conceitos: servem para atacar pronunciamentos judiciais, mas não são nem recursos nem ações.

Seus mais representativos exemplos talvez sejam a remessa necessária (CPC, art. 496), a correição parcial (Lei n. 5.010/66, art. 6º, I, e Regimentos Internos de Tribunais estaduais) e o tão costumeiro pedido de reconsideração.

Como o foco principal desde livro são os recursos, não haveria espaço para que os sucedâneos e incontáveis demandas autônomas fossem abordados de forma detalhada por aqui. Por outro lado, deixá-los completamente de fora do estudo geraria sensação de incompletude, o que, convenhamos, prejudicaria significativamente a aprendizagem. Objetivando equilibrar essas duas alternativas, optei por fazer a análise de aspectos procedimentais daquelas figuras de maior recorrência no cotidiano das varas de família e sucessões, quais sejam, os sucedâneos da correição parcial e do pedido de reconsideração e as ações autônomas do *habeas corpus* e da ação anulatória de partilha amigável.

Nosso estudo terá início pelos sucedâneos recursais.

---

[417] Exatamente assim: STJ, RCD no ARE no RE nos EDcl no AgInt no AREsp 1.978.151/SP, DJe de 11.04.23.

2

OS SUCEDÂNEOS RECURSAIS

2.1 A CORREIÇÃO PARCIAL

A correição parcial vem expressamente prevista na lei que organiza a justiça federal de primeira instância como sendo a medida apropriada ao ataque de "ato ou despacho do Juiz de que não caiba recurso, ou comissão que importe êrro de ofício ou abuso de poder" (Lei n. 5.010/66, art. 6º, I). No âmbito estadual, os Regimentos Internos dos Tribunais costumam prevê-la mais ou menos nos mesmos moldes, como método vocacionado a afrontar ou corrigir erros ou abusos do juiz que impliquem inversão tumultuária do processo, quando contra eles não couber recurso, muito embora pareça existir uma tendência de se limitar seu emprego ao processo penal.

Daí já se extrai sua natureza jurídica de medida meramente administrativa/disciplinar, que, em razão do princípio da separação dos poderes, não deve se revestir de aptidão para atacar pronunciamentos judiciais propriamente ditos.

Apesar disso, a sua aplicação acabava excepcionalmente se justificando no passado, porque o Código de Processo Civil de 1939 adotava sistemática parecida com a que acabou voltando a ser seguida pelo Código de Processo Civil de 2015, no sentido de admitir a existência de decisões interlocutórias agraváveis e de decisões interlocutórias inagraváveis. Porém, com o advento do

Código de Processo Civil de 1973, o agravo de instrumento passou a ser cabível contra qualquer decisão interlocutória, meio que esvaziando a utilização da reclamação correicional ou a correição parcial,

No entanto, é de se realçar que a correição parcial parece conservar sua utilidade no processo civil das famílias e das sucessões pelo menos naquelas situações em que o juiz, em vez de decidir (ato comissivo), permanece inerte (ato omissivo), deixando de proferir decisão por tempo significativo, atrasando, com isso, a marcha do processo. Isto porque, como visto na Parte I deste livro, não haveria uma decisão propriamente dita que pudesse ser atacada pela via recursal. Muito pelo contrário. Haveria uma não decisão, um não pronunciamento, um ato absolutamente omissivo (omissão em decidir) e não uma omissão contida em um ato comissivo (omissão na decisão).

Na atual sistemática, portanto, esta parece ser uma das hipóteses que justificam o cabimento da correição parcial para que o órgão hierarquicamente superior determine que o juízo saia da inércia e se pronuncie no processo. Neste sentido, confira o julgado abaixo transcrito que, apesar de ter sido proferido antes da entrada em vigor do CPC/2015, continua sendo perfeitamente aplicável atualmente:

> PROCESSUAL CIVIL. CORREIÇÃO PARCIAL. POSSIBILIDADE DE INTERPOSIÇÃO DE RECURSO ESPECIAL. CARÁTER JURISDICIONAL E NÃO ADMINISTRATIVO DA MEDIDA. AGRAVO INTERNO. DECISÃO SINGULAR DO RELATOR. APRECIAÇÃO PELO ÓRGÃO COLEGIADO. EXIGIBILIDADE. RETORNO DOS AUTOS PARA ANÁLISE DO AGRAVO INTERNO PELO COLEGIADO. [...]
> A correição parcial não é recurso, mas medida de natureza administrativa, como o próprio nome sugere, correicional, mesmo porque aquela espécie é taxativa e exaustivamente arrolada no art. 496, do Código de Processo Civil. Desta forma, o rol dos recursos é *numerus clausus*, entendendo-se como recurso somente aquele previsto em lei, não se criando por interpretação analógica ou extensiva.
> Outrora, é meio de impugnação que se volta contra as omissões do juízo ou contra despachos irrecorríveis, que alteram a ordem natural do processo, gerando "tumulto processual". Assim, v.g., se o juiz não decide determinado incidente, designa várias audiências, ou marca inúmeras purgas de mora etc., é lícito à parte "reclamar". [...]
> (STJ, AgRg no AgRg no REsp 1.038.446/RJ. DJe de 14.06.10)

2.2 O PEDIDO DE RECONSIDERAÇÃO

O pedido de reconsideração é outro sucedâneo recursal com bastante campo de aplicação no âmbito das ações de família e sucessões. Afinal, quem nunca ouviu falar de pelo menos um caso de inconformismo que não tenha levado, antes da interposição de recurso, à apresentação de pedido de reconsideração? Pouco provável, não é mesmo? Pois é! Apesar de sua utilização ser corriqueira no cotidiano das varas de família e sucessões, o pedido de reconsideração não possui previsão legal, sendo decorrente mesmo da praxe forense.

Tecnicamente, ele não representa um "pedido" propriamente dito, pois não postula ao órgão julgador a entrega de conteúdo, isto é, de providência de mérito. Melhor seria, por isso, que sua denominação fosse "requerimento de reconsideração". Além disso, a rigor, ele somente seria cabível de decisões que pudessem mesmo ser reconsideradas independentemente da ocorrência de modificação dos fatos, isto é, que pudessem ser redecididas pelo juiz em razão de a própria lei as considerar imunes à preclusão (matérias conhecíveis de ofício), como as destinadas à eliminação de nulidades absolutas (CPC, art. 278, parágrafo único) e as que versarem sobre matérias de ordem pública, a exemplo da inexistência ou nulidade da citação, da incompetência absoluta, da litispendência, da coisa julgada e dos demais pressupostos processuais e condições da ação (CPC, arts. 337, § 5º). Afinal, o próprio Código autoriza que o juiz possa delas conhecer de ofício, enquanto não ocorrer o trânsito em julgado ICPC, art. 485, § 3º).

Fora dessas hipóteses, o que poderia acontecer seria algo diferente: a) a retratação, que encontra previsão em alguns recursos previstos pelo Código de Processo Civil, a exemplo da apelação interposta nas situações de indeferimento da inicial (art. 331, *caput*), de improcedência liminar do pedido (art. 332, § 3º), e de extinção do processo sem resolução do mérito (art. 485, § 7º), bem como nos agravos de instrumento e interno de que tratam os arts. 1.018, § 1º, e 1.021, § 2º; b) a revogação ou modificação da decisão versando sobre tutela provisória, que é dependente não só de provocação, mas, também, da alteração da situação fática ou jurídica preexistente (CPC, art. 296), e; c) a correção de inexatidões materiais ou erros de cálculo, até mesmo depois da sentença, de ofício ou sob provocação (CPC, art. 494, I).

Não sendo estes os casos, o órgão julgador não estaria genuinamente autorizado a rever suas decisões, pois o Código de Processo Civil é expresso ao vedar que se discutam "no curso do processo as questões já decididas a cujo respeito se operou a preclusão" (art. 507).

No entanto, fatores como simplicidade, gratuidade e o fato de poder ser apresentado em qualquer grau de jurisdição parecem estar fazendo letra morta dessas exigências, pois, na prática, o pedido de reconsideração vem sendo utilizado para requerer que o magistrado repense e redecida qualquer tipo de pronunciamento judicial, ainda que passível de ser atingido pela preclusão ou pela coisa julgada, exceto se proferido por decisão colegiada.[418]

Seja como for, o que mais importa é que o profissional esteja atento ao fato de que, por não ser uma espécie recursal, a apresentação do pedido de reconsideração deve ser sempre feita no prazo previsto em lei para interposição do recurso cabível, mas sem causar qualquer interrupção ou suspensão do prazo recursal. Sim, o pedido de reconsideração não tem o condão de suspender nem de interromper prazos recursais. Inclusive, o STJ já teve oportunidade de decidir que "o simples pedido de reconsideração formulado contra a decisão interlocutória proferida em ação de inventário não interrompe o prazo para interposição

---

[418] STJ, PET no AREsp 2.089.249/DF, DJe de 24.04.23.

do respectivo agravo de instrumento, sob pena de a questão decidida na interlocutória ser acobertada pela preclusão".[419]

Portanto, caso o juízo demore para decidir ou não reconsidere sua decisão, existe um risco enorme de perda do prazo para interposição do recurso próprio, o que talvez recomende que o pedido de reconsideração seja protocolizado de forma simultânea à interposição do recurso cabível, para que, na eventualidade de ele ser acolhido, este perca seu objeto.

É de se registrar, no entanto, que essa Corte vem atribuindo uma interessante finalidade ao pedido de reconsideração quando ele é apresentado, por exemplo, contra a decisão monocrática que nega seguimento a Recurso Especial ou julga monocraticamente o *habeas corpus*. Isto porque, em prestígio ao princípio da fungibilidade, sua recepção vem sendo feita como agravo interno, desde que apresentado no prazo legal. Veja:

> PROCESSUAL CIVIL. PEDIDO DE RECONSIDERAÇÃO RECEBIDO COMO AGRAVO INTERNO NO RECURSO ESPECIAL. REPERCUSSÃO GERAL RECONHECIDA PELO STF. DEVOLUÇÃO DOS AUTOS AO TRIBUNAL DE ORIGEM PARA JUÍZO DE CONFORMAÇÃO. DECISÃO DE SOBRESTAMENTO. CARÁTER DECISÓRIO. AUSÊNCIA. IRRECORRIBILIDADE. NECESSIDADE DE RETORNO DOS AUTOS E SOBRESTAMENTO NA ORIGEM.
> O pedido de reconsideração pode ser recebido como agravo interno quando: a) atender aos requisitos mínimos para aquele exigível; b) for apresentado tempestivamente; e c) não representar erro grosseiro ou má-fé do recorrente" (RCD nos EDcl no RE nos EDcl no AgInt no REsp 1666427/RS, Relator Ministro Humberto Martins, Corte Especial, DJe 3/8/2018). Outros precedentes: RCD no AREsp 1.297.701/RS, Relator Ministro Sérgio Kukina, Primeira Turma, *DJe* 13/8/2018; e AgInt no AREsp 1.055.574/RS, Relatora Ministra Assusete Magalhães, Segunda Turma, *DJe* 13/10/2017 [...].
> Pedido de reconsideração recebido como agravo interno e não conhecido.
> (STJ, RCD no REsp 1.622.906/PR, DJe de 06.06.19)

> PEDIDO DE RECONSIDERAÇÃO RECEBIDO COMO AGRAVO REGIMENTAL EM *HABEAS CORPUS*. FUNGIBILIDADE RECURSAL. TRÁFICO DE DROGAS. PRISÃO PREVENTIVA. QUANTIDADE DE DROGA APREENDIDA. FUNDAMENTAÇÃO VÁLIDA. CAUTELARES. INVIABILIDADE. AGRAVO REGIMENTAL DESPROVIDO.
> 1. Petição recebida como agravo regimental, em homenagem ao princípio da fungibilidade, tendo em vista ausência de previsão legal de pedido de reconsideração. Precedentes. [...].
> (STJ, RCD no HC 800160/SP, DJe de 24.04.23)[420]

---

[419] REsp 1.928.906/CE, *DJe* de 09.08.21. No mesmo sentido: AREsp 2.284.764/AP, *DJe* de 05.05.23; AgInt no AREsp 1.511.050/DF, *DJe* de 24.11.22; AgInt no AREsp 613.641/SP, *DJe* de 03.10.18. No STF, existe a Súmula n. 430 dispondo que: "Pedido de reconsideração na esfera administrativa não interrompe o prazo para o mandado de segurança."
[420] No mesmo sentido: RCD no AREsp 2.301.731/SP, *DJe* de 05.05.23; RCD no MS 29.132/RS, *DJe* de 03.04.23; RCD no HC 800.160/SP, *DJe* de 24.04.23.

3

AS AÇÕES AUTÔNOMAS DE IMPUGNAÇÃO

3.1 O HABEAS CORPUS

Como se sabe, o *habeas corpus* é um instrumento voltado a evitar ou fazer cessar atos de violência ou de coação à liberdade de locomoção provenientes de ilegalidade ou de abuso de poder. Sua previsão advém do art. 5º, LXVIII, da Constituição da República, segundo o qual "conceder-se-á *habeas-corpus* sempre que alguém sofrer ou se achar ameaçado de sofrer violência ou coação em sua liberdade de locomoção, por ilegalidade ou abuso de poder", ficando o inciso LXXVII encarregado de garantir sua gratuidade.

Portanto, se alguma pessoa tiver a sua liberdade de locomoção violada ou ameaçada por decisões provenientes dos juízes de família e sucessões que tenham eventualmente sido proferidas de forma ilegal ou com abuso de poder, este será o remédio cabível, com o grande atrativo de que ele pode ser impetrado independente e/ou simultaneamente à interposição do recurso de agravo de instrumento ou do recurso de apelação,[421] servindo para atacar até mesmo decisões acobertadas pela coisa julgada.[422]

---

[421] STJ, HC 26.964/SP, DJe de 27.02.23; RHC 10.896/SP, DJ de 12.11.01.
[422] NUCCI, Guilherme de Souza. *Manual de processo penal e execução penal*. 12. ed. Rio de Janeiro: Forense, 2015, p. 708.

Sim, o *habeas corpus* tem dessas coisas. Afinal, enquanto os recursos se destinam a impugnar a existência de meros vícios de forma (*error in procedendo*) e/ou a aplicação equivocada do direito por decisões judiciais (*error in judicando*), ele objetiva combater a ilegalidade e/ou a arbitrariedade contida nesses pronunciamentos, em prestígio à liberdade de locomoção, o que, convenhamos, é algo muito mais significativo.

Sobre o conceito dessas expressões, Heráclito Mossin[423] ensina que "a ilegalidade implica a falta de observância dos preceitos legais. Equivale à injuridicidade, o que é contrário ao direito, o que é arbitrário. Por seu turno, o abuso de poder implica o exercício irregular do poder. Exprime a prática de atos que excedem as atribuições legais, configurando a arbitrariedade. No âmago, a arbitrariedade é uma modalidade de ilegalidade; é uma espécie da qual esta última é gênero."

Apesar de ser antigo conhecido dos brasileiros, não deixa de ser curioso que, ao contrário do que acontece com outros remédios constitucionais, inexiste legislação específica traçando sua disciplina no plano infraconstitucional. E, como o Código de Processo Civil também não se ocupa disso, são as disposições do Código de Processo Penal que devem ser aplicadas ao caso concreto, mais precisamente aquelas compreendidas entre os arts. 647 e 667.[424]

3.1.1 *HABEAS CORPUS* REPRESSIVO X *HABEAS CORPUS* PREVENTIVO

Da leitura desses enunciados, chega-se facilmente à conclusão de que existem dois tipos de *habeas corpus*: a) o liberatório ou repressivo, quando destinado a afastar constrangimento ilegal já efetivado à liberdade de locomoção (CPP, arts. 656 e ss.), e; b) o preventivo, quando vocacionado a afastar uma ameaça à liberdade de locomoção, mediante expedição do salvo-conduto (CPP, arts. 654, § 2°, e 660, § 4°).

Como se nota, ambas as espécies pressupõem a existência de violação ilegal ou abusiva à liberdade de locomoção, tanto já concretizada quanto em vias de o ser. E, como a vida é muito rica para que o legislador tentasse compartimentá-la em caixinhas, jamais lhe seria possível enunciar todas as formas possíveis e imagináveis de coação ilegal. Por isso, o art. 648 do CPP traz um rol meramente exemplificativo de algumas situações que poderiam ser consideradas como representativas dessa situação, sendo elas: quando não houver justa causa para a prisão; quando alguém estiver preso por mais tempo do que determina a lei; quando quem ordenar a coação não tiver competência para fazê-lo; quando houver cessado o motivo que autorizou a coação; quando não for alguém admitido a prestar fiança, nos casos em que a lei a autoriza; quando o processo for manifestamente nulo, e; quando extinta a punibilidade (CPP, art. 648).

No que toca ao aspecto formal, três circunstâncias tornam o *habeas corpus* especialmente atrativo: a gratuidade, a extrema simplicidade de elaboração de sua petição e o fato de ele poder ser impetrado pelo Ministério Público ou por qualquer pessoa – incluindo o próprio indivíduo que tiver sido preso ou estiver

---

[423] MOSSIN, Heráclito Antônio. Compêndio de processo penal. Barueri: Manole, 2010. p. 851.
[424] O CPP inclui o *habeas corpus* entre os recursos (Livro III, Título II), quando, na verdade, sua natureza é de ação autônoma.

correndo este risco –, independentemente da representação por advogado (CPP, art. 654).[425]

No cotidiano, é muito comum, inclusive, que o pedido de concessão da medida seja redigido de próprio punho e remetido aos tribunais por qualquer meio válido, preferencialmente o mais rápido.

Já sob a perspectiva procedimental, o que mais chama atenção é a supersimplicidade de seu rito, que se desenvolve basicamente em duas fases: a postulatória e a decisória. Não por outro motivo seu procedimento costuma ser denominado de "sumaríssimo", pelo de ele normalmente inadmitir dilação probatória, já que a prova deve ser, em regra, pré-constituída (CPP, art. 660, § 2º).[426]

3.1.2 A COMPETÊNCIA PARA PROCESSAMENTO E JULGAMENTO DO *HABEAS CORPUS*

No que diz respeito à competência para seu processamento e julgamento, é do órgão dotado de atribuições para rever o ato apontado como coator. Portanto, na hipótese de decisões proferidas pelos juízos de família e sucessões que decretem a prisão civil de alguma pessoa, por exemplo, não faria o menor sentido que o *habeas corpus* fosse impetrado perante outro juízo de igual hierarquia e grau de jurisdição. Estar-se-á, portanto, diante de uma ação de competência originária de tribunal.

O que é mais interessante é que talvez não fosse adequado que o pedido fosse endereçado às Câmaras ou Turmas Criminais, mas sim às Câmaras ou Turmas Cíveis, cabendo aos Regimentos Internos e Códigos de Organização Judiciária de cada Estado disporem a respeito.

3.1.3 O PROCEDIMENTO DO *HABEAS CORPUS*

Como dito há pouco, a petição inicial do *habeas corpus* é bem básica, devendo apontar pelo menos o nome da pessoa que teve o direito à locomoção violado ou ameaçado e o do órgão responsável por isso, a declaração da espécie de constrangimento ou as razões em que se funda o seu temor, e, a assinatura do impetrante, ou de alguém a seu rogo, se não puder ou não souber assinar (CPP, art. 654). O direito alegado, contudo, deve ser líquido e certo, sob pena de o *habeas corpus* sequer ser admitido. Obviamente, é cabível a concessão de tutela provisória liminarmente, inclusive de ofício, até porque existe expressa previsão a respeito (CPP, arts. 654, § 2º, e 660, § 2º). Como resultado, tão logo receba a petição o órgão jurisdicional poderá concedê-la, ordenando a imediata soltura do paciente (por alvará de soltura) ou a cessação de seu constrangimento (por salvo conduto), desde que, é claro, se sinta suficientemente convencido a respeito da ocorrência da ilegalidade ou do abuso. Caso contrário, colherá as informações que se fizerem necessárias da autoridade apontada como coatora.

---

[425] Por isso, não se exige outorga e apresentação de procuração: STF, RHC 60.287/ES, DJU de 08.10.82.
[426] Exemplificativamente: STF, HC 95.518/PR, DJe de 19.03.14; STJ, HC 660.874/SC, DJe de 28.10.21.

Neste momento do procedimento, é importante que se tenha em mente que, em regra, o *habeas corpus* não comporta dilação instrutória. Este entendimento é absolutamente pacífico no STJ, sendo justamente um dos motivos pelos quais se veda por completo o uso do *writ* para averiguação da capacidade contributiva do devedor de alimentos, como demonstram as seguintes ementas:

> AGRAVO INTERNO NO RECURSO ORDINÁRIO EM *HABEAS CORPUS*. ALIMENTOS. ORDEM DE PRISÃO. AVERIGUAÇÃO DA CAPACIDADE FINANCEIRA DO DEVEDOR. NÃO CABIMENTO EM SEDE DE *HABEAS CORPUS*.
> 1. A teor da jurisprudência do Superior Tribunal de Justiça, a real capacidade financeira do paciente não pode ser verificada em '*habeas corpus*' que, por possuir cognição sumária, não comporta dilação probatória, não admitindo a análise aprofundada de provas e fatos controvertidos.
> 2. Não apresentação pela parte agravante de argumentos novos capazes de infirmar os fundamentos que alicerçaram a decisão agravada.
> 3. Agravo interno conhecido e desprovido.
> (STJ, AgInt no RHC 107.727/CE, DJe de 27.06.19)
>
> *HABEAS CORPUS*. DECISÃO QUE INDEFERIU LIMINAR EM *HABEAS CORPUS* NO TRIBUNAL DE JUSTIÇA. CABIMENTO RESTRITO DO *WRIT*. FLAGRANTE ILEGALIDADE NÃO CONFIGURADA. ORDEM DE *HABEAS CORPUS* DENEGADA.
> 1. Nos termos da Súmula 309/STJ, o débito alimentar que autoriza a prisão civil do alimentante é o que compreende as três prestações anteriores ao ajuizamento da execução e as que se vencerem no curso do processo.
> 2. No caso em exame, a execução de alimentos refere-se a débito atual, não estando demonstrada pelas provas pré-constituídas a efetiva ausência de rendimentos, tampouco a absoluta incapacidade econômica do alimentante. Não se trata, assim, de inadimplemento escusável ou involuntário, capaz de elidir o decreto prisional.
> 3. Ordem de *habeas corpus* denegada.
> (STJ, HC 492.534/RN, DJe de 22.05.19)

Na literatura, no entanto, é possível encontrar respeitáveis vozes sustentando a possibilidade de flexibilização desse rigor, ao argumento de que o fato de a lei exigir prova pré-constituída não veda, por completo, a coleta de outras provas durante o seu procedimento, tampouco que o próprio órgão julgador requisite não só as informações necessárias, como outros documentos imprescindíveis à formação do seu convencimento, sem prejuízo de a própria autoridade apontada como coautora lhe encaminhar as peças que entender relevantes. Afinal, na clássica lição de Hermínio Porto,[427] "não pode ser confundida a inexistência de direito líquido e certo com a complexidade de pleito, por isso não constituindo obstáculo a uma decisão judicial a proteção reclamada, a necessidade do estudo de provas, ainda que mais profundo, para a verificação da notícia de direito denunciado como ameaçado ou violado". Isso ganha em importância quando se nota que, nele, o ônus da prova não segue o regramento genérico, segundo o qual caberia ao impetrante o encargo de comprovar suas alegações. Pelo menos não em sua integralidade, o que se deve ao fato de o *habeas corpus* ser uma demanda de índole constitucional, vocacionada a tutelar a liberdade individual diante de possíveis ilegalidades perpetradas por um agente do Estado,

---

[427] PORTO, Hermínio A. Marques. Procedimento do Júri e *habeas corpus*. Em: *Tortura, crime militar, habeas corpus*. São Paulo: RT, 1997, p. 103

o que constitui elemento mais do que suficiente para atrair o próprio interesse público na produção de provas.[428]

Abrindo ou não a fase probatória, o juízo ouvirá o MP (Decreto-lei n. 552/69) e proferirá decisão final em seguida.

3.1.4 A AMPLIAÇÃO DAS HIPÓTESES DE CABIMENTO DO *HABEAS CORPUS*

Apesar de sua aplicação prática costumar se restringir aos casos de aprisionamento real ou potencial, existe uma perceptível tendência de ampliação de seu alcance para o combate de qualquer ato ilegal ou coativo que seja efetiva ou potencialmente constritivo à liberdade, ainda que proveniente de decisões que não decretem a prisão da pessoa propriamente dita. Na visão de Guilherme de Souza Nucci,[429] por exemplo, esse fenômeno vem acontecendo, porque, "se, originalmente, o *habeas corpus* era utilizado para fazer cessar a prisão considerada ilegal – e mesmo no Brasil essa concepção perdurou por um largo período – atualmente seu alcance tem sido estendido para abranger qualquer ato constritivo direta ou indiretamente à liberdade, ainda que se refira a decisões jurisdicionais não vinculadas à decretação da prisão." Mencionando os casos em que o *remédio* é utilizado para "trancar" ação penal ou inquérito policial desprovidos de justa causa e para impedir o indiciamento injustificado, o professor paulista conclui que "nada mais lógico, pois são atos ou medidas proferidas em processos (ou procedimentos) criminais, que possuem clara repercussão na liberdade do indivíduo, mesmo que de modo indireto. Afinal, o ajuizamento de ação penal contra alguém provoca constrangimento natural, havendo registro em sua folha de antecedentes, bem como servindo de base para, a qualquer momento, o juiz decretar medida restritiva da liberdade, em caráter cautelar."

Seria o caso, por exemplo, de se cogitar de impetração do remédio contra instauração de inquéritos policiais destinados à apuração do crime de abandono material (CP, art. 244), por requisição do Ministério Público,[430] contra pronunciamentos autorizativos de interceptação telefônica fora das hipóteses legais[431] ou para combater decisão judicial que impusesse o acolhimento institucional de crianças, quando se apresentem todos os requisitos necessários para a obtenção de sua guarda provisória por família substituta regularmente inscrita e em observância à ordem do cadastro de adoção, como, aliás, chegou a ser efetivamente decidido pelo STJ em *habeas corpus* que restou assim ementado:

> HABEAS CORPUS. MENOR. GUARDA PROVISÓRIA. COLOCAÇÃO EM FAMÍLIA SUBSTITUTA TEMPORÁRIA. CADASTRO DE ADOÇÃO. ORDEM. OBSERVÂNCIA, VIOLÊNCIA FÍSICA OU PSÍQUICA. INEXISTÊNCIA. PRINCÍPIO DO MELHOR INTERESSE DO MENOR. ACOLHIMENTO INSTITUCIONAL. MEDIDA EXCEPCIONAL. ORDEM CONCEDIDA.

---

[428] BADARÓ, Gustavo Henrique Righi Ivahy. O ônus da prova no *habeas corpus*: *in dubio pro libertate*. Em: PRADO, Geraldo; MALAN, Diogo (Coords.). *Processo penal e democracia*: estudos em homenagem aos 20 anos da Constituição da República de 1988. Rio de Janeiro: Lumen Juris, 2009, p. 248.
[429] NUCCI, Guilherme de Souza. *Manual de processo penal e execução penal*. 12. ed. Rio de Janeiro: Forense, 2015, p. 713.
[430] A competência para processamento e julgamento, neste caso, também será do Tribunal de Justiça, por força do que dispõe o art. 96, III da CR (STJ, RHC 143.384/MA, DJe de 04.05.21; RHC 32.253/SP, DJe de 23.08.13), muito embora tenha prevalecido por muito tempo o entendimento no sentido de que seria do juízo de 1º grau de jurisdição, ao argumento de que o ato requisitório de inquérito policial se exauriria com a sua instauração, assumindo o delegado a qualidade de autoridade coatora daí por diante (STJ, AgRg no REsp 700.115/MT, DJ de 07.11.05).
[431] STJ, AgRg no RHC 148.365/PB, DJe de 28.06.23; AgRg no RHC 158.385/DF, DJe de 28.06.23.

1. Em regra, não é cabível *habeas corpus* como sucedâneo do recurso próprio. Igualmente não se trata do remédio processual cabível para decidir questão acerca de registro civil e guarda de menor.
2. Hipótese, todavia, em que a criança se encontra em poder da família substituta desde os 11 meses de vida (cinco anos e três meses atualmente), o que – ausente indício de que esteja sofrendo algum tipo de violência física ou psicológica – não recomenda sua colocação em abrigo para acolhimento institucional.
3. No caso em exame, a concessão da guarda provisória à família substituta regularmente inscrita e em observância à ordem do cadastro de adoção, é a medida que melhor preserva o interesse do menor, seja em razão do abandono pela genitora, seja em virtude da consolidação da situação, especialmente diante da constatação de que o menor conta atualmente com 5 anos e três meses de idade e está sob o guarda da família substituta desde os onze meses, tem pré-diagnóstico de Transtorno do Espectro Autista, encontra-se acompanhado por equipe multidisciplinar formada profissionais de saúde pagos pelo casal a quem foi concedida a guarda provisória, está regularmente matriculado em instituição de ensino e plenamente adaptado e integrado à nova casa e família extensa.
4. Ordem concedida.
(STJ, HC 797.901/MG, DJe de 05.05.23)

Mas não incorra em equívoco. A tendência é de que haja ampliação das hipóteses de cabimento, não liberação total e indiscriminada de seu uso. Por isso continua sendo impedido que o *habeas corpus* seja utilizado como substituto do recurso adequado ao ataque da decisão proferida no caso concreto. Afinal, ele é uma ação autônoma, não é mesmo? Logo, caso se esteja diante de uma decisão interlocutória que decrete de forma legítima e não abusiva a prisão civil da pessoa que deve alimentos, esta deverá atacá-la por meio do recurso de agravo de instrumento (CPC, art. 1.015, parágrafo único), como visto oportunamente por aqui, resguardando a impetração do *habeas corpus* somente para os casos de ilegitimidade e/ou abusividade,[432] quando será admitida a apresentação de ambos, sem que este acarrete qualquer suspensão ou interrupção do prazo para interposição daquele. As próprias questões atinentes a guarda e direito de convivência com filhos menores, por serem consideradas "temas próprios do Direito das Famílias", não costumam comportar a utilização de *habeas corpus* para sua tutela, sobretudo porque nesta via estreita é inviável a incursão aprofundada nos elementos probatórios, como entende o STJ.[433]

Também descabe sua impetração contra decisão de relator, haja vista a necessidade de a controvérsia ser antes apreciada pelo órgão colegiado, com esgotamento da jurisdição, por aplicação analógica do que enuncia a Súmula n. 691 do STF, segundo a qual "não compete ao Supremo Tribunal Federal conhecer de *habeas corpus* impetrado contra decisão do relator que, em *habeas corpus*' requerido a tribunal superior, indefere a liminar. A mitigação deste entendimento somente é admitida em situações de flagrante ilegalidade

---

[432] STJ, AgRg no HC 553045/GO, DJe de 16.03.20; HC 477.431/RJ, DJe de 1º.02.19.
[433] STJ, AgInt no HC n. 604.160/PB, DJe de 14.10.20.

ou teratologia, pelo fato tantas vezes dito por aqui de o *habeas corpus* poder ser concedido de ofício.[434]

Finalmente, mas obviamente sem encerrar todas as hipóteses possíveis, é preciso mencionar novamente a possibilidade de interposição de recurso simultaneamente à impetração de habeas corpus. É que a Terceira Seção do Superior Tribunal de Justiça firmou o entendimento de que "a interposição do recurso cabível contra o ato impugnado e a contemporânea impetração de *habeas corpus* para igual pretensão somente permitirá o exame do writ se for este destinado à tutela direta da liberdade de locomoção ou se traduzir pedido diverso em relação ao que é objeto do recurso próprio e que reflita imediatamente na liberdade do paciente. Nas demais hipóteses, o *habeas corpus* não deve ser admitido e o exame das questões idênticas deve ser reservado ao recurso previsto para a hipótese, ainda que a matéria discutida resvale, por via transversa, na liberdade individual".[435]

A rigor, portanto, não há impedimento a que pronunciamentos emitidos no primeiro grau de jurisdição se submetam ao "ataque simultâneo" por meio do *habeas corpus* e de recursos, desde que as pretensões e as fundamentações ventiladas em ambos sejam diferentes.

3.1.5 O *HABEAS CORPUS* NAS AÇÕES DE FAMÍLIA E SUCESSÕES

Embora não se preste somente a isso, é inegável que a mais clara hipótese de aplicação do remédio constitucional aqui estudado no âmbito das ações de família e sucessões é o combate da prisão civil decretada de forma ilegal ou abusiva. É que, como se sabe, a única hipótese que ainda admite legitimamente o aprisionamento civil no Brasil é aquela excepcionalmente prevista no art. 5º, LXVII, da CR, segundo o qual "não haverá prisão civil por dívida, salvo a do responsável pelo inadimplemento voluntário e inescusável de obrigação alimentícia." Ainda que isso seja conhecido por muita gente, não custa relembrar que a decretação dessa absolutamente excepcional medida coercitiva exige a prolação de uma decisão fundamentada reconhecendo a presença simultânea de cinco requisitos: a) a existência de uma dívida alimentar propriamente dita; b) a atualidade dessa dívida; c) o seu não pagamento no modo e tempo devidos; d) a voluntariedade e a indesculpabilidade neste inadimplemento, e; e) o requerimento específico de aplicação da medida, por parte do credor ou do membro do Ministério Público, quando couber intervir.

Vejamos uma a uma:

a. A existência de uma dívida alimentar propriamente dita se deve ao fato de que somente os alimentos familiares podem, caso não pagos, comprometer a subsistência do credor. Como resultado, mostrar-se-ia flagrantemente contrário ao direito, logo, atacável por *habeas corpus* qualquer decisão que determinasse, por exemplo, o aprisionamento do devedor:

   a.1 pelo inadimplemento de alimentos compensatórios, veja:

---

[434] Dentre vários: STJ, HC 232.970/SP, *DJe* de 28.08.13.
[435] HC 482.549/SP, *DJe* de 03.04.20.

> CONSTITUCIONAL, PROCESSUAL CIVIL E CIVIL. *HABEAS CORPUS*. EXECUÇÃO DE ALIMENTOS. PRESTAÇÃO ALIMENTÍCIA EM FAVOR DE EX-CÔNJUGE. NATUREZA INDENIZATÓRIA. DÉBITO PRETÉRITO. RITO DA PRISÃO CIVIL. DESCABIMENTO. ORDEM CONCEDIDA.
> O inadimplemento de alimentos compensatórios, destinados à manutenção do padrão de vida de ex-cônjuge em razão da ruptura da sociedade conjugal, não justifica a execução pelo rito da prisão, dada a natureza indenizatória e não propriamente alimentar de tal pensionamento (RHC 117.996/RS, DJe de 8/6/2020).
> (STJ, HC 744.673/SP, DJe de 20.09.22)

a.2 pelo não pagamento da verba correspondente aos aluguéis devidos em razão do exclusivo do único bem imóvel pertencente ao casal:

> RECURSO ORDINÁRIO EM FACE DE DECISÃO DENEGATÓRIA DE *HABEAS CORPUS*. [...] – CONCESSÃO DE ORDEM *EX OFFICIO* – POSSIBILIDADE. MÉRITO – EXECUÇÃO (APENAS) DE VERBA CORRESPONDENTE AOS FRUTOS DO PATRIMÔNIO COMUM DO CASAL A QUE A AUTORA (EXEQUENTE) FAZ JUS, ENQUANTO AQUELE SE ENCONTRA NA POSSE EXCLUSIVA DO EX-MARIDO – VERBA SEM CONTEÚDO ALIMENTAR (EM SENTIDO ESTRITO) – VIÉS COMPENSATÓRIO/INDENIZATÓRIO PELO PREJUÍZO PRESUMIDO CONSISTENTE NA NÃO IMISSÃO IMEDIATA NOS BENS AFETOS AO QUINHÃO A QUE FAZ JUS – RECURSO ORDINÁRIO PROVIDO.
> No caso dos autos, executa-se a verba correspondente aos frutos do patrimônio comum do casal a que a autora faz jus, enquanto aquele se encontra na posse exclusiva do ex-marido. Tal verba, nestes termos reconhecida, não decorre do dever de solidariedade entre os cônjuges ou da mútua assistência, mas sim do direito de meação, evitando-se, enquanto não efetivada a partilha, o enriquecimento indevido por parte daquele que detém a posse dos bens comuns [...];
> A definição, assim, de um valor ou percentual correspondente aos frutos do patrimônio comum do casal a que a autora faz jus, enquanto aquele encontra-se na posse exclusiva do ex-marido, tem, na verdade, o condão de ressarci-la ou de compensá-la pelo prejuízo presumido consistente na não imissão imediata nos bens afetos ao quinhão a que faz jus. Não há, assim, quando de seu reconhecimento, qualquer exame sobre o binômio "necessidade-possibilidade", na medida em que esta verba não se destina, ao menos imediatamente, à subsistência da autora, consistindo, na prática, numa antecipação da futura partilha;
> Levando-se em conta o caráter compensatório e/ou ressarcitório da verba correspondente à parte dos frutos dos bens comuns, não se afigura possível que a respectiva execução se processe pelo meio coercitivo da prisão, restrita, é certo, à hipótese de inadimplemento de verba alimentar, destinada, efetivamente, à subsistência do alimentando.
> (STJ, RHC 28.853/RS, DJe de 12.03.12)

a.3 pelo inadimplemento da quantia referente aos frutos produzidos por seus bens comuns:

> *HABEAS CORPUS*. EXECUÇÃO. ART. 733 DO CÓDIGO DE PROCESSO CIVIL. RENDA LÍQUIDA VINCULADA A FRUTOS DE BENS COMUNS DO CASAL. PRISÃO CIVIL.
> 1. A inadimplência em relação à "parte da renda líquida dos bens comuns, administrados pelo devedor", prevista no art. 4º, parágrafo único, da Lei de Alimentos (Lei nº 5.478/68), por não cuidar de alimentos em sentido estrito, não enseja a prisão civil prevista no art. 733, § 1º, do Código de

Processo Civil. O dispositivo processual deve ser interpretado restritivamente, em consonância com o art. 5º, inciso LXVII, da Constituição Federal, considerando que atinge um direito indisponível do cidadão, a liberdade. Daí podendo ser aplicado, apenas, quando se tratar de alimentos propriamente ditos.
2. *Habeas corpus* concedido.
(STJ, HC 34.049/RS, DJe de 06.09.04)

a.4 pelo não pagamento das custas e honorários advocatícios eventualmente inseridos no cálculo da pensão em atraso:[436]

> *HABEAS CORPUS*. PRISÃO CIVIL. PENSÃO ALIMENTÍCIA. EXECUÇÃO. INCLUSÃO DE HONORÁRIOS ADVOCATÍCIOS. VALOR CONSTANTE NO MANDADO PRISIONAL A DESCONSIDERAR DECISÃO TRANSITADA EM JULGADO QUE REVISOU O VALOR DA PRESTAÇÃO [...].
> Inadmissível que se incluam, sob o procedimento pelo qual há a ameaça de constrição à liberdade do devedor de alimentos, disciplinado no art. 733 do CPC, verbas estranhas à pensão alimentícia objeto de cobrança, como as custas processuais e os honorários de advogado, crédito para o qual o sistema legal prevê instrumentos próprios de realização que não o violento expediente da prisão civil por dívida [...].
> Ordem parcialmente concedida.
> (STJ, HC 224.769/DF, DJe de 17.02.12)

a.5 e pelo não pagamento de alimentos indenizatórios em geral:

> EMENTA *HABEAS CORPUS*. PRISÃO CIVIL. FIXAÇÃO DE ALIMENTOS PROVISÓRIOS EM AÇÃO FUNDADA EM RESPONSABILIDADE CIVIL. HOMICÍDIO. ACIDENTE DE TRÂNSITO. ALIMENTOS INDENIZATÓRIOS. IMPOSSIBILIDADE DE ENCARCERAMENTO. PRISÃO CIVIL RESTRITA AO INADIMPLEMENTO VOLUNTÁRIO E INESCUSÁVEL DE ALIMENTOS DECORRENTES DE DIREITO DE FAMÍLIA.
> 1. A prisão civil, autorizada de forma excepcional pelo inciso LXV do art. 5º da CF e pelo art. 7º da Convenção Americana de Direitos Humanos, é restrita tão somente ao inadimplemento voluntário e inescusável da obrigação alimentar decorrente de relação familiar.
> 2. No seio das relações familiares, os alimentos constituem instrumento essencial à manutenção da subsistência digna e da própria vida do alimentado.
> 3. Pensão decorrente da responsabilidade, com natureza indenizatória, cujo fundamento não deriva da possibilidade do devedor, mas da própria extensão do dano causado pelo ato ilícito, servindo apenas de parâmetro para se alcançar a reparação integral a que alude o art. 944 do Código Civil.
> 4. Impossibilidade de prisão civil pelo inadimplemento de alimentos indenizatórios.
> (STJ, HC 708.634/RS, DJe de 09.05.22)

b. A atualidade da dívida é exigida porque apenas os alimentos considerados "atuais", isto é, correspondentes às três últimas prestações vencidas antes da cobrança – e, obviamente, as que se vencerem durante o curso do processo –,[437] repercutem diretamente sobre a sobrevivência do alimentado, já que aquelas vencidas há mais tempo perdem esse caráter, transmudando-se em prestações pretéritas,[438] logo, de natureza

---
[436] Atenção, contudo, para não tentar atacar a decisão que determina a cobrança de custas isoladamente, pois a Súmula n. 395 do STF dispõe que: "não se conhece de recurso de *habeas corpus* cujo objeto seja resolver sobre o ônus das custas, por não estar mais em causa a liberdade de locomoção."
[437] STJ, REsp 1.219.522/MG, DJe de 21.10.15; AgRg no AREsp 333.925/MS, DJe de 12.12.14.
[438] STJ, REsp 1.410.815/SC, DJe de 23.9.16; AgRg no HC 302.217/SE, DJe de 10.10.14.

indenizatória, cujo tratamento já foi mencionado no tópico acima. Eliminando qualquer dúvida porventura existente sobre o tema, a Súmula n. 309 do STJ enuncia que "o débito alimentar que autoriza a prisão civil do alimentante é o que compreende as três prestações anteriores ao ajuizamento da execução e as que se vencerem no curso do processo", o que veio a ser praticamente repetido pelo § 7º do art. 528, segundo o qual "o débito alimentar que autoriza a prisão civil do alimentante é o que compreende até as 3 (três) prestações anteriores ao ajuizamento da execução e as que se vencerem no curso do processo."

A transcrição da Súmula acima referida torna desnecessária a menção a qualquer outro julgado, devido ao fato de ela própria ser um precedente qualificado, logo, de observância obrigatória por todo o Poder Judiciário (CPC, art. 927, IV).

Só é preciso atenção ao fato de que não é necessário que o atraso some 03 prestações para que se possa requerer a prisão civil do devedor. Como deixa claro a redação do § 7º do art. 528 do CPC, o não pagamento de "até" três prestações autoriza o aprisionamento, o que leva à inexorável conclusão de que, apesar de existir um limite máximo de prestações pretéritas condicionando a decretação da prisão civil, não existe um limite mínimo, permitindo-se que o interessado a requeira para buscar o pagamento de apenas uma ou duas prestações inadimplidas, como, de resto, é o entendimento absolutamente pacífico tanto na literatura (Enunciado n. 147 da II JDPC/CJF),[439] quando na jurisprudência do Superior Tribunal de Justiça, que, de forma absolutamente tranquila, admite que "o atraso de uma só prestação alimentícia, desde que atual, ou seja, compreendida entre as três últimas devidas, já autoriza o pedido de prisão do devedor",[440] e que nem mesmo o adimplemento substancial da dívida é suficiente para elidi-la, se não houver a efetiva quitação.[441]

Para finalizar a análise desse requisito, apenas faço questão de realçar que, assim como fiz em meu *Manual de Direito Processual das Famílias*, no dia a dia do foro, as pessoas costumam dizer que o que autoriza o aprisionamento é a inadimplência de até *três meses* antes do início da execução ou do cumprimento, quando, na verdade, o período de inadimplemento que possibilita o emprego da prisão civil não é contado em meses, mas sim em número de *prestações* em atraso, como deixam claro os textos do art. 528, § 7º, do CPC[442] e da Súmula n. 309 do Superior Tribunal de Justiça.[443] O tempo de prisão, sim, é estabelecido entre *um e três meses* (CPC, art. 528, § 3º). Em sendo fixado qualquer prazo inferior ao máximo, nada impede que o juiz, diante da renitência do devedor em pagar mesmo depois de ter sido preso, renove o prazo de prisão por mais tempo, até se atingir o limite máximo de 3 meses por cada débito cobrado até então, desde que o faça por meio de decisão fundamentada e em atenção a requerimento específico do credor.[444]

---

[439] JDPC/CJF, Enunciado n. 147: "Basta o inadimplemento de uma parcela, no todo ou em parte, para decretação da prisão civil prevista no art. 528, § 7º, do CPC."
[440] STJ, AgRg no AREsp 561.453/SC, DJe de 27.10.15; RHC 56.773/PE, DJe de 10.08.15; HC 180.099/SP, DJe de 29.08.11.
[441] STJ, HC 536.544/SP, DJe de 26.02.20; HC 439.973/MG, DJe de 04.09.18; RHC 104.119/RJ, DJe de 20.11.18.
[442] CPC, art. 528, § 7º: "O débito alimentar que autoriza a prisão civil do alimentante é o que compreende até as 3 (três) prestações anteriores ao ajuizamento da execução e as que se vencerem no curso do processo."
[443] STJ, Súm. n. 309. "O débito alimentar que autoriza a prisão civil do alimentante é o que compreende as três prestações anteriores ao ajuizamento da execução e as que se vencerem no curso do processo."
[444] STJ, REsp 1.698.719/SP, j. em 22.11.17; HC 297.792/SP, DJe de 21.11.14; HC 163.751/MT, DJe de 1º.07.10.

c. No que toca ao não pagamento da dívida no modo e tempo devidos, é preciso atenção para o seguinte: de acordo com o art. 394 do Código Civil, "considera-se em mora o devedor que não efetuar o pagamento e o credor que não quiser recebê-lo no tempo, lugar e forma que a lei ou a convenção estabelecer". E, como a obrigação alimentar é, normalmente, positiva (representada por um dar ou um fazer) não é preciso qualquer interpelação prévia para a sua constituição em mora, bastando o mero inadimplemento (CC, art. 397, *caput*). No entanto, o que não pode ser esquecido é que, no Brasil, a regra geral é no sentido de que o patrimônio do devedor, isto é, os seus bens atuais e futuros respondam por suas dívidas, e não o seu corpo (CPC, art. 789). Somente no caso de estes serem insuficientes para a cobertura do débito ou não serem localizados é que as particularidades inerentes aos alimentos excepcionalmente autorizam que o seu próprio corpo tenha a liberdade privada, e, ainda assim, momentaneamente. Por isso, é absolutamente necessário que o devedor seja convocado pelo Poder Judiciário para, em primeiro lugar, pagar a dívida ou apresentar justificação no prazo de 03 dias úteis (CPC, arts. 528, *caput* e § 3°, e 911, parágrafo único, c/c art. 219, parágrafo único). Isso porque, não custa relembrar, a prisão civil não é medida de viés punitivo-sancionatório, mas sim de índole civil-coercitivo, como, aliás, entende de forma absolutamente pacífica o Superior Tribunal de Justiça, veja:

> RECURSO ORDINÁRIO EM *HABEAS CORPUS*. PRISÃO CIVIL. EXECUÇÃO DE ALIMENTOS. DECRETO DE PRISÃO. DÍVIDA PRETÉRITA ACUMULADA EM RAZÃO DE DESEMPREGO. PAGAMENTO PARCIAL DA PENSÃO DURANTE TODO O PERÍODO DE DESEMPREGO. ATUAL ADIMPLEMENTO DA PENSÃO REDUZIDA EM AÇÃO REVISIONAL. RECURSO PROVIDO. ORDEM CONCEDIDA. LIMINAR CONFIRMADA.
> A prisão civil do devedor de alimentos, com fundamento no art. 528, § 3°, do CPC/2015 (art. 733, parágrafo único, do CPC/1973), não é pena ou sanção, mas técnica jurisdicional, de natureza excepcional, voltada ao cumprimento da obrigação pecuniária, não se justificando quando for ineficaz para compelir o devedor a satisfazer integralmente o débito que se avolumou de forma significativa [...].
> Recurso ordinário provido para conceder a ordem de *habeas corpus*.
> (STJ, RHC 176.091/RJ, DJe de 04.05.23)

d. A voluntariedade e a indesculpabilidade neste inadimplemento são exigidas porque existem situações que não só influenciam, mas verdadeiramente condicionam o elemento volitivo do devedor, impossibilitando-o de pagar a dívida no modo e tempo devidos. A propósito, observe:

> CONSTITUCIONAL. *HABEAS CORPUS*. PRISÃO CIVIL. EXECUÇÃO DE ALIMENTOS. SÚMULA 691/STF. MITIGAÇÃO. EXCEPCIONALIDADE. DÍVIDA RELATIVA ÀS TRÊS ÚLTIMAS PRESTAÇÕES ANTERIORES À EXECUÇÃO E PRESTAÇÕES VINCENDAS NO CURSO DO PROCESSO. DESEMPREGO. DÍVIDA ELEVADA. AFASTAMENTO DO DECRETO PRISIONAL (CPC, ART. 528, § 2°). ORDEM CONCEDIDA [...].
> 4. Embora incontroversa a dívida, não se verifica a voluntariedade e o caráter inescusável do inadimplemento, diante da incapacidade financeira do paciente para o pagamento total dos alimentos, visto que está desempregado desde 2017 e exerce profissão informal singela, entregador por aplicativos (iFood, Rappi e similares), percebendo ganhos insuficientes até mesmo para a própria subsistência.
> 5. Diante de tais circunstâncias, verifica-se que o inadimplemento não se apresenta inescusável e voluntário, assim como previsto na Constituição Federal, em seu art. 5°, LXVII, para admitir, excepcionalmente, a prisão civil do devedor de alimentos.
> 6. Ordem concedida. Liminar confirmada.

(STJ, HC 788.759/SP, DJe de 18.04.23)
HABEAS CORPUS. PRISÃO CIVIL. EXECUÇÃO DE ALIMENTOS. DÍVIDA RELATIVA ÀS TRÊS ÚLTIMAS PRESTAÇÕES ANTERIORES À EXECUÇÃO E PRESTAÇÕES VINCENDAS NO CURSO DO PROCESSO.DESEMPREGO. AFASTAMENTO DO DECRETO PRISIONAL (CPC, ART.528, § 2°). ORDEM CONCEDIDA. [...]
Os autos comprovam que o paciente passou por longo período de desemprego, razão pela qual não teve como cumprir a obrigação nos termos em que avençada, realizando pagamentos apenas parciais, e que, atualmente, não obstante empregado como auxiliar administrativo, recebe apenas o equivalente a um salário mínimo mensal, não se encontrando em condições de quitar a dívida pretérita, acumulada em R$ 17.411,99 [...]. Diante de tais circunstâncias, verifica-se que o inadimplemento não se apresenta inescusável e voluntário, assim como previsto na Constituição Federal, em seu art. 5°, LXVII, para admitir, excepcionalmente, a prisão civil do devedor de alimentos.
Ordem concedida.
(STJ, HC 472.730/SP, DJe de 19.12.18)

e. Finalmente, a necessidade de provocação por parte do interessado ou do Ministério Público, quando couber intervir, se deve à circunstância de que a execução civil se move no interesse do credor (CPC, art. 797), o qual deve tomar iniciativa a respeito, sendo vedada a atuação de ofício do juiz (CPC, arts. 523, *caput* e 528). Tanto é assim que o próprio credor tem a opção de instaurar o procedimento executivo que mais lhe interessar (CPC, art. 528, § 8°), de fazer diversos negócios jurídicos processuais envolvendo o não aprisionamento (prisão civil negociada – CPC, art. 190), de requerer a medida executiva que lhe parecer mais conveniente, dentro de sua livre escolha e de desistir de toda medida executiva e até da própria execução (CPC, art. 775), numa clara mostra de que o princípio dispositivo, que rege o processo civil brasileiro, obviamente também disciplina a execução de alimentos (CPC, art. 2°).

A propósito, veja:

HABEAS CORPUS. PRISÃO CIVIL. DÉBITO ALIMENTAR. IMPOSSIBILIDADE FINANCEIRA. MATÉRIA PROBATÓRIA.
A prisão civil de devedor de pensão alimentícia é cabível quando a cobrança se refere às três últimas parcelas em atraso, anteriores à citação, e as que lhes são subsequentes. Não comprovado o pagamento destas, não se apresenta ilegal o decreto prisional.
Requerida pelo Ministério Público Estadual a prisão civil do devedor, não se há de falar em prisão de ofício.
Recurso ordinário desprovido.
(STJ, RHC 14.813/MA, DJ de 25.02.04)

Em qualquer caso, o pronunciamento que decretar a prisão precisa ser adequadamente fundamentado na forma do art. 489 do CPC, não sendo admitidas decisões genéricas do tipo "não paga a pensão, decreto a prisão por 03 meses", porque cada caso precisa ser considerado em suas particularidades, devendo o órgão julgador, por isso, promover a análise detalhada e fundamentada da matéria relevante ao deslinde da controvérsia, de modo coerente para que o tempo de prisão seja fixado de forma compatível e equalizada, por exemplo, com o número de prestações alimentares devidas, com as condições pessoais das pessoas envolvidas, com a maior ou menor aptidão para atingir a finalidade a que se destina, enfim. Embora não equivalha à uma sanção, tampouco se equipare à prisão penal, parece ser preciso que a prisão civil seja precedida de uma operação em tudo assemelhada à dosimetria exigida pela ciência processual penal antes da aplicação da pena (CP, arts. 59 e 68).[445] Do contrário, a decisão correspondente será considerada nula por falta de fundamentação (CPC, art. 489, § 1º), podendo ser atacada pela via do *habeas corpus*, como demonstra o julgado abaixo transcrito:

> HABEAS CORPUS. PRISÃO CIVIL. EXECUÇÃO DE ALIMENTOS. FILHOS MENORES DE IDADE. DECRETO DE PRISÃO. FALTA DE FUNDAMENTAÇÃO. NULIDADE. DÉBITO PRETÉRITO (SÚMULA 309/STJ). AFASTAMENTO DO DECRETO PRISIONAL. ORDEM CONCEDIDA.
> A decisão que mantém o decreto de prisão civil do devedor de prestação alimentícia deve ser devidamente fundamentada, nos termos dos arts. 5º, LXVII, e 93, IX, da Constituição Federal.
> Na hipótese, verifica-se que a decisão do Tribunal de origem é genérica, pois não identifica o que está sendo refutado, nem enfrenta os argumentos deduzidos pelo paciente, suficientes para, em tese, infirmar a conclusão adotada pelo julgador.
> Nos termos do art. 528, § 7º, do CPC/2015 e da Súmula 309/STJ, "O débito alimentar que autoriza a prisão civil do alimentante é o que compreende até as 3 (três) prestações anteriores ao ajuizamento da execução e as que se vencerem no curso do processo", o que não ocorre na presente hipótese.
> Diante de tais circunstâncias, o encarceramento do devedor revela-se ilegal e indevido, fugindo aos objetivos da medida excepcional da prisão civil.
> Ordem de *habeas corpus* concedida. Liminar confirmada.
> (STJ, HC 724.419/MT, DJe de 01.07.22)

Muito embora tudo isso interesse muito mais ao Direito das Famílias, não se pode eliminar por completo o cabimento do *habeas corpus* no Direito das Sucessões. É que, diante do falecimento da pessoa do alimentante, a *responsabilidade pelo pagamento* daquilo que já era por ele devido é transmitida ao espólio (CPC, art. 796), o que poderia levar alguns a acreditar que o inventariante poderia ser concitado a pagar a dívida sob risco de prisão civil. No entanto, isso não seria cabível, já que o inventariante atua na condição de mero representante e administrador do espólio (CPC, arts. 75, VII, e 618, I e II), veja:

> HABEAS CORPUS. DÉBITO ALIMENTAR DO FALECIDO. OBRIGAÇÃO PERSONALÍSSIMA. INVENTARIANTE. PRISÃO CIVIL. ILEGALIDADE. CONCESSÃO DA ORDEM.
> 1. A inventariante não é devedora dos valores que cabia ao falecido prover ao seu filho, obrigação de natureza personalíssima, e nem detém a livre disponibilidade dos bens do espólio, sujeitos à decisão do juízo de inventário, donde a manifesta ilegalidade da ordem de prisão.
> 2. Ordem concedida.
> (STJ, HC 268.517/MT, DJe de 03.02.14)
>
> HABEAS CORPUS. DIREITO DE FAMÍLIA. ALIMENTOS. EXECUÇÃO. ESPÓLIO. RITO DO ART. 733 DO CPC. DESCUMPRIMENTO. PRISÃO CIVIL DO INVENTARIANTE. IMPOSSIBILIDADE.

---

[445] D'ALESSANDRO, Gustavo. A "dosimetria" do prazo de prisão civil: uma reflexão necessária. Em: PORTANOVA, Rui; CALMON, Rafael; D'ALESSANDRO, Gustavo (Coords.) *Direito de família conforme interpretação do STJ: alimentos: aspectos processuais*. São Paulo: Foco, 2023.

1. Malgrado a divergência doutrinária e jurisprudencial sobre o alcance da alteração sobre o tema no âmbito do Código Civil de 2002, e apesar de sua natureza personalíssima, o fato é que previu o novo Código que "a obrigação de prestar alimentos transmite-se aos herdeiros do devedor" (art. 1.700), não podendo a massa inventariada nem os herdeiros, contudo, responder por valores superiores à força da herança, haja vista ser a dívida oriunda de obrigação pretérita do morto e não originária daqueles (arts. 1.792 e 1.997 e En. 343 do CJF).
2. Nessa ordem de ideias, e seja qual for a conclusão quanto a transmissibilidade ou não da obrigação alimentar, não parece possível a decretação de prisão civil do inventariante do Espólio, haja vista que a restrição da liberdade constitui sanção também de natureza personalíssima e que não pode recair sobre terceiro, estranho ao dever de alimentar, como sói acontecer com o inventariante, representante legal e administrador da massa hereditária.
3. De fato, "a prisão administrativa atinge, apenas, ao devedor de alimentos, segundo o art. 733, § 1º, do CPC, e não a terceiros" e em sendo o inventariante um terceiro na relação entre exequente e executado – ao espólio é que foi transmitida a obrigação de prestar alimentos (haja vista o seu caráter personalíssimo) – "configura constrangimento ilegal a coação, sob pena de prisão, a adimplir obrigação do referido espólio, quando este não dispõe de rendimento suficiente para tal fim" (CAHALI, Yussef Said. Dos alimentos. São Paulo: Editora Revista dos Tribunais, 2006, p. 750-751).
4. Na hipótese, a verba alimentar foi estabelecida com base nas necessidades do alimentando e nas extintas possibilidades do alimentante, falecido, e não em virtude das forças da herança, não se sabendo, ao certo, se o monte-mor tem quantias em dinheiro ou rendimentos pecuniários para a mantença dos mesmos patamares. Além disso, há uma nova situação pessoal do alimentado, que pode ter sofrido grande alteração em decorrência de sua participação na própria herança, ficando alterados o binômio necessidade/possibilidade – que deve nortear o pagamento de alimentos.
5. Há considerar, ainda, que o próprio herdeiro pode requerer pessoalmente ao juízo, durante o processamento do inventário, a antecipação de recursos para a sua subsistência, podendo o magistrado conferir eventual adiantamento de quinhão necessário à sua mantença, dando assim efetividade ao direito material da parte pelos meios processuais cabíveis, sem que se ofenda, para tanto, um dos direitos fundamentais do ser humano, a sua liberdade; ademais, caso necessário, pode o juízo destituir o inventariante pelo descumprimento de seu múnus.
6. Não se pode deixar de levar em conta – o que é incontroverso nos autos – que o alimentado goza de pensão previdenciária, além de ter recebido, no curso do inventário, crédito de R$ 48.000,00 (quarenta e oito mil reais) decorrente de reclamação trabalhista proposta pelo espólio e que não foi devidamente habilitado na massa hereditária (motivo que ensejou a destituição da herdeira Emmanuela da inventariança); o que, por si só, poderia ensejar a exoneração ou redução da obrigação alimentar.
7. Ordem de *habeas corpus* concedida.
(STJ, HC 256.793/RN, DJe de 15.10.13)

Enfim! Qualquer que seja o caso ou a origem da decisão de primeiro grau, se nela for verificada, em tese, alguma ilegalidade ou abuso de poder por parte da autoridade coatora, o *habeas corpus* pode ser impetrado até de forma preventiva e simultânea à interposição do recurso cabível (agravo de instrumento ou apelação),[446] mesmo que o decreto prisional sequer tenha sido expedido, como entende de forma tranquila o STJ.[447]

3.2 A AÇÃO ANULATÓRIA DE PARTILHA AMIGÁVEL

Ao homologar a declaração de vontade das pessoas a respeito da partilha dos bens a que façam jus, o órgão julgador profere uma sentença de mérito imprópria, como já analisado na Parte I deste livro (CPC, arts. 487, III, *b*). Isso, independentemente do fato de o acordo ter sido celebrado em juízo ou fora dele. Nesses casos, não há genuíno julgamento, mas meramente a verificação do cumprimento dos requisitos exigidos por lei para a perfectibilização do negócio jurídico a ser homologado. Típica atividade de jurisdição voluntária, portanto.

Por razões diversas, contudo, algumas dessas declarações de vontade acabam sendo homologadas mesmo sem terem preenchido os requisitos impostos por lei, tornando-se passíveis, assim, de ser invalidadas oportunamente. Seria exemplificar com uma partilha amigável que tivesse sido obtida com base em coação (CC, art. 151).

Em razão de a declaração de vontade homologada estar contaminada com um defeito capaz de acarretar a sua invalidação, os recursos acabam se mostrando imprestáveis para tal fim, pelo fato de não se destinarem ao ataque de pronunciamentos meramente homologatórios.[448] Por sua vez, o fato de esse tipo de pronunciamento não ser acobertado pela coisa julgada material, inviabiliza a utilização da ação rescisória, como, aliás, veda expressamente a lei (CPC, art. 966, *caput* e § 4º).[449] Finalmente, por não se tratar de mero erro de fato na descrição dos bens e de não contar com a anuência de todas as partes, não se poderia falar na sua mera retificação pelo juízo prolator, na forma autorizada pelo art. 656 do CPC.

É aí que surge a ação anulatória ora estudada, cujos contornos serão conhecidos com mais atenção nos tópicos seguintes.

3.2.1 HIPÓTESES DE CABIMENTO DA AÇÃO ANULATÓRIA DE PARTILHA AMIGÁVEL

Ao contrário do que se possa acreditar em um primeiro momento, o objetivo da ação anulatória não é atacar o *pronunciamento judicial* homologatório, mas o *ato* por ele homologado (CC, art. 2.015).[450] São coisas completamente diferentes. É o *ato* praticado pelas pessoas, por ser viciado, que acaba sendo atacado e eventualmente por ela eliminado do mundo jurídico, e não o *pronunciamento judicial* responsável por sua homologação, que nada mais fez do que chancelar a vontade viciada. Tanto é assim que mesmo partilhas amigáveis celebradas

---

[446] Em antigo, mas ainda aplicável julgado, o STJ decidiu que "a previsão de agravo de instrumento como meio bastante para impedir a prisão civil do devedor de alimentos não lhe suprime o direito ao *habeas corpus*, que é garantia constitucional, insuscetível à limitações de prazo" (RHC 19.521/MG, DJ de 30.06.06).
[447] STJ, RHC 159.353/CE, DJe de 17.2.22; HC 469.675/GO, DJe de 20.11.18.
[448] STJ, REsp 695.140/MG, j. em 01.09.09. Mas, na literatura, é possível encontrar quem defenda o cabimento de apelação contra sentenças meramente homologatórias, como é o caso de: DELLORE, Luiz. Comentários ao art. 966. In: GAJARDONI, Fernando da Fonseca [et ali.]. *Comentários ao código de processo civil*. 5. ed. Rio de Janeiro: Forense, 2022. Seria exemplificar com a sentença que homologasse plano de partilha a respeito da qual houvesse discordância por um dos envolvidos ou que contemplasse herdeiro criança sem que fosse ouvido previamente o MP, ou, ainda, que não tivesse sido precedida da intimação de todos os herdeiros.
[449] O STJ é absolutamente pacífico a este respeito. Dentre vários: AgInt no AgInt no AREsp 2.110.096/SP, DJe de 29.09.22.
[450] CC, art. 2.015. "Se os herdeiros forem capazes, poderão fazer partilha amigável, por escritura pública, termo nos autos do inventário, ou escrito particular, homologado pelo juiz."

no âmbito extrajudicial e não submetidas à homologação por juízes podem ser anuladas por esse tipo de demanda.

Chamando atenção para esse ponto, Rodrigo Mazzei[451] adverte que "o ambiente em que se dê a realização da partilha amigável é absolutamente irrelevante", pois o que se leva em consideração para essa demanda é "a natureza do ato material realizado, quer dizer, a partilha sucessória."

Por isso, a sua causa de pedir sempre se fundamenta em pelo menos uma das hipóteses de invalidação dos negócios jurídicos previstas nos arts. 104, 138/165 e 171/184 do Código Civil, como a incapacidade relativa das pessoas, a coação e o dolo.

Só esteja atento ao seguinte: a denominação da ação é algo irrelevante para a ciência processual, pois o que realmente importa é o pedido nela deduzido e sua interpretação com o que tenha sido exposto em sua causa de pedir, os quais, inclusive, conformarão o procedimento a lhe ser empregado. No entanto, anulação ou invalidação é gênero compreensivo de duas espécies: a *nulidade relativa* (anulabilidade) e a *nulidade absoluta* (nulidade). E essas são circunstâncias que modificam a causa de pedir e o pedido. Por isso, vale a advertência feita por Luiz Paulo Vieira de Carvalho,[452] no sentido de que, se o ato que se pretenda invalidar estiver viciado pela incapacidade relativa do agente (CC, art. 4º) ou por vícios do consentimento – tais como o erro essencial (CC, arts. 138/144), o dolo (CC, arts. 145/150) ou a coação (CC, arts. 151/155) –, a hipótese será de *nulidade relativa* (CC, art. 171), impondo que o pedido seja de "anulabilidade da partilha". Por outro lado, se o negócio homologado estiver contaminado pela incapacidade absoluta do agente (CC, art. 3º) ou pela simulação (CC, art. 167), ou, ainda, se incluir pessoa que não é herdeira como se fosse, a hipótese será de *nulidade absoluta* (CC, arts. 166 e 167), o que fará com que o pedido seja de "nulidade da partilha".[453]

Em qualquer caso, a sentença produzirá efeitos retroativos (*ex tunc*) à data da celebração do negócio, implicando o retorno das pessoas ao estado em que anteriormente a ele se encontravam (CC, art. 182).

Longe de representar situação de interesse meramente acadêmico, as consequências práticas dessa distinção são importantíssimas, notadamente no que diz respeito ao prazo de ajuizamento, como se verá em instantes.

Versando a respeito dessa ação, o art. 657 do Código de Processo Civil dispõe que:

> Art. 657. A partilha amigável, lavrada em instrumento público, reduzida a termo nos autos do inventário ou constante de escrito particular homologado pelo juiz, pode ser anulada por dolo, coação, erro essencial ou intervenção de incapaz, observado o disposto no § 4º do art. 966.
> Parágrafo único. O direito à anulação de partilha amigável extingue-se em 1 (um) ano, contado esse prazo:
> I – no caso de coação, do dia em que ela cessou;

---

[451] MAZZEI, Rodrigo Reis. Comentários ao art. 657. Em: GOUVÊIA. José Roberto F. (coord.) [et al]. *Comentários ao Código de Processo Civil.* v. XII (arts. 610 a 673): do inventário e da partilha. São Paulo: Saraivajur, 2023.
[452] CARVALHO, Luiz Paulo Vieira de. *Direito das sucessões.* 4. ed. São Paulo: Atlas, 2019, p. 1.014.
[453] Exatamente neste sentido: STJ, AgInt no AREsp 226.991/SP, DJe de 13.11.17.

II – no caso de erro ou dolo, do dia em que se realizou o ato;
III – quanto ao incapaz, do dia em que cessar a incapacidade.

E, conferindo o reforço necessário a essa disposição, o art. 2.027 do Código Civil enuncia que:

> Art. 2.027. A partilha é anulável pelos vícios e defeitos que invalidam, em geral, os negócios jurídicos.
> Parágrafo único. Extingue-se em um ano o direito de anular a partilha.

Perceba que o legislador, propositalmente, limitou o emprego da ação anulatória de partilha amigável ao âmbito do direito sucessório, pois ambos os dispositivos acima referidos se encontram inseridos em capítulos destinados ao tratamento jurídico deste tipo específico de direito.

Logo, caso haja vícios ou defeitos capazes de invalidar o acordo homologado – e não a sentença homologatória em si –, é cabível a ação anulatória prevista pelo art. 657 do CPC, a ser proposta: I) no prazo de 01 ano contado: a) no caso de coação, do dia em que ela cessou; b) no caso de erro ou dolo, do dia em que se realizou o ato, e; c) quanto ao incapaz, do dia em que cessar a incapacidade, e; II) no prazo de 10 anos quando se tratar de *nulidade absoluta* (CC, art. 205).[454]

O mais curioso a respeito desses prazos é que, quando se trata de ação anulatória de partilha homologada por sentença, parece prevalecer a orientação no sentido de que sua contagem somente tenha início a partir do trânsito em julgado desse pronunciamento, e, ainda assim, observando-se o que dispõe os artigos 198, I, e 208 do Código Civil, quando a invalidação tiver por fundamento a incapacidade civil.[455]

Todos esses prazos são decadenciais, não se podendo falar em prescrição caso a demanda não seja proposta oportunamente.

Seja como for, o prazo ânuo acima referido e sua contagem se aplicam apenas aos herdeiros que tiverem participado do processo ou do acordo extrajudicial. Aos que não tenham participado, e, por isso, tenham sido preteridos, o prazo é de 10 anos, na forma do art. 205 do CC. Deve-se estar redobradamente atento quando essa preterição envolver herdeiro necessário cuja filiação ainda não era reconhecida ao tempo da liberalidade, porque o STJ entende que o prazo para que ele busque a nulidade da partilha e eventualmente reivindique a sua parte na herança se inicia antes mesmo do trânsito em julgado da sentença a ser proferida na ação de investigação de paternidade que vier a confirmada a sua condição de herdeiro. Isto porque, de acordo com a tese firmada no Tema Repetitivo n. 1200, "o prazo prescricional para propor ação de petição de herança conta-se da abertura da sucessão, cuja fluência não é impedida,

---

[454] Na literatura: PINHO, Humberto Dalla Bernardina de. *Manual de direito processual civil contemporâneo*. 5. ed., São Paulo: SaraivaJur, 2023, p. 789; COSTA-NETO, João; OLIVEIRA Carlos E. Elias de. *Direito civil*: volume único. 2. ed. Rio de Janeiro: Método, 2023, p., 1.601; CARVALHO, Dimas Messias de. *Direito das sucessões*: inventário e partilha. 7. ed. São Paulo: Saraivajur, 2023, p. 371. No STJ: AgInt no AREsp 1.701.665/RS, DJe de 26.09.22..

[455] CARVALHO, Luiz Paulo Vieira de. *Direito das sucessões*. 4. ed. São Paulo: Atlas, 2019, p. 1.014; RIZZARDO, Arnaldo. *Direito das sucessões*. 11. ed. Rio de Janeiro: Forense, 2019, p. 556; FARIAS, Cristiano Chaves de; ROSENVALD, Nelson. *Curso de direito civil*: sucessões. 6. ed. Salvador: JusPodivm, 2020, p. 634; FPPC, Enunciado n. 138: "A partilha amigável extrajudicial e a partilha amigável judicial homologada por decisão ainda não transitada em julgado são impugnáveis por ação anulatória".

suspensa ou interrompida pelo ajuizamento de ação de reconhecimento de filiação, independentemente do seu trânsito em julgado".

3.2.2 O PROCEDIMENTO DA AÇÃO ANULATÓRIA DE PARTILHA AMIGÁVEL

A ação anulatória de partilha amigável se processa pelo rito comum. A competência para seu processamento e julgamento é do juízo responsável pela homologação da partilha amigável, por se tratar de demanda acessória à ação primitiva (CPC, art. 61).

O prazo de decadência para seu ajuizamento é de 01 ano para os herdeiros que tenham participado do processo ou do acordo (CPC, art. 657, parágrafo único), e, de 10 anos para os que não tenham participado e para os casos de nulidade absoluta do negócio jurídico subjacente (CC, art. 205), conforme visto há pouco, sempre contado do trânsito em julgado da sentença homologatória, se esta for a hipótese, é claro.

A petição inicial deve conter exposição detalhada do vício que supostamente inquina o acordo, arrolando no polo passivo todas as pessoas que tenham participado do processo primitivo e/ou contempladas pela partilha.

Durante a instrução, todas as provas legalmente admitidas pelo ordenamento jurídico brasileiro podem ser utilizadas para a comprovação dos fatos.

Ao final, caso reconheça e pronuncie a invalidade, o juiz anulará o ato da partilha amigável e não a sentença homologatória, a qual, contudo, restará esvaziada simplesmente por não ter mais o que homologar. A sentença, como visto, terá eficácia retroativa à data da celebração do negócio (CC, art. 182).

No essencial, era o que havia de ser dito sobre o rito desta demanda. O que mais importa, agora, é traçar as suas distinções para com as demandas afins.

3.2.3 AÇÃO ANULATÓRIA DE PARTILHA AMIGÁVEL X AÇÃO RESCISÓRIA DE PARTILHA JULGADA

Enquanto o art. 657 versa a respeito da ação anulatória de partilha amigável, o art. 658 disciplina a ação rescisória da partilha que tenha sido efetivamente decidida pelo órgão julgador, ao dispor que:

> Art. 658. É rescindível a partilha julgada por sentença:
> I – nos casos mencionados no art. 657;
> II – se feita com preterição de formalidades legais;
> III – se preteriu herdeiro ou incluiu quem não o seja.

Aqui, portanto, o caso é justamente de não ter havido acordo entre as partes, na forma permitida pelo art. 2.015 do Código Civil, daí advindo a necessidade de efetivo julgamento pelo juízo (sentença de mérito própria), na forma do art. 2.016 do mesmo diploma,[456] a qual naturalmente também pode conter vícios, como, por exemplo, ter sido proferida por força de prevaricação, concussão

---
[456] CC, art. 2.016. "Será sempre judicial a partilha, se os herdeiros divergirem, assim como se algum deles for incapaz."

ou corrupção do juiz, ou, ainda, prolatada por juiz impedido ou por juízo absolutamente incompetente.⁴⁵⁷ Por isso, o que é atacado neste caso é o próprio pronunciamento judicial acobertado pela coisa julgada, nos moldes admitidos pelo art. 996 do Código de Processo Civil.⁴⁵⁸

Quando instado a se pronunciar sobre as diferentes hipóteses de cabimento dessas ações, o Superior Tribunal de Justiça deixou clara sua orientação no sentido de que "a análise da ação adequada à invalidação da partilha tem por pressuposto a análise do conteúdo e dos limites da sentença proferida nos autos do inventário: se homologada, simplesmente, a partilha, mesmo que para aprovar o plano apresentado pelo inventariante, mas desde que ausente litigiosidade, deve-se ajuizar a ação anulatória; se, ao revés, na sentença forem resolvidas questões suscitadas pelos interessados quanto à divisão de bens e/ou à admissão de herdeiros, cabível é a ação rescisória".⁴⁵⁹ Em outra oportunidade, mais recente, a Corte voltou a ser bastante didática ao afirmar que "na forma da jurisprudência do STJ, 'é cabível a ação anulatória nos termos da lei civil, diversa da rescisória, contra ato judicial que não dependa de sentença, ou em que esta for meramente homologatória, conforme o art. 486 do CPC/73 [correspondente ao atual art. 657 do CPC/2015]' [...] no entanto, se o juiz adentra no mérito do acordo, resta configurado verdadeiro juízo de delibação na sentença homologatória, motivo pelo qual eventual desconstituição enseja o ajuizamento da ação rescisória. Em outros termos, se houve juízo de valor realizado pelo magistrado para dirimir a lide, houve análise do mérito e, portanto, deverá ser utilizada a ação rescisória para desconstituição dessa decisão [na forma prevista pelo art. 658 do CPC]".⁴⁶⁰

Portanto, se houver pronunciamento judicial de mérito propriamente dito decidindo a partilha sucessória – e não meramente homologando a declaração de vontade das pessoas – a coisa toda muda de figura, pois a ação cabível será a rescisória de partilha, cujo prazo decadencial de exercício é de 02 anos contados do trânsito em julgado da última decisão proferida no processo (CPC, art. 975) e cuja competência para processamento e julgamento cabe ao tribunal de justiça, na forma prevista pelos arts. 658 e 966 do CPC.

Além desta, existe mais uma demanda que, embora possa se assemelhar, não se confunde com a ação anulatória de partilha amigável, como se verá no próximo tópico.

3.2.4 AÇÃO ANULATÓRIA DE PARTILHA AMIGÁVEL X AÇÃO ANULATÓRIA DE ATOS DE DISPOSIÇÃO DE DIREITOS

Nos termos do art. 966, § 4°, do CPC:

> Art. 966. [...].
> § 4° Os atos de disposição de direitos, praticados pelas partes ou por outros participantes do processo e homologados pelo juízo, bem como os

---

⁴⁵⁷ JDPC/CJF, Enunciado n. 52: "Na organização do esboço da partilha tratada pelo art. 651 do CPC, deve-se incluir a meação do companheiro."
⁴⁵⁸ FPPC, Enunciados n. 137: "Contra sentença transitada em julgado que resolve partilha, ainda que homologatória, cabe ação rescisória" e 183: "A ação rescisória de partilha com fundamento na preterição de herdeiro, prevista no inciso III do art. 658, está vinculada à hipótese do art. 628, não se confundindo com a ação de petição de herança (art. 1.824 do Código Civil), cujo fundamento é o reconhecimento do direito sucessório e a restituição da herança por aquele que não participou, de qualquer forma, do processo de inventário e partilha."
⁴⁵⁹ STJ, REsp 1.238.684/SC, j. em 03.12.13. No mesmo sentido: STJ, REsp 803.608/MG, j. em 25.03.14.
⁴⁶⁰ STJ, AgRg no AREsp 205.635/MG, DJe de 12.03.18.

atos homologatórios praticados no curso da execução, estão sujeitos à anulação, nos termos da lei.

Note que, enquanto os arts. 657 do CPC e 2.027 do CC versam exclusivamente da ação anulatória cabível de pronunciamento homologatório de partilha no âmbito do direito das sucessões – ainda que o acordo subjacente tenha sido celebrado extrajudicialmente –, o supratranscrito art. 966, do CPC não restringe o cabimento da ação anulatória por ele tratada a partilhas amigáveis. Muito pelo contrário. Estende sua aplicação a "todos os atos de disposição de direitos praticados pelas partes ou por outros participantes do processo", independentemente do fato de o pronunciamento homologatório ter ou não transitado em julgado.[461]

Logo, se o juízo de família homologar acordo sobre divórcio, guarda e convivência com os filhos, este pronunciamento poderá ser oportunamente atacado pela ação anulatória do art. 966, § 4°, se houver suspeita de que a declaração de vontade de uma das pessoas tenha sido viciada por qualquer elemento de invalidação dos negócios jurídicos em geral, no prazo de 04 anos contados do trânsito em julgado do pronunciamento homologatório, que tanto pode ser a sentença que homologue acordo versando sobre toda a controvérsia existente na demanda (CPC, art. 487, III, "b"), quanto a decisão interlocutória de mérito que se limite a homologar o acordo de partilha propriamente dito (CPC, art. 354, parágrafo único).[462]

Essa orientação é exatamente a mesma seguida pelo Superior Tribunal de Justiça, como demonstra o julgado abaixo transcrito, a título meramente exemplificativo:

> CIVIL E PROCESSUAL. AÇÃO DE ANULAÇÃO DE PARTILHA POR COAÇÃO. DISSOLUÇÃO DE UNIÃO ESTÁVEL. PRAZO DECADENCIAL DE QUATRO ANOS. ART. 178 DO CÓDIGO CIVIL. SEGURANÇA JURÍDICA.
> 1. É de quatro anos o prazo de decadência para anular partilha de bens em dissolução de união estável, por vício de consentimento (coação), nos termos do art. 178 do Código Civil.
> 2. Não houve alterações de ordem jurídico-normativa, com o advento do Código Civil de 2002, a justificar alteração da consolidada jurisprudência dos tribunais superiores, com base no Código Civil de 1916, segundo a qual a anulação da partilha ou do acordo homologado judicialmente na separação consensual regulava-se pelo prazo prescricional previsto no art. 178, § 9°, inciso V, e não aquele de um ano preconizado pelo art. 178, § 6°, V, do mesmo diploma. Precedentes do STF e do STJ.
> 3. É inadequada a exegese extensiva de uma exceção à regra geral – arts. 2.027 do CC e 1.029 do CPC/73, ambos inseridos, respectivamente, no Livro "Do Direito das Sucessões" e no capítulo intitulado "Do Inventário e Da Partilha" – por meio da analogia, quando o próprio ordenamento jurídico prevê normativo que se amolda à tipicidade do caso (CC, art. 178).
> 4. Pela interpretação sistemática, verifica-se que a própria topografia dos dispositivos remonta ao entendimento de que o prazo decadencial ânuo deve se limitar à seara do sistema do direito das sucessões, submetida aos

---

[461] FPPC, Enunciado n. 138: "A partilha amigável extrajudicial e a partilha amigável judicial homologada por decisão ainda não transitada em julgado são impugnáveis por ação anulatória."
[462] STJ, REsp 1.581.504/SP, DJe de 13.08.19.

requisitos de validade e princípios específicos que o norteiam, tratando-se de opção do legislador a definição de escorreito prazo de caducidade para as relações de herança.
5. Recurso especial provido.
(REsp 1.621.610/SP, DJe de 20.03.17)[463]

Diante disso, a conclusão a que se chega é a seguinte:

a. a ação anulatória prevista pelos arts. 657 do CPC e 2.027 do CC: a.1) pressupõe a existência de acordo versando exclusivamente sobre partilha sucessória, celebrado judicial ou extrajudicialmente (CC, art. 2.015); a.2) se volta única e exclusivamente à promoção de anulação de partilhas amigáveis homologadas no âmbito sucessório; a.3) se submete ao prazo decadencial de exercício de 01 ano para herdeiros não preteridos e 10 anos para herdeiros preteridos, contados de momentos diversos (CPC, art. 657, parágrafo único); a.4) deve ser proposta perante o juízo de 1° grau, preferencialmente o próprio órgão prolator do pronunciamento anulando, em conformidade com as normas de organização judiciária locais (CPC, art. 61), e; a.5) se fundamenta na ocorrência de uma das hipóteses de invalidação dos negócios jurídicos previstas em lei (p. ex.: CC, arts. 104, 167 e 171);

b. a ação anulatória prevista pelo art. 966, § 4°, do CPC: b.1) pressupõe a existência de acordo versando sobre qualquer matéria, exceto partilha sucessória; b.2) se destina à promoção da anulação de todos os atos de disposição de direitos, inclusive partilhas amigáveis de divórcio e dissolução de uniões estáveis, que tenham sido homologados em ações judiciais fora do âmbito sucessório; b.3) se submete a prazo decadencial de exercício de 04 anos (CPC, art. 178), contados de momentos diversos;[464] b.4) deve ser proposta perante o juízo de 1° grau, preferencialmente o próprio órgão prolator do pronunciamento anulando, em conformidade com as normas de organização judiciária locais (CPC, art. 61), e; b.5) se fundamenta na ocorrência de uma das hipóteses de invalidação dos negócios jurídicos previstas em lei (p. ex.: CC, arts. 104, 167 e 171);

c. a ação rescisória prevista pelos arts. 658 e 966 e ss. do CPC: c.1) pressupõe a inexistência de acordo e a existência de sentença julgando a partilha sucessória (CC, art. 2.016); c.2) se destina à promoção da rescisão das sentenças de julgamento de partilha sucessória; b.3) se submete a prazo decadencial de exercício de 02 anos, contados do trânsito em julgado da última decisão proferida no processo (CPC, art. 975); c.4) deve ser proposta perante o juízo de 2° grau, em conformidade com as normas de organização judiciária locais, e; b.5) se fundamenta na ocorrência de uma das hipóteses de rescisão de sentença previstas no art. 658 e 966 do CPC.

Para finalizar este tópico e este livro, veja que coisa interessante. Caso as pessoas celebrem um acordo de partilha, tanto no âmbito sucessório quanto familiar, que venha a ser homologado judicialmente, mas, no futuro, façam novo ajuste modificando os termos da convenção originária, o Superior Tribunal de Justiça entende ser desnecessário o ajuizamento de ação anulatória para que este novo ajuste possa ser homologado judicialmente. Veja:

> CIVIL. PROCESSUAL CIVIL. DIVÓRCIO CONSENSUAL. ACORDO SOBRE PARTILHA DOS BENS. HOMOLOGAÇÃO POR SENTENÇA. POSTERIOR AJUSTE CONSENSUAL ACERCA DA DESTINAÇÃO DOS BENS. VIOLAÇÃO À COISA JULGADA. INOCORRÊNCIA. PARTES MAIORES E CAPAZES QUE PODEM CONVENCIONAR SOBRE A PARTILHA DE SEUS BENS PRIVADOS E DISPONÍVEIS.

---

[463] No mesmo sentido: STJ, AREsp 1.597.099/SP, DJe de 20.04.23; AgInt no REsp n. 1.546.979/SP, DJe de 16.04.18.
[464] CC, art. 178. É de quatro anos o prazo de decadência para pleitear-se a anulação do negócio jurídico, contado: I – no caso de coação, do dia em que ela cessar; II – no de erro, dolo, fraude contra credores, estado de perigo ou lesão, do dia em que se realizou o negócio jurídico; III – no de atos de incapazes, do dia em que cessar a incapacidade.

EXISTÊNCIA, ADEMAIS, DE DIFICULDADE EM CUMPRIR A AVENÇA INICIAL. APLICAÇÃO DO PRINCÍPIO DA AUTONOMIA DA VONTADE. AÇÃO ANULATÓRIA. DESCABIMENTO QUANDO AUSENTE LITÍGIO, ERRO OU VÍCIO DE CONSENTIMENTO. ESTÍMULO ÀS SOLUÇÕES CONSENSUAIS DOS LITÍGIOS. NECESSIDADE. [...]
Os propósitos recursais consistem em definir se houve negativa de prestação jurisdicional e se é possível a homologação de acordo celebrado pelas partes, maiores e capazes, que envolve uma forma de partilha de bens diversa daquela que havia sido inicialmente acordada e que fora objeto de sentença homologatória transitada em julgado.
Ausentes os vícios do art. 535, II, do CPC/73, não há que se falar em negativa de prestação jurisdicional.
A coisa julgada material formada em virtude de acordo celebrado por partes maiores e capazes, versando sobre a partilha de bens imóveis privados e disponíveis e que fora homologado judicialmente por ocasião de divórcio consensual, não impede que haja um novo ajuste consensual sobre o destino dos referidos bens, assentado no princípio da autonomia da vontade e na possibilidade de dissolução do casamento até mesmo na esfera extrajudicial, especialmente diante da demonstrada dificuldade do cumprimento do acordo na forma inicialmente pactuada.
É desnecessária a remessa das partes à uma ação anulatória quando o requerimento de alteração do acordo não decorre de vício, de erro de consentimento ou quando não há litígio entre elas sobre o objeto da avença, sob pena de injustificável violação aos princípios da economia processual, da celeridade e da razoável duração do processo.
A desjudicialização dos conflitos e a promoção do sistema multiportas de acesso à justiça deve ser francamente incentivada, estimulando-se a adoção da solução consensual, dos métodos autocompositivos e do uso dos mecanismos adequados de solução das controvérsias, tendo como base a capacidade que possuem as partes de livremente convencionar e dispor sobre os seus bens, direitos e destinos.
Recurso especial conhecido e provido.
(REsp 1.623.475/PR, DJe de 20.04.18)

Bom, aqui se encerra este livro. Espero sinceramente que, assim como eu, você também tenha aproveitado bastante a troca.

Até a próxima!

REFERÊNCIAS BIBLIOGRÁFICAS

ASSIS, Araken de. *Manual dos recursos*. 8. ed. São Paulo: RT, 2016.

BADARÓ, Gustavo Henrique Righi Ivahy. O ônus da prova no *habeas corpus*: in dubio pro libertate. Em: PRADO, Geraldo; MALAN, Diogo (Coords.). *Processo penal e democracia*: estudos em homenagem aos 20 anos da Constituição da República de 1988. Rio de Janeiro: Lumen Juris, 2009.

BARBOSA MOREIRA, José Carlos. *Comentários ao Código de Processo Civil*. v. V. 15. ed. Rio de Janeiro: Forense, 2011.

BARBOSA MOREIRA, José Carlos. *Juízo de admissibilidade no sistema dos recursos civis*. Rio de Janeiro: Borsoi, 1968.

BONDIOLI, Luis Guilherme Aidar. Comentários ao art. 1.012. Em, GOUVÊA, José Roberto, F. [et al]. *Comentários ao CPC*. v. XX, 2. ed. São Paulo, Saraiva, 2017.

BUENO, Cassio Scarpinella. *Curso sistematizado de direito processual civil*. v. 2. 11. ed. São Paulo: Saraivajur, 2022.

CALMON, Patricia Novais. *Direito das famílias e da pessoa idosa*. 2. ed. Indaiatuba: Foco, 2023.

CALMON, Rafael. *Manual de direito processual das famílias*. 3. ed. São Paulo: Saraivajur, 2023.

CALMON, Rafael. *Manual de partilha de bens*: na separação, no divórcio e na dissolução da união estável: aspectos materiais e processuais. 4 ed. São Paulo: Saraivajur, 2023.

CÂMARA, Alexandre Freitas. *Manual de direito processual civil*. 2. ed. Barueri: Atlas, 2023.

CARVALHO, Dimas Messias de. *Direito das sucessões*: inventário e partilha. 7. ed. São Paulo: Saraivajur, 2023.

CARVALHO, Luiz Paulo Vieira de. *Direito das sucessões*. 4. ed. São Paulo: Atlas, 2019.

CORTEZ, Renata; PEIXOTO, Marco Aurélio. Capítulo não agravável da decisão apreciado pelo tribunal. JOTA. Disponível em: https://www.jota.info/opiniao-e-analise/colunas/coluna-cpc-nos-tribunais/capitulo-nao-agravavel-da-decisao-apreciado-pelo-tribunal. Acesso em: 10 maio 2024.

COSTA-NETO, João; OLIVEIRA, Carlos E. Elias de. *Direito civil*: volume único. 2. ed. Rio de Janeiro: Método, 2023.

COSTA E SILVA, Paula. *Acto e processo*: o dogma da irrelevância da vontade na interpretação e nos vícios do acto postulativo. Coimbra: Coimbra Editora, 2003.

CUNHA, Leonardo Carneiro da; DIDIER JR., Fredie. Apelação contra decisão interlocutória não agravável: a apelação do vencido e a apelação subordinada do vencedor: duas novidades do CPC/2015. *Revista Thesis Juris*, São Paulo, v. 4, n. 1, jan.-jun. 2015.

D'ALESSANDRO, Gustavo. A "dosimetria" do prazo de prisão civil: uma reflexão necessária. Em: PORTANOVA, Rui; CALMON, Rafael; D'ALESSANDRO, Gustavo (Coords.) *Direito de família conforme interpretação do STJ*: alimentos: aspectos processuais. São Paulo: Foco, 2023.

DELLORE, Luiz. Comentários ao art. 966. Em: GAJARDONI, Fernando da Fonseca [et al.] (Coords.). *Comentários ao Código de Processo Civil*. 5. ed. Rio de Janeiro: Forense, 2022.

DIDIER JR., Fredie. *Curso de direito processual civil*. v. 1. 21. ed. Salvador: JusPodivm, 2019.

DIDIER JR, Fredie [et. al]. *Curso de direito processual civil*. v. 2. 18. ed. Salvador: JusPodivm, 2023.

DIDIER JR, Fredie; CUNHA, Leonardo Carneiro da. *Curso de direito processual civil*. V. 3. 13. ed. Salvador: JusPodivm, 2016.

DIDIER JR, Fredie; PEIXOTO, Ravi. O art. 489, § 1°, do CPC e a sua incidência na postulação dos sujeitos processuais: um precedente do STJ. Em: ALVIM, Teresa [e col.] (Orgs.). *Novo CPC aplicado* – visto por processualistas. São Paulo: RT, 2017.

DINAMARCO, Cândido Rangel. *Instituições de direito processual civil*. v. III. 6. ed. São Paulo: Malheiros, 2009.

DUARTE, Zulmar. Comentários ao art. 994. Em: GAJARDONI, Fernando da Fonseca [et al.] (Coords.). *Comentários ao Código de Processo Civil*. 5. ed. Rio de Janeiro: Forense, 2022.

DUARTE, Zulmar. Preclusão elástica no novo CPC. *Revista Síntese: Direito Civil e Processual Civil*, São Paulo, v. 19, n. 112, mar./abr. 2018.

DUARTE, Zulmar. Comentários ao art. 1.012. Em: GAJARDONI, Fernando da Fonseca [et al.] (coord.). *Comentários ao Código de Processo Civil*. 5. ed. Rio de Janeiro: Forense, 2022.

FERREIRA FILHO, Manoel Caetano. Comentários ao art. 1.012. Código de Processo Civil Anotado/OAB Paraná, 2015.

LIEBMAN, Enrico Tullio. *Manual de direito processual civil*. v. I. 3. ed. Trad. Cândido Rangel Dinamarco. São Paulo: Malheiros, 2005.

MAZZEI, Rodrigo. Comentários ao art. 657. Em: GOUVÊA. José Roberto F. [et al.] (Coord.). *Comentários ao Código de Processo Civil*. v. XII (arts. 610 a 673): do inventário e da partilha. São Paulo: Saraivajur, 2023.

MAZZEI, Rodrigo. *Embargos de declaração*: recurso de saneamento com função constitucional. Londrina: Thoth, 2021.

MAZZOLA, Marcelo. *Silêncio do juiz no processo civil (inércia, omissão stricto sensu e inobservância) e seus mecanismos de impugnação*. Salvador: JusPodivm, 2023.

MEDINA, José Miguel Garcia. *Novo Código de Processo Civil comentado*. 3. ed. São Paulo: RT, 2015.

MONTANS DE SÁ, Renato. *Manual de direito processual civil*. 7. ed. São Paulo: Saraiva, 2015.

MOSSIN, Heráclito Antônio. *Compêndio de processo penal*. Barueri: Manole, 2010.

NUCCI, Guilherme de Souza. *Manual de processo penal e execução penal*. 12. ed. Rio de Janeiro: Forense, 2015.

PEIXOTO, Ravi. O sistema de precedentes desenvolvido pelo CPC/2015 – Uma análise sobre a adaptabilidade da distinção (*distinguishing*) e da distinção inconsistente (*inconsistent distinguishing*). *RePro* n. 248.

PINHO, Humberto Dalla Bernardina de. *Manual de direito processual civil contemporâneo*. 5. ed. São Paulo: SaraivaJur, 2023.

PORTO, Hermínio A. Marques. Procedimento do Júri e *habeas corpus*. Em: *Tortura, crime militar, habeas corpus*. São Paulo: RT, 1997.

RIZZARDO, Arnaldo. *Direito das sucessões*. 11. ed. Rio de Janeiro: Forense, 2019.

RODRIGUES, Marco Antonio. *Manual dos recursos, ação rescisória e reclamação*. São Paulo: Atlas, 2017.

RODRÍGUEZ, Víctor Gabriel. *Argumentação jurídica*: técnicas de persuasão e lógica informal. São Paulo: Martins Fontes, 2005.

ROQUE, André Vasconcelos. Comentários ao art. 223. Em: GAJARDONI, Fernando da Fonseca [e col.] (Coord.). *Teoria geral do processo: comentários ao CPC de 2015: parte geral.* São Paulo: Forense, 2015.

SALZER, Fernando. Agravo de instrumento nas ações sobre direitos de crianças e adolescentes. Disponível em: https://www.conjur.com.br/2022-mar-26/fernando-salzer-agravo-instrumento-acoes-familia/#_edn9. Acesso em: 24 nov. 2024.

THEODORO JÚNIOR, Humberto. *Curso de direito processual civil.* v. 3. 56. ed. Rio de Janeiro: Forense, 2023.

WAMBIER, Luiz Rodrigues; TALAMINI, Eduardo. *Curso avançado de processo civil.* v. 2. 5. ed. São Paulo: RT, 2016.

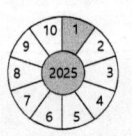